Entwicklung, Stand und Perspektiven
eines freien Personenverkehrs in Europa

Studien zum Öffentlichen Recht, Völker- und Europarecht

Herausgegeben von Prof. Dr. Eckart Klein

Band 4

PETER LANG
Frankfurt am Main · Berlin · Bern · Bruxelles · New York · Oxford · Wien

Eva Tanuschev

Entwicklung, Stand und Perspektiven eines freien Personenverkehrs in Europa

PETER LANG
Europäischer Verlag der Wissenschaften

Die Deutsche Bibliothek - CIP-Einheitsaufnahme

Tanuschev, Eva:

Entwicklung, Stand und Perspektiven eines freien Personenverkehrs in Europa / Eva Tanuschev. - Frankfurt am Main ; Berlin ; Bern ; Bruxelles ; New York ; Oxford ; Wien : Lang, 2001
(Studien zum Öffentlichen Recht, Völker- und Europarecht ; Bd. 4)
Zugl.: Potsdam, Univ., Diss., 2000
ISBN 3-631-37031-8

517
ISSN 1437-2037
ISBN 3-631-37031-8

www.peterlang.de

Vorwort

Erstmals aufmerksam wurde ich auf das Thema „freier Personenverkehr“, als ich im Rahmen meiner Wahlfachstation an der Hochschule für Verwaltungswissenschaften Speyer ein Referat über die Abkommen von Schengen gehalten habe. Seitdem habe ich mich mit dieser Thematik auseinandergesetzt und habe demzufolge meinem Doktorvater, Herrn Prof. Dr. Eckart Klein, Inhaber des Lehrstuhls für Staatsrecht, Völkerrecht und Europarecht an der Universität Potsdam, diesen Themenkomplex für meine Dissertation vorgeschlagen.

In diesem Zusammenhang möchte ich Herrn Prof. Dr. Eckart Klein für seine zahlreichen Anregungen und Hinweise danken.

Die Arbeit hat der Juristischen Fakultät der Universität Potsdam im Wintersemester 1999/2000 als Dissertation vorgelegen. Für die Veröffentlichung wurde sie auf den Stand Juli 2000 gebracht.

Ich widme diese Arbeit meinen Eltern.

Inhaltsverzeichnis

Literaturverzeichnis

Achermann, Alberto,
Das Erstabkommen von Dublin, ASYL 4/1990, S. 12-19;

ders.,
Entwicklung der europäischen Asylrechtsharmonisierung, ASYL 3/1994, S. 72-74;

Achermann, Alberto/ Bieber, Roland/ Epiney, Astrid/ Wehner, Ruth,
Schengen und die Folgen. Der Abbau der Grenzkontrollen in Europa, 1995;

Achermann, Alberto/ Gattiker, Mario,
Sichere Drittstaaten - Überlegungen aus schweizerischer und europäischer Sicht, ASYL 2/1994, S. 23-41;

Akmann, Torsten,
Die Zusammenarbeit in den Bereichen Justiz und Inneres als „3. Säule" des Maastrichter Unionsvertrages, JA 2/1994, S. 49-55;

Albors-Llorens, Albertina,
Changes in the Jurisdiction of the European Court of Justice under the Treaty of Amsterdam, CMLRev. 1998, S. 1273-1294;

Bäumler, Helmut,
Schengener Abkommen und Wirtschaftskriminalität, CR 8/1994, S. 487-492;

Baldus, Manfred,
EUROPOL und Demokratieprinzip, ZRP 7/1997, S. 286-290;

Beckstein, Günther,
Migration und Innere Sicherheit, eine europäische Herausforderung, ZAR 4/1999, S. 151-154;

Bergmann, Jan/ Lenz, Christofer (Hrsg.),
Der Amsterdamer Vertrag: eine Kommentierung der Neuerungen des EU- und EG-Vertrages, 1998;

Beutler, Bengt/ Bieber, Roland/ Pipkorn, Jörn/ Streil, Jochen,
Die Europäische Union, 4. Aufl., 1993;

Bieber, Roland,
Die Abkommen von Schengen über den Abbau der Grenzkontrollen, NJW 5/1994, S. 294-297;

ders.,
Links Between the „Third Pillar“ (Title VI) and the European Community (Title II) of the Treaty on the European Union, in: Monar, Joerg/ Morgan, Roger (eds.), The Third Pillar of the European Union, 1994, S. 37-48;

Billaud, Patrice,
La protection des données informatiques dans le cadre des accords des Schengen, in: Pauly, Alexis (Hrsg.), Les accords de Schengen: Abolition des frontières intérieures ou menace pour les libertés publiques?, 1993, S. 27-38;

Blanc, Hubert,
Schengen: Le chemin de la libre circulation en Europe, RMC 1991, Nr. 351, S. 722-726;

Blanke, Hermann-Josef,
Der Unionsvertrag von Maastricht – Ein Schritt auf dem Weg zu einem europäischen Bundesstaat?, DÖV 10/1993, S. 412-423;

Bleckmann, Albert,
Die Bindungswirkung der Organe und der Mitgliedstaaten der EG bei der Auslegung und Lückenfüllung des Europäischen Gemeinschaftsrechts: Die Rolle des Art. 5 EWG-Vertrag, in: Bieber, Roland/ Ress, Georg (Hrsg.), Die Dynamik des Europäischen Gemeinschaftsrechts: die Auslegung des Europäischen Gemeinschaftsrechts im Lichte nachfolgender Praxis der Mitgliedstaaten und der EG-Organe, 1987, S. 161-240;

Blumann, Claude,
L'Europe des citoyens, RMC 1991, Nr. 346, S. 283-292;

Boeles, P.,
Schengen and the rool of law, in: Meijers, Herman/ Bolten, José J., u.a., Schengen. Internationalization of Central Chapters of the Law of Aliens, Refugees, Privacy, Security and Policy, 1991, S. 135-146;

Böse, Martin,
Die Zuständigkeit des EuGH im Bereich der „3. Säule“ der EU, EuR 5/1998, S. 678-683;

von Bogdandy, Arnim/ Nettesheim, Martin,
Die Europäische Union: Einheitlicher Verband mit eigener Rechtsordnung, EuR 1/1996, S. 3-26;

Bohnen, Rainer,
Skizzen einer engeren Zusammenarbeit in Bereichen Justiz und Inneres nach dem Maastricht-Vertrag, DRiZ 10/1996, S. 411-415;

Bolten, José J.,
From Schengen to Dublin, NJB 5/1991, S. 165- 178;

ders.,
From Schengen to Dublin: The new frontieres of refugee law, in: Meijers, Herman/ Bolten, José J. u.a., Schengen. Internationalization of Central Chapters of the Law of Aliens, Refugees, Privacy, Security and Policy, 1991, S. 8-36;

Bonn, Marjorie,
Judical Cooperation under Title VI TEU – A Balance Sheet After The Cannes European Council, in: Bieber, Roland/ Monar, Joerg (eds.), Justice and Home Affairs in the European Union, 1995, S. 211-216;

Bothe, Michael/ Lohmann, Torsten,
Verfassungsfragen der deutschen Zustimmung zum Amsterdamer Vertrag, ZaöRV 1/1998, S. 1-46;

Braun, Wilfried,
Asylpolitik in der Europäischen Union, in: Müller-Graff, Peter-Christian, (Hrsg.), Europäische Zusammenarbeit in den Bereichen Justiz und Inneres: Der dritte Pfeiler der Europäischen Union, 1996, S. 75-84;

Brühmann, Ulf,
EU-Datenschutzrichtlinie – Umsetzung in einem vernetzten Europa, DuD 2/1996, S. 66-72;

Brühmann, Ulf/ Zerdeck, Thomas,
Umsetzung der EG-Datenschutzrichtlinie, CR 7/1996, S. 429-436;

Bruggeman, Willi,
Europol and the Europol Drugs Unit: Their Problems and Potential for Development, in: Bieber, Roland/ Monar, Joerg (eds.), Justice and Home Affairs in the European Union, 1995, S. 217-230;

Bull, Hans Peter,
Das Europäische Polizeiamt – undemokratisch und rechtswidrig?, DRiZ 1/1998, S. 32-42;

ders.,
Visionen und Wirklichkeit einer Kriminalpolitik für Europa, KritV 1995, S. 313-334;

Bunz, Axel R./ Neuenfeld, Caroline,
Europäische Asyl- und Zuwanderungspolitik, Aus Politik und Zeitgeschichte, Beilage zur Wochenzeitung Das Parlament, 1994, B 48/94, S. 37-45;

Busch, Heiner,
Europa – „Ein Mekka der Kriminalität"?, EG-Grenzöffnung und internationale Polizeikooperation, KJ 1/1990, S. 1-13;

Callies, Christian/ Ruffert, Mathias (Hrsg.),
Kommentar zum EU-Vertrag und EG-Vertrag, 1999;

Charpentier, Jean,
Les conditions d'accès des étrangers dans l'espace Schengen, in: Pauly, Alexis (Hrsg.), Les accords de Schengen: Abolition des frontières intérieures ou menace pour les libertés publiques?, 1993, S. 65-77;

Classen, Claus Dieter,
Europäische Integration und demokratische Legitimation, AöR 119 (1994), S. 238-260;

ders.,
Sichere Drittstaaten - ein Beitrag zur Bewältigung des Asylproblems?, DVBl. 13/1993, S. 700-705;

Curtin, Deidre,
The Constitutionel Structure of the Union. A Europe of Bits and Pieces, CMLRev. 1993, S. 17-69;

Curtin, Deidre/ Meijers, Herman,
The Principle of Open Government in Schengen and the European Union: Democratic Retrogression?, CMLRev. 1995, S. 391-442;

Dammann, Ulrich/ Simitis, Spiros,
EG- Datenschutzrichtlinie: Kommentar, 1997;

Dannecker, Gerhard,
Die Entwicklung des Strafrechts unter dem Einfluß des Gemeinschaftsrechts, Jura 2/1998, S. 79-87;

Dauses, Manfred A. (Hrsg.),
Handbuch des EU-Wirtschaftsrechts, 2 Bände, 2. Aufl., Loseblattsammlung, Stand: Dezember 1997;

Delvaux, Anne-Marie,
L'entraide policière, in: Pauly, Alexis (Hrsg.), Les accords de Schengen: Abolition des frontières intérieures ou menace pour les libertés publiques?, 1993, S. 7-18;

Den Boer, Monica,
Police, Customs and Judical Cooperation in the Treaty on European Union, in: Bieber, Roland/ Monar, Joerg (eds.), Justice and Home Affairs in the European Union, 1995, S. 191-200;

Denoel, Xavier,
Les accords de réadmission du benelux à Schengen et au-delà, RTDE 4/1993, S. 635-653;

Dimakopoulos, Kostas,
Griechenland und der Unionsbürger, ZAR 6/1998, S. 262-266;

Dittrich, Alfred,
Der Schutz der Unionsbürger in der Europäischen Union, in: Müller-Graff, Peter-Christian (Hrsg.), Europäische Zusammenarbeit in den Bereichen Justiz und Inneres: Der dritte Pfeiler der Europäischen Union, 1996, S. 101-116;

Dörr, Oliver,
Das Schengener Durchführungsabkommen - Ein Fall des Art. 24 Abs. 1 GG, DÖV 16/1993, S. 696-705;

Donner, J. P. H.,
Abolition of Border Controlls, in: Schermers, Henry G./ Flintermann, Cees, u.a. (Hrsg.), Free Movement of Persons in Europe, Legal Problems and Experiences, 1993, S. 5-26;

Drews, Bill/ Wacke, Gerhard/ Vogel, Klaus/ Martins, Wolfgang;
Gefahrenabwehr. Allgemeines Polizeirecht (Ordnungsrecht) des Bundes und der Länder, 9. Aufl., 1986;

Drüke, Luise,
Refugee Protection in the Post Cold War Europe: Asylum in the Schengen and EC Harmonization Process, in: Pauly, Alexis (Hrsg.), Les accords de Schengen: Abolition des frontières intérieures ou menace pour les libertés publiques?, 1993, S. 105-169;

Eisel, Stephan,
Plädoyer für die Mehrheitsregel, ZParl 4/1985, S. 576-580;

Ehlermann, Claus-Dieter,
Engere Zusammenarbeit nach dem Amsterdamer Vertrag: Ein neues Verfassungsprinzip?, EuR 4/1997, S. 362-397;

ders.,
The internal market following the Single European Act, CMLRev. 1987, S. 361-409;

Everling, Ulrich,
Die allgemeine Ermächtigung der Europäischen Gemeinschaft zur Zielverwirklichung nach Art. 235 EWG-Vertrag, EuR-Sonderheft 1976, S. 2-26;

ders.,
Die Europäische Gemeinschaft auf dem Wege zur Europäischen Union. Zu den Ergebnissen der Pariser Gipfelkonferenz, EA 24/1972, S. 791-800;

ders.,
Probleme der Rechtsangleichung zur Verwirklichung des europäischen Binnenmarktes, in: Baur, Jürgen F./ Hopt, Klaus J./ Mailänder, K. Peter (Hrsg.), Festschrift für Ernst Steindorff, 1990, S. 1155-1173;

ders.,
Die Zukunft der europäischen Gerichtsbarkeit in einer weiteren Europäischen Union, EuR 4/1997, S. 398-418;

Evans, Andrew,
Third Country Nationals and the Treaty on European Union, EJIL Vol. 5, 1994, S. 199-219;

di Fabio, Udo,
Die „Dritte Säule" der Union -Rechtsgrundlagen und Perspektiven der europäischen Zusammenarbeit-, DÖV 3/1997, S. 89-101;
Fischbach, Marc,
La politique des Schengen, in: Pauly, Alexis (Hrsg.), Les accords de Schengen: Abolition des frontières intérieures ou menace pour les libertés publiques?, 1993, S. 1-6;

Fischer, Hans Georg,
Die Zusammenarbeit in den Bereichen Justiz und Inneres - die „3. Säule" des Vertrages über die Europäische Union, EuZW 24/1994, S. 747-750;

Florin, Frits,
Schengen-Abkommen, ASYL 2/1989, S. 12-16;

Fode, Henning,
Cooperation on Law and Forcement, Criminal Justice and Legislation in Europe; Nordic Pregerance, in: Schermers, Henry G./ Flintermann, Cees, u.a. (Hrsg.), Free Movement of Persons in Europe, Legal Problems and Experiences, 1993, S. 61-69;

Frowein, Jochen/ Krisch, Nico,
Der Rechtsschutz gegen Europol, JZ 12/1998, S. 589-597;

Geiger, Rudolf,
Grundgesetz und Völkerrecht, 2. Aufl., 1994;

Gerlach, Axel,
Dubliner Asylrechtskonvention und Schengener Abkommen: Lohnt sich die Ratifikation?, ZRP 5/1993, S. 164-166;

Gilsdorf, Peter,
Die Kompetenz der Gemeinschaft zur Angleichung asylrechtlicher Bestimmungen in der EG, EuR 1/1990, S. 65-70;

Gimbal, Anke,
Innen- und Justizpolitik - die Dritte Säule der Europäischen Union, in: Weidenfeld, Werner (Hrsg.), Maastricht in der Analyse - Strategien und Optionen für Europa, 1994, S. 71-89;

Glaesner, Hans-Joachim,
Die Einheitliche Europäische Akte, EuR 2/1986, S. 119-152;

ders.,
Der Europäische Rat, EuR 1/1994, S. 22-34;

Gleß, Sabine,
Kontrolle über Europol und seine Bedienstete, EuR 6/1998, S. 748-766;

Gleß, Sabine/ Lüke, Monika,
Strafverfolgung über die Grenzen hinweg – Formen der Zusammenarbeit europäischer Länder zur Kriminalitätsbekämpfung, Jura 2/1998, S. 70-79;

Göbel-Zimmermann, Ralph/ Masuch, Thorsten,
Regelungsbedarf für eine Einwanderungsgesetzgebung?, ZRP 11/1998, S. 435-441;

Götz, Volkmar,
Allgemeines Polizei- und Ordnungsrecht, 12. Aufl., 1995;

Gola, Peter,
Die Entwicklung des Datenschutzrechts in den Jahren 1996/97, NJW 51/1997, S. 3411-3418;

ders.,
Die Entwicklung des Datenschutzrechts in den Jahren 1997/98, NJW 51/1998, S. 3750-3757;

Goldstein, Mara,
Die Kompetenzen der Europäischen Gemeinschaft zur Regelung des Asylrechts, 1994;

Gornig, Gilbert-Hanno,
Das Refoulement-Verbot im Völkerrecht, 1987;

Grunaklis, Georgios/ Mand, Elmar,
Die neue EG-Datenschutzrichtlinie – Grundlagen einer Umsetzung in nationales Recht, CR 7/1997, S. 431,438; CR 8/1997, 497-504;

Grabitz, Eberhard/ Hilf, Meinhard (Hrsg.),
Kommentar zur Europäischen Union, 4 Bände, Loseblattsammlung, Stand: 2000;

von der Groeben, Hans / von Boeck, Hans/ Thiesing, Jochen/ Ehlermann, Claus-Dieter (Hrsg.),
Kommentar zum EWG-Vertrag, Bd.1, Artikel 1-136, 3. Aufl., 1983 (zitiert: GBTE);

von der Groeben, Hans / Thiesing, Jochen/ Ehlermann, Claus-Dieter (Hrsg.),
Kommentar zum EU-/EG-Vertrag, 5 Bände, 5. Aufl., 1997 (zitiert: GTE);

Gündisch, Jürgen,
Die Europäische Union als Rechtsgemeinschaft - Recht und Inneres im Amsterdamer Vertrag -, AnwBl. 4/1998, S. 170-175;

Guimezanes, Nicole,
La Covention de Schengen: une presentation francaise, in: Pauly, Alexis (Hrsg.), Schengen en panne, 1994, S. 5-42;

Haberland, Jürgen,
Der Asylkompromiß vom 6. Dezember 1992 - ein Jahr danach, ZAR 1/1994, S. 3-9; ZAR 2/1994, S. 51-59;

ders.,
Die Entschließungen der Justiz- und Innenminister der Europäischen Union im Bereich der Aufnahme, ZAR 1/1996, S. 3-11; ZAR 2/1996, S. 55-62;

Hailbronner, Kay,
Asyl- und Asylverfahren im Blick auf den europäischen Binnenmarkt, AnwBl. 10/1989, S. 485-494;

ders.,
Die europäische Asylrechtsharmonisierung nach dem Weg von Maastricht, ZAR 1/1995, S. 3-13;

ders.,
European Immigration and Asylum Law under the Amsterdam Treaty, CMLRev. 1998, S. 1047-1067;

ders.,
Grundprinzipien für ein europäisches Asylrecht - Rechtsvergleichung und Verfassungsrecht -, in: Knoche, Meinhard, (Hrsg.), Wege zur europäischen Rechtsgemeinschaft, 1988, S. 183-205;

ders.,
Die Immunität der Europol-Bediensteten, JZ 6/1998, S. 283-289;

ders.,
Migration Law and Policy within the Third Pillar of the Union Treaty, in: Bieber, Roland/ Monar, Joerg (eds.), Justice and Home Affairs in the European Union, 1995, S. 95-126;

ders.,
Möglichkeiten und Grenzen einer europäischen Koordinierung des Einreise- und Asylrechts, 1989;

ders.,
Neuere Entwicklungen im Europäischen Ausländerrecht, Zentrum für Europäisches Wirtschaftsrecht, Vorträge und Berichte Nr. 74, 1997;

ders.,
Die neuere Rechtsprechung zum Freizügigkeitsrecht, ZAR 1/1988, S. 3-13;

ders.,
Visa regulations and third-country nationals in EC law, CMLRev. 1994, S. 969-995;

ders.,
Ziele und Schranken einer europäischen Asylrechtskoordinierung, NVwZ 4/1989, S. 303-311;

Hailbronner, Kay/ Klein, Eckart/ Magiera, Siegfried/ Müller-Graff, Peter-Christian,
Handkommentar zum EU-Vertrag, Loseblattsammlung;

Hailbronner, Kay/ Thiery, Claus,
Amsterdam – Vergemeinschaftung der Sachbereiche Freier Personenverkehr, Asylrecht und Einwanderung sowie Überführung des Schengen-Besitzstands auf EU-Ebene, EuR 5/1998, S. 583-615;

Harings, Lothar,
Die Zusammenarbeit in den Bereichen Justiz und Inneres, EuR, Beiheft 2/1998, S. 81-98;

Hayder, Roberto,
Neue Wege der europäischen Rechtsangleichung?, Die Auswirkungen der Einheitlichen Europäischen Akte von 1986, RabelsZ 1989, S. 622-698;

Hehl, Susanne,
Die Neuregelung des Asylrechts. Überlegungen zu Sinn und Verfassungsmäßigkeit der Grundgesetzänderung, ZRP 8/1993, S. 301-308;

Heitmann, Steffen,
Grenzüberschreitende Zusammenarbeit im justitiellen Bereich, Die Polizei 6/1993, S. 154-158;

Hemesath, Wolfgang,
Das Schengener Informationssystem, Kriminalistik 3/1995, S. 169-171;

Hendry, I.D.
The Third Pillar of Maastricht: Cooperation in the Fields of Justice and Home Affairs, GYIL 36 (1993), S. 295-327;

Heß, Burkhard,
Die „Europäisierung" des internationalen Zivilprozessrechts durch den Amsterdamer Vertrag – Chancen und Gefahren, NJW 2000,S. 23-32;

Hilf, Meinhard,
Europäisches Gemeinschaftsrecht und Drittstaatsangehörige; in: Hailbronner, Kay/ Ress, Georg/ Stein, Thorsten (Hrsg.), Staat und Völkerrechtsordnung, Festschrift für Karl Doehring, 1989, S. 339-360;

Hilf, Meinhard/ Pache, Eckhard,
Der Vertrag von Amsterdam, NJW 11/1998, S. 705-713;

Hirsch, Burkhard,
Immunität für Europol – eine Polizei über dem Gesetz?, ZRP 1/1998, S. 10-13;

Hölscheidt, Sven/ Schotten, Thomas,
Immunität für Europol-Bedienstete – Normalfall oder Sündenfall?, NJW 39/1999, S. 2851-2855

von Hoffmann, Bernd,
Richtlinien der Europäischen Gemeinschaft und Internationales Privatrecht, ZfRV 2/1995, S. 45-54;

Hofmann, Rainer,
Wieviel Flexibilität für welches Europa?, EuR 6/1999, S. 713-735;

Hoogenboom, T.,
Free movement of non-EC nationals, Schengen and beyond, in: Meijers, Herman/ Bolten, José J. u.a., Schengen. Internationalization of Central Chapters of the Law of Aliens, Refugees, Privacy, Security and Policy, 1991, S. 74-95;

Huber, Bertold,
Art. 16 Abs. 2 Satz 2 GG und europäischer Binnenmarkt, in: Barwig, Klaus/ Lörcher, Klaus/ Schumacher, Christoph (Hrsg.), Asylrecht im Binnenmarkt. Die europäische Dimension des Rechts auf Asyl, 1989, S. 43-64;

ders.,
Das Asylrecht nach der Grundgesetzänderung, NVwZ 8/1993, S. 736-743;

ders. (Hrsg.),
Handbuch des Ausländer- und Asylrechts, Bd. II, Loseblattsammlung, Stand: 1. Juli 1998;

ders.,
Das Schengener Durchführungsübereinkommen und seine Auswirkungen auf das Ausländer- und Asylrecht, NVwZ 11/1996, S. 1069-1074;

ders.,
Verfassungsrechtliche Aspekte einer Asylrechtsharmonisierung in Europa, ZRP 4/1992, S. 123-126;

Hummer, Waldemar,
Flüchtlinge im Europäischen Binnenmarkt, ZfRV 2/1991, S. 129-149;

Jacob, Joachim,
Europäische Zusammenarbeit – nicht nur in der ersten Säule, DuD 23/1999, S. 4;

Janning, Josef
Europa braucht verschiedene Geschwindigkeiten, EA 18/1994, S. 527-532;

Joly, Danièle,
The Porous Dam: European Harmonization on Asylum in the Nineties, IJRL 1994, Vol. 6, Nr. 2, S. 159-193;

Joubert, Chantal/ Bevers, Hans,
Schengen Investigated. A Comparative Interpretation of the Schengen Provisions on International Police Cooperation in the Light of the European Convention on Hunman Rights, 1996.

Kälin, Walter,
Das Prinzip des Non-Refoulement, 1982;

Kalk, Klaus-Reiner,
Europol – aktueller Stand und Ausblick, DuD 23/1999, S. 442-446;

Karpenstein, Ulrich,
Der Vertrag von Amsterdam im Lichte der Maastricht-Entscheidung des BVerfG, DVBl. 17/1998, S. 942-952;

Kimms, Frank
Die Kapitalverkehrsfreiheit im Recht der Europäischen Union, 1996;

Klein, Eckart,
Neuere Entwicklungen des Rechts der Europäischen Gemeinschaften, DÖV 22/1986, S. 951-957;

ders.,
Objektive Wirkungen von Richtlinien, in: Due, Ole/ Lutter, Marcus/ Schwarze, Jürgen (Hrsg.), Festschrift für Ulrich Everling, Bd. I, 1995, S. 641-650;

Klein, Eckart/ Haratsch, Andreas,
Das Aufenthaltsrecht der Studenten die Unionsbürgerschaft und intertemporales Gemeinschaftsrecht, JuS 1/1995, S. 7-12;

dies.,
Neuere Entwicklungen des Rechts der Europäischen Gemeinschaften, DÖV 18/1993, S. 785-798;

Klein, Eckart/ Kimms, Frank,
Die Kompetenz der Europäischen Gemeinschaft zum Abschluß umweltrechtlicher Verträge, UTR 1996 (Bd. 36), S. 53-75;

Klink, Manfred,
Die Zusammenarbeit europäischer Polizeien in Sicherheitsfragen, Iststand und Prognose – Gedanken mit aktuellem Bezug, Die Polizei 7/1987, S. 183-189;

Kölbach, Jochen-Burkhard,
Möglichkeiten und Grenzen von EUROPOL auf der Grundlage der Konvention, Die Polizei 10/1996, S. 245-253;

Kokai, Titus R.,
Die Abschaffung der Personenkontrollen an den Binnengrenzen der Europäischen Gemeinschaft ihre Folgen, in: Magiera, Siegfried (Hrsg.), Das Europa der Bürger in einer Gemeinschaft ohne Binnengrenzen, Vorträge und Diskussionsbeiträge der Verwaltungswissenschaftlichen Arbeitstagung 1989 des Forschungsinstituts für Öffentliche Verwaltung bei der Hoschschule für Verwaltungswissenschaften Speyer, 1990, S. 237-249;

Kortenberg, Helmut,
Closer Cooperation in the Treaty of Amsterdam, CMLRev. 1998, S. 833-854;

Kropholler, Jan,
Europäisches Zivilprozeßrecht, 5. Aufl., 1996;

Krüger, Ralf
Innere Sicherheit für Europa. Schengen und Maastricht – Stationen der Polizei auf dem Weg nach Europa, Kriminalistik 12/1994, S. 773-779;

Kruijtbosch, E. D. J.,
Benelux Experiences in the Evolition of Border Controls, in: Schermers, Henry G./ Flintermann, Cees u.a. (Hrsg.), Free Movement of Persons in Europe, Legal Problems and Experiences, 1993, S. 31-39;

Kühne, Hans-Heiner,
Kriminalitätsbekämpfung durch innereuropäische Grenzkontrollen?, 1991;

Lahr, Rolf,
Die Legende vom „Luxemburger Kompromiß", EA 8/1983, S. 223-232;

Lane, Robert,
New Community Competences under the Maastricht Treaty, CMLRev. 1993, S. 939-979;

Lang, Gernot,
Zu den Rechtswirkungen des Vertrages von Amsterdam auf den Rechtsstatus der Drittstaatsangehörigen, ZAR 2/1998, S. 59-67;

Lavranos, Nikolos,
Datenschutz in Europa. Am Beispiel der Datenschutzrichtlinien des Schengen Informations Systems (SIS) und Europol, DuD 7/1996, S. 400-408;

Lecheler, Helmut,
Die Fortentwicklung des Rechts der Europäischen Union durch den Amsterdamer Vertrag, JuS 5/1998, S. 392-397;

Lenz, Carl Otto (Hrsg.),
EG-Vertrag, Kommentar, 2. Aufl., 1999;

Lepoivre, Marc,
Le Domaine de la Justice et des Affaires Interieures dans la Perspective de la Conference Intergouvernementale de 1996, CahDrEur 1995, S. 323-349;

Leyendecker, Michael,
Innere Sicherheit, Asyl- und Ausländerpolitik, in: Weidenfeld, Werner/ Wessels, Wolfgang (Hrsg.), Jahrbuch der Europäischen Integration 1990/91, S. 201-206;

Lintner, Eduard,
Möglichkeiten der politischen Steuerung des Zustroms von Asylbewerbern und des Ausländerzuzugs unter Berücksichtigung des Aspekts des Abbaus der Grenzkontrollmaßnahmen innerhalb Europas, Die Polizei 11/1992, S. 262-267;

Lisken, Hans/ Denninger, Erhard (Hrsg.),
Handbuch des Polizeirechts, 2. Aufl., 1996;

de Lobkowicz, Wenceslas,
Der „dritte Pfeiler" des Unionsvertrages in der Perspektive der Regierungskonferenz 1996, in: Müller-Graff, Peter-Christian, (Hrsg.),

Europäische Zusammenarbeit in den Bereichen Justiz und Inneres: Der dritte Pfeiler der Europäischen Union, 1996, S. 41-62;

Löper, Friedrich,
Das Dubliner Übereinkommen über die Zuständigkeit für Asylverfahren, ZAR 1/2000, S. 16-24;

Magiera, Siegfried,
Ansätze für ein Europa der Bürger in der Rechtsordnung der Europäischen Gemeinschaft, in: Magiera, Siegfried (Hrsg.), Das Europa der Bürger in einer Gemeinschaft ohne Binnengrenzen, Vorträge und Diskussionsbeiträge der Verwaltungswissenschaftlichen Arbeitstagung 1989 des Forschungsinstituts für Öffentliche Verwaltung bei der Hochschule für Verwaltungswissenschaften Speyer, 1990, S. 13-19;

ders.,
Die neuen Entwicklungen der Freizügigkeit für Personen: Auf dem Wege zu einem europäischen Bürgerstatut, EuR 4/1992, S. 434-459;

ders.,
Die Einheitliche Europäische Akte und die Fortentwicklung der Europäischen Gemeinschaft zur Europäischen Union, in: Fiedler, Wilfried/ Ress, Georg (Hrsg.), Gedächtnisschrift für Wilhelm Karl Geck, Verfassungsrecht und Völkerrecht, 1989, S. 507-530;

ders.,
The Emergence of a „Europe of Citizens" in a Community without Frontieres (Speyerer Forschungsberichte 78), 1989;

ders.,
Die Europäischen Gemeinschaften auf dem Wege zu einem Europa der Bürger, DÖV 6/1987, S. 221-231;

Martínez Soria, José,
Die polizeiliche Zusammenarbeit in Europa und der Rechtsschutz des Bürgers, VerwArch 3/1998, S. 400-438;

Maunz, Theodor/ Dürig, Günter,
Kommentar zum Grundgesetz, Loseblattsammlung, Bd. III, Art. 38-91;

Menke, Matthias,
Bedingungen einer Asylgesetzgebung der Europäischen Gemeinschaft, 1993;

Meyring, Bernd,
Die Reform der Bereiche Justiz und Inneres durch den Amsterdamer Vertrag, EuR 3/1999, S. 309-324;

Middeke, Andreas/ Szczekalla, Peter,
Änderungen im europäischen Rechtschutzsystem. Der Maastrichter Unionsvertrag und seine Auswirkungen auf die europäische Gerichtsbarkeit, JZ 6/1993, S. 284-292;

Monar, Jürgen,
Der Dritte Pfeiler der Europäischen Union zu Beginn der Regierungskonferenz: Bilanz und Reformbedarf, Integration 2/1996, S. 93-101;

ders.,
Democratic Control of the Justice and Home Affairs: The European Parliament and the National Parliament, in: Bieber, Roland/ Monar, Joerg (eds.), Justice and Home Affairs in the European Union, 1995, S. 243-257;

ders.,
The Evolving Role of the Union Institutions in the Framework of the Third Pillar, in: Monar, Joerg/ Morgan, Roger (eds.), The Third Pillar of the European Union, 1994, S. 69- 84;

Müller-Graff, Peter-Christian,
The Dublin Convention. Pioneer and Lesson for Third-Pillar-Conventions, in: Bieber, Roland/ Monar, Joerg (eds.), Justice and Home Affairs in the European Union, 1995, S. 49-63;

ders.,
Europäische Zusammenarbeit in den Bereichen Justiz und Inneres - Funktion, Ausgestaltung und Entwicklungsoptionen des dritten Pfeilers der Europäischen Union -, in: Müller-Graff, Peter-Christian, (Hrsg.), Europäische Zusammenarbeit in den Bereichen Justiz und Inneres: Der dritte Pfeiler der Europäischen Union, 1996, S. 11-40;

ders.,
Justiz und Inneres nach Amsterdam - Die Neuerungen in erster und dritter Säule, Integration 4/1997, S. 271-284;

ders.,
Europäische Zusammenarbeit in den Bereichen Justiz und Inneres - Verbindungen und Spannungen zwischen dem dritten Pfeiler der Europäischen Union und der Europäischen Gemeinschaft -, in: Due, Ole/ Lutter, Marcus/ Schwarze, Jürgen (Hrsg.), Festschrift für Ulrich Everling, Bd. II, 1996, S. 925-944;

ders.,
The legal bases of the Third Pillar and its position in the framework of the Union Treaty, CMLRev. 1994, S. 493-510;

ders.,
Die Rechtsangleichung zur Verwirklichung des Binnenmarktes, EuR 2/1989, S. 107-151;

ders.,
The legal bases of the Third Pillar and its position in the framework of the Union Treaty, in: Monar, Joerg/ Morgan, Roger (eds.), The Third Pillar of the European Union, 1994, S. 21-36;

Myers, Philip,
The Commission´s Approach to the Third Pillar: Political and Organizational Elements, in: Bieber, Roland/ Monar, Joerg (eds.), Justice and Home Affairs in the European Union, 1995, S. 277-300;

Nachbaur, Andreas,
Europol-Beamte und Immunität – ein Sündenfall des Rechtsstaats, KJ 2/1998, S. 231-238;

Nanz, Klaus-Peter,
Der "3. Pfeiler der Europäischen Union": Zusammenarbeit in der Innen- und Sicherheitspolitik, Integration 3/1992, S. 126-140;

ders.,
The Harmonization of Asylum and Immigration Legislation Within the Third Pillar of the Union Treaty – A Stocktaking, in: Monar, Joerg/ Morgan, Roger (eds.), The Third Pillar of the European Union, 1994, S. 123-134;

ders.,
Das Schengener Übereinkommen: Personenfreizügigkeit in integrationspolitischer Perspektive, Integration 2/1994, S. 92-108;

ders.,
Schengener Übereinkommen und Personenfreizügigkeit, ZAR 3/1994, S. 99-107;

ders.,
The Schengen Agreement: Preparing the Free Movement of Persons in the European Union, in: Bieber, Roland/ Monar, Joerg (eds.), Justice and Home Affairs in the European Union, 1995, S. 29-48;

Nascimbene, Bruno,
Das Übereinkommen von Schengen und seine Anwendung in Italien, ZAR 6/1998, S. 259-262;

Neuwahl, Nanette A.E.M.,
Judical Control in Matters of Justice and Home Affairs: What Role for the Court of Justice?, in: Bieber, Roland/ Monar, Joerg (eds.), Justice and Home Affairs in the European Union, 1995, S. 301-320;

Nicolaus, Helmut,
Schengen und Europol - ein europäisches Laboratorium?, Europäische Polizeikooperation in deutsch-französischer Sicht, NVwZ 1/1996, S. 40-43;

Niedobitek, Matthias,
Pläne und Entwicklung eines Europas der Bürger, 1989;

Niemeier, Michael,
The K.4 Committee and Its Positions in the Decision Making Process, in: Bieber, Roland/ Monar, Joerg (eds.), Justice and Home Affairs in the European Union, 1995, S. 321-330;

Nikolaus, Wolfgang,
Ist „Schengen" nur ein Wort?, der kriminalist 4/1996, S. 169-172;

O'Keeffe, David,
European Immigration Law and Policy: The Schengen Conventions and European Community Law, in: Pauly, Alexis (Hrsg.), Les accords de Schengen: Abolition des frontières intérieures ou menace pour les libertés publiques?, 1993, S. 171-183;

ders.,
Recasting the Third Pillar, CMLRev. 1995, S. 893-920;

ders.,
The Schengen Convention: A Suitable Model for European Integration?, YEL 1991, S. 185-219;

Ostendorf, Heribert,
Europol - ohne Rechtskontrolle?, NJW 51/1997, S. 3418-3420;

Pechstein, Matthias,
Amsterdamer Vertrag und Grundgesetz, DÖV 14/1998, S. 569-576;

ders.,
EG-Umweltkompetenzen und nationale Alleingänge beim Umweltschutz, Jura 4/1996, S. 176-181;

Pechstein, Matthias/ Koenig, Christian,
Die Europäische Union. Die Verträge von Maastricht und Amsterdam, 2. Aufl., 1998;

Peilert, Andreas,
Rechtliche und politische Defizite bei der Bekämpfung der grenzüberschreitenden Kriminalität, Die Polizei 3/1999, S. 65-71;

Pitschas, Rainer,
Europäisches Polizeirecht als Informationsrecht, ZRP 5/1993, S. 174-177;

ders.,
Integrationsprobleme des Polizeirechts in Europa, NVwZ 7/1994, S. 625-629;

Polimeni, Gioacchino,
Judical Cooperation, in: Pauly, Alexis (Hrsg.), Les accords de Schengen: Abolition des frontières intérieures ou menace pour les libertés publiques?, 1993, S. 53-63;

Prantl, Heribert,
Europol – außer Kontrolle, DRiZ 6/1997, S. 234-236;

Randelzhofer, Albrecht,
Rechtsschutz gegen Maßnahmen von INTERPOL vor deutschen Gerichten, in: v. Münch, Ingo (Hrsg.), Staatsrecht-Völkerrecht-Europarecht, Festschrift für Hans-Jürgen Schlochauer, 1981, S. 531-555;

Ravillard, Patrick,
The Functioning of Customs Cooperation under Title VI of the Treaty on European Union: A First Evaluation, in: Bieber, Roland/ Monar, Joerg (eds.), Justice and Home Affairs in the European Union, 1995, S. 231-240;

Ress, Georg,
Die Auswirkungen der Abkommen von Schengen und Dublin auf die Asylpolitik der EG, in: Pauly, Alexis (Hrsg.), Les accords de Schengen: Abolition des frontières intérieures ou menace pour les libertés publiques?, 1993, S. 79-104;

Riegel, Reinhard,
Zum Verhältnis von Recht und Wirklichkeit am Beispiel des Datenschutzrechts in der Europäischen Gemeinschaft, DÖV 8/1991, S. 311-319;

ders.,
Probleme des grenzüberschreitenden Informationsaustauschs und des Datenschutzes bei den Sicherheits- und Strafverfolgungsbehörden - Zugleich ein Beitrag zur Harmonisierung des Informationsbefugnisrechts im europäischen Bereich, RiA 6/1987, 121-133;

Rittner, Fritz,
Wieviel Europa braucht Europa?, EuR 1/1998, S. 3-19;

Röhl, Hans-Christian,
Die Beteiligung der Bundesrepublik Deutschland an der Rechtsetzung im Ministerrat der Europäischen Union, EuR 4/1994, S. 409-444;

Rogalla, Dieter/ Neuhaus, Peter,
Die Unvereinbarkeit der Personenkontrollen von Marktbürgern an den EG-Binnengrenzen mit dem EWG-Vertrag, EuR 2/1984, S. 203-209;

Rupprecht, Reinhard,
Justiz und Inneres nach dem Amsterdamer Vertrag, Integration 4/1997, S. 264-270;

Rupprecht, Reinhard/ Hellenthal, Markus, (Hrsg.),
Innere Sicherheit im Europäischen Binnenmarkt, Strategien und Optionen für die Zukunft Europas, Grundlagen 10, 1992;

de Ruyt, Jean,
L'Acte Unique Europeen, 2. Aufl., 1989;

Sachs, Michael (Hrsg.),
Grundgesetz: Kommentar, 2. Aufl., 1998;

Schäuble, Wolfgang,
Europa ohne Grenzen - eine sichere Gemeinschaft, EA 6/1990, S. D 203- D 212;

Scharrer, Heinz-Eckart,
Das Europäische Währungssystem – Abgestufte Integration in der Praxis, in: Grabitz, Eberhard (Hrsg.), Abgestufte Integration: eine Alternative zum herkömmlichen Integrationsprozeß?, 1984, S. 225-260;

Schattenberg, Bernd,
The Schengen Information System: Privacy and Legal Protection, in: Schermers, Henry G./ Flintermann, Cees, u.a. (Hrsg.), Free Movement of Persons in Europe, Legal Problems and Experiences, 1993, S. 43-58;

Scheller, Susanne M.,
Das Schengener Informationssystem - Rechtshilfeersuchen "per Computer", JZ 18/1992, S. 904-911;

Schelter, Kurt,
Auf dem Weg zu einer gemeinsamen Innenpolitik, EU-Magazin 7-8/1995, S. 20-21;

Schelter, Kurt/ Hoyer, Werner, (Hrsg.),
Der Vertrag von Amsterdam – Materialien, 1998;

Schmidhuber, Peter M.,
Der Binnenmarkt – Eine Herausforderung für die Gesetzgebung der Gemeinschaft und der Mitgliedstaaten, EA 3/1989, S. 75-84;

Schneider, Heinrich,
Von Amsterdam in die Zukunft: Mit Trippelschritten vorwärts – oder in die Sackgasse, Integration 4/1997, S. 197-202;

Schoch, Friedrich,
Asyl- und Ausländerrecht in der Europäischen Gemeinschaft, DVBl. 8/1992, S. 525-536;

Schönfelder, Wilhelm/ Silberberg, Reinhard,
Der Vertrag von Amsterdam: Entstehung und erste Bewertung, Integration 4/1997, S. 203-210;

Scholz, Rupert/ Hofmann, Hans,
Der Vertrag von Amsterdam im Lichte des Artikels 23 GG, Europablätter 1/1998, S. 3-9;

Schomburg, Wolfgang,
Das Schengener Durchführungsübereinkommen – Anmerkungen und Berwertungen zu Titel III (Polizei und Sicherheit) aus einer deutschen justitiellen Sicht, JBl. 9/1997, S. 553-567;

Schrapper, Ludger,
Innere Sicherheit in der Europäischen Union, DVP 12/1996, S. 498-504;

Schreckenberger, Waldemar,
Von den Schengener Abkommen zu einer gemeinsamen Innen- und Justizpolitik (Die Dritte Säule), VerwArch 3/1997, S. 389-415;

Schreiber, Wolfgang,
Polizeiliche Zusammenarbeit in einem Europa ohne Grenzen, Realität und Perspektiven, Kriminalistik 6/1991, S. 369-376;

Schulte Rainer,
Brauchen wie eine Europäische Polizei-Führungsakademie?, Kriminalistik 8-9/1992, S. 487-490;

Schütz, Raimund,
Europaweite Freizügigkeit ohne demokratische Kontrolle?, AöR 120 (1995), S. 509-548;

Schutte, Julien J.E.,
Schengen: Its Meaning for the Free Movement of Persons in Europe, CMLRev. 1991, S. 549-570;

Schwart, A.H.J.,
Police and security in the Schengen Agreement and Schengen Convention, in: Meijers, Herman/ Bolten, José J. u.a., Schengen. Internationalization of Central Chapters of the Law of Aliens, Refugees, Privacy, Security and Policy, 1991, S. 96-109;

Schwartz, Ivo E.
EG-Kompetenzen für den Binnenmarkt: Exklusiv oder konkurrierend/subsidiär?, in: Due, Ole/ Lutter, Marcus/ Schwarze, Jürgen (Hrsg.), Festschrift für Ulrich Everling, Bd. II, 1996, S. 1331-1354;

Schweitzer, Michael,
Europäische Gemeinschaften und Asylrecht, ZAR 4/1992, S. 147-154;

Seiters, Rudolf,
Die Politik Innerer Sicherheit im Zeichen des europäischen Zusammenwachsens, Die Polizei 1/1993, S. 1-5;

ders.,
Das Schengener Abkommen und die Innenpolitik im Zeichen von Binnengrenzkontrollabbau und europäischer Einigung, Politische Studien, Heft 326, 1992, S. 5-14;

Simitis, Spiros/ Dammann, Ulrich/ Geiger, Hansjörg/ Mallmann, Otto/ Walz, Stefan,
Kommentar zum Bundesdatenschutzgesetz, 4. Aufl., Loseblatt-Ausgabe;

Simitis, Spiros/ Dammann, Ulrich/ Mallmann, Otto/ Reh, Hans-Joachim,
Dokumentation zum Bundesdatenschutzgesetz, Bd. 2, Loseblatt-Ausgabe;

Graf Stauffenberg, Franz Ludwig/ Langenfeld, Christine,
Maastricht – ein Fortschritt für Europa?, ZRP 7/1992, S. 252-259;

Steenbergen, J. D. M.,
Schengen and the Movement of Persons, in: Meijers, Herman/ Bolten, José J. u.a., Schengen. Internationalisation of Central Chapters of the Law of Aliens, Refugees, Privacy, Security and Policy, 1991, S. 57-73;

Steindorff, Ernst,
Gemeinsamer Markt als Binnenmarkt, ZHR (150) 1986, S. 687-704;

Stenberg, Gunnel,
Non-Expulsion and Non-Refoulement, 1989.

Stobbe, Erhard,
Das Schengener Übereinkommen. Inhalt, Wirksamkeit und Bedeutung, 1989;

Stöcker, Hans A.,
Streichung des Individualgrundrechts auf Asyl?, ZRP 1/1993, S. 9-11;

Storbeck, Jürgen,
EUROPOL - Sachstand und Ausblick, Die Polizei 9/1993, S. 229-234;

ders.,
EUROPOL - Symbol ihrer Zeit, Kriminalistik 3/1994, S. 201-204;

Streinz, Rudolf,
Die Luxemburger Vereinbarung, 1984;

ders.,
Der Vertrag von Amsterdam - Einführung in die Reform des Unionsvertrages von Maastricht und erste Bewertung der Ergebnisse, EuZW 5-6/1998, S. 137-147;

Stüer, Christoph,
Personenkontrollen an den europäischen Binnengrenzen und ihr Abbau, 1990;

Sturm, Joachim,
Das Schengener Durchführungsübereinkommen -SDÜ-, Kriminalistik 3/1995, S. 162-168;

Süß, Gisela,
Gemeinschafts- und verfassungsrechtliche Probleme einer europäischen Asylrechtsharmonisierung, BayVBl. 20/1990, S. 609-615;

Taschner, Hans Claudius,
Asyl- und Einwanderungsrecht aus europäischer Perspektive, in: Hailbronner, Kay (Hrsg.), Asyl- und Einwanderungsrecht im europäischen Vergleich, Schriftenreihe der Europäischen Rechtsakademie Trier, Bd. 1, 1992, S. 113-119;

ders.,
Schengen: Die Übereinkommen zum Abbau der Personenkontrollen an den Binnengrenzen von EU-Staaten, 1997;

ders.,
Schengen oder die Abschaffung der Personenkontrollen an den Binnengrenzen der EG, Europa-Institut der Universität des Saarlandes, 1990;

ders.,
Mittelbare Rechtsangleichung, in: Mestmäcker, Ernst Joachim/ Möller, Hans/ Schwarz, Hans-Peter (Hrsg.), Eine Ordnungspolitik für Europa, Festschrift für Hans von der Groeben, 1987, S. 407-424;

Taschner, Hans Claudius/ de Lobkovicz, Wenceslas,
Die Europäische Gemeinschaft und das Asylrecht, in: Zuleeg, Manfred (Hrsg.), Ausländerrecht und Ausländerpolitik in Europa, 1987, S. 143-152;

Tezcan, Ercüment,
La Coopération dans les Domaines de la Justice et des Affaires Intérieures dans le Cadre de l'Union Européene et le Traité d'Amsterdam, Cahiers de Droit Européene 5-6/1998, S. 661-681;

Thun-Hohenstein, Christoph,
Der Vertrag von Amsterdam, 1998;

Thun-Hohenstein, Christoph/ Cede, Franz,
Europarecht, Das Recht der Europäischen Union unter besonderer Berücksichtigung des EU-Beitritts Österreichs, 2. Aufl., 1996;

Trittin, Jürgen,
Schengen, Dublin, Maastricht: Meilensteine auf dem Weg zur Wohlstandsfestung Europa, in: Butterwegge, Christoph/ Jäger, Siegfried (Hrsg.), Europa gegen den Rest der Welt: Flüchtlingsbewegungen - Einwanderung - Asylrecht, 1993, S 191-205;

Verhey, L.F.M.,
Privacy aspects of the Convention Applying the Schengen Agreement, in: Meijers, Herman/ Bolten, José J. u.a., Schengen. Internationalization of Central Chapters of the Law of Aliens, Refugees, Privacy, Security and Policy, 1991, S. 110-134;

Graf Vitzthum, Wolfgang (Hrsg.),
Völkerrecht, 1997;

Waechter, Kay,
Demokratische Steuerung und Kontrolle einer europäischen Polizei, ZRP 5/1996, S. 167-169;

Walter, Christian,
Die drei Entscheidungen des französischen Verfassungsrats zum Vertrag von Maastricht über die Europäische Union, EuGRZ 1993, S. 183-187;

Weber, Albrecht,
Einwanderungs- und Asylpolitik nach Maastricht, ZAR 1/1993, S. 11-18;

ders.,
Die Harmonisierung der europäischen Einwanderungs- und Asylpolitik, ZRP 5/1993, S. 170-173;

ders.,
Möglichkeiten und Grenzen einer europäischen Asylrechtsharmonisierung vor und nach Amsterdam, ZAR 4/1998, S. 147-152;

Weber, Claus,
Reisefreiheit für Drittstaatsangehörige - welche Kompetenzen besitzen Europäische Gemeinschaft und Europäische Union?, ZAR 1/1997, S. 25-28;

Weckel, Philippe,
La Convention Additionnelle a l'Accord de Schengen, RGDIP 1991, S. 405-437;

Wehner, Ruth,
Europäische Zusammenarbeit bei der polizeilichen Terrorismusbekämpfung aus rechtlicher Sicht, 1993;

Weichert, Theo,
Europol-Konvention und Datenschutz, DuD 8/1995, S. 450-457;

ders.,
Das geplante Schengen-Informationssystem, CR 1/1991, S. 62-66;

Welte, Hans-Peter,
Beschlüsse zum Ausländer- und Asylrecht auf der Regierungskonferenz am 16./17. Juni 1997 in Amsterdam (Maastricht II), ZAR 2/1998, S. 67-69;

Welter, Gulberit,
Der Weg nach Europa - Lage und Ausblick im Bereich der Inneren Sicherheit, Die Polizei 8/1989, S. 207-212;

Wenzel, Jörg,
Innere Sicherheit in Europa, Die Polizei 1/1993, S. 5-9;

Werner, Ulrich,
Schengen und Europol – Schritte zu einem einheitlichen Polizeiraum Europa, CR 1/1997, S. 34-38;

Westphal, Volker,
Die Berücksichtigung des Schengener Durchführungsübereinkommens bei aufenthaltsrechtlichen Maßnahmen, ZAR 4/1998, S. 175-180;

Wewel, Uwe,
Schutz der Union durch Zusammenarbeit im Zollwesen, in: Müller-Graff, Peter-Christian, (Hrsg.), Europäische Zusammenarbeit in den Bereichen Justiz und Inneres: Der dritte Pfeiler der Europäischen Union, 1996, S. 117-133;

Wilke, Axel,
Vollendung des EG-Binnenmarktes und Asylrecht, ZRP 6/1989, S. 225-229;

Witzsch, Günter,
Zuwanderungsbeschränkungen durch Einwanderungsgesetz?, ZRP 1/1999, S. 10-18;

Wollenschläger Michael/ Becker, Ulrich,
Harmonisierung des Asylrechts in der EG und Art. 16 Abs. 2 S. 2 GG, EuGRZ 1990, S. 1-10;

Wollenschläger Michael/ Schraml, Alexander,
Art. 16 a GG, das neue „Grundrecht" auf Asyl?, - Möglichkeiten und Grenzen eines Einwanderungskonzepts, JZ 2/1994, S. 61-71;

Wolters, Jörg,
„Ausgleichsmaßnahmen" nach dem Schengener Durchführungsübereinkommen, Kriminalistik 3/1995, S. 172-177;

Wurst, Mathias,
Europa 1992: Auf dem Weg zu einem inhaltlichen Datenschutzrecht in der europäischen Gemeinschaft, JuS 6/1991, S. 448-453;

Zacker, Christian,
Abfall im gemeinschaftlichen Abfallrecht: eine dogmatische Untersuchung ausgewählter Rechtsprobleme, 1997;

Ziegenaus, Hermann,
Sicherheitsdefizite der Grenzöffnung - Kompensationsmöglichkeiten, Politische Studien, Heft 326, 1992, S. 37-44;

Zieschang, Frank,
Der Austausch personenbezogener Daten mittels Europol, ZRP 11/1996, S. 427-429;

Zimmermann, Andreas,
Der Vertrag von Amsterdam und das deutsche Asylrecht, NVwZ 5/1998, S. 450-456;

Zuleeg, Manfred,
Die Bedeutung des europäischen Gemeinschaftsrechts für das Ausländerrecht, NJW 36/1987, S. 2193-2199.

Abkürzungsverzeichnis

a.A.	anderer Ansicht
ABl.	Amtsblatt der Europäischen Gemeinschaften
ABGB	Allgemeines Bürgerliches Gesetzbuch vom 1. Juni 1811 (Österreich)
Abs.	Absatz
AETR	Europäisches Abkommen über die Arbeit des Fahrpersonals im grenzüberschreitenden Kraftverkehr
Anm.	Anmerkung
AnwBl	Anwaltsblatt
AöR	Archiv des öffentlichen Rechts
ASOG Bln	Allgemeindes Gesetz zum Schutz der öffentlichen Sicherheit und Ordnung in Berlin
ASYL	Schweizerische Zeitschrift für Asylrecht und -praxis
Art.	Artikel
Aufl.	Auflage
BAnz.	Bundesanzeiger
BayVBl.	Bayerische Verwaltungsblätter
Bbg PolG	Gesetz über die Aufgaben und Befugnisse der Polizei im Land Brandenburg (Brandenburgisches Polizeigesetz)
bearb.	bearbeitet
Beil.	Beilage
Bek.	Bekanntmachung
ber.	berichtigt
Bd.	Band
BDSG	Bundesdatenschutzgesetz
BGB	Bürgerliches Gesetzbuch vom 18. Augusst 1896
BGBl.	Bundesgesetzblatt
BKA	Bundeskriminalamt
BR-Drucks.	Bundesrat-Drucksache
BSHG	Bundessozialhilfegesetz
BT-Drucks.	Bundestag-Drucksache
Bull.EG	Bulletin der Europäischen Gemeinschaften
Bull.EU	Bulletin der Europäischen Union
BVerfG	Bundesverfassungsgericht
BVerfGE	Entscheidungen des Bundesverfassungsgerichts (amtliche Sammlung)
BVerfSchG	Bundesverfassungsschutzgesetz
bzw.	beziehungsweise

CahDrEur	Cahiers de Droit Européenne
CIREA	Centre d'information de réflexion et d'échange en matière d'asile (Informations-, Forschungs- und Austauschzentrum für Asylfragen)
CIREFI	Centre d'information de réflexion et d'échanges en matière de franchissement des frontières et d'immigration (Informations-, Forschungs- und Austauschzentrums für Fragen des Grenzübertritts und der Einwanderung)
CELAD	Comité européen pour la Lutte anti-drogue (Europäischen Ausschusses zur Bekämpfung des Drogenmißbrauchs)
CMLRev.	Common Market Law Review
COREPER	Comité des representants permanents (Ausschuß der Ständigen Vertreter)
CR	Computer und Recht
D	Dokument
ders.	derselbe
d.h.	das heißt
dies.	dieselbe(n)
DÖV	Die Öffentliche Verwaltung
Dok./Doc.	Dokument
DRiZ	Deutsche Richterzeitung
DuD	Datenschutz und Datensicherung
DVBl.	Deutsches Verwaltungsblatt
DVP	Deutsche Verwaltungspraxis
DuR	Demokratie und Recht
E	Entscheidung (im Zusammenhang mit einem Entscheidungszitat)
EA	Europa-Archiv
EAG	Europäische Atomgemeinschaft
eds.	editors
EDU	Europol Drugs Unit (Europäische Drogen-Einheit)
EEA	Einheitliche Europäische Akte
EFTA	European Free Trade Association (Europäische Freihandelszone)
EG	Europäische Gemeinschaft(en)
EGKS	Europäische Gemeinschaft für Kohle und Stahl
EGMR	Europäischer Gerichtshof für Menschenrechte
EGV	Vertrag zur Gründung der Europäischen Gemeinschaft vom 25. März 1957 in der Fassung des Vertrags von Amsterdam (EG-Vertrag)

EIS	Europäisches Informationssystem
EJIL	European Journal of International Law
ELR	European Law Review
EMRK	Konvention zum Schutze der Menschenrechte und Grundfreiheiten vom 4. November 1950
endg.	endgültig
EPZ	Europäische Politische Zusammenarbeit
EU	Europäische Union
EuGH	Gerichtshof der Europäischen Gemeinschaften
EuGRZ	Europäische Grundrechte-Zeitschrift
EuGVÜ	Übereinkommen über die gerichtliche Zuständigkeit und die Vollstreckung gerichtlicher Entscheidungen in Zivil- und Handelssachen
EuR	Europarecht (Zeitschrift)
Europol	Europäisches Polizeiamt
EUV	Vertrag über die Europäische Union vom 7. Februar 1992 in der Fassung des Vertrages von Amsterdam (EU-Vertrag)
EuZW	Europäische Zeitschrift für Wirtschaftsrecht
EWG	Europäische Wirtschaftsgemeinschaft
EWGV	Vertrag zur Gründung der Europäischen Wirtschaftsgemeinschaft vom 25. März 1957
EWR	Europäischer Wirtschaftsraum
EWS	Europäisches Währungssystem
f.	folgende (Seite)
FBI	Federal Bureau of Investigation
ff.	folgende (Seiten)
Fn.	Fußnote
FS	Festschrift
GAM	Groupe d'Assistance Mutuelle (Gruppe „Gegenseitige Amtshilfe")
GASP	Gemeinsame Außen- und Sicherheitspolitik
geänd.	geändert
GFK	Genfer Flüchtlingskonvention (Abkommen über die Rechtsstellung der Flüchtlinge vom 28. Juli 1951)
GG	Grundgesetz
GMBl.	Gemeinsames Ministerialblatt des BMI (Bundesminister des Innern) und weiterer Bundesministerien
GS	Gedächtnisschrift
GYIL	German Yearbook of International Law

Hdb. EU-WirtschaftsR	Handbuch des EU-Wirtschaftsrechts
Hdb. PolizeiR	Handbuch des Polizeirechts
h.M.	herrschende Meinung
hrsg.	herausgegeben
Hrsg.	Herausgeber
Hs.	Halbsatz
HSOG	Hessische Gesetz über die öffentliche Sicherheit und Ordnung
IAO	Internationale Arbeitsorganisation
ibid.	ebendort
i.d.F.	in der Fassung
IGH	Internationaler Gerichtshof
IJRL	International Journal of Refugee Law
IKPO	Internationale Kriminalpolizeiliche Organisation
insb.	insbesondere
i.S.	im Sinne
i.S.d.	im Sinne der/des
i.S.v.	im Sinne von
IT	Informations-Technologie
i.V.m.	in Verbindung mit
JBL	Juristische Blätter
Jura	Juristische Ausbildung
JuS	Juristische Schulung
JZ	Juristenzeitung
Kap.	Kapitel
KJ	Kritische Justiz
KOM	Dokumente der Kommission der Europäischen Union
krit.	kritisch
KritV	Kritische Vierteljahresschrift für Gesetzgebung und Rechtswissenschaft
lit.	Buchstabe
m.	mit
m.w.N.	mit weiteren Nachweisen
MS	Mitgliedstaaten
Nachw.	Nachweise
NJB	Nederlands Juristen Blad

NJW	Neue Juristische Wochenschrift
Nr.	Nummer
NVwZ	Neue Zeitschrift für Verwaltungsrecht
OECD	Organisation for Economic Cooperation and Development (Organisation für wirtschaftliche Zusammenarbeit und Entwicklung)
p.	page
PolG BW	Polizeigesetz des Landes Baden-Württemberg
Prot.	Protokoll
RabelsZ	Rabels Zeitschrift für ausländisches und internationales Privatrecht
RGDIP	Revue général de droit international public
RIA	Das Recht im Amt
RL	Richtlinie
RMC	Revue du Marché commun
Rn.	Randnummer(n)
Rs.	Rechtsache
Rspr.	Rechtsprechung
RTDE	Revue trimestrielle de droit européen
RUDH	Revue universelle des droits de l'homme
S.	Seite(n)
s.o.	siehe oben
s.u.	siehe unten
SDÜ	Schengener Durchführungsübereinkommen vom 19. Juni 1990
SIS	Schengener Informationssystem
Slg.	Sammlung der Rechtsprechung des Gerichtshofes der Europäischen Gemeinschaften
sog.	sogenannte(r)
Spstr.	Spiegelstrich
st. Rspr.	ständige Rechtsprechung
str.	streitig
u.a.	und andere; unter anderem
UAbs.	Unterabsatz
UN	United Nations (Vereinte Nationen)
UNTS	United Nations Treaty System
UTR	Jahrbuch des Umwelt- und Technikrechts

v.	vom
verb. Rs.	verbundene Rechtsachen
VerwArch	Verwaltungsarchiv
vgl.	vergleiche
VO	Verordnung
Vol.	Band
Vorbem.	Vorbemerkung
VVDStRL	Veröffentlichungen der Vereinigung der Deutschen Staatsrechtslehrer
Weißbuch	Kommission der Europäischen Gemeinschaften, Weißbuch über die Vollendung des Binnenmarktes
WEU	Westeuropäische Union
WVRK	Wiener Übereinkommen über das Recht der Verträge vom 23. Mai 1969
WTO	World Trade Organisation (Welthandelsorganisation)
YEL	Yearbook of European Law
ZaöRV	Zeitschrift für ausländisches öffentliches und Völkerrecht
ZAR	Zeitschrift für Ausländerrecht und Ausländerpolitik
z.B.	zum Beispiel
ZHR	Zeitschrift für das gesamte Handelsrecht und Wirtschaftsrecht
ZfRV	Zeitschrift für Rechtsvergleichung
Ziff.	Ziffer
ZIS	Zollinformationssystem
ZParl	Zeitschrift für Parlamentsfragen
ZRP	Zeitschrift für Rechtspolitik
ZVG	Zentrale Verhandlungsgruppe
ZVglRWiss	Zeitschrift für vergleichende Rechtswissenschaft

Einleitung

In seiner Erklärung vom 21. Juli 1994 vor dem Europäischen Parlament betonte *Jacques Santer* vor der Abstimmung über seine Ernennung zum Präsidenten der Europäischen Kommission, daß der Bürger im Mittelpunkt der Integration als eine der wichtigsten künftigen Aufgaben der Gemeinschaft anzusehen sei. Denn nach wie vor bestehe zwischen den Organen der Europäischen Union und der Öffentlichkeit „eine Kluft", die es zu überwinden gelte, um das Ziel, die Schaffung einer Europäischen Union, zu verwirklichen[1]. Der einzelne Gemeinschaftsbürger ist in der Betrachtung nicht mehr als wirtschaftliches Objekt zu sehen, sondern es müssen seine persönlichen, sozialen, kulturellen und politischen Dimensionen berücksichtigt werden. Der einzelne muß die Gemeinschaft aufgrund konkreter Erfahrungen als „seine Sache" begreifen[2], wenn die Integration der Gemeinschaft gefestigt werden soll. *Leo Tindemanns* wies bereits in seinem Bericht an den Europäischen Rat vom 29. Dezember 1976 darauf hin, daß Europa „bürgernah" sein müsse[3].

Zwar ist seit der Vollendung des Binnenmarktes Anfang 1993 das Passieren der innergemeinschaftlichen Grenzen ohne Vorzeigen der Reisepässe oder Ausweispapiere und ohne Kontrolle des mitgeführten Reisegepäcks grundsätzlich möglich, die europäische Integration für jeden einzelnen Bürger also spürbar geworden, dennoch herrscht unter vielen Unionsbürgern eine weiterhin bestehende gewisse kritische Resonanz gegenüber dem Ziel einer Europäischen Union. So sind etwa 70 % der Europäer nach wie vor davon überzeugt, daß die europäische Einigung erst mit der Verwirklichung des freien Personenverkehrs und dem vollständigen Abbau der innergemeinschaftlichen Grenzkontrollen erreicht ist[4]. Diese Haltung läßt sich zu einem großen Teil sicherlich daraus herleiten, daß es weit mehr Regelungen über den Grenzübertritt von Waren als über den Grenzübertritt von Personen gibt. Es scheint daher nicht aus der Luft gegriffen, angesichts der unterschiedlichen Regelungsdichte anzunehmen, der freie Warenverkehr spiele in der Europäischen Gemeinschaft bisher eine wichtigere Rolle als der freie Personenverkehr. Allein über wirtschaftliche Erfolge jedoch können die Bürger nicht als Befürworter der Schaffung einer Europäischen Union gewonnen werden. Je mehr der Integrationsprozeß von

---

[1] Vgl. Erklärung des designierten Präsidenten der Europäischen Kommission, Jacques Santer, vor dem Europäischen Parlament in Straßburg v. 21. Juli 1994, in: EA 18/1994, D 536 (D 537 f.).

[2] EG-Kommission (Hrsg.), Der Bürger Europas und seine neuen Rechte, 1987, S. 8.

[3] Bull.EG, Beil. 1/1976, S. 29.

[4] Europäische Kommission (Hrsg.), Freizügigkeit für Europas Bürger, 1994, S. 4 mit weiteren Angaben.

einer Europäischen (Wirtschafts)Gemeinschaft zu einer Europäischen Union verwirklicht wird, desto stärker wird das Europa der Bürger, das nicht an wirtschaftliche Aspekte anknüpft, in der Realität der Menschen verankert werden können[5].

Die Europäischen Gemeinschaften beruhen auf Verträgen[6], die in erster Linie eine wirtschaftliche Integration anstreben, also die wirtschaftlichen Beziehungen zwischen den Mitgliedstaaten zum Gegenstand haben. Nach ihren darüber hinaus gehenden Zielen, wie sie vor allem in der Präambel des EGKS- und des EG-Vertrags zum Ausdruck kommen, soll die Gemeinschaft jedoch auch „den ersten Grundstein für eine weitere und vertiefte Gemeinschaft unter Völkern ... legen, die lange Zeit durch blutige Auseinandersetzungen entzweit waren“ sowie „die Grundlagen für einen immer engeren Zusammenschluß der europäischen Völker ... schaffen“. Die tatsächliche Entwicklung der Gemeinschaft im Integrationsprozeß hat aber gezeigt, daß seit Gründung der Europäischen Wirtschaftsgemeinschaft am 1. Januar 1958[7] vor allem die wirtschaftliche Integration der Gemeinschaft im Vordergrund stand. Mit der vorzeitigen Verwirklichung der Zollunion am 1. Juli 1968[8] und den frühzeitigen Initiativen zur Schaffung einer Wirtschafts- und Währungsunion[9], die durch den Maastrichter Vertrag vom 7. Februar 1992 ausdrücklich im EG-Vertrag festgeschrieben wurden, sind Maßnahmen getroffen worden, die ausschließlich den Integrationsprozeß des wirtschaftlichen Sektors betreffen. Auch bei der

---

[5] *Magiera*, in: Dauses (Hrsg.), Hdb. EU-WirtschaftsR, D. IV Rn. 19; *ders.*, in: GS Geck, 1989, S. 507.

[6] Verträge über die Gründung der Europäischen Gemeinschaft für Kohle und Stahl (EGKS) v. 18. April 1951 (BGBl. 1952 II S. 447 i.d.F. des Europäischen Unionsvertrages v. 7. Februar 1992, BGBl. 1992 II S. 1253/1282, geänd. durch Beitrittsvertrag v. 24. Juni 1994, BGBl. 1994 II S. 2022 i.d.F. des Beschlusses v. 1. Januar 1995, ABl. EG 1995 Nr. L 1/1, ber. ABl. EG 1997 Nr. L 179/12), geänd. durch den Vertrag von Amsterdam v. 2. Oktober 1997 (BGBl. 1998 II S. 386) sowie zur Gründung der Europäischen Gemeinschaft (EGV) v. 25. März 1957 (BGBl. 1957 II S. 766 i.d.F. des Vertrages über die Europäische Union v. 7. Februar 1992, BGBl. 1992 II S. 1253/1256, geänd. durch Beitrittsvertrag v. 24. Juni 1994, BGBl. 1994 II S. 2022, i.d.F. des Beschlusses v. 1. Januar 1995, ABl. EG 1995 Nr. L 1/1, ber. ABl. EG 1997 Nr. L 179/12), geänd. durch den Vertrag von Amsterdam v. 2. Oktober 1997 (BGBl. 1998 II S. 386, ber. BGBl. 1999 II S. 416) und der Europäischen Atomgemeinschaft (EAG) v. 25. März 1957 (BGBl. 1957 II S. 1014 i.d.F. des Europäischen Unionsvertrages v. 7. Februar 1992, BGBl. 1992 II S. 1253/1286, geänd. durch Beitrittsvertrag v. 24. Juni 1994, BGBl. 1994 II S. 2022 i.d.F. des Beschlusses v. 1. Januar 1995, ABl. EG 1995 Nr. L 1/1, ber. ABl. 1997 Nr. L 179/12), geänd. durch den Vertrag von Amsterdam v. 2. Oktober 1997 (BGBl. 1998 II S. 386).

[7] Der Vertrag ist in seiner ursprünglichen Fassung am 1. Januar 1958 in Kraft getreten gemäß Bek. v. 27. Juli 1957 (BGBl. 1958 II S. 1).

[8] Vgl. EG-Gesamtbericht 2/1968, S. 21.

[9] Dazu eingehend *Kimms*, S. 44 ff., S. 96 ff. m.w.N.

Vollendung des europäischen Binnenmarktes, einem Ziel, das durch die EEA in den Vertrag eingefügt wurde[10], sind zunächst die wirtschaftlich geprägten Aspekte vorrangig realisiert worden. So wurden zunächst die Schranken beseitigt, welche die nationalen Märkte der Mitgliedstaaten voneinander trennten, damit die Volkswirtschaften der Mitgliedstaaten in einem einheitlichen Wirtschaftsraum zusammenwachsen konnten[11]. Wesentliche Elemente der Vollendung des gemeinschaftlichen Binnenmarktes, der als ein Raum ohne Binnengrenzen verstanden wird[12], sind neben der Warenverkehrs-, Dienstleistungs- und Kapitalverkehrsfreiheit auch der freie Personenverkehr und der Abbau der innergemeinschaftlichen Grenzkontrollen[13]. Der in Art. 14 II EGV (Art. 7 a UAbs. 2 EGV a.F.) definierte Binnenmarkt geht also über einen reinen Wirtschaftsraum hinaus[14]. So hat die Gemeinschaft mit der Zielsetzung der Schaffung eines "Europa der Bürger" bereits Anfang der 70er Jahre versucht, die Integration über die wirtschaftliche Dimension hinauszuführen und weitere staatliche und gesellschaftliche Bereiche zu erfassen. Diese Formulierung zählt, wie der EuGH in dem *Erasmus*-Urteil vom 30. Mai 1989 festgestellt hat, zu den allgemeinen Zielen der Gemeinschaft[15] und ist somit zu einem festen Begriff des geltenden Gemeinschaftsrechts geworden[16]. Zu den wichtigsten Ausprägungen dieser Zielsetzung gehören vor allem Maßnahmen zur personellen, zur sozialen, zur kulturellen und zur politischen Dimension der Gemeinschaft[17], wobei erstere die Freizügigkeit in der Gemeinschaft und den Abbau der innergemeinschaftlichen Grenzkontrollen betreffen[18].

Die Problematik des vollständigen Wegfalls der Personenkontrollen an den innergemeinschaftlichen Grenzen ist in ein Spannungsfeld eingebettet[19]. Denn offene Grenzen und Freizügigkeit erhöhen auch die Mobilität krimineller Elemente, die wiederum die persönliche Sicherheit der Gemeinschaftsbürger gefährden. Es darf daher trotz des angestrebten Wegfalls aller Kontrollen an den Binnengrenzen zu keinem Sicherheitsverlust[20] in dem grenzfreien Raum kommen. Um den Bürgern volle Freizügigkeit gewähren und ihnen gleichzeitig

---

[10] Vgl. Art. 13 EEA.

[11] S. auch *Bardenhewer/Pipkorn*, in: GTE, Art. 7 a Rn. 6.

[12] Vgl. Art. 14 II EGV (Art. 7 a UAbs. 2 EGV a.F.).

[13] *Bardenhewer/Pipkorn*, in: GTE, Art. 7 a Rn. 49.

[14] S. auch *Bardenhever/Pipkorn*, in: GTE, Art. 7 a Rn. 7.

[15] EuGH, Rs. 242/87, Kommission/Rat, Slg. 1989, 1425 (1456).

[16] Vgl. auch *Magiera*, in: Magiera (Hrsg.), S. 13.

[17] Vgl. den Überblick bei *Niedobitek*, S. 8 ff.; *Magiera*, The Emergence of a „Europe of Citizens“, S. 6 ff.

[18] *Magiera*, in: Dauses (Hrsg.), Hdb. EU-WirtschaftsR, D. IV Rn. 20.

[19] *Kókai*, in: Magiera (Hrsg.), S. 237 (238); einschränkend *Seiters*, Die Polizei 1/1993, 1 (2).

[20] S. hierzu mit krit. Anm. *Busch*, KJ 1/1990, 1 f.

Sicherheit und Schutz bieten zu können, sind weitere Maßnahmen notwendig, die den Terrorismus, den Rauschgift- und Waffenhandel, das organisierte Verbrechen, aber auch die illegale Einwanderung bekämpfen. Als solche Ausgleichsmaßnahmen sind in diesem Zusammenhang neben stichprobenartigen Ausweiskontrollen an den Binnengrenzen vor allem verstärkte Kontrollen an den Außengrenzen zu nennen[21]. Auch Fragen der Visa- und Asylverfahren sowie eine engere Zusammenarbeit im Polizei- und Zollwesen zwischen den Mitgliedstaaten sind mit dem Wegfall der Binnengrenzkontrollen eng verknüpft und damit von besonderer Relevanz[22]. Die Schaffung des gemeinsamen Binnenmarktes in einem "Europa ohne Grenzen" kann daher ohne koordinierte Maßnahmen auf den Gebieten der inneren Sicherheitspolitik, der Asyl- und Einwanderungspolitik nicht erreicht werden[23]. Im Hinblick hierauf ist aber bei der bisherigen Entwicklung auf EG-Ebene für den Abbau der Personenkontrollen an den Binnengrenzen zunächst nicht viel erreicht worden. Neben der Entschließung des Rates über die Erleichterung der Personenkontrollen vom 7. Juli 1984[24], des Richtlinienvorschlags der Kommission zur Erleichterung der für die Staatsangehörigen der Mitgliedstaaten geltenden Kontrollen und Förmlichkeiten an den innergemeinschaftlichen Grenzen vom 23. Januar 1985[25] und der Einsetzung spezieller Arbeitsgruppen, wie etwa den Ad-hoc-Ausschuß für das Europa der Bürger[26], die Ad-hoc-Gruppe „Einwanderung“[27] sowie die Gruppe der Koordinatoren „Freizügigkeit des Personenverkehrs“[28], sind keine nennenswerten Maßnahmen auf Gemeinschaftsebene erfolgt. Größere Fortschritte wurden nur auf zwischenstaatlicher Ebene erzielt, wie das am 26. März 1995 in Kraft gesetzte[29] "Übereinkommen zur Durchführung des Übereinkommens von Schengen vom 14. Juni 1985" (SDÜ) verdeutlicht. Das Zustandekommen dieses Abkommens zeigt, daß es aufgrund unterschiedlicher Haltungen einiger Mitgliedstaaten nicht möglich war, eine einheitliche Linie zu finden, um auf Gemeinschaftsebene den vertraglich vorgesehenen Abbau der Kontrollen an den Binnengrenzen zu erreichen. Die Schengener Vertragsstaaten strebten deshalb

---

21 S. auch *Den Boer*, in: Bieber/Monar (eds.), S. 191 (194); *Magiera*, EuR 4/1992, 434 (444 f.).

22 Vgl. auch *Stüer*, S. 228 m.w.N.

23 Europäische Kommission (Hrsg.), Freizügigkeit für Europas Bürger, 1994, S. 3. So weist auch *Witzsch*, ZRP 1/1999, 10 (16) darauf hin, daß die Asylproblematik möglichst im Rahmen einer gesamteuropäischen Asylpolitik gelöst werden müsse.

24 ABl. EG 1984 Nr. C 159/1.

25 ABl. EG 1985 Nr. C 47/5.

26 Bull.EG 6/1984, Ziff. 1.1.9.

27 Bull.EG10/1986, Ziff. 2.4.7.

28 Bull.EG 12/1988, Ziff. 1.1.3.

29 Zur Frage der Unterscheidung zwischen Inkrafttreten und Inkraftsetzen des SDÜ vgl. u. S. 47 ff.

an, dieses Ziel zumindest auf völkerrechtlicher Ebene zu verwirklichen. Statt auf gemeinschaftsrechtliche wurde auf völkerrechtliche Grundsätze und Verfahren zurückgegriffen[30]. Das am 19. Juni 1990[31] abgeschlossene SDÜ sieht den schrittweisen Abbau der Kontrollen an den Binnengrenzen und die vollständige Verwirklichung der Freiheit des Personenverkehrs zwischen den Vertragsstaaten vor. Hierzu sollen die den Kontrollen zugrundeliegenden Rechtsvorschriften harmonisiert und ergänzende Maßnahmen zur Vermeidung von Sicherheitsverlusten getroffen werden. Dabei werden u.a. die Bereiche Überschreiten der Außengrenzen, Harmonisierung der Visapolitik, Voraussetzungen für den Reiseverkehr von Drittstaatsangehörigen, Zuständigkeit für die Behandlung von Asylbegehren, polizeiliche Zusammenarbeit, Rechtshilfe in Strafsachen, Bekämpfung der Betäubungsmittelkriminalität behandelt. Ausschlaggebend für das Zustandekommen der Schengener Abkommen war die Tatsache, die europäische Integration auf dem Gebiet des freien Personenverkehrs nach dem Scheitern auf der Gemeinschaftebene zumindest auf völkerrechtlicher Basis voranzutreiben und auf diesem Wege den europäischen Bürger durch den für ihn spürbaren Abbau der Binnengrenzkontrollen in den europäischen Integrationsprozeß einzubinden. Zudem wuchs bei den Schengener Vertragsparteien die Erkenntnis, daß die Wanderungsbewegungen nach Westeuropa sowie Fragen der Asylpolitik nicht länger als nationales Problem angesehen werden können.

Mit dem durch den Vertrag von Maastricht eingeführten Titel VI des EU-Vertrags (Art. K - K.9 EUV a.F.) sind erstmalig im Rahmen der Europäischen Union Regelungen über die innen- und justizpolitische Zusammenarbeit aufgenommen worden. Art. K - K.9 EUV a.F., als „dritte Säule" der Europäischen Union bezeichnet, stellte ein Instrumentarium dar, das im wesentlichen den Charakter zwischenstaatlicher Kooperation einnahm. Die Tatsache, daß der EU-Vertrag die Zusammenarbeit in den Bereichen Justiz und Inneres nicht supranational regelte, somit also der Überführung von klassisch nationalen Aufgaben, wie beispielsweise die Asyl- und Einwanderungspolitik, die justitielle Zusammenarbeit in Zivil- und Strafsachen sowie die polizeiliche Zusammenarbeit, in die Gemeinschaftsstruktur eine Absage erteilt hatte, ist nach wie vor vor dem Hintergrund eines damit verbundenen Souveränitätsverzichts und –verlusts seitens der Mitgliedstaaten zu sehen. Die Möglichkeiten der Gemeinschaft, selbst auf diesen Gebieten tätig zu werden, bestanden mit Ausnahme des Erlasses gewisser visarechtlicher Regelungen überhaupt nicht. Auch die Beteiligungsrechte der Gemeinschaftsorgane im Rahmen der „dritten Säule" waren äußerst begrenzt, was besonders die fehlende Zuständigkeit des EuGH für die Bereiche Justiz und Inneres belegt. Gerade unter dem Gesichtspunkt, daß

---

30 *Epiney*, in: Achermann/Bieber u.a., S. 25.
31 BAnz Nr. 217 a v. 23. November 1990.

diese „dritte Säule“ besondere Bedeutung für das Zusammenleben der Menschen, aber auch für das Verständnis der Bürger für die Europäischen Union hat, ist dies zu bemängeln.

Erst mit dem Vertrag von Amsterdam, der am 1. Mai 1999 in Kraft getreten ist, sind wesentliche Teile dieser „dritten Säule“ „vergemeinschaftet“ worden. Der neue Titel IV, „Visa, Asyl, Einwanderung und andere Politiken betreffend den freien Personenverkehr“ des EG-Vertrags zielt auf die Schaffung eines Raumes der Freiheit, der Sicherheit und des Rechts ab. Durch die neu eingeführten Art. 61 - 69 EGV werden die Bereiche Asyl, Außengrenzen, Einwanderung und justitielle Zusammenarbeit in Zivilsachen aus dem bisherigen Art. K.1 EUV a.F. in das Gemeinschaftsrecht überführt und konkretisiert. Zugleich werden die verbleibenden Teile der unter dem neuen und engeren Titel VI „Bestimmungen über die polizeiliche und justizielle Zusammenarbeit in Strafsachen“ des EU-Vertrags gestrafft und zumindest teilweise der Jurisdiktion des EuGH unterstellt. Darüber hinaus wird durch ein Protokoll der auf den Wegfall der Binnengrenzen ausgerichtete Schengen-Besitzstand in den EG-Vertrag und EU-Vertrag einbezogen.

Im Rahmen dieser Arbeit soll nicht nur der Frage nachgegangen werden, welche Stellung der Abbau der Personenkontrollen an den innereuropäischen Binnengrenzen im Konzept der europäischen Integration erhalten hat, sondern auch der weiteren, welche schwierigen Probleme mit der Beseitigung dieser Kontrollen verbunden waren und möglicherweise noch verbunden sind. Dieser Bereich wird dabei in einem Gesamtprozeß beleuchtet, der einerseits die Maßnahmen auf EG-Ebene zum Inhalt hat, andererseits aber auch zwischen den einzelnen EG-Staaten bestehende Abkommen und Kooperationsvereinbarungen berücksichtigt. Daraus ergeben sich für den Aufbau der Arbeit einige Schwierigkeiten. Zum einen überschneiden sich die Gemeinschaftsmaßnahmen in ihrer zeitlichen Reihenfolge mit denen, die auf der mitgliedstaatlichen Ebene vereinbart wurden; zum anderen sind EG-Maßnahmen in ihrer Tragweite ohne eine vorherige Darstellung der mitgliedstaatlichen Maßnahmen nur schwer verständlich. Dies gilt besonders für den durch den Maastrichter Vertrag eingeführten Titel VI des EU-Vertrags (Art. K - K.9 a.F.), der größtenteils auf den Regelungen des Schengener Abkommens aufbaut.

Die vorliegende Arbeit gliedert sich daher in vier Hauptabschnitte.
Der erste Teil beschäftigt sich mit den ersten gemeinschaftsrechtlichen Ansätzen hinsichtlich des Abbaus der Personenkontrollen an den Binnengrenzen der Mitgliedstaaten der EG. In diesem Zusammenhang werden die konkreten Maßnahmen in ihrer zeitlichen Folge genannt und entsprechend erläutert. Hier wird zunächst der Zeitrahmen bis zum Vertrag von Maastricht berücksichtigt.

Darüber hinaus wird auch die Frage untersucht, in welchem Umfang der Gemeinschaft bis zum Inkrafttreten des Maastrichter Vertrags überhaupt Befugnisse zustanden, um die für den völligen Abbau der Binnengrenzkontrollen von Personen erforderlichen Voraussetzungen herbeizuführen. Dabei wird auf die rechtlichen Gegebenheiten zum Zeitpunkt des E(W)G-Vertrags, aber insbesondere auf die durch die Einheitliche Europäische Akte (EEA) erfolgten Änderungen einzugehen sein, wobei es gilt, das Binnenmarktprogramm näher zu erläutern.
Im zweiten Teil der Arbeit wird dann die Frage untersucht, in welchem Umfang auf zwischenstaatlicher Ebene, hier vor allem auf der Ebene der Mitgliedstaaten der EG, Maßnahmen getroffen wurden, die auf einen Abbau der Personenkontrollen an den innereuropäischen Grenzen zielten. Hierbei wird der Schwerpunkt der Untersuchung neben den beiden Schengener Abkommen auf den intergouvernementalen Kooperationsstrukturen liegen.
Während sich der dritte Teil der Arbeit mit den Regelungen zur innen- und justizpolitischen Zusammenarbeit nach dem Vertrag von Maastricht beschäftigt, wird im vierten Teil auf die durch den Amsterdamer Vertrag neu eingeführten Bestimmungen, die seit dem 1. Mai 1999 in Kraft sind, eingegangen. Die Art. 61 ff. EGV und die Art. 29 ff. EUV führen dabei für den Bereich des Personenkontrollenabbaus und allen damit zusammenhängenden Fragen zu einschneidenden Änderungen.

Da die gemeinschaftsrechtlichen Vorschriften zum Teil in ihrer zeitlichen Entwicklung überprüft werden und die Vertragsvorschriften zudem durch den Amsterdamer Vertrag neben einer teilweisen inhaltlichen Änderung auch eine neue Numerierung erfahren haben, ergeben sich im Hinblick auf die richtige Wahl der Bezeichnung der Vertragsvorschriften teilweise Schwierigkeiten. Dieses Problem wird dahingehend gelöst, daß sämtliche geltende Vertragsvorschriften mit der neuen Artikelnumerierung versehen werden. Zum besseren Verständnis wird die bis zum Inkrafttreten des Amsterdamer Vertrags geltende Artikelnumerierung weiterhin berücksichtigt, in dem diese in Klammern mit dem Zusatz a.F.[32] gesetzt wird. Wird unmittelbar auf Vertragsbestimmungen Bezug genommen, die durch den Amsterdamer Vertrag aufgehoben wurden oder verändert in Kraft sind, so werden diese ebenfalls mit dem Zusatz a.F. versehen. Vertragsbestimmungen des EWG-Vertrags, auf die Bezug genommen wird, die zum heutigen Zeitpunkt aber nicht mehr oder verändert in Kraft sind, werden mit EWGV gekennzeichnet.

---

32 Vertragsvorschriften „alter Fassung“.

Erster Teil:
Die Verwirklichung des freien Personenverkehrs unter Berücksichtigung des Abbaus von Grenzkontrollen auf Gemeinschaftsebene – Vom EWG-Vertrag zum Binnenmarktprogramm -

Nach der Konzeption des EWG-Vertrags in der Fassung von 1957 war es Ziel der Gemeinschaft, eine harmonische Entwicklung des Wirtschaftslebens innerhalb der Gemeinschaft, eine beständige und ausgewogene Wirtschaftsausweitung, eine größere Stabilität, eine beschleunigte Hebung der Lebenshaltung und engere Beziehungen zwischen den Mitgliedstaaten zu fördern[33]. Die Absicht, die der Gemeinschaftsvertrag mit diesen Elementen verfolgte, war in der Integration der Volkswirtschaften der Mitgliedstaaten zu sehen[34].
Diese Integration war durch einen die gesamte Europäische Gemeinschaft umfassenden Gemeinsamen Markt und durch eine schrittweise Annäherung der Wirtschaftspolitiken zu verwirklichen[35]. Der Begriff „Gemeinsamer Markt" stellt dabei ab „auf die Beseitigung aller Hemmnisse im innergemeinschaftlichen Handel mit dem Ziel der Verschmelzung der nationalen Märkte zu einem einheitlichen Markt, dessen Bedingungen denjenigen eines wirklichen Binnenmarktes möglichst nahe kommen"[36]. Zur Errichtung eines derartigen Marktes sollte neben den anderen Grundfreiheiten des freien Waren-, Dienstleistungs- und Kapitalverkehrs auch der freie Personenverkehr beitragen.
Der freie Personenverkehr war aber, wie dies die Kapitel über die Freizügigkeit der Arbeitnehmer und die Niederlassungsfreiheit für Selbständige verdeutlichen, an die Verfolgung wirtschaftlicher Zwecke geknüpft[37]. Dies hat auch der EuGH in dem Urteil vom 7. Februar 1979 in der Rechtssache *Auer* bestätigt, wonach der freie Personenverkehr den Angehörigen der Mitgliedstaaten die Möglichkeit geben soll, „ihre wirtschaftlichen Tätigkeiten durch die Niederlassung oder die Erbringung von Dienstleistungen überall im Gebiet der Gemeinschaft auszuüben"[38].
Der Aufenthalt in einem anderen Mitgliedstaat war, abgesehen von einigen Ausnahmen[39] wie z.B. das Aufenthaltsrecht für Familienangehörige[40], das aber

---

[33] Vgl. Art. 2 EWGV.

[34] *Grabitz*, S. 77.

[35] *Grabitz*, in: Grabitz/Hilf, KommEU, Art. 2 Rn. 12.

[36] EuGH, Rs. 15/81, Schul/Inspector, Slg. 1982, 1409 (1431 f.).

[37] *Magiera*, DÖV 6/1987, 221 (223 f.); *ders.*, in: Magiera (Hrsg.), S. 13 (18); *Streil*, in: Beutler/Bieber u.a., S. 312; *Niedobitek*, S. 180.

[38] EuGH, Rs. 136/78, Auer, Slg. 1979, 437 (448).

[39] Dazu *Magiera*, DÖV 6/1987, 221 (223 f.) m.w.N.

[40] S. dazu EuGH, Rs. 267/83, Diatta/Land Berlin, Slg. 1985, 567 (888 ff.); Rs. 59/85, Niederlande/Reed, Slg. 1986, 1283 (1300 ff.). Vgl. ferner VO (EWG) Nr. 1612/68, ABl. EG. 1968 Nr. L 257/2, ber. Nr. L 295/12.

auch zumindest mittelbar an die Berufstätigkeit anknüpft, nach der Konzeption des EWG-Vertrags nicht ohne die Ausübung einer wirtschaftlichen Tätigkeit möglich[41].

Ob und inwieweit die Gemeinschaft Maßnahmen ergriffen hat, die es Personen außer den durch die Bestimmungen über die Freizügigkeit der Arbeitnehmer und über das Niederlassungsrecht selbständiger Erwerbstätiger Begünstigten ermöglichen, sich rechtmäßig in einem anderen Mitgliedstaat als ihrem Heimatstaat aufzuhalten, soll hier nicht näher vertieft werden, da die Gewährleistung eines allgemeinen Aufenthaltsrechts keine direkten Auswirkungen auf die im Rahmen dieser Arbeit zu untersuchende Frage der Verwirklichung des freien Personenverkehrs durch den Abbau der innergemeinschaftlichen Grenzkontrollen hat[42].
Es stellt sich in diesem Zusammenhang vielmehr die Frage, welche Maßnahmen die Gemeinschaft ergriffen hat, die einen ungehinderten Grenzübertritt in einen anderen Mitgliedstaat ermöglichen, um sich dann dort vorübergehend aufhalten zu können. Eng mit diesem Fragenkomplex verbunden sind die Aspekte der Asyl- und Einwanderungspolitik sowie der inneren Sicherheit, die es ebenfalls näher zu untersuchen gilt.
Eine Gesamtbetrachtung dieser Fragenkomplexe ist nur durch einen historischen Rückblick möglich, der die schrittweise Entwicklung von den ersten vorsichtigen Bemühungen der Gemeinschaft bis zum Inkraftsetzen des Amsterdamer Vertrags aufzeigt.

A. Erste Ansätze zum Abbau der Personenkontrollen an den innergemeinschaftlichen Grenzen

Anfang der siebziger Jahre gab es auf Gemeinschaftsebene erste Bestrebungen, den Menschen nicht nur als Wirtschaftsobjekt zu sehen, sondern seine persönliche, soziale, kulturelle und politische Dimension in die Betrachtung miteinzubeziehen; es sollte ein Europa für die Bürger entstehen.

I. Die Pariser Gipfelkonferenz vom 9./10. Dezember 1974

Auf der ersten Gipfelkonferenz vom 19. bis 21. Oktober 1972 in Paris, an der neben den Gründungsmitgliedstaaten Belgien, der Bundesrepublik Deutschland, Frankreich, Italien, Luxemburg, den Niederlanden, auch die damals beitretenden Staaten Dänemark, das Vereinigte Königreich und Irland teilnahmen, bekräftig-

---

41 Ausführlich zur Bedeutung des europäischen Gemeinschaftsrechts für das Ausländerrecht vgl. *Zuleeg*, NJW 36/1987, 2193 ff.
42 So auch *Bardenhewer/Pipkorn*, in: GTE, Art. 7 a Rn. 35.

ten zunächst die Staats- und Regierungschefs den Willen der Mitgliedstaaten, „die Entwicklung ihrer Gemeinschaft auf Demokratie, Meinungsfreiheit, Freizügigkeit von Personen ... zu gründen“[43]. Ferner wurde betont, daß die wirtschaftliche Expansion kein Selbstzweck sei, sondern vielmehr ihren Niederschlag in einer Verbesserung der Lebensqualität und des Lebensstandards finden müsse, wobei dem „europäischem Geiste gemäß ... den nichtmateriellen Werten und Gütern ... besondere Aufmerksamkeit gelten (werde), damit der Fortschritt wirklich im Dienste des Menschen steht“ [44].
Mit der Gipfelkonferenz der Staats- und Regierungschefs der damals neun Mitgliedstaaten, die am 9. und 10. Dezember 1974 ebenfalls in Paris stattfand[45], wurden erste Schritte zur Abschaffung der Personenkontrollen an den innergemeinschaftlichen Grenzen ergriffen. Ziel war auch hier, ein Europa der Bürger zu schaffen, das über Industrie und Handel, über Landwirtschaft und Verkehr hinausging. So beschlossen die Staats- und Regierungschefs in Punkt 10 ihres Schlußkommuniqués dieser Konferenz[46] die Einsetzung einer Arbeitsgruppe, die die Möglichkeiten zur Schaffung einer Paßunion und die Einführung eines einheitlichen Passes prüfen sollte[47]. Ein entsprechender Entwurf, der den Mitgliedstaaten vor dem 31. Dezember 1976 vorzulegen war, sollte Regelungen über eine schrittweise Harmonisierung der Ausländergesetzgebung und die Abschaffung der Paßkontrolle innerhalb der Gemeinschaft enthalten[48]. In dem darauffolgenden Bericht der Kommission vom 3. Juli 1975 über die Verwirklichung der Paßunion stellte diese fest, daß zur Abschaffung der Paßkontrollen auch die Abschaffung der Personenkontrollen an den Binnengrenzen der Gemeinschaft, verbunden mit einer Verlegung dieser Kontrollen an die Außengrenzen, gehört[49].
Der dem Gemeinschaftsrecht bisher unbekannte Begriff der Paßunion wird dabei von der Kommission entsprechend dem der Zollunion verstanden, „nämlich freier (Waren)Verkehr innerhalb der Union zusammen mit einer Verlegung der Kontrollen an die Außengrenzen der Union und ihr Auftreten gegenüber Drittländern als Einheit in Form eines gemeinsamen Vorgehens ihnen gegenüber (gemeinsame Außenpolitik)“[50]. Ferner zählte die Kommission in ihrem Bericht die zur Verwirklichung der Paßunion erforderlichen Maßnahmen auf, warf Fragen auf, die sich im Zusammenhang mit dem Vorhaben ergaben und von der

---

43 EG-Gesamtbericht 6/1972, S. 9; ausführlich zu den Ergebnissen der Gipfelkonferenz *Everling*, EA 24/1972, 791 ff.

44 EG-Gesamtbericht 6/1972, S. 9.

45 Bull.EG 12/1974, Ziff. 1101; EG-Gesamtbericht 8/1974, S. 6 f.

46 Bull.EG 12/1974, Ziff. 1104; EG-Gesamtbericht 8/1974, S. 337 ff.

47 Bull.EG 12/1974, Ziff. 1104, Punkt 10; EG-Gesamtbericht 8/1974, S. 339.

48 Ibid.

49 Bull.EG, Beil. 7/1975, Ziff. 2.5.

50 Bull.EG, Beil. 7/1975, Ziff. 2.1.

Arbeitsgruppe zu prüfen waren, und setzte sich mit den Problemen auseinander, die sich auf die Einsetzung einer Arbeitsgruppe bezogen[51].
Für die rechtliche Verwirklichung der Paßunion sah die Kommission zum einen den Weg über eine Änderung des EWG-Vertrags auf der Grundlage des Art. 236 EWGV[52] durch den Erlaß der erforderlichen Befugnisnormen und zum anderen den über einen völkerrechtlichen Vertrag[53]. Ein Rückgriff auf die Kompetenzergänzungsnorm[54] des Art. 308 EGV (Art. 235 EGV a.F.) wurde von der Kommission abgelehnt[55], da die zu planende Paßuninon nach ihrer Ansicht „nicht unbedingt zur Erreichung der unmittelbaren Ziele des EWG-Vertrags erforderlich (sei)“[56].
Im Anschluß an den Kommissionsbericht legte der damalige belgische Premierminister *Leo Tindemans* am 29. Dezember 1975 dem Europäischen Rat seinen Bericht zum Thema „Europäische Union“ vor. Hinsichtlich der Schaffung einer Paßunion schlug er vor, daß sich eine Europäische Union das Ziel setzen müsse, schrittweise die Personenkontrollen an den Grenzen zwischen den Mitgliedstaaten zur Vervollständigung der Paßunion abzuschaffen[57].

II. Die Entschließung des Rates vom 7. Juni 1984

Als konkrete Ergebnisse dieser ersten Phase der Bemühungen um die Errichtung einer Paßunion sind neben mehreren Entschließungen des Europäischen Parlamentes[58], die auf einen vollständigen Abbau der Kontrollen an den

---

[51] Bull.EG, Beil. 7/1975, Ziff. 2.1. ff.

[52] Art. 236 EWGV lautete:
„Die Regierung jedes Mitgliedstaates oder die Kommission kann dem Rat Entwürfe zur Änderung dieses Vertrages vorlegen.
Gibt der Rat nach Anhörung des Europäischen Parlamentes und gegebenenfalls der Kommission eine Stellungnahme zugunsten des Zusammentritts einer Konferenz von Vertretern der Regierungen der Mitgliedstaaten ab, so wird diese vom Präsidenten des Rates einberufen, um die an diesem Vertrag vorzunehmenden Änderungen zu vereinbaren.
Diese Änderungen treten in Kraft, nachdem sie von allen Mitgliedstaaten gemäß ihren verfassungsrechtlichen Vorschriften ratifiziert worden sind.“

[53] Bull.EG, Beil. 7/1975, Ziff. 3.4.

[54] S. dazu HandKom.EUV/EGV/*Klein*, Art. 235 Rn. 3 m.w.N.

[55] S. aber *Everling*, EuR - Sonderheft 1976, 2 (11) Fn. 45, der die Schaffung einer Paßunion als Materie ansieht, die vom Anwendungsbereich des Art. 235 EGV erfaßt ist.

[56] Bull.EG, Beil. 7/1975, Ziff. 4.1.

[57] Bull.EG, Beil. 1/1976, S. 30.

[58] Entschließung des Europäischen Parlamentes v. 5. Juni 1979 über die Schwierigkeiten beim grenzüberschreitenden Personen- und Güterverkehr, ABl. EG 1982 Nr. C 140/166; Entschließung des Europäischen Parlamentes v. 15. Oktober 1981 zur Frage der Personenkontrolle, ABl. EG 1981 Nr. C 287/93; Entschließung des Europäischen Parlamentes v. 26. März 1982 zur Öffnung der inneren Grenzen der Gemeinschaft, ABl. EG 1982 Nr. C 104/40

innergemeinschaftlichen Grenzen zielten, vor allem Initiativen im Hinblick auf die Einführung des Europapasses zu nennen. So sollte nach der Entschließung der im Rat vereinigten Vertreter der Regierungen der Mitgliedstaaten der Europäischen Gemeinschaften vom 23. Juni 1981 als ein erster Schritt zur Verwirklichung der Paßunion und damit zur Erleichterung des Personenverkehrs ein nach einheitlichem Muster gestalteter Paß von den Mitgliedstaaten spätestens am 1. Januar 1985 ausgestellt werden[59]. Neben einer Beschreibung der Kriterien der Paßgestaltung[60] ist auch der Anwendungsbereich des Passes in der Entschließung geregelt. Nach Anhang II lit. A sollte der nach einheitlichem Muster gestaltete Paß den Staatsangehörigen der Mitgliedstaaten der Europäischen Gemeinschaft ausgestellt werden. Ob und inwieweit dieser Paß auch für Nicht-EG-Angehörige gelten sollte, sollte der Entscheidung der Mitgliedstaaten überlassen bleiben[61].

Am 9. Juli 1982 legte die Kommission dem Rat den Entwurf einer Entschließung über die Erleichterung der Bedingungen vor, unter denen die Kontrolle der Bürger der Mitgliedstaaten an den Binnengrenzen erfolgen sollte[62]. Dieser Vorschlag sah bestimmte Erleichterungen für Personenkontrollen an den Binnengrenzen bei gleichzeitiger Aufrechterhaltung der an den Außengrenzen der Gemeinschaft geltenden Kontrollen vor. Da die Kommission davon ausging, daß eine übergangslose Abschaffung der Kontrollen an den Binnengrenzen politisch nicht realisierbar sei, sollten in einem ersten Schritt die Mitgliedstaaten in einer rechtlich unverbindlichen Entschließung übereinkommen, die „Strenge und die Dauer der Kontrollen der Bürger der Mitgliedstaaten zu verringern“[63], wobei „diese Kontrollen unabhängig von der verwendeten Verkehrsart nicht mehr systematisch, sondern nur noch in vereinzelten Stichproben durchzuführen“ seien, „wenn die Zugehörigkeit zu einem Mitgliedstaat der Gemeinschaft feststeht“[64]. Dies sollte grundsätzlich durch Vorlage des einheitlichen europäischen Passes[65] bewiesen werden können. Die üblichen Kontrollen sollten bestehen bleiben, sofern Sicherheitsgründe dies rechtfertigten[66]. In Flughäfen

---

und v. 9. Juni 1983, ABl. EG 1983 Nr. C 182/112, in denen die Beseitigung der Grenzkontrollen bis zum 1. Januar 1989 gefordert wird.

[59] ABl. EG 1981 Nr. C 241/1, ergänzt durch die Entschließung der im Rat vereinigten Vertreter der Regierungen der Mitgliedstaaten der Europäischen Gemeinschaften v. 30. Juni 1982, ABl. EG 1982 Nr. C 179/1.

[60] S. dazu Anhang I der Entschließung.

[61] S. Anhang II lit. B der Entschließung.

[62] ABl. EG 1982 Nr. C 197/6.

[63] Vgl. Ziff. 1 des Entschließungsvorschlags.

[64] Vgl. Ziff. 2 a des Entschließungsvorschlags.

[65] Vgl. Ziff. 2 b des Entschließungsvorschlags.

[66] Ibid.

und Häfen sollten den Bürgern der Mitgliedstaaten vorbehaltene Grenzübergangsstellen eingerichtet werden[67].
Diese Initiativen der Kommission lösten unterschiedliche Reaktionen aus. Mit Ausnahme der Benelux-Staaten sahen fast alle Mitgliedstaaten in den vorgeschlagenen Maßnahmen eine nicht hinzunehmende Einbuße an nationaler Sicherheit[68]. Nach einer zwei Jahre dauernden Diskussion über den Kommissionsvorschlag nahmen der Rat und die im Rat vereinigten Vertreter der Regierungen der Mitgliedstaaten am 7. Juni 1984 eine Entschließung an[69], die im Vergleich zum Kommissionsvorschlag aber darauf reduziert war, lediglich „die Wartezeit" und nicht, wie zuerst vorgesehen, „die Strenge der Kontrolle" auf ein Mindestmaß zu verringern. Hierfür sollten von den Mitgliedstaaten für die EG-Bürger besondere Kontrollstellen eingeführt werden, wobei stichprobenartige Kontrollen weiterhin bestehen bleiben sollten.
Zwar befürwortete die Kommission diese Entschließung, bedauerte aber gleichzeitig, daß der Rat ihren Entschließungsvorschlag nicht vollständig übernommen habe, da dieser nach ihrer Ansicht „einen gangbaren Kompromiß zwischen der vom Europäischen Parlament geforderten vollständigen Abschaffung der Personenkontrollen[70] und den Sicherheitserfordernissen der Mitgliedstaaten darstellte" [71]. Die vom Rat vorgesehenen Maßnahmen wertete sie, wohl auch zu Recht, als nicht zwingend genug und sah daher in der Ratsentschließung auch nur einen ersten vorsichtigen Schritt auf dem Weg zu einem vollständigen Abbau der Kontrollen an den innergemeinschaftlichen Grenzen[72].

III. Der Adonnino-Ausschuß

Weiter verfolgt wurden die Bemühungen, der Gemeinschaft eine neue, mehr bürgernahe Dimension zu geben und hierzu den Abbau der Grenzkontrollen zu verwirklichen, auf der Tagung des Europäischen Rates vom 25. und 26. Juni 1984 in Fontainebleau[73]. Dort wurde neben der Bestätigung des Ziels der Einführung eines einheitlichen Europapasses ab dem 1. Januar 1985[74] vor allem

---

67 Vgl. Ziff. 4 des Entschließungsvorschlags.

68 S. auch *Taschner*, Schengen, Rn. 12; *ders.*, in: GTE, Schengener Übereinkommen, Rn. 12; *ders.*, in: FS von der Groeben, 1987, S. 407 (420).

69 ABl. EG 1984 Nr. C 159/1.

70 S. dazu o. S. 13 m.w.N.

71 Bull.EG 6/1984, Ziff. 1.5.3.

72 Ibid.

73 Bull.EG 6/1984, Ziff. 1.1.1 ff.

74 S. dazu o. S. 13 m.w.N. Mittlerweile ist der europäische Reisepaß in allen 15 Mitgliedstaaten eingeführt worden. In der Bundesrepublik Deutschland wurde der einheitliche europäische Reisepaß erst am 1. Januar 1988 eingeführt, da sich die Ausgabe des Passes infolge technischer Schwierigkeiten verzögert hatte.

die Einsetzung eines Ad-hoc-Ausschusses beschlossen[75]. Dieser nach seinem Vorsitzenden benannte *Adonnino-Ausschuß*, der sich aus Vertretern der Staats- und Regierungschefs und dem Präsidenten der Kommission zusammensetzte, sollte Maßnahmen im Hinblick auf ein „Europa der Bürger" vorbereiten und koordinieren. Zusätzlich wurden der Rat und die Mitgliedstaaten ersucht, Maßnahmen zu untersuchen, die es ermöglichten, bis spätestens Juni 1985 alle Polizei- und Zollformalitäten an den innergemeinschaftlichen Grenzen im Personenverkehr entfallen zu lassen[76].

Der *Adonnino-Ausschuß* hat in seiner mehr als sechsmonatigen Tätigkeit zwei Berichte für den Europäischen Rat verfaßt.
Der erste Bericht, der dem Europäischen Rat von Brüssel am 29. und 30. März 1985 vorgelegt wurde[77], führt die konkreten Maßnahmen auf, durch die der einzelne EG-Bürger in Ausübung seines Berufes oder privat die Freizügigkeit und das Recht auf Aufenthalt in Anspruch nehmen könnte, wobei er insbesondere auf Maßnahmen abstellte, die kurzfristig realisierbar seien. Diese Sofortmaßnahmen bezogen sich auf die Landgrenzen, die Zusammenlegung der Kontrollstellen, die Kontrollen in See- und Lufthäfen und den einheitlichen europäischen Paß. Zu betonen ist hier, daß der Ausschuß die Verpflichtung der Mitgliedstaaten zur Verwirklichung dieser Maßnahmen anregte und von dem Erlaß einer Richtlinie durch den Rat, jedenfalls zu diesem Zeitpunkt, wegen des befürchteten langen Rechtsetzungsverfahrens abriet.
In einigen Bereichen erachtete der Ausschuß längerfristige Maßnahmen für notwendig, wie eine wirksame Zusammenarbeit zwischen den für die Verbrechensbekämpfung zuständigen Behörden, die Festlegung und schrittweise Anwendung einer gemeinsamen Politik in bezug auf Einreise, Verkehr und Ausweisung von Ausländern, Visumverfahren sowie Verlegung der Personenkontrollen an die Außengrenzen der Gemeinschaft[78], die später zum Teil erstmals in Art. K EUV a.F. enthalten waren.
Der zweite abschließende Bericht vom Juni 1985[79] forderte eine neue politische, kulturelle und soziale Dimension für die Gemeinschaft. Hierzu wurden neue Rechte für den Bürger, größere Mobilität für die Jugendlichen sowie Maßnahmen im kulturellen Bereich und auf dem Gebiet des Gesundheitsschutzes innerhalb der Gemeinschaft vorgeschlagen. Auf der Sitzung des Europäischen Rates in Mailand am 28. und 29. Juni 1985 wurden die Vorschläge des *Adonnino-Ausschusses* zum „Europa der Bürger" gebilligt und die Organe der

75 Bull.EG 6/1984, Ziff. 1.1.9.

76 Ibid.

77 Vgl. Bull.EG, Beil. 7/1985, S. 7 ff.

78 Ibid., S. 10 f.

79 Bull.EG, Beil. 7/1985, S. 18 ff.

Gemeinschaft sowie die Mitgliedstaaten aufgefordert, in ihrem jeweiligen Zuständigkeitsbereich die zur Verwirklichung erforderlichen Maßnahmen so rasch wie möglich zu ergreifen[80].

IV. Der Richtlinienvorschlag der Kommission vom 23. Januar 1985

Korrespondierend zum *Adonnino-Bericht* legte die Kommission am 23. Januar 1985 einen Vorschlag für eine Richtlinie des Rates zur Erleichterung der für die Staatsangehörigen der Mitgliedstaaten geltenden Kontrollen und Förmlichkeiten an den innergemeinschaftlichen Grenzen vor, deren Ziel es sein sollte, alle systematischen Personenkontrollen an den Binnengrenzen, unabhängig von dem benutzten Verkehrsmittel, abzuschaffen[81]. Gestützt werden sollte die Richtlinie auf den damaligen Art. 100 EWGV[82], da nach Ansicht der Kommission der Grenzkontrollenabbau für EG-Angehörige als Teil des in Art. 3 lit. c EWGV[83] vorgesehenen Abbaus der Hindernisse für den freien Personenverkehr anzusehen sei. In den vorgeschlagenenen Erwägungsgründen bezog sich die Kommission ausdrücklich auf die Entschließung des Rates vom 7. Juni 1984[84] sowie auf die Beschlüsse des Europäischen Rates von Fontainebleau vom 25./26. Juni 1984[85]. Nach Art. 14 des Richtlinienentwurfs sollte die Richtlinie bis zum 1. Juli 1985 durch die Mitgliedstaaten umgesetzt und damit verwirklicht werden. Der Richtlinienentwurf sah Maßnahmen vor, welche die Grenzübertritte im Straßenverkehr und in Flug- und Seehäfen sowie den Grenzübergang in internationalen Zügen und in Omnibussen vereinfachen und auf ein einheitli-

---

80 Vgl. Schlußfolgerungen des Vorsitzes des Europäischen Rates von Mailand v. 28. und 29. Juni 1985, in: Bull.EG, Beil. 7/1985, S. 34; s. auch Bull.EG, 6/1985, Ziff. 1.4.8.

81 ABl. EG 1985 Nr. C 47/5.

82 Art. 100 EWGV lautete:

„Der Rat erläßt einstimmig auf Vorschlag der Kommission Richtlinien für die Angleichung derjenigen Rechts- und Verwaltungsvorschriften der Mitgliedstaaten, die sich unmittelbar auf die Errichtung oder das Funktionieren des Gemeinsamen Marktes auswirken."

„Das Europäische Parlament und der Wirtschafts- und Sozialausschuß werden zu den Richtlinien gehört, deren Durchführung in einem oder mehreren Mitgliedstaaten eine Änderung von gesetzlichen Vorschriften zur Folge hätte."

83 Art. 3 lit. c EWGV lautete:

„Die Tätigkeit der Gemeinschaft im Sinne des Artikel 2 umfaßt nach Maßgabe dieses Vertrages und der darin vorgesehenen Zeitfolge"

a) ...;

b) ...;

„c) die Beseitigung der Hindernisse für den freien Personen-, Dienstleistungs- und Kapitalverkehr zwischen den Mitgliedstaaten;"

d) ...

84 S. dazu o. S. 14.

85 S. dazu o. S. 14 f.

ches, möglichst niedriges Niveau bringen sollte. In besonderen Ausnahmefällen, vor allem aus Gründen der Sicherheit, sollten jedoch zeitweilig verstärkte Kontrollen zulässig sein[86]. Mit Ausnahme dieser Regelung wurde der Richtlinienentwurf grundsätzlich von dem Prinzip des freien Grenzübertritts getragen[87], wobei dieser nur für die Staatsangehörigen der Mitgliedstaaten galt.

Skeptisch standen diesem Richtlinienentwurf vor allem die 1973 und 1981 beigetretenen Mitgliedstaaten Vereinigtes Königreich, Irland, Dänemark und Griechenland gegenüber. Aber auch Frankreich, unterstützt von der Bundesrepublik Deutschland, die beide zuvor im Saarbrücker Abkommen vom 13. Juli 1984[88] den schrittweisen Abbau der Kontrollen an der deutsch-französischen Grenze vereinbart hatten, stimmten dem Richtlinienvorschlag nicht uneingeschränkt zu, insbesondere wegen der befürchteten Sicherheitseinbußen[89].

Der daraufhin geänderte Richtlinienvorschlag wurde dem Rat erneut am 7. Mai 1985 vorgelegt[90]. Aufgrund eines Junktims mit verschärften Kontrollen an den Außengrenzen machten einige Mitgliedstaaten die Annahme der Richtlinie nunmehr von der gleichzeitigen Annahme einer Entschließung über die Zusammenarbeit zwischen den Mitgliedstaaten im Bereich der Visum- und Wiedereinreisepolitik abhängig[91]. Eine Einigung darüber konnte zum damaligen Zeitpunkt nicht erzielt werden.

Dagegen hat das Europäische Parlament in seinen Entschließungen vom 14. Juni 1985[92] den Rat und die Mitgliedstaaten aufgefordert, nun endlich im Hinblick auf die Verabschiedung des Kommissions-Richtlinienvorschlags, auf die noch nicht vollständig erfolgte Einführung des europäischen Passes, auf die flüssige Abwicklung des grenzüberschreitenden Personenverkehrs sowie auf das ungehinderte Überqueren der innergemeinschaftlichen Grenzübergänge, besonders in der Feriensaison, tätig zu werden. Trotz dieser Aufforderung ist die Richtlinie im Rat nicht angenommen worden; sie wurde vielmehr von der Kommission Ende 1992 zurückgezogen. Damit waren die Versuche, innerhalb der Gemeinschaft den Abbau der Grenzkontrollen oder wenigstens ihre Erleichterung zu erreichen, zunächst gescheitert.

---

86 Vgl. Art. 4 des RL-Entwurfs.

87 S. auch *Taschner*, Schengen, Rn. 21; *ders.*, in: GTE, Schengener Übereinkommen, Rn. 21.

88 Dazu u. S. 40 f.

89 S. zu den Schwierigkeiten einer Einigung der Mitgliedstaaten bei dem Abbau der Grenzkontrollen *Taschner*, Schengen, S. 12 ff.; *Blumann*, RMC 1991, 283 (286 f.).

90 ABl. EG 1985 Nr. C 131/5.

91 Bull.EG, Beil. 2/1988, S. 19.

92 ABl. EG 1985 Nr. C 175/273 ff.

B. Das Binnenmarktprogramm und die Einheitliche Europäische Akte

I. Die Berücksichtigung des Grenzkontrollenabbaus im Weißbuch der Kommission

Gemäß des mehrfach und anläßlich der Tagungen vom 3./4. Dezember 1982 in Kopenhagen[93], vom 25./26. Juni 1984 in Fontainebleau[94] und vom 29./30. März 1985 in Brüssel[95] geäußerten Willens der Staats- und Regierungschefs der Gemeinschaft, einen einheitlichen Binnenmarkt zu verwirklichen, erstellte die Kommission ein Weißbuch über die Vollendung des Binnenmarktes[96]. Dieses legte sie im Juni 1985 dem Europäischen Rat vor, der es auf dem Mailänder Gipfel vom 28./29. Juni 1985 billigte[97].
Das Weißbuch stellt einen Meilenstein in der Entwicklung der europäischen Integration in den achtziger Jahren dar, da es die Vollendung eines „großen einheitlichen Marktes", den sog. Binnenmarkt, proklamiert. Danach sollten die Mitgliedstaaten der Gemeinschaft alle Arten von Schranken abschaffen, ihre Regeln harmonisieren, ihre Rechtsvorschriften und ihre Steuerstrukturen angleichen sowie ihre Zusammenarbeit im monetären Bereich ausbauen[98].
Das Weißbuch enthält ca. 300 Harmonisierungsmaßnahmen, welche die Kommission zur Verwirklichung des Binnenmarktes für erforderlich hielt[99]. Die vorgeschlagenen Maßnahmen bezweckten neben der Beseitigung der technischen und steuerlichen Schranken sowie der Verbesserung der sozioökonomischen Rahmenbedingungen auch die Beseitigung der materiellen Schranken. Die Kommission hatte es sich verstärkt zum Ziel gemacht, „die Kontrollen an den Binnengrenzen der Gemeinschaft voll und ganz abzuschaffen"[100]; es sollten die notwendigen Voraussetzungen für die Beseitigung aller Kontrollen und Förmlichkeiten an den Binnengrenzen geschaffen werden. Hierzu schlug die

---

93 Bull. EG 12/1982, Ziff. 1.2.1.

94 Bull. EG 6/1984, Ziff. 1.1.9.

95 Bull.EG 3/1985, Ziff. 2.1.7.; s. aber auch die zu Beginn der achtziger Jahre vorgelegten Vorschläge der Kommission zur Stärkung und Wiederbelebung des Binnenmarktes: Mitteilung der Kommission an den Rat zur Wiederbelebung des Binnenmarktes v. 12. November 1982, Bull.EG 11/1982, Ziff. 2.1.7.; Konsoldierungsprogramm v. 13. Juni 1984, KOM (84) 305; vgl. auch die Entschließung des Europäische Palament zur Vollendung des Binnenmarktes v. 15. Oktober 1981, ABl. EG 1981 Nr. C 287/64.

96 Vollendung des Binnenmarktes, Weißbuch der Kommission an den Europäischen Rat, Juni 1985, KOM (85) 310 endg.

97 Vgl. hierzu Bulletin des Presse- und Informationsdienstes der Bundesregierung Nr. 78 v. 2. Juli 1985, S. 681 f.

98 Weißbuch, Ziff. 1.

99 Dazu *Schmidhuber*, EA 3/1989, 75.

100 Weißbuch, Ziff. 27.

Kommission in Anlehnung an die beiden Berichte des *Adonnino-Ausschusses*[101] folgende Vorgehensweise vor[102]:

(1) verstärkte Kontrollen an den Außengrenzen,

(2) Stichproben an den Binnengrenzen und im Inland sowie

(3) eine im Hinblick auf die Bekämpfung von Terrorismus, Drogenkriminalität und Verbrechen noch stärkere Zusammenarbeit zwischen den zuständigen nationalen Behörden[103].

Zu diesem Zweck wollte die Kommission außer dem bereits schon existierenden Richtlinienvorschlag vom 23. Januar 1985[104] in einem Zeitraum von 1985 bis 1992 ferner Richtlinien für die Abschaffung der Polizeikontrollen bei der Ein- und Ausreise an innergemeinschaftlichen Grenzen, für die Koordinierung der Rechtsvorschriften betreffend Drogen, der Vorschriften betreffend den Status von Drittstaatsangehörigen, das Asylrecht und den Flüchtlingsstatus, die Visumspolitik und die Auslieferungsvorschriften, vorschlagen[105]. Damit sollten nach Ansicht der Kommission die mitgliedstaatlichen Regelungen über die Einreise von Drittstaatsangehörigen und die Grenzkontrollen an den Außengrenzen derart koordiniert werden, daß die Kontrollen an den Binnengrenzen der Gemeinschaft entfallen könnten[106].
In Kenntnis dieses Maßnahmenkatalogs wiederholte auch das Europäische Parlament in einer Entschließung vom 13. November 1985 zum „Europa der Bürger"[107] seine Forderung nach der Einführung eines einheitlichen europäischen Passes, forderte die völlige Abschaffung der Paßkontrollen für Gemeinschaftsbürger beim Überschreiten der Binnengrenzen der Gemeinschaft, die Durchführung der notwendigen Gesetzesharmonisierungen (z.B. Asylrecht, Drogengesetzgebung), die Abschaffung der Grenzkontrollen durch die Einführung getrennter Übergänge für EG-Bürger an den Grenzkontrollstellen sowie die Verlagerung der Personenkontrollen an die Außengrenzen der Gemeinschaft[108].

---

101 Dazu o. S. 14 ff.
102 Weißbuch, Ziff. 29.
103 Ibid., Ziff. 53.
104 Dazu o. S. 16 f.
105 Weißbuch, Ziff. 55 sowie Anhang S. 15.
106 Ibid., Ziff. 56.
107 ABl. EG 1985 Nr. C 345/27
108 ABl. EG 1985 Nr. C 345/33.

II. Die Einheitliche Europäische Akte (EEA)

Gemäß der Konzeption des Weißbuchs legte die Kommission der vom Europäischen Rat in Mailand initiierten Regierungskonferenz[109] im September 1985 ein Arbeitspapier vor[110], das den Verhandlungen der Regierungskonferenz zur Ausarbeitung eines konkreten Aktionsplans zugrunde lag. Dabei sollte auf Vorschlag der Kommission die Regierungskonferenz die Ergebnisse ihrer Arbeiten im Kontext mit der Änderung des EWG-Vertrags und der politischen Zusammenarbeit in einem Rechtsakt zusammenfassen.
Im Rahmen einer lang andauernden Reformdiskussion[111] wurden die Arbeiten der Regierungskonferenz am 27. Januar 1986 abgeschlossen[112], deren Ergebnisse hinsichtlich der Europäischen Politischen Zusammenarbeit (EPZ) und der Änderung der Gemeinschaftsverträge in die EEA mündeten. Durch die am 17.[113] und 28.[114] Februar 1986 unterzeichnete und nach Ratifizierung in den Mitgliedstaaten am 1. Juli 1987 in Kraft getretene EEA[115] wurden die Ziele des Weißbuchs der Kommission weitgehend bestätigt.
Der Binnenmarkt stellt dabei eines der wesentlichen neuen Ziele der EEA dar, durch dessen Verwirklichung die vollständige Beseitigung aller Kontrollen an den Binnengrenzen angestrebt werden sollte. In diesem Zusammenhang wird daher zu fragen sein, ob und inwieweit den Gemeinschaftsorganen hinsichtlich des innergemeinschaftlichen Grenzkontrollenabbaus die erforderliche Koordinierungskompetenz zugestanden hat. Zum besseren Verständnis wird zuvor ein kurzer Überblick über die rechtliche Konzeption des Binnenmarktprogramms gegeben.

1. Rechtliche Grundlagen des Binnenmarktprogramms

Wie dem durch Art. 13 EEA eingeführten Art. 8 a EWGV, jetzt Art. 14 EGV (Art. 7 a EGV a.F.), zu entnehmen ist, sollte die schrittweise Verwirklichung des Binnenmarktes bis zum 31. Dezember 1992 abgeschlossen sein. Gemäß dem Wortlaut des Art. 14 UAbs. II EGV (Art. 7 a EGV II a.F.) umfaßt dieser

---

109 Vgl. dazu Bulletin des Presse- und Informationsdienstes der Bundesregierung Nr. 78 v. 2. Juli 1985, S. 681 f.

110 Bull.EG 9/1985, Ziff.1.1.2.

111 Dazu *Hilf/Pache*, in: GTE, Einheitliche Europäische Akte - Vorbemerkung - Rn. 14 m.w.N.

112 Bull.EG 1/1986, Ziff. 1.2.3.

113 Bull.EG 2/1986, Ziff. 1.1.1.

114 Ibid., Ziff. 1.1.2.

115 ABl. EG 1987 Nr. L 169/1. In der Bundesrepublik Deutschland wurde das Zustimmungsgesetz zur EEA am 19. Dezember 1986 mit Zustimmung des Bundesrates verabschiedet, BGBl. 1986 II S. 1102.

Binnenmarkt „einen Raum ohne Binnengrenzen, in dem der freie Verkehr von Waren, Personen, Dienstleistungen und Kapital gemäß den Vorschriften dieses Vertrags gewährleistet ist". Zur Verwirklichung dieses Ziels hatte die Gemeinschaft die erforderlichen Maßnahmen zu treffen. Dies verdeutlicht auch die Erklärung der Konferenz der Regierungsvertreter zu Art. 8 a EWGV, die der Schlußakte der EEA beigefügt wurde und wie folgt lautet:
„Die Konferenz möchte mit Art. 8 a den festen politischen Willen zum Ausdruck bringen, vor dem 1. Januar 1993 die Beschlüsse zu fassen, die zur Verwirklichung des in diesem Artikel beschriebenen Binnenmarktes erforderlich sind, und zwar insbesondere die Beschlüsse, die zur Ausführung des von der Kommission in dem Weißbuch über den Binnenmarkt aufgestellten Programms notwendig sind. Die Festsetzung des Termins "31. Dezember 1992" bringt keine automatische rechtliche Wirkung mit sich"[116].
Da es sich bei dieser Erklärung um eine gemeinsame Äußerung aller Mitgliedstaaten der Gemeinschaft handelt, ist sie nicht als Vertrags-„Vorbehalt" im Sinne des Art. 2 II lit. a 19 ff. WVRK zu klassifizieren. Vielmehr ist die Erklärung allgemein bei der Auslegung der Vertragsbestimmungen heranzuziehen. Dies folgt aus Art. 31 II lit. a WVRK[117], wonach Gegenstand der Vertragsauslegung nicht nur der isolierte Vertragstext ist, sondern der Vertragstext in seinem Kontext. Umfaßt werden daher auch die Präambel eines Abkommens und seine Anlagen (Annexe) sowie jede sich auf den Vertrag beziehende Übereinkunft, die zwischen allen Parteien anläßlich des Vertragsschlusses getroffen wurde. Damit ist diese Erklärung, die sich ausdrücklich auf das Weißbuch der Kommission bezieht, bei der Auslegung von Art. 14 EGV (Art. 7 a EGV a.F.) zu berücksichtigen. *Bardenhewer/Pipkorn* sehen sie sogar als konkretes Gesetzgebungsprogramm zur Verwirklichung des Binnenmarktziels in Art. 14 EGV (Art. 7 a EGV a.F.) an[118].
Wie aber Art. 14 I EGV (Art. 7 a UAbs. 1 EGV a.F.) zu entnehmen ist, sind die zu treffenden Maßnahmen „unbeschadet der sonstigen Bestimmungen dieses Vertrags" zu erlassen. Damit wird klargestellt, daß die geltenden Regelungen und die dazu ergangene Rechtsprechung des EuGH durch die Verwirklichung des Binnenmarktes nicht in Frage gestellt werden dürfen[119].

---

116 Vgl. Abs. 2 der Erklärung der Regierungen der Mitgliedstaaten zu Art. 8 a EWGV, ABl. EG 1987 Nr. L 169/24.

116 Dazu bereits *Müller-Graff*, EuR 2/1989, 107 (125 ff.); *Bardenhewer/Pipkorn*, in: GTE, Art. 7 a Rn. 46.

117 *Hilf/Pache*, in: GTE, Einheitliche Europäische Akte, Schlußakte - Erklärungen Rn. 4; *Beutler*, in: Beutler/Bieber u.a., S. 50.

118 *Bardenhewer/Pipkorn*, in: GTE, Art. 7 a Rn. 4.

119 *Steindorff*, ZHR 150 (1986), 687 (700).

Um die Verwirklichung des Binnenmarktes zu erleichtern, wurden Art. 95 EGV (Art. 100 a EGV a.F.) und Art. 100 b EGV a.F., der durch den Amsterdamer Vertrag aufgehoben wurde, in den Vertrag neu eingefügt. Damit wurden die Entscheidungsverfahren der Gemeinschaft in dem Sinne erweitert, daß der Rat über Maßnahmen zur Verwirklichung der Ziele des Art. 14 EGV (Art. 7 a EGV a.F.) nunmehr mit qualifizierter Mehrheit entscheiden konnte. Art. 94 EGV (Art. 100 EGV a.F.), der die Handlungsermächtigung für die Errichtung und das Funktionieren des Gemeinsamen Marktes enthält, reichte als Rechtsgrundlage für die Verwirklichung des Binnenmarktes nicht aus, da der Gemeinsame Markt im Gegensatz zum Binnenmarkt nicht den freien Personenverkehr und die damit verbundene Abschaffung der Binnengrenzkontrollen als Zielvorgabe enthält[120]. Zudem sieht Art. 94 EGV (Art. 100 EGV a.F.) ausschließlich Richtlinien als Rechtsakte vor, die im Rat nur mit einstimmiger Mehrheit verabschiedet werden können.
Trotz der Einführung von Mehrheitsentscheidungen blieben die Entscheidungen über die Grenzkontrollen hinsichtlich der Personen- und Steuerkontrollen als besonders sensible Bereiche gemäß Art. 95 II EGV (Art. 100 a II EGV a.F.) der Einstimmigkeit im Rat unterworfen.

2. Bedeutung des Binnenmarktkonzeptes für den innergemeinschaftlichen Grenzkontrollenabbau

Wie die Legaldefinition in Art. 14 UAbs. 2 EGV (Art. 7 a II EGV a.F.) verdeutlicht, stellt das Binnenmarktziel auf die Herstellung eines Raumes ohne Binnengrenzen ab. Gemeint ist damit natürlich nicht die Schaffung eines Raumes „ohne Hoheits- oder Rechtsgrenzen“[121], sondern die Grenzen sollen ungehindert von Waren, Personen, Dienstleistungen und Kapitalströmen überschritten werden können. Erfaßt wird damit auch der Fortfall der innergemeinschaftlichen Grenzkontrollen für den Waren- und insbesondere für den Personenverkehr[122]. Zieht man das zeitlich vor der EEA erarbeitete Weißbuch der Kommission[123] als Interpretationshilfe heran, das auf einen vollständigen Abbau der Kontrollen an den Binnengrenzen der Gemeinschaft abzielt, ist der „Raum ohne Binnengrenzen“ als ein Raum ohne Binnengrenzkontrollen zu verstehen[124].
Die Regierungskonferenz hatte in ihrer Erklärung zu Art. 8 a EWGV bei Abschluß der EEA betont, daß die Ausführung des dort aufgestellten Pro-

---

120 S. dazu u. S. 29 ff.

121 *Müller-Graff*, EuR 2/1989, 107 (125).

122 So auch *Wehner*, in: Achermann/Bieber u.a., S. 129.

123 S. dazu o. S. 18 ff. mit den entsprechenden Nachw.

124 *Müller-Graff*, EuR 2/1989, 107 (125 ff.); HandKom.EUV/EGV/*Klein*, Art. 100 a Rn. 3; *ders.*, DÖV 22/1986, 951 (952); *Ehlermann*, CMLRev. 1987, 361 (365); *Stüer*, S. 256.

gramms für die Verwirklichung des Binnenmarktes notwendig ist[125]. Diese Erwägungen lassen erkennen, daß das Binnenmarktziel eindeutig auf die Abschaffung sämtlicher Grenzkontrollen für Personen ausgerichtet war[126]. *Bardenhewer/Pipkorn* sehen daher im Abbau der innergemeinschaftlichen Grenzkontrollen auch zu Recht ein wesentliches Element der Verwirklichung des gemeinschaftlichen Binnenmarktes[127].

Insoweit stellt das Binnenmarktziel gegenüber der Errichtung eines Gemeinsamen Marktes, der lediglich darauf angelegt ist, einen Wirtschaftsraum mit binnenmarktähnlichen Verhältnissen zu schaffen[128], eine Erweiterung dar.

Dem Begriff des Gemeinsamen Marktes läßt sich allenfalls ein Gebot an die Gemeinschaft entnehmen, durch geeignete Maßnahmen den Grenzübertritt zu erleichtern. Durch die Einführung des Binnenmarktprogramms wurde dieses Gebot an die Gemeinschaft dahingehend erweitert, daß diese die Maßnahmen zu treffen hatte, die erforderlich waren, um die Personenkontrollen an den innergemeinschaftlichen Grenzen mit Ablauf des Jahres 1992 beseitigen zu können. Für die Gemeinschaftsorgane ist damit ein konkretes Gesetzgebungsprogramm aufgestellt worden[129]. In diesem Zusammenhang ergibt sich die Frage, in welchem Umfang den Gemeinschaftsorganen die Befugnisse zukamen, um die erforderlichen Bedingungen für den völligen Abbau der Binnengrenzkontrollen für Personen herbeizuführen.

III. Kompetenzbereich für den Abbau der Personenkontrollen

Die Frage, inwieweit den Gemeinschaftsorganen für den Erlaß von Maßnahmen bezüglich des Abbaus von Personenkontrollen an den innergemeinschaftlichen Grenzen Kompetenzen zustanden und auch nach der bis zum Inkrafttreten des Amsterdamer Vertrag geltenden Rechtslage zugestanden haben, wird bis zum heutigen Zeitpunkt unterschiedlich betrachtet. Dies gilt vor allem für solche Maßnahmen, die auf den so sensiblen Gebieten wie der Kontrolle von Drittstaatsangehörigen, der Bekämpfung von Terrorismus, Kriminalität und Drogenhandel angesiedelt sein sollen[130].

Wegen der in diesen Bereichen befürchteten Sicherheitseinbußen ist diese Frage beim Erlaß der EEA äußerst kontrovers diskutiert worden[131].

---

125 S. dazu bereits o. S. 21.

126 *Müller-Graff*, EuR 2/1989, 107 (127); *E. Klein*, DÖV 22/1986, 951 (952); *Stüer*, S. 256; *Epiney*, in: Achermann/Bieber u.a., S. 21; *Bardenhewer/Pipkorn*, in: GTE, Art. 7 a Rn. 54.

127 *Bardenhewer/Pipkorn*, in: GTE, Art. 7 a Rn. 46.

128 Zum Begriff des Gemeinsamen Marktes s. bereits o. S. 9.

129 *Pipkorn*, in: GTE, Art. 100 a Rn. 9.

130 *De Ruyt*, S. 155; *Ehlermann*, CMLRev. 1987, 361 (366 f.).

131 S. auch *Kokai*, in: Magiera (Hrsg.), S. 237 (243); *Drüke*, in: Pauly (Hrsg.), Les accords de Schengen, S. 105 (123 ff.).

Das Vereinigte Königreich, Irland, Dänemark und Griechenland vertraten sogar die Auffassung, daß sich die in Art. 14 EGV (Art. 7 a EGV a.F.) vorgesehene Freiheit des Personenverkehrs lediglich auf EG-Staatsangehörige, nicht auf Drittstaatsangehörige beziehe und daher ein vollständiger Verzicht auf Grenzkontrollen nicht in Betracht käme, da rein äußerlich zwischen EG-Bürgern und Drittstaatsangehörigen nicht unterschieden werden könne[132]. Die damaligen übrigen Mitgliedstaaten sowie die Kommission waren der Auffassung, daß sich Art. 14 EGV (Art. 7 a EGV a.F.) auf alle Personen, d.h. EU-Bürger wie Angehörige von Drittstaaten beziehe, so daß folglich an den Binnengrenzen keine Kontrollen mehr durchgeführt werden sollten[133]. Aufgrund dieser Meinungsverschiedenheiten führten die Mitgliedstaaten weiterhin allgemeine Personenkontrollen an den Binnengrenzen durch[134].
Aufgrund dieser Kontroverse wurden in die Schlußakte zur EEA auch zwei Erklärungen aufgenommen, die sich zu den Maßnahmen betreffend den Abbau der innergemeinschaftlichen Grenzkontrollen äußern.
In der allgemeinen Erklärung zu den Artikeln 13 bis 19 der EEA heißt es:

„Diese Bestimmungen berühren in keiner Weise das Recht der Mitgliedstaaten, diejenigen Maßnahmen zu ergreifen, die sie zur Kontrolle der Einwanderung aus dritten Ländern sowie zur Bekämpfung von Terrorismus, Kriminalität, Drogenhandel und unerlaubtem Handel mit Kunstwerken und Antiquitäten für erforderlich halten"[135].

Schließlich haben die Regierungen der Mitgliedstaaten eine politische Erklärung zur Freizügigkeit abgegeben, die wie folgt lautet:

„Zur Förderung der Freizügigkeit arbeiten die Mitgliedstaaten unbeschadet der Befugnisse der Gemeinschaft zusammen, und zwar insbesondere hinsichtlich der Einreise, der Bewegungsfreiheit und des Aufenthalts von Staatsangehörigen dritter Länder. Außerdem arbeiten sie bei der Bekämpfung von Terrorismus, Kriminalität, Drogenhandel und unerlaubtem Handel mit Kunstwerken und Antiquitäten zusammen"[136].

Besonders die letzte Erklärung könnte den Schluß zulassen, daß die Mitgliedstaaten eine intergouvernementale Zusammenarbeit anstrebten, so wie es auch in der Praxis, jedenfalls bis zum Inkrafttreten des EU-Vertrags, vollführt wurde.

---

132 S. auch *Schäuble*, EA 6/1990, D 203 (D 204); *Drüke*, in: Pauly (Hrsg.), Les accords de Schengen, S. 105 (143).

133 *Streil*, in: Beutler/Bieber u.a., S. 314

134 *Bieber*, NJW 5/1994, 294.

135 ABl. EG 1986 Nr. L 169/1 .

136 ABl. EG 1986 Nr. L 169/3 .

Hailbronner ging daher zu Recht davon aus, daß „die Ausländerpolitik gegenüber Drittstaaten und damit die Einreise- und Flüchtlingspolitik nach wie vor als Reservat der einzelnen Mitgliedstaaten anzusehen waren, für die die Gemeinschaft keine Kompetenz besaß[137]. Denn eine Kooperation der Mitgliedstaaten könnte mit einer Ausübung gemeinschaftlicher Kompetenzen nicht in Einklang gebracht werden[138].
Selbst wenn man dieser Auslegung nicht folgen sollte, steht doch eindeutig fest, daß die Erklärung unter dem klaren Vorbehalt „unbeschadet der Befugnisse der Gemeinschaft" steht. Wie *Hilf* in diesem Zusammenhang zutreffend bemerkt, kann dieser Erklärung damit keine punktuelle Erweiterung der Kompetenzen der Gemeinschaft entnommen werden[139]. Auch *Glaesner* weist darauf hin, daß die EEA hinsichtlich der Kompetenzlage, was den Bereich von Maßnahmen zur Herstellung einer allgemeinen Freizügigkeit von Personen anbelangt, keine Änderungen gebracht hat[140]. Für die Gemeinschaftsorgane blieb damit auch nach dem Inkrafttreten der EEA die Frage bestehen, inwieweit die bestehenden Kompetenzvorschriften eine ausreichende Rechtsgrundlage bildeten, um die notwendigen Gemeinschaftsmaßnahmen auf dem Gebiet des Grenzkontrollenabbaus einschließlich der dazugehörigen Begleitmaßnahmen zu erlassen.

Zunächst ist darauf hinzuweisen, daß nach dem „Prinzip der begrenzten Ermächtigung" die Gemeinschaftsorgane zur Durchsetzung der Vertragsziele nur auf den Gebieten tätig werden können, auf denen ihnen durch den Vertrag ausdrücklich Befugnisse zur Rechtsetzung zugewiesen sind[141].
Gemäß Art. 3 I lit. c EGV (Art. 3 lit. c EGV a.F.) werden zwar die Grundfreiheiten des Binnenmarktes, wozu auch der freie Personenverkehr und die damit verbundene Tätigkeit der Gemeinschaft zählen, zu den verbindlichen Zielen für die Gemeinschaft erhoben, eine Kompetenznorm stellt dieser Artikel aber nicht dar. Er dient vielmehr als Hilfe bei der Auslegung und Anwendung anderer Vorschriften des Gemeinschaftsrechts[142]. Gleiches gilt für Art. 14 EGV (Art. 7 a EGV a.F.), der ebenfalls nur „gemäß den Bestimmungen des Vertrags" anwendbar ist[143]. Als spezielle Kompetenzzuweisungsnormen im Bereich der Rechtsangleichung auf dem Gebiet der Freizügigkeit sind die Art. 40 EGV (Art. 49 EGV a.F.), Art. 44 I EGV (Art. 54 II EGV a.F.), Art. 46 II EGV (Art. 56 II

---

137 *Hailbronner*, Möglichkeiten und Grenzen, S. 199; *ders.*, NVwZ 4/1989, 303 (311); *ders.*, in: Bieber/Monar (eds.), S. 95 (97).

138 Ibid.; krit. dazu *Stüer*, S. 258 f.

139 *Hilf*, in: FS Doehring, 1989, S. 339 (349).

140 *Glaesner*, EuR 2/1986, 119 (130).

141 HandKom.EUV/EGV/*Klein*, Art. 235 Rn. 1 m.w.N.

142 EuGH, verb. Rs. 6 und 7/73, Commercial Solvents/Kommission, Slg. 1974, 223 (254); EuGH, Gutachten 1/94, Slg. 1994, I- 5267 (I- 5402).

143 *Hilf*, in : FS Doehring, 1989, S. 339 (348).

EGV a.F.), Art. 49 II EGV (Art. 59 II EGV a.F.), Art. 55 EGV (Art. 66 EGV a.F.) zu nennen[144]. Hierzu ist jedoch anzumerken, daß diese Kompetenznormen lediglich als Rechtsgrundlagen für Maßnahmen angesehen werden können, die in einem spezifischen Zusammenhang mit der Ausübung einer wirtschaftlichen Tätigkeit stehen [145]. Demnach werden Maßnahmen in bezug auf die Bekämpfung der Kriminalität und des Terrorismus, wie etwa der Erlaß von sekundärrechtlichen Akten im Bereich des Waffen- und Drogenrechts oder aber Maßnahmen im Bereich der justitiellen und polizeirechtlichen Zusammenarbeit, vom Anwendungsbereich dieser Kompetenzvorschriften nicht erfaßt. Auch eine Angleichung von Vorschriften über das Asylrecht oder den Flüchtlingsstatus von Personen könnte beispielsweise nicht auf die Art. 39, 40 EGV (Art. 48, 49 EGV a.F.) gestützt werden. Denn Personen, die Zuflucht vor Verfolgung suchen, reisen nicht zur Ausübung einer Erwerbstätigkeit in das Hoheitsgebiet der Gemeinschaft ein[146].

Nach wohl überwiegender Ansicht wird Art. 40 EGV (Art. 49 EGV a.F.) nicht im Hinblick auf die Koordinierung einzelstaatlicher Regelungen in den Bereichen Einreise und Aufenthalt von Drittstaatsangehörigen als Regelungskompetenz herangezogen[147]. Dieser greift nur insoweit, als die Einreise und der Aufenthalt von Drittstaatsangehörigen im Zusammenhang mit der Rechtsstellung der Freizügigkeit von Arbeitnehmern im Sinne von Art. 39 EGV (Art. 48 EGV a.F.) stehen, wie dies etwa die Rechte der Familienmitglieder von EG-Arbeitnehmern betrifft[148].

Ob auch der Bereich der Bekämpfung der illegalen Einwanderung von Art. 40 EGV (Art. 49 EGV a.F.) erfaßt sein soll, ist nicht ganz geklärt. Während die Kommission einen Richtlinienvorschlag zur Angleichung der Rechtsvorschriften der Mitgliedstaaten zur Bekämpfung der illegalen Wanderung und der illegalen Beschäftigung auf Art. 94 EGV (Art. 100 EGV a.F.) gestützt hat[149], sieht ein Teil der Literatur in Art. 40 EGV (Art. 49 EGV a.F.) die korrekte Rechtsgrund-

---

144 S. auch *Müller-Graff*, EuR 2/1989, 107 (127).

145 Dazu bereits o. S. 9.

146 S. auch *Stüer*, S. 243; *Taschner/de Lobkowicz*, in: Zuleeg (Hrsg.), S. 143; *Hailbronner*, Möglichkeiten und Grenzen, S. 195; *Huber*, in: Barwig/Lörcher/Schumacher (Hrsg.), S. 43 (46); *Wollenschläger/Becker*, EuGRZ 1990, 1 (6); *Hummer*, ZfRV 2/1991, 129 (146 f.).

147 HandKom.EUV/EGV/*Hailbronner*, Art. 49 Rn. 8; *Hilf*, in: FS Doehring, 1989, S. 339 (352); *Stüer*, S. 284; so wohl auch *Wölker*, in: GTE, Art. 49 Rn. 12; a.A.: *Karpenstein*, in: GBTE, Art. 49 Rn. 5. Zu Fragen der Freizügigkeit von Drittstaatsangehörigen im Rahmen von Assoziierungsverträgen nach Art. 310 EGV (Art. 238 EGV a.F.) s. *Hailbronner*, Neuere Entwicklungen im europäischen Ausländerrecht, 1997, S. 18 ff.; *Hilf*, in: FS Doehring, 1989, S. 339 (353 ff.).

148 Vgl. Art. 10 -12 der VO (EWG) Nr. 1612/68, ABl. EG 1968 Nr. L 257/2, ber. Nr. L 295/12.

149 ABl. EG 1976 Nr. C 277/2, geänd. durch RL-Vorschlag v. 5. April 1978, ABl. EG 1978 Nr. C 97/9.

lage, da illegale Einwanderung unmittelbare Auswirkungen auf den Arbeitsmarkt besitzt[150].
Abschließend kann festgehalten werden, daß durch Art. 40 EGV i.V.m. Art. 39 EGV (Art. 49 EGV a.F. i.V.m. Art. 48 EGV a.F.) die Herstellung einer umfassenden Personenfreizügigkeit, was vor allem den Regelungsbereich von Drittstaatsangehörigen anbelangt, nicht gewährleistet wird. Das gleiche gilt auch für die Ermächtigungsvorschriften der Art. 44 I EGV (Art. 54 II EGV a.F.), Art. 46 II EGV (Art. 56 II EGV a.F.), Art. 49 II EGV (Art. 59 II EGV a.F.), Art. 55 EGV (Art. 66 EGV a.F.) im Hinblick auf die Freizügigkeit von Unternehmern oder Dienstleistungserbringern/ -empfängern.
Auch Art. 137 EGV (Art. 118 EGV a.F.) erweitert im Bereich der Freizügigkeit nicht die Gemeinschaftskompetenz[151]. Zwar hat der EuGH im Urteil vom 9. Juli 1987 zur Wanderungspolitik der Gemeinschaft festgestellt[152], daß nicht der gesamte Bereich der Ausländerpolitik dem sozialen Bereich in Titel III des EWG-Vertrags entzogen sei. Er hat aber auch unmißverständlich klargestellt, daß die Ausländerpolitik gegenüber Angehörigen von Drittstaaten als solche nach dem gegenwärtigen Vertragssystem, zu dem auch bereits die EEA gehört hat, die kurz vor dem Urteil in Kraft getreten ist, noch in den Zuständigkeitsbereich der Mitgliedstaaten gehört.
Daß aber die Kommission zunächst[153] von einer Gemeinschaftskompetenz ausgegangen ist, kann nicht bestritten werden, sonst wären ihre im Weißbuch angekündigten Richtlinienvorschläge zur inneren Sicherheit, zum Asylrecht sowie solche betreffend den Status von Drittstaatsangehörigen und von Flüchtlingen nicht erklärbar[154].
Art. 95 EGV (Art. 100 a EGV a.F.) scheidet in diesem Zusammenhang als Kompetenzgrundlage aus; denn nach dem Wortlaut des Absatzes 2 ist die Freizügigkeit als Regelungsmaterie ausdrücklich ausgenommen[155]. Mit dem Begriff „Freizügigkeit" wird nicht nur die Arbeitnehmerfreizügigkeit gemäß Art. 39 ff. EGV (Art. 48 EGV a.F.) erfaßt. Diese Ausnahmeklausel ist vielmehr

---

[150] *Wölker*, in: GTE, Art. 49 Rn. 12 m.w.N; ferner *Goldstein*, S. 79.
[151] S. auch *Hilf*, in: FS Doehring, 1989, S. 339 (357); *Hailbronner*, ZAR 1/1988, 3 (12 f.); *ders.*, in: Bieber/Monar (eds.), S. 95 (97); krit. dagegen *Goldstein*, S. 63 ff.
[152] EuGH, verb. Rs. 281, 283 bis 285 und 287/85, Bundesrepublik Deutschland u.a./Kommission, Slg. 1987, 3203 (3252 ff.); s. hierzu *Evans*, EJIL 1994, 199 (209 f.).
[153] S. aber u. S. 31 f.
[154] S. dazu bereits o. S. 19.
[155] S. auch *Gilsdorf*, EuR 1/1990, 65 (68); HandKom.EUV/EGV/*Klein*, Art. 100 a Rn. 5; *Langeheine*, in: Grabitz/Hilf, KommEU, Art. 100 a Rn. 27; *Huber*, in: Barwig/Lörcher/Schumacher (Hrsg.), S. 43 (48); *Wollenschläger/Becker*, EuGRZ 1990, 1 (6); *Hummer*, ZfRV 2/1991, 129 (147); *Weckel*, RGDIP 1991, 405 (434); *Menke*, S. 22; Editorial Comments, CMLRev. 1996, 1 (4); krit. dazu *Goldstein*, S. 95 ff.

dahingehend zu verstehen, daß sie auch Maßnahmen erfaßt, die den Grenzübertritt und das Aufenthaltsrecht natürlicher Personen betreffen[156].
Daher sind Angleichungsmaßnahmen, die mit Fragen dieses Bereichs nicht in unmittelbarem Zusammenhang stehen, auch nicht durch Art. 95 II EGV (Art. 100 a II EGV a.F.) vom Anwendungsbereich des Art. 95 I EGV (Art. 100 a I E[W]GV a.F.) ausgeschlossen[157]. So hat die Kommission den Richtlinienvorschlag vom 6. August 1987 zur Angleichung des Waffenrechts[158] auf Art. 95 EGV (Art. 100 a EGV a.F.) gestützt, der dann nach einigen inhaltlichen Änderungen[159] vom Rat angenommen und als Richtlinie vom 18. Juni 1991 über die Kontrolle des Erwerbs und des Führens von Waffen[160], ebenfalls auf Art. 95 EGV (Art. 100 a EGV a.F.) gestützt, erlassen wurde. In den Erwägungsgründen wird unter Bezug auf Art. 14 EGV (Art. 7 a EGV a.F.) darauf hingewiesen, daß die vollständige Abschaffung der Kontrollen an den innergemeinschaftlichen Grenzen die Erfüllung bestimmter Grundbedingungen voraussetzt. Im Hinblick auf die Abschaffung der Personenkontrollen und der Sicherheitskontrollen der beförderten Gegenstände wird die Angleichung des Waffenrechts als notwendig angesehen. Dies macht deutlich, daß mit der Harmonisierung waffenrechtlicher Vorschriften keinesfalls unmittelbar in den von der Ausnahmeklausel erfaßten Bereich eingegriffen wurde[161].

Insgesamt gesehen hatte das Binnenmarktprogramm keine durchgreifenden Neuerungen gebracht, was die Kompetenzlage im Hinblick auf den Grenzkontrollenabbau und das Aufenthaltsrecht anbelangte; es blieb vielmehr bei den bisherigen Bestimmungen[162], wie den Regelungszuständigkeiten in Art. 94 EGV (Art. 100 EGV a.F.) oder gegebenenfalls in Art. 308 EGV (Art. 235 EGV a.F.)[163], die aber im Gegensatz zu Art. 95 EGV (Art. 100 a EGV a.F.) dem Einstimmigkeitserfordernis unterliegen. Wie *Klein* zutreffend bemerkt, verengte sich damit der praktische Anwendungsbereich des Art. 95 EGV (Art. 100 a EGV

---

156 *Müller-Graff*, EuR 1989, 107 (132); *Everling*, in: FS Steindorff, 1990, S. 1155 (1168); *Menke*, S. 22.

157 *Pipkorn*, in: GTE, Art. 100 a Rn. 59; *Stüer*, S. 336.

158 ABl. EG 1987 Nr. C 235/8.

159 ABl. EG 1989 Nr. C 299/6.

160 ABl. EG 1991 Nr. L 256/51, mit berichtigender Stellungnahme ABl. EG 1991 Nr. L 299/50.

161 S. auch *Stüer*, S. 336 f.

162 S. *E. Klein*, DÖV 22/1986, 951 (953).

163 *Hilf*, in: FS Doehring, 1989, S. 339 (357); *Ehlermann*, CMLRev. 1987, 361 (386); *Hayder*, RabelsZ 1989, 622 (658); *Pipkorn*, in: GTE, Art. 100 a Rn. 57; *Müller-Graff*, EuR 2/1989, 107 (127).

a.F.) hauptsächlich auf die Beseitigung von Handelshemmnissen für den Warenverkehr[164].

Ob nun den Art. 94 EGV (Art. 100 EGV a.F.) und Art. 308 EGV (Art. 235 EGV a.F.) ein umfassendes Rechtsangleichungskonzept zu entnehmen ist, wonach den Gemeinschaftsorganen die erforderliche Koordinierungskompetenz zukommt, um auf den Gebieten des Ausländer- und Asylrechts sowie des Rechts der inneren Sicherheit tätig zu werden, dürfte eher zweifelhaft sein[165]. Wie *Hilf* in diesem Zusammenhang zutreffend feststellt, kann eine umfassende Freizügigkeitspolitik auch auf der Grundlage der Art. 94 EGV (Art. 100 EGV a.F.) und Art. 308 EGV (Art. 235 EGV a.F.) nicht entwickelt werden[166].
Der Kern der Kompetenzen für die Ausländerpolitik gegenüber Drittstaaten lag nach dem gemeinschaftlichen Kompetenzgefüge, auch nach der EEA, weiterhin bei den Mitgliedstaaten[167]; das gleiche galt auch für die Bereiche der inneren Sicherheit[168]. Demnach konnte eine von dem Funktionieren des Gemeinsamen Marktes oder von der Verwirklichung des Binnenmarktes losgelöste Zuwanderungspolitik gegenüber Drittstaaten vom Rat nicht auf der Grundlage der Art. 94 EGV (Art. 100 EGV a.F.) oder Art. 308 EGV (Art. 235 EGV a.F.) beschlossen werden, was auch für Maßnahmen galt, die über den Regelungsbereich der Erleichterung der Grenzformalitäten hinausgingen. Das gemeinschaftliche Kompetenzgefüge geht lediglich von einer punktuellen Angleichungskompetenz aus[169].

---

164 HandKom.EUV/EGV/*Klein*, Art. 100 a Rn. 5.

165 Für den Bereich des Asyl- und Ausländerrechts vgl. auch *Hilf*, in: FS Doehring, 1989, S. 339 (359 f.); *Hailbronner*, ZAR 1/1988, 3 (12 f.); *ders.*, in: Knoche (Hrsg.), S. 183 (190); *ders.*, NVwZ 4/1989, 303 (311); *ders.*, Möglichkeiten und Grenzen, S. 201 f.; *ders.*, Neuere Entwicklungen im Europäischen Ausländerrecht, S. 6; *Schoch*, DVBl. 8/1992, 525 (529 f.); *Ress*, in: Pauly (Hrsg.), Les accords de Schengen, S. 79 (95 f.); *Wilke*, ZRP 6/1989, 225 (227 f.); *Hummer*, ZfRV 2/1991, 129 (147 f.); im Ergebnis wohl auch *Taschner/de Lobkowicz*, in: Zuleeg (Hrsg.), S. 143 (145); für den Bereich der inneren Sicherheit vgl. *Kokai*, in: Magiera (Hrsg.), S. 237 (242 f.); bejahend dagegen für das Ausländer- und Asylrecht: *Rogalla/Neuhaus*, EuR 2/1984, 203 (206); *de Ruyt*, S. 156; *Huber*, in: Barwig/Lörcher/Schumacher (Hrsg.), S. 43 (48); *Wollenschläger/Becker*, EuGRZ 1990, 1 (6); *Gilsdorf*, EuR 1/1990, 65 (68 f.); *Süß*, BayVBl. 20/1990, 609 (610 ff.); bejahend für Maßnahmen zum Abbau der innergemeinschaftlichen Grenzkontrollen wie z.B. hinsichtlich der Mitteilung von abgelehnten Asylgesuchen und der Übermittlung von Daten, aber ablehnend für das materielle Asylrecht *Schweitzer*, ZAR 4/1992, 147 (148).

166 *Hilf*, in: FS Doehring, 1989, S. 339 (360); so auch Editorial Comments, CMLRev. 1996, 1 (5).

167 So auch *Schoch*, DVBl. 8/1992, 525 (529 f.); *Wilke*, ZRP 6/1989, 225 (227, 229); *Hailbronner*, in: Bieber/Monar (eds.), S. 95 (98).

168 S. auch *Kokai*, in: Magiera (Hrsg.), S. 237 (242 f.); *Pitschas*, NVwZ 7/1994, 625 (628).

169 S. auch *Hilf*, in: FS Doehring, 1989, S. 339 (360); *Hailbronner*, ZAR 1/1988, 3 (12); *Wilke*, ZRP 6/1989, 225 (227 f.); *Kokai*, in: Magiera (Hrsg.), S. 237 (243).

Wie die auf Art. 308 EGV (Art. 235 EGV a.F.) gestützten Richtlinien vom 28. Juni 1990 über das Aufenthaltsrecht[170] und über das Aufenthaltsrecht der aus dem Erwerbsleben ausgeschiedenen Arbeitnehmer und selbständig Erwerbstätigen[171] sowie die Richtlinie 93/96/EWG vom 29. Oktober 1993 über das Aufenthaltsrecht der Studenten[172] gezeigt haben, waren Einreise und Aufenthaltsrecht von Drittstaatsangehörigen ausschließlich an die Familienzugehörigkeit gebunden.
Selbst wenn man von einer allgemeinen Regelungskompetenz für Maßnahmen betreffend die Ausländer- und Asylpolitik sowie die innere Sicherheit ausgehen würde, so wie es vom Europäischen Parlament vertreten wird[173], hätten die Mitgliedstaaten aufgrund des für das Rechtsetzungsverfahren der Art. 94 EGV (Art. 100 EGV a.F.) sowie Art. 308 EGV (Art. 235 EGV a.F.) bestehenden Einstimmigkeitserfordernisses jederzeit die Möglichkeit, durch Einlegen eines Vetos die gemeinschaftsrechtlichen Regelungen zu blockieren. Zudem wären die erst durch den Maastrichter Vertrag eingeführten Regelungen der Art. K - K.9 EUV a.F. und Art. 100 c EGV a.F., die durch den Amsterdamer Vertrag weggefallen sind, kaum verständlich, wenn die Gemeinschaft bereits auf der Grundlage dieser Vorschriften so weitreichende Kompetenzen gehabt hätte. Die Regelungen des EU-Vertrags beruhten auf der Annahme, daß die Verantwortung für justiz- und innenpolitische Fragen primär bei den Mitgliedstaaten verblieben war[174].
Auch die Ansicht der Kommission ging in diese Richtung. Denn wie ihrem Bericht vom 16. Januar 1989 über die Abschaffung der Personenkontrollen an den innergemeinschaftlichen Grenzen zu entnehmen ist, sah die Kommission lediglich die Aktionsfelder im Bereich des Waffenrechts und der Grenzkontrollenerleichterung als Gemeinschaftsaufgabe an. Bereiche, wie etwa die Angleichung der Drogengesetze, die Koordinierung der Asyl- und Visumspolitik sowie der Auslieferungsvorschriften, der Bekämpfung des Terrorismus und der internationalen Kriminalität, der Verstärkung der Zusammenarbeit der Justizbehörden auf dem Gebiet des Strafrechts und der Verstärkung der Kontrollen an den Außengrenzen, sah sie als ausschließlich mitgliedstaatliche Materien an[175]. Damit wurde zunächst bis zum Inkrafttreten des EU-Vertrags

---

170 ABl. EG 1990 Nr. L 180/26.

171 ABl. EG 1990 Nr. L 180/28.

172 ABl. EG 1993 Nr. L 317/59; dazu ausführlich *E. Klein/Haratsch*, JuS 1/1995, 7 ff.

173 Vgl. Bericht des Ausschusses für Grundfreiheiten und innere Angelegenheiten über die Zusammenarbeit in den Bereichen Justiz und Inneres gemäß dem Vertrag über die Europäische Union v. 1. Juli 1993, Robles Piquer Report (EP A-0215/93, S. 13).

174 S. dazu u. S. 102.

175 Vgl. Bericht der Kommission über die Abschaffung der Personenkontrollen an den innergemeinschaftlichen Grenzen, KOM (88) 640 endg., S. 5 ff.

der Zusammenarbeit zwischen den Mitgliedstaaten ein weites Tätigkeitsfeld überlassen.

Diese Problematik der Kompetenzabgrenzung zwischen den Gemeinschaftsorganen und den Mitgliedstaaten hat die praktische Verfahrensgestaltung bei den Bemühungen um die Beseitigung der Binnengrenzkontrollen und die hierfür erforderlich gehaltenen Kompensationsmaßnahmen beeinflußt[176]. Mit Ausnahme der Rechtsangleichung des Waffenrechts[177] und eines 1988 ausgearbeiteten Vorentwurfs einer Richtlinie zum Asylrecht, den die Kommission auf die Rechtsangleichungskompetenz gemäß Art. 94 EGV i.V.m. Art. 3 lit. c EGV (Art. 100 EGV a.F. i.V.m. Art. 3 lit. c EGV a.F.) und Art. 14 EGV (Art. 7 a EGV a.F.) gestützt hatte[178], sind keine weiteren gemeinschaftsrechtlichen Maßnahmen zu nennen, obwohl die Kommission in ihrem Weißbuch einen umfangreichen Maßnahmenkatalog[179] angekündigt, und das Europäische Parlament in seiner Entschließung vom 12. März 1987 umfangreiche Forderungen betreffend die Vereinheitlichung des europäischen Asylrechts aufgestellt hatte[180].
Der asylrechtliche Richtlinien-Vorentwurf, der keine Regelung des materiellen Asylrechts beinhaltete, was im übrigen von der Kommission auch nicht angestrebt wurde[181], sondern lediglich verfahrensrechtliche Fragen betraf, wie die internationale Zuständigkeit zur Beurteilung eines Asylgesuchs, die Vereinheitlichung der in einzelnen Mitgliedstaaten bereits existierenden Asylschnellverfahren, das Anerkennungsverfahren ablehnender Asylentscheidungen, die innergemeinschaftliche Bewegungsfreiheit von Asylbewerbern während des Annerkennungsverfahrens sowie die Absicherung der innergemeinschaftlichen Bewegungsfreiheit anerkannter politischer Flüchtlinge[182], ist nie über den Status eines internen Arbeitspapiers hinausgekommen[183], was darauf zurückzuführen war, daß die Mehrheit der Mitgliedstaaten eine Gemein-

---

176 S. auch *Magiera*, in: Dauses (Hrsg.), Hdb. EU-WirtschaftsR, D. IV Rn. 31.

177 S. dazu o. S. 28.

178 Vgl. dazu *Hailbronner*, AnwBl. 10/1989, 485 (494); *Hummer*, ZfRV 2/1991, 129 (144).

179 S. dazu o. S. 19.

180 ABl. EG 1987 Nr. C 99/167; dazu *Hummer*, ZfRV 2/1991, 129 (142).

181 Vgl. hierzu *Taschner*, in: Hailbronner (Hrsg.), S. 113 (116), der darauf hinweist, daß die Erörterung asylrechtlicher Fragestellungen nur als „Ersatzmaßnahme" im Zusammenhang mit dem geplanten Abbau der Binnengrenzen im Sinne Art. 8 a E(W)GV gefordert wurde, nicht also wegen des Asylrechts selbst.

182 Insgesamt zum Vorentwurf der Asylrechtsrichtlinie *Wilke*, ZRP 6/1989, 225 ff.; *Hummer*, ZfRV 2/1991, 129 (143 f.); *Wollenschläger/Becker*, EuGRZ 1990, 1 (5).

183 Vgl. *Gilsdorf*, EuR 1/1990, 65 Fn. 2.

schaftskompetenz für das Asylrecht immer wieder bestritten hat[184]. Im Mai 1989 hatte sich dann die Kommission dafür entschieden, von der Vorlage einer Asylrechtsrichtlinie an den Rat vorläufig abzusehen[185].

Wie man also sieht, ist trotz des Binnenmarktprogramms und der im Weißbuch angekündigten Initiativen auf Gemeinschaftsebene auf dem gesamten Gebiet des innergemeinschaftlichen Grenzkontrollenabbaus für Personen und den damit zusammenhängenden Ausgleichsmaßnahmen zunächst kein Fortschritt zu verzeichnen gewesen. Vielmehr führten die meisten Mitgliedstaaten weiterhin allgemeine Personenkontrollen an den Binnengrenzen durch[186]; der gemeinschaftliche Integrationsprozeß befand sich in einer Phase der Stagnation.

Im folgenden zweiten Teil dieser Arbeit ist daher der Frage nachzugehen, ob und inwieweit auf zwischenstaatlicher Ebene Maßnahmen getroffen wurden, die auf eine Erleichterung und Beseitigung der Personenkontrollen zielten.

---

184 Vgl. *Taschner*, Schengen oder die Abschaffung der Personenkontrollen, S. 22; *ders.*, Schengen, Rn. 23.

185 Vgl. *Gilsdorf*, EuR 1/1990, 65 (66).

186 S. auch *Bieber*, NJW 5/1994, 294.

Zweiter Teil: Maßnahmen zum Abbau der Grenzkontrollen für Personen auf zwischenstaatlicher Ebene

Anstelle der gemeinschaftsrechtlich geforderten vollständigen Abschaffung der Grenzkontrollen sind auf zwischenstaatlicher Ebene umfassende Maßnahmen zum Abbau der Grenzkontrollen für Personen getroffen worden. Hierbei ist zwischen den zwischenstaatlichen Abkommen einerseits und den intergouvernementalen Kooperationen zwischen den Mitgliedstaaten andererseits zu unterscheiden.
In der folgenden Darstellung werden aber nicht sämtliche auf dem Gebiet des Grenzkontrollenabbaus angesiedelten bi- und multilateralen Abkommen detailliert dargestellt und beschrieben, da dies den Rahmen dieser Arbeit sprengen würde. Näher erläutert werden lediglich diejenigen Abkommen, die zwischen den Mitgliedstaaten der Gemeinschaft, vor allem mit Beteiligung der Bundesrepublik Deutschland, geschlossen wurden. Schwerpunktmäßig wird auf die Schengener Abkommen einzugehen sein, die insbesondere auf dem Gebiet der Einwanderungspolitik und der inneren Sicherheit umfassende Regelungen getroffen haben.
Neben den bi- und multilateralen Abkommen fanden innerhalb der Gemeinschaft entsprechende intergouvernementale Kooperationen zwischen den Mitgliedstaaten statt, in denen die Mitgliedstaaten auf bestimmten Gebieten der Inneren Sicherheit ihre Zusammenarbeit fortentwickeln wollten[187]. Zu diesem Zweck wurden spezielle Gruppen und Ausschüsse, wie etwa die TREVI-Gruppe, die Ad-hoc-Gruppe „Einwanderung“, die Gruppe „Justitielle Zusammenarbeit oder auch die „Groupe d'Assistance Mutuelle“ (GAM), gegründet, die sich mit Fragen der Innen- und Rechtspolitik befaßten. Kommission und Generalsekretariat des Rates nahmen an den Beratungen dieser Kooperationen häufig nur als Beobachter teil.
Den Gründungen dieser speziellen Arbeitsgruppen ist meistens eine entsprechende Empfehlung des Europäischen Rates vorausgegangen.

A. Zwischenstaatliche Abkommen über die Zusammenarbeit bei den Grenzkontrollen

Bereits vor und auch nach der Gründung der Europäischen Wirtschaftsgemeinschaft sind zwischen einzelnen und mehreren Mitgliedstaaten Abkommen geschlossen worden, die eine Zusammenarbeit auf dem Gebiet der

---

187 Ein umfassender Überblick über die gerichtliche und polizeiliche Organisation einschließlich der polizeilichen Eingriffsbefugnisse in den einzelnen Mitgliedstaaten findet sich bei *Joubert/Bevers*, S. 43 ff.

Grenzkontrollen anstreben. Bevor im folgenden die entsprechenden Abkommen im Detail behandelt werden, muß darauf hingewiesen werden, daß eine bilaterale Zusammenarbeit zwischen den zuständigen Sicherheitsbehörden europäischer Staaten häufig ohne vertragliche Grundlagen und vielmehr aufgrund mündlicher Absprachen oder sog. Gentlemen's Agreements funktioniert. Daher kann über eine Bestandsaufnahme der Abkommen hinaus keine vollständige Übersicht über bestehende Kooperationen erstellt werden.

I. „Understanding“ zwischen dem Vereinigten Königreich und Irland

Als erste nennenswerte Kooperationsvereinbarung auf dem Gebiet des Grenzkontrollenabbaus ist das aus den zwanziger Jahren dieses Jahrhunderts stammende „Understanding“ über den freien Personenverkehr zwischen dem Vereinigten Königreich und Irland zu nennen. Es handelt sich hierbei um eine ausschließlich auf die Kontrolle an den Binnengrenzen bezogene Einigung zwischen den Verwaltungen beider Staaten, die aber in keinem amtlichen Text festgelegt ist[188]. Diese Einigung zielt auf eine „freie Reisezone“ zwischen dem Vereinigten Königreich, Irland, den Kanalinseln und der Insel Man ab[189]. Für nicht britische oder nicht irische Staatsangehörige besteht in beiden Ländern ein System von Ausreise- und Einreisekarten. Eine gemeinsame Politik in bezug auf die Ausweisung nicht erwünschter Ausländer enthält das „Understanding“ nicht. Insgesamt wird im Rahmen des „Understandings“ eine bereits aufgrund der gemeinsamen Vergangenheit und der Ähnlichkeit der von beiden Ländern verfolgten Politik bezüglich der Einreise und des Aufenthalts von Ausländern bestehende Verwaltungspraxis fortgesetzt und im gewissen Rahmen modifiziert[190].

II. Deutsch-Österreichisches Abkommen vom 14. September 1955

Das am 14. September 1955 unterzeichnete „Abkommen zwischen der Bundesrepublik Deutschland und der Republik Österreich über Erleichterungen der Grenzabfertigung im Eisenbahn-, Straßen- und Schiffsverkehr“[191] ist eines der ersten bilateralen Abkommen, das die Bundesrepublik Deutschland im Rahmen einer Zusammenarbeit im Grenzkontrollenbereich geschlossen hat. Dieses Abkommen ist durch die Abkommen vom 21. Januar 1975, 16. September 1977[192] und vom 30. Juli 1990[193] bis heute nur geringfügig

---

188 S. Bull.EG, Beil. 7/1975, Anhang 1, Ziff. 3.

189 *Taschner*, in: FS von der Groeben, 1987, S. 407 (419).

190 S. auch Bull.EG, Beil. 7/1975, Ziff. 3.

191 Vgl. BGBl. 1957 II S. 581.

192 Vgl. BGBl. 1979 II S. 110.

modifiziert worden. Gemäß Art. 1 des Abkommens, der die Zielbestimmung des Vertragswerkes enthält, treffen die vertragsschließenden Parteien alle erforderlichen Maßnahmen, um die Grenzabfertigung im Eisenbahn-, Straßen- und Schiffsverkehr zu erleichtern. Hierdurch wird ermöglicht, „daß Grenzdienststellen des einen vertragsschließenden Teils oder Bedienstete solcher Stellen die Grenzabfertigung auf dem Gebiete des anderen vertragsschließenden Teils vornehmen“[194]. Die Grenzabfertigung kann während der Fahrt im Zuge und auf Schiffen auf bestimmten Strecken stattfinden[195]. Diese Zusammenarbeit bei der Grenzabfertigung umfaßt sowohl die polizeiliche als auch die Zoll- und sonstige Abfertigung[196], eine gegenseitige Amtshilfe wurde vereinbart[197].

III. Deutsch-Belgisches Abkommen vom 15. Mai 1956

Auch im „Abkommen zwischen der Bundesrepublik Deutschland und dem Königreich Belgien über die Errichtung nebeneinanderliegender nationaler Grenzabfertigungsstellen, über die Grenzabfertigung in Zügen während der Fahrt und über die Bestimmung von Gemeinschafts- und Betriebswechselbahnhöfen im Verkehr über die deutsch-belgische Grenze vom 15. Mai 1956“[198] geht es um Erleichterungen im Grenzkontrollenbereich. So heißt es in Art. 1 zur Zielsetzung des Vertrags: „Die beiden Staaten werden im Rahmen dieses Abkommens den Übergang über ihre gemeinsame Grenze mit der Eisenbahn und auf der Straße erleichtern“. Dies wird erreicht durch die Einrichtung nebeneinanderliegender nationaler Grenzabfertigungsstellen auf Bahnhöfen oder in unmittelbarer Nähe der Grenzen auf Straßen. In Zügen erfolgt die Grenzabfertigung während der Fahrt, wobei die mit der Grenzabfertigung betrauten Personen ihre Befugnisse auch auf dem Gebiet des anderen Staates ausüben dürfen[199]. Dieses Abkommen enthält ebenfalls eine Vereinbarung über eine gegenseitige Amtshilfe. Die Kooperation wird in Art. 13 I wie folgt festgelegt: „Die Bediensteten beider Staaten unterstützen sich bei der Durchführung ihrer Aufgaben in der Zone soweit wie möglich, insbesondere um Zuwiderhandlungen gegen die Rechts- und Verwaltungsvorschriften über den Grenzübergang zu verhüten oder zu ermitteln. Sie teilen sich hierzu so schnell wie möglich die Auskünfte mit, die für die Ausübung ihres Dienstes von Interesse sind“.

---

193 Vgl. BGBl. 1992 II S. 1198.
194 Vgl. Art. 1 II des Abkommens.
195 Vgl. Art. 1 III des Abkommens.
196 Vgl. dazu Art. 4 des Abkommens.
197 Vgl. dazu Art. 9 des Abkommens.
198 BGBl. 1958 II S. 190.
199 Vgl. Art. 1 II des Abkommens.

IV. Abkommen der nordischen Staaten vom 12. Juli 1957

Im Gegensatz zu den beiden zuvor genannten Abkommen strebt das in Kopenhagen am 12. Juli 1957 unterzeichnete „Abkommen zwischen Dänemark, Finnland, Norwegen und Schweden über die Aufhebung der Paßkontrolle an den innernordischen Grenzen“[200] nicht nur die Aufhebung der Personenkontrollen an den Binnengrenzen, sondern auch die Verlagerung dieser Kontrollen an die Außengrenzen an[201]. Damit können sich alle Personen, denen die Einreise in das Hoheitsgebiet eines der vier nordischen Staaten gestattet wird, in den anderen drei Staaten frei bewegen[202]. Dabei hat sich jeder Staat das Recht vorbehalten, Kontrollen an den innernordischen Grenzen vorzunehmen, falls er derartige Kontrollen für unerläßlich erachtet[203]. Darüber hinaus haben sich die Vertragsstaaten verpflichtet, Personen, deren Aufenthalt von einem der drei anderen Staaten nicht gewünscht wird, grundsätzlich auszuweisen und sich alle zweckdienlichen Auskünfte über den Aufenthalt nicht-nordischer Ausländer zu erteilen[204]. Dennoch sieht das Abkommen keine Harmonisierung der einzelstaatlichen Visa- und Einreisevorschriften für nicht-nordische Ausländer vor; statt dessen wurde für visapflichtige Ausländer ein System von Einreise- und Ausreisekarten eingerichtet[205].

V. Deutsch-Niederländisches Abkommen vom 30. Mai 1958

Das am 30. Mai 1958 in Den Haag unterzeichnete „Abkommen zwischen der Bundesrepublik Deutschland und dem Königreich der Niederlande über die Zusammenlegung der Grenzabfertigung und über die Einrichtung von Gemeinschafts- oder Betriebswechselbahnhöfen an der deutsch-niederländischen Grenze“[206] zielt, wie auch schon das deutsch-österreichische[207] und das deutsch-belgische Abkommen[208], in erster Linie auf eine Beschleunigung des Verkehrs des gemeinsamen Grenzübergangs ab. Zu diesem Zweck werden nationale Grenzabfertigungsstellen beider Staaten zusammengelegt, Kontrollen auf Schiffen und in Bahnen während der Fahrt durchgeführt und Gemeinschafts-

---

200 UNTS, vol. 322 (1959), No 4660, p. 266, geänd. durch Abkommen v. 27. Juli 1979.

201 Zu diesem Abkommen vgl. insb. *Fode*, in: Schermers/Flintermann u.a. (Hrsg.), S. 61 (62 ff.); *Joubert/Bevers*, S. 31 f.

202 Vgl. Art. 2 des Abkommens.

203 Vgl. Art. 8 des Abkommens.

204 Vgl. Art. 11 i.V.m. Anlage III des Abkommens.

205 Vgl. Art. 2 i.V.m. Anlage II des Abkommens.

206 Vgl. BGBl. 1960 II S. 2181.

207 S. dazu o. S. 34 f.

208 S. dazu o. S. 35.

oder Betriebswechselbahnhöfe eingerichtet[209]. Die im Abkommen festgeschriebene Zusammenarbeit bei den Grenzkontrollen sieht neben unterstützenden Handlungen auch Auskunftserteilungen vor, soweit diese für die Ausübung des Dienstes von Interesse sind[210].

VI. Benelux-Abkommen vom 11. April 1960

Die bis zum Schengener Abkommen am weitesten ausgestaltete Paßunion wurde durch das am 11. April 1960 geschlossene Abkommen zwischen Belgien, Luxemburg und den Niederlanden über die Verlagerung der Personenkontrollen an die Außengrenzen des Hoheitsgebiets der Benelux-Staaten[211] gebildet[212]. Im Gegensatz zur Nordischen Paßunion[213] sieht dieses Abkommen neben der Aufhebung der Personenkontrollen an den Binnengrenzen und ihrer Verlegung an die Außengrenzen[214] auch die Verfolgung einer gemeinsamen Politik in bezug auf den Grenzübertritt an den Außengrenzen vor[215]. Dies bedeutet, daß die Grenzen zwischen diesen Staaten nicht mehr kontrolliert werden, eine enge Zusammenarbeit auf nahezu allen sicherheitsrelevanten Gebieten besteht sowie eine gemeinsame Sichtvermerkspolitik ausgeübt wird. Um dieses Ziel zu erreichen, wurde neben einem Inspektionsausschuß, der regelmäßig die Grenzübergangsstellen an den Außengrenzen der Benelux-Staaten kontrolliert, eine gemeinsame Arbeitsgruppe eingesetzt[216], welche die wesentlichen Regelungen, nach denen die Kontrollen an den Außengrenzen zu erfolgen haben, festlegte sowie die schrittweise Harmonisierung der einzelstaatlichen Rechtsvorschriften über die Einreise und den Aufenthalt von Ausländern vorbereitete. Das Abkommen enthält eine Regelung, wonach sich die entsprechenden Behörden der drei Länder verpflichten, sich gegenseitig alle zweckdienlichen Auskünfte über die Verstöße auf dem Gebiet der Einreise, des Verkehrs und des Aufenthalts von Ausländern zu erteilen[217].

---

209 Vgl. Art. 1 des Abkommens.

210 Vgl. Art. 9 des Abkommens.

211 UNTS vol. 374 (1960), No 5323 p. 3.

212 Allgemein zur Vorgeschichte und Entstehung der polizeilichen Zusammenarbeit zwischen den Benelux-Staaten vgl. *Joubert/Bevers*, S. 32 f. m.w.N.

213 S. dazu o. S. 36.

214 Vgl. Art. 2 des Abkommens.

215 Hierzu ausführlich vgl. *Kruijtbosch*, in: Schermers/Flintermann u.a. (Hrsg.), S. 31 (33 ff.); *Denoel*, RTDE 4/1993, 635 (636 f.).

216 Vgl. Art. 4 des Abkommens.

217 Vgl. Art. 11 III, IV des Abkommens.

VII. Deutsch-Luxemburgisches Abkommen vom 16. Februar 1962

Das am 16. Februar 1962 in Bonn unterzeichnete „Abkommen zwischen der Bundesrepublik Deutschland und dem Großherzogtum Luxemburg über die Zusammenlegung der Grenzabfertigung und über die Errichtung von Gemeinschafts- oder Betriebswechselbahnhöfen an der deutsch-luxemburgischen Grenze“[218] stimmt hinsichtlich seiner Vertragsbestandteile im Wortlaut mit dem deutsch-niederländischen Grenzabkommen vom 30. Mai 1958 überein, so daß auf die dortigen Ausführungen verwiesen werden kann[219].

VIII. Deutsch-Dänische Abkommen

Auch mit Dänemark hat die Bundesrepublik Deutschland Grenzabkommen geschlossen. Das am 9. Juni 1965 in Bonn unterzeichnete Abkommen[220] zielt, wie bereits schon das deutsch-niederländische Grenzabkommen, auf die Zusammenlegung der Grenzabfertigung und die Einrichtung von Gemeinschafts- und Betriebswechselbahnhöfen an der deutsch-dänischen Grenze ab. Modifiziert wurde dieser Vertrag durch das am 20. Juni 1986 unterzeichnete „Abkommen zwischen der Regierung der Bundesrepublik Deutschland und der Regierung des Königreichs Dänemark über die Erleichterungen des Grenzübertritts“[221]. Danach sollten die Kontrollen im grenzüberschreitenden Personenverkehr für EG-Bürger auf Sichtkontrollen mit sporadischen Stichproben reduziert werden[222]. Der Verzicht auf systematische Personenkontrollen ist aber unter den Vorbehalt der Ermächtigung hierzu „durch den betreffenden Staat“ gestellt worden. Da Dänemark diese Ermächtigung nicht gab, wurden an der deutsch-dänischen Grenze zunächst weiterhin Personenkontrollen durchgeführt. Der Grund für Dänemarks Verhalten lag darin, daß es Mitglied der „Nordischen Paßunion“ ist und diese sich zu einer verstärkten Personenkontrolle an ihren Außengrenzen verpflichtet hat, wozu auch die deutsch-dänische Grenze zählt[223]. Ferner sieht das Abkommen eine intensive Zusammenarbeit der Behörden bei der Bekämpfung von Terrorismus, von illegalem Handel mit Betäubungsmitteln, von illegalen Einreisen und Aufenthalten von Personen, von Steuer- und Zollhinterziehung und von Schmuggel vor[224].

---

[218] Vgl. BGBl. 1963 II S. 141.

[219] S. dazu o. S. 36 f.

[220] BGBl. 1963 II S. 1521.

[221] BGBl. 1987 II S. 133.

[222] Vgl. Art. 1 bis 3 des Abkommens.

[223] S. in diesem Zusammenhang auch *Taschner*, in: FS von der Groeben, 1987, S. 407 (422 f.).

[224] Vgl. Art. 6 und 7 des Abkommens.

IX. Deutsch-Französische Abkommen

Die intensivste bilaterale Zusammenarbeit zwischen der Bundesrepublik Deutschland und einem Mitgliedstaat der Europäischen Gemeinschaft auf dem Gebiet des Grenzkontrollenabbaus vollzog sich mit Frankreich. Zwischen beiden Staaten hat sich seit 1958 ein komplexes Vertragswerk über eine umfangreiche Kooperation im Grenzgebiet entwickelt.
Ausgangspunkt dieser Entwicklung ist das am 18. April 1958 in Paris unterzeichnete „Abkommen zwischen der Bundesrepublik Deutschland und der Französischen Republik über nebeneinanderliegende nationale Grenzabfertigungsstellen und Gemeinschafts- oder Betriebswechselbahnhöfe an der deutsch-französischen Grenze“[225]. Gemäß der Zielbestimmung des Art. 1 werden die Vertragsstaaten im Rahmen des Abkommens die notwendigen Maßnahmen treffen, um den Grenzübertritt im Eisenbahn-, Straßen- und Schiffsverkehr zwischen den beiden Ländern zu beschleunigen. Hierzu werden nebeneinander liegende nationale Grenzabfertigungsstellen errichtet und die Grenzabfertigung in Zügen darf während der Fahrt erfolgen[226]. Zudem sind die Bediensteten beider Länder in der Grenzzone berechtigt, alle Grenzkontrollen unabhängig davon durchzuführen, auf welchem Territorium des Vertragspartners die Zone liegt[227]. Allerdings muß die Abfertigung des Ausgangsstaates vor der Grenzabfertigung des Eingangsstaates erfolgen[228]. Wie diese Vorschriften verdeutlichen, ging auch dieses Abkommen im Grundsatz nicht über den Rechtsgehalt der anderen zwischen der Bundesrepublik Deutschland und einigen Mitgliedstaaten der Europäischen Gemeinschaft geschlossenen Abkommen hinaus. So gesehen bestand anfangs - mit Ausnahme der Benelux-Paßunion[229] - innerhalb eines Teils des Gemeinschaftsgebietes ein lediglich auf die Erleichterung im Grenzabfertigungsbereich gerichtetes Kooperationssystem.

Mit dem „Abkommen zwischen der Regierung der Bundesrepublik Deutschland und Frankreich über die Zusammenarbeit der Polizeibehörden im deutsch-französischen Grenzbereich“[230], welches am 3. Februar 1977 ebenfalls in Paris unterzeichnet wurde, ist die Zusammenarbeit im Grenzgebiet intensiviert und ausgeweitet worden. Danach arbeiten die Kriminalpolizeibehörden und die Polizeidirektionen beider Vertragsparteien im Grenzgebiet eng zusammen, soweit es sich um die Verfolgung von Straftaten handelt, die nach deutschem

---

[225] BGBl. 1960 II S. 1533.

[226] Vgl. Art. 1 II des Abkommens.

[227] Vgl. Art. 6 I des Abkommens.

[228] Vgl. Art. 5 I des Abkommens.

[229] Vgl. dazu o. S. 37.

[230] BGBl. 1978 II S. 1402.

und französischem Recht mit Freiheitsstrafen von mindestens einem Jahr oder einer schwereren Strafe geahndet werden[231]. Hierzu tauschen die Polizeibehörden im Rahmen ihrer örtlichen Zuständigkeit polizeiliche Nachrichten und Informationen zur Durchführung unaufschiebbarer Maßnahmen unmittelbar aus[232]. Zudem werden zur gegenseitigen fachlichen Unterstützung Beamte zur Beratung und Unterstützung, allerdings ohne Exekutivbefugnisse, in den anderen Vertragsstaat entsandt[233].

Parallel zu den Verhandlungen des Europäischen Rates vom 25. und 26. Juni 1984 in Fontainebleau[234] schlossen aufgrund einer kurz vor der Wahl des Europäischen Parlamentes getroffenen Vereinbarung zwischen dem damaligen Bundeskanzler Kohl und dem damaligen Staatspräsident Mitterand die Bundesrepublik Deutschland und Frankreich am 13. Juli 1984 an der Autobahngrenzübergangsstelle zwischen Saarbrücken und Forbach das Regierungsabkommen „über den schrittweisen Abbau der Kontrollen an der deutsch-französischen Grenze“[235], das noch am selben Tag in Kraft trat[236].
Mit diesem Abkommen wurde die Grenzkooperation zwischen beiden Staaten erneut intensiviert und ausgebaut. Überraschenderweise entspricht[237] das Abkommen inhaltlich dem von der Kommission dem Rat bereits am 9. Juli 1982 vorgelegten Entwurf einer Entschließung über die Erleichterung der Bedingungen, unter denen die Kontrolle der Bürger der Mitgliedstaaten an den Binnengrenzen erfolgen sollte[238], denn der Kommissionsvorschlag wurde wegen der fehlenden Zustimmung fast aller Mitgliedstaaten, übrigens auch der Frankreichs und der der Bundesrepublik Deutschland, nicht angenommen.
Zwar beschränken sich die Erleichterungen des Abkommens nur auf die Straßengrenzen, es sieht aber die Begünstigung aller Staatsangehörigen von Mitgliedstaaten der Europäischen Gemeinschaft vor. Dies ist umso bemerkenswerter, als es sich bei dem Abkommen nicht um die Schaffung einer Paßunion im Sinne der Benelux-Union[239] handelt, sondern um ein auf Grenzkontrollerleichterungen gerichtetes Abkommen[240]. Allerdings wird das Verständnis der beiden Staaten, als Begünstigte des Abkommens nicht nur die Angehörigen der beteiligten Staaten, sondern alle EG-Bürger aufzunehmen, vor allem vor dem

---

231 Vgl. Art. 3 des Abkommens.
232 Vgl. Art. 6 des Abkommens.
233 Vgl. Art. 8 des Abkommens.
234 S. dazu o. S. 14 f.
235 BGBl. 1984 II S. 768 ff.
236 Vgl. Art. 18 des Abkommens.
237 S. auch *Taschner*, in: FS von der Groeben, 1987, S. 407 (421).
238 Vgl. dazu o. S. 13 f.
239 S. dazu o. S. 36 f.
240 S. auch *Taschner*, Schengen, Rn. 16.

Hintergrund der Präambel des Abkommens verständlich, die die tragenden Prinzipien dieser Übereinkunft betont. Dort heißt es nämlich, daß „der immer enger werdende Zusammenschluß der Völker der Mitgliedstaaten der Gemeinschaft darin zum Ausdruck kommen muß, daß alle Angehörige dieser Staaten die Binnengrenzen ungehindert überschreiten können". Beide Länder erklären ferner, daß sie „die Solidarität zwischen beiden Völkern dadurch stärken wollen", „daß sie an der Grenze ... die Hindernisse für den freien Verkehr aufheben".
Entsprechend dem Entschließungsentwurf der Kommission vom 9. Juli 1982 führen die Polizei- und Zollbehörden im Regelfall eine einfache Sichtkontrolle der die Grenze mit verminderter Geschwindigkeit überquerenden Fahrzeuge durch, ohne diese anzuhalten[241]; anstelle des 1984 noch nicht eingeführten „europäischen Passes"[242] sollte als Zeichen „eine grüne Scheibe von mindestens 8 cm Durchmesser" dienen[243]. Begleitende Maßnahmen zum Ausgleich der Sicherheitseinbußen durch Verzicht auf systematische Kontrollen sollten ergriffen werden durch die verstärkte Zusammenarbeit der Zoll- und Polizeiverwaltungen, insbesondere hinsichtlich der illegalen Einreise von Personen, der Zollhinterziehung sowie der illegalen Kapitalbewegungen[244], die Verlagerung der Kontrollen von der deutsch-französischen Grenze an die Außengrenzen beider Staaten[245], was übrigens ein Schritt in Richtung einer Paßunion war, die Angleichung der Vorschriften über die Erteilung von Sichtvermerken[246] und die Angleichung der Rechtsvorschriften im Ausländerrecht, Betäubungsmittelrecht und Recht des Waffenverkehrs[247].

Aufgrund der gut funktionierenden Zusammenarbeit der entsprechenden Behördenstellen verbesserte sich der Reiseverkehr zwischen beiden Ländern wesentlich, so daß das deutsch-französische Abkommen vom 13. Juli 1984 als ein großer Erfolg angesehen wurde[248].
Von diesem Abkommen ausgehend versuchte nun die Kommission, auch auf EG-Ebene den Integrationsprozeß voranzutreiben. Der weitreichende Richtlinienvorschlag vom 23. Januar 1985 über die Erleichterung der Grenzkontrollen[249] sah nämlich Grenzkontrollerleichterungen nicht nur für die Straßengrenzen vor,

---

241 Vgl. Art. 2 I des Abkommens.
242 Zur Einführung eines einheitlichen Europapasses s. o. S. 12 f., 14 f.
243 Vgl. Art. 3 des Abkommens.
244 Vgl. Art. 10 des Abkommens.
245 Vgl. Art. 8 des Abkommens.
246 Vgl. Art. 9 des Abkommens.
247 Vgl. Art. 15 des Abkommens.
248 S. *Taschner*, in: FS von der Groeben, 1987, S. 407 (421).
249 S. dazu o. S. 16 f.

sondern auch für Flughäfen, Häfen, Züge und Omnibusse, also für sämtliche Arten des Grenzübertritts.
Bemerkenswert ist in diesem Zusammenhang die Tatsache, daß es bereits während des Beginns der Ratsverhandlungen über den Richtlinienvorschlag zu Parallelberatungen zwischen der Bundesrepublik Deutschland, Frankreich und den Beneluxstaaten mit dem Ziel kam, das Saarbrücker Regierungsabkommen um die Benelux-Paßunion zu erweitern. Wie bereits erwähnt[250], verliefen die Ratsverhandlungen hinsichtlich des Richtlinienvorschlags ergebnislos, während die Beratungen der fünf Mitgliedstaaten am 14. Juni 1985 zum „Schengener Übereinkommen" führten[251].
Die deutsch-französische Zusammenarbeit wurde schließlich mit dem Abkommen beider Staaten über die Zusammenarbeit der Polizei- und Zollbehörden in den Grenzgebieten vom 9. Oktober 1997[252] weiter ausgebaut. Im Unterschied zum Abkommen vom 3. Februar 1977[253] findet die Zusammenarbeit der Behörden und Dienststellen der Polizei- und Zollverwaltung[254] nun bei der Abwehr von Gefahren für die öffentliche Sicherheit und Ordnung sowie bei der Verhütung und Verfolgung sämtlicher Straftaten statt[255]. Die Zusammenarbeit auf dem Gebiet des Zollwesens betrifft nur die Überwachung der Einhaltung aller Verbote und Beschränkungen im grenzüberschreitenden Verkehr[256]. Auf dem Hoheitsgebiet des einen oder anderen Staates werden nun im Grenzgebiet gemeinsame Zentren errichtet, die für die Informations- und Koordinierungstätigkeiten zuständig sind[257], wobei die Bediensteten einander systematisch die nach einheitlichen Standard erhobenen Sachinformationen und personenbezogenen Daten übermitteln und austauschen[258]. Das Abkommen enthält auch Regelungen über die grenzüberschreitende Observation und Nacheile, wobei in diesem Zusammenhang auf die Vorschriften des Schengener Durchführungsübereinkommen vom 19. Juni 1990 (SDÜ)[259] Bezug genommen wird[260].

---

250 S. dazu o. S. 17.
251 S. dazu u. S. 43 ff.
252 BGBl. 1998 II S. 2480.
253 S. dazu o. S. 39 f.
254 S. dazu Art. 1 des Abkommens.
255 Vgl. Art. 2 I 1 des Abkommens.
256 Vgl. Art. 2 I 2 des Abkommens.
257 S. hierzu Art. 4 des Abkommens.
258 Vgl. Art. 5 des Abkommens.
259 S. dazu u. S. 63 f.
260 Vgl. Art. 15 ff. des Abkommens.

X. Das Schengener Regierungsübereinkommen vom 14. Juni 1985

Zur Verwirklichung des freien Personenverkehrs ist am 14. Juni 1985 das „Schengener Übereinkommen“ - genannt nach einem kleinen Ort an der Mosel, in dessen Nähe das Übereinkommen auf einem Schiff auf der Mosel unterzeichnet wurde - betreffend den schrittweisen Abbau der Kontrollen an den gemeinsamen Grenzen[261] zwischen den Regierungen der Staaten der Benelux-Wirtschaftsunion, der Bundesrepublik Deutschland und Frankreich geschlossen worden. Es stellt ein völkerrechtliches Abkommen dar, dessen Ratifizierung den Vertragsparteien freigestellt war[262]. Für die Bundesrepublik Deutschland war es als Regierungsübereinkommen nicht ratifizierungsbedürftig, da es keines der Merkmale erfüllt, die nach Art. 59 II GG das Ratifizierungserfordernis auslösen[263]. Lediglich die Niederlande haben das Übereinkommen einem förmlichen parlamentarischen Ratifizierungsverfahren unterworfen[264].

Mit dem Abschluß dieses Übereinkommens haben die fünf Schengener Staaten gezeigt, daß sie sich von Anfang an als der Motor der europäischen Integration der Zwölf im Hinblick auf den vollständigen Abbau der Personenkontrollen an den Binnengrenzen verstanden haben[265].
Dies wird vor allem durch die Präambel des Abkommens zum Ausdruck gebracht. Darin betonen die Vertragsstaaten ihr „Bewußtsein, daß die immer engere Union zwischen den Völkern der Mitgliedstaaten der Europäischen Gemeinschaften ihren Ausdruck im freien Überschreiten der Binnengrenzen durch alle Angehörigen der Mitgliedstaaten ...“, ihr „Bestreben, die Solidarität zwischen ihren Völkern zu bekräftigen, daß die Hindernisse für den freien Verkehr über die gemeinsamen Grenzen ... aufgehoben werden“ und ihren „Willen, an den gemeinsamen Grenzen die Abschaffung der Kontrollen ... zu erreichen“. Damit sind, wie dies auch Art. 1 des Abkommens verdeutlicht, Begünstigte des Abkommens nicht nur die Angehörigen der Vertragsstaaten, was nach klassischem Verständnis des Völkerrechts naheliegend wäre, sondern auch die Angehörigen aller Mitgliedstaaten der EG. Die Vertragsstaaten haben dieses Übereinkommen gerade auch in der gemeinsamen Überzeugung

---

[261] GMBl. 1986 S. 79. Die drei Sprachfassungen sind veröffentlicht im Moniteur belge v. 29. April 1986, S. 5946.

[262] Vgl. Art. 32 des Abkommens.

[263] S. *Stobbe*, S. 31 ff.; *Dörr*, DÖV 16/1993, 696 (699); *Nanz*, Integration 2/1994, 92 (107 Fn. 4); *Martínez Soria*, VerwArch 3/1998, 400 (408 Fn. 54); a.A.: *Schoch*, DVBl. 8/1992, 525 (531).

[264] S. dazu *Bolten*, NJB 5/1991, 165 (166).

[265] S. auch *Taschner*, Schengen oder die Abschaffung der Personenkontrollen, S. 16; *Epiney*, in: Achermann/Bieber u.a., S. 24.

geschlossen, daß Sicherheitseinbußen durch den Verzicht auf Grenzkontrollen im Interesse der Bürger nicht hingenommen werden können[266].
Das Übereinkommen ist in zwei Teile gegliedert, wobei in Titel I die kurzfristig durchzuführenden Maßnahmen über Verfahren und Intensität der Kontrollen des Personen- und Güterverkehrs an den gemeinsamen Grenzen der Vertragspartner vereinbart wurden[267]. Im Kern entsprachen diese Maßnahmen denen des Saarbrücker Abkommens[268]. So wurde eine Erleichterung der Personenkontrollen durch die Anwendung des Stichprobenprinzips und die Einführung der Europaspur erreicht, was zur Folge hat, daß Fahrzeuge von Bürgern der Mitgliedstaaten beim Überqueren der Grenze in der Regel durchgewinkt werden; sollte es aber zu einer Kontrolle kommen, wird das betreffende Fahrzeug aus dem Verkehrsstrom herausgeleitet, der Verkehrsfluß also nicht gehemmt, was wiederum zu einer spürbaren Beschleunigung der Grenzabfertigung und zur Vermeidung der Staubildung geführt hat[269].
In Titel II des Übereinkommens[270] vereinbarten die fünf Staaten ein umfangreiches Programm für die Verwirklichung der Ausgleichsmaßnahmen, die notwendig sind, um die Binnengrenzkontrollstellen vollständig abzuschaffen. Art. 17 Satz 1 des Schengener Regierungsabkommens stellt dabei „das hauptsächlichste Ziel der Vereinbarung“ heraus[271]. Danach streben die Vertragstaaten den Abbau der Kontrollen an den gemeinsamen Grenzen und deren Verlegung an ihre Außengrenzen an, was möglichst bis zum 1. Januar 1990 geschehen sollte[272]. Während - mit Ausnahme der Benelux-Konvention vom 11. April 1960[273] - die bisherigen Abkommen lediglich eine Erleichterung der Grenzkontrollen zum Inhalt hatten, verdeutlicht diese Vertragsnorm, daß die Vertragsparteien die Schaffung einer Paßunion anstrebten[274]. Einhergehend mit dieser Verpflichtung sollten die Vertragsstaaten auch die hierzu notwendigen Ergänzungsmaßnahmen treffen[275]. Man dachte dabei an den Ausbau des Informationsflusses zwischen den Polizeien, eine stärkere Zusammenarbeit auf dem Gebiet der Drogenbekämpfung, die Angleichung der Betäubungsmittel-, Waffen-, Sprengstoff- und Meldegesetze sowie an eine Vereinheitlichung der

---

266 Vgl. die Denkschrift zu dem Übereinkommen, BT-Drs. 12/2453 v. 23. April 1992, S. 91.

267 Art. 1 bis 16 des Abkommens.

268 S. dazu o. S. 40 f.

269 *Kokai*, in: Magiera (Hrsg.), S. 237 (245); ausführlich zu den Sichtkontrollen als Regelfall *Stobbe*, S. 7 f.

270 Vgl. Art. 17 bis 33 des Abkommens.

271 So vor allem *Stobbe*, S. 19; s. aber auch *Taschner*, Schengen, Rn. 27.

272 Vgl. Art. 30 des Abkommens.

273 Dazu bereits o. S. 37.

274 S. auch *Taschner*, Schengen, Rn. 27.

275 Vgl. Art. 17 2 des Abkommens.

asyl- und ausländerrechtlichen Bestimmungen[276]. Zum Zweck der Erfüllung dieser im Schengener Regierungsübereinkommen begründeten Verpflichtungen sollten weitere Abkommen geschlossen werden. Hierzu wurde eine „Zentrale Verhandlungsgruppe“ (ZVG) gebildet, die zum einen die Ministerentscheidungen vorbereitete, denn die Durchführung des Übereinkommens lag in den Händen eines halbjährlich zusammentretenden Ministerausschusses[277]. Zum anderen koordinierte sie die Arbeiten der vier ihr unterstellten Arbeitsgruppen, die nach speziellen Sachgebieten unterteilt waren.
Dazu zählten Gruppe I „Polizei und innere Sicherheit“, Gruppe II „Freier Personenverkehr“, Gruppe III „Transport“ und Gruppe IV „Freier Warenverkehr“, wobei innerhalb der einzelnen Gruppen spezielle Untergruppen für besondere Sachfragen gebildet wurden[278]. Der Schwerpunkt der Arbeiten lag bei den ersten beiden Fachgruppen, was darauf zurückzuführen war, daß die beiden letztgenannten Arbeitsgruppen Bereiche erfassen, die in die unbestrittene Zuständigkeit der Gemeinschaft gehören. Daß es überhaupt zur einer Einsetzung der Arbeitsgruppen „Warenverkehr“ und „Transport“ kam, lag daran, daß die Bereiche Personenverkehr, Warenverkehr und Transport unlösbar miteinander verbunden sind[279].
Nach knapp fünfjähriger Verhandlungsdauer haben die Arbeitsgruppen der Innen- und Justizverwaltungen der damaligen fünf Schengen-Staaten entsprechende Ausgleichsmaßnahmen ausgehandelt und daraus einen Staatsvertrag entworfen. Am 13. Dezember 1989 waren diese Verhandlungen über die inhaltliche Ausgestaltung eines sog. Durchführungsübereinkommens weitgehend abgeschlossen. Daß diese Verhandlungen relativ lange Zeit in Anspruch nahmen, dürfte wohl daran gelegen haben, daß in fast allen zu regelnden Teilbereichen Neuland beschritten wurde und daß es für ein solches Übereinkommen weder im Gemeinschaftsrecht noch in anderen internationalen Verträgen und Organisationen entsprechende Vorbilder gab[280]. Die Klärung noch ausstehender Fragen und die Zeichnung des Abkommens sollten am 15. Dezember 1989 erfolgen. Allerdings war aufgrund der deutsch-deutschen Wiedervereinigung und der damit zu bewältigenden Probleme ein Aufschub geboten[281]; die Verhandlungen der fünf Mitgliedstaaten sind erst im Frühjahr

---

[276] Vgl. Art. 18 ff. des Abkommens.

[277] Im Rahmen der Ministertreffen kam der Kommission lediglich Beobachterstatus zu. Ab 1988 konnte sie zu den Sitzungen der ZVG einen ständigen Vertreter entsenden (s. dazu *Taschner*, Schengen, Rn. 29).

[278] Dazu *Taschner*, Schengen, Rn. 29.

[279] S. auch *Taschner*, Schengen oder die Abschaffung der Personenkontrollen, S. 16 f.

[280] So auch *Nanz*, Integration 2/1994, 92 (93).

[281] Vgl. auch die Denkschrift zu dem Übereinkommen, BT-Drs. 12/2453 v. 23. April 1992, S. 91 (92).

1990 wieder aufgenommen worden, die dann endgültig zum Abschluß des Schengener Durchführungsübereinkommen führten[282].

XI. Das Schengener Durchführungsübereinkommen vom 19. Juni 1990 (SDÜ)

Bei dem am 19. Juni 1990[283] erneut in der Nähe des Ortes Schengen abgeschlossenen „Übereinkommen zur Durchführung des Übereinkommens von Schengen vom 14. Juni 1985 zwischen den Regierungen der Staaten der Benelux-Wirtschaftsunion, der Bundesrepublik Deutschland und der Französischen Republik betreffend den schrittweisen Abbau der Kontrollen an den gemeinsamen Grenzen“[284], handelt es sich, anders als bei dem Schengener Regierungsübereinkommen vom 14. Juni 1985, um ein zu ratifizierendes völkerrechtliches Übereinkommen[285]. Zum einen war die Ratifikation in Art. 139 I SDÜ vorgesehen, zum anderen nach Art. 59 II GG auch erforderlich, da sich die Regelungen vom SDÜ auf Gegenstände der Bundesgesetzgebung beziehen (wie z.B. Freizügigkeit, Paßwesen, Auslieferung). Als völkerrechtlicher Vertrag unterliegt das SDÜ, wie auch das Schengener Regierungsabkommen vom 14. Juni 1985, den völkerrechtlichen Rahmenbedingungen, wie z.B. der Wiener Vertragsrechtskonvention. Das SDÜ kann als ein völkerrechtliches Übereinkommen mit Gemeinschaftsbezug gesehen werden[286]. So besteht Gemeinschaftsbezug einerseits hinsichtlich der Zielsetzung des Übereinkommens, nämlich einen Beitrag zur Schaffung eines Raumes ohne Binnengrenzen zu leisten[287], und andererseits bezüglich des territorialen Geltungsbereichs, wonach Vertragsstaaten gemäß Art. 140 I 1 SDÜ ausschließlich EG-Staaten sein können. Für die angrenzenden und beitrittswilligen mittel- und osteuropäischen Staaten, wie Ungarn, Polen, Tschechien, würde dies bedeuten, daß sie dem SDÜ erst nach ihrem Beitritt zur Europäischen Union beitreten können. Zutreffend stellen aber *Hailbronner/ Thiery* klar, daß trotz dieses Gemeinschaftsbezuges das SDÜ

---

282 Zum genauem Ablauf der Vertragsverhandlungen s. *Taschner*, Schengen oder die Abschaffung der Personenkontrollen, S. 29 f.; *ders.*, Schengen, Rn. 32; *Nanz*, Integration 2/1994, 92 (93).

283 BAnz. Nr. 217 a v. 23. November 1990.

284 BGBl. 1993 II S. 1013.

285 S. auch *Bolten*, NJB 5/1991, 165; *Dörr*, DÖV 16/1993, 696 (699); *Taschner*, Schengen, Rn. 37; *Schütz*, AöR 120 (1995), 509 (515); *Martínez Soria*, VerwArch 3/1998, 400 (408 Fn. 54).

286 So auch *Hailbronner/Thiery*, EuR 5/1998, 583 (604); *Martínez Soria*, VerwArch 3/1998, 400 (408).

287 S. dazu u. S. 51.

nicht als ein „EG-Übereinkommen“ anzusehen ist und somit nicht Bestandteil der supranationalen Gemeinschaftsordnung ist[288].

1. Inkrafttreten des SDÜ

Inkraftgetreten ist das SDÜ für die fünf Gründerstaaten erst am 1. September 1993. Dies ist darauf zurückzuführen, daß nach Art. 139 II SDÜ das Übereinkommen erst am ersten Tag des zweiten Monats nach Hinterlegung der letzten Ratifikationsurkunde bei der Regierung von Luxemburg in Kraft tritt. Da sich die deutsche Ratifizierung wegen der innenpolitischen Auseinandersetzung über das Asylrecht sowie der Änderung des Art. 16 GG[289] hinausgezögert hatte und das Ratifikationsgesetz erst am 23. Juli 1993 in Kraft treten konnte[290], wurde die deutsche Ratifikationsurkunde zusammen mit der niederländischen und der französischen erst am 30. Juli 1993 hinterlegt[291].
Wie Art. 140 I Satz 1 SDÜ zu entnehmen ist, besteht ausschließlich für EG-Mitgliedstaaten die Möglichkeit zum Beitritt. Dem SDÜ sind am 27. November 1990 Italien[292], am 26. Juni 1991 Spanien[293] und Portugal[294], am 6. November 1992 Griechenland[295] sowie am 28. April 1995 Österreich[296] beigetreten. Für den Beitritt neuer Staaten bedarf es nach Art. 140 II SDÜ der Ratifikation der Beitrittsübereinkommen durch den beitretenden Staat und durch jede andere Vertragspartei sowie der Hinterlegung der Ratifikationsurkunden. In der Zwischenzeit haben auch Spanien und Portugal, Italien, Griechenland und

---

288 *Hailbronner/ Thiery*, EuR 5/1998, 583 (604 f.).

289 S. hierzu *Weber*, ZAR 1/1993, 11 (15); *Hailbronner*, NVwZ 4/1989, 303 (307 ff.); *Lintner*, Die Polizei 11/1992, 262 (264 ff.); *Stöcker*, ZRP 1/1993, 9 ff.; *Classen*, DVBl. 1993, 700 ff.; *Huber*, NVwZ 8/1993, 736 ff.; *ders.*, ZRP 4/1992, 123 ff.; *Wollenschläger/Schraml*, JZ 2/1994, 61ff.; *Haberland*, ZAR 1/1994, 3 ff.; *ders.*, ZAR 2/1994, 51 ff.; *Hehl*, ZRP 8/1993, 301 ff.; *Süß*, BayVBl. 20/1990, 609 (612 ff.).

290 BGBl. 1993 II S. 1010.

291 Ausführlich zum Ratifikationsverfahren *Taschner*, Schengen, Rn. 37; zu den Ratifikationen in den Niederlanden und Frankreich s. auch *Gerlach*, ZRP 5/1993, 164 (165 f.).

292 BGBl. 1993 II S. 1904 sowie BT-Drs. 12/3804, S. 7 ff.

293 BGBl. 1993 II S. 1921 sowie BT-Drs. 12/3804, S. 15 ff.

294 BGBl. 1993 II S. 1912 sowie BT-Drs. 12/3804, S. 24 ff.

295 BGBl. 1996 II S. 2542.

296 BR-Drs. 979/96; Bereits vor dem Beitritt der Republik Österreich am 1. Januar 1995 zur Europäischen Gemeinschaft gab es Verhandlungen mit den Schengener Vertragsstaaten im Hinblick auf einen Beitritt Österreichs zum SDÜ. Da aber gemäß Art. 140 SDÜ die Mitgliedsschaft in der Europäischen Gemeinschaft Beitrittsvoraussetzung ist, wurde Österreich, nachdem die Beitrittsverhandlungen zur Europäischen Gemeinschaft abgeschlossen waren, am 26. Juni 1994 ein Beobachterstatus im Rahmen des SDÜ gewährt.

Österreich die Ratifikationsverfahren abgeschlossen, so daß das SDÜ für diese Staaten nach Hinterlegung ihrer Ratifikationsurkunden in Kraft getreten ist[297]. Bei den skandinavischen Mitgliedstaaten der Europäischen Union, Dänemark und seit dem Frühjahr 1995 auch Finnland und Schweden, besteht die Besonderheit, daß diese Staaten der Nordischen Paßunion[298] angehören, die auch die Nicht-EU-Staaten Norwegen und Island umschließt. Dänemark, Finnland und Schweden unterzeichneten am 19. Dezember 1996 ein Beitrittsübereinkommen[299]. Mit den Staaten Norwegen und Island ist ein Kooperationsabkommen betreffend den Abbau der Personenkontrollen an den gemeinsamen Grenzen geschlossen worden, das ebenfalls am 19. Dezember 1996 in Luxemburg gezeichnet worden ist[300]; in Kraft getreten ist es allerdings noch nicht. Zwischenzeitlich ist mit den Staaten Norwegen und Island ein Assoziierungsabkommen geschlossen worden, welches beide Staaten an die Schengener Zusammenarbeit im EU-Rahmen anbinden soll[301]. Kein Interesse am Beitritt zum SDÜ haben bisher die Inselstaaten Vereinigtes Königreich und Irland gezeigt[302].

2. Inkraftsetzen des SDÜ

Vom Inkrafttreten des SDÜ ist sein Inkraftsetzen zu unterscheiden. Dies ergibt sich auch aus einer Gemeinsamen Erklärung der Vertragsparteien zu Art. 139 SDÜ, die der Schlußakte des SDÜ beigefügt ist. Dort heißt es in UAbs. 2:

„Das Übereinkommen wird erst in Kraft gesetzt, wenn die Voraussetzungen der Anwendung des Übereinkommens bei den Unterzeichnerstaaten gegeben sind und die Kontrollen an den Außengrenzen tatsächlich durchgeführt werden".

Um die tatsächlichen Voraussetzungen für das Inkraftsetzen zu schaffen, bedurfte es umfangreicher und detaillierter Vorarbeiten, die unmittelbar nach Unterzeichnung des SDÜ begannen. Die nötige förmliche Entscheidung über das Vorliegen dieser Voraussetzungen ist von dem Exekutivausschuß zu treffen,

---

297 Vgl. BGBl. 1996 II S. 242.

298 Dazu bereits o. S. 36.

299 *Martínez Soria*, VerwArch 3/1998, 400 (408). In Vollziehung dieses Übereinkommens hat die Bundesregierung einen Gesetzesentwurf (14/3247) vorgelegt, demzufolge Dänemark, Finnland und Schweden dem SDÜ beitreten sollen (vgl. heute im Bundestag v. 2. Mai 2000).

300 S. dazu *Taschner*, Schengen, Rn. 35.

301 Vgl. heute im Bundestag v. 3. Mai 2000.

302 S. dazu auch *Taschner*, Schengen, Rn. 36. Zum Grenzkontrollenabbau zwischen dem Vereinigten Königreich und Irland s. o. S. 34.

dem einstimmig entscheidenden Gremium der zuständigen Minister der Vertragsstaaten[303].

Um sich der Tragweite des SDÜ bewußt zu werden, ist es sinnvoll, einen Blick auf die Probleme der praktischen Umsetzung, insbesondere auf die baulichen Hindernisse zu werfen, um das späte Inkraftsetzen des SDÜ nachvollziehen zu können.
Da die Binnengrenzen an jeder Stelle ohne Personenkontrollen überschritten werden dürfen, unterbleibt bei Grenzübertritten von Unionsbürgern und Drittstaatsangehörigen jegliche Personenkontrolle. Damit entfällt zugleich die Pflicht, an der Grenze anzuhalten und dort Reisedokumente vorzuzeigen[304]. Da die Schengener Vertragsparteien die Verpflichtung haben, für den ungehinderten Grenzübertritt aller Reisenden Sorge zu tragen, schließt dies nicht nur den Abzug des Kontrollpersonals ein, sondern auch die Beseitigung von baulichen Hindernissen[305].
Für Straßengrenzen, die neben den Eisenbahnübergängen und Fußwegen zu den Landgrenzen zählen[306], bedeutet dies, daß die ungehinderte Durchfahrt ohne den bisher häufig an der Grenze erforderlichen "Slalom" sicherzustellen ist[307]. Hierzu müssen sich die zuständigen Straßenbauverwaltungen der Nachbarstaaten für jeden einzelnen Übergang über die notwendigen Veränderungen verständigen[308].
Dagegen liegen die Hindernisse im Luftverkehr im Bereich der Flughäfen[309]. Man kann inländische Flüge, also Binnenflüge innerhalb der Schengener Vertragstaaten, z.B. von Mailand nach Frankfurt, internationale Flüge, wie von New York nach Frankfurt, und gemischte Flüge, wie von New York über Amsterdam nach Frankfurt, unterscheiden. In bezug auf die Flughäfen setzt die Kontrollfreiheit für Binnenflüge voraus, daß die Verkehrsströme auf den Flughäfen sorgfältig getrennt werden; anderenfalls käme es zu einer Vermischung von Passagierströmen, die es Fluggästen aus Drittstaaten erlauben würde, unkontrolliert auf einen Binnenflug umzusteigen und am Zielflughafen ebenfalls unkontrolliert in den Zielstaat ihrer Wahl einzureisen[310]. Da dies nur durch bauliche Maßnahmen verhindert werden kann, haben die meisten

---

303 Vgl. Art. 131 ff. SDÜ.
304 *Nanz*, Integration 2/1994, 92 (95); *ders.*, ZAR 3/1994, 99 (101).
305 Ibid.
306 *Taschner*, Schengen oder die Abschaffung der Personenkontrollen, S. 8.
307 *Nanz*, Integration 2/1994, 92 (95); *ders.*, ZAR 3/1994, 99 (101).
308 Ibid.
309 *Taschner*, Schengen oder die Abschaffung der Personenkontrollen, S. 8.
310 *Nanz*, Integration 2/1994, 92 (95); *ders.*, ZAR 3/1994, 99 (101).

internationalen Flughäfen teilweise umfangreiche Umbauarbeiten vorgenommen, die es erlauben, Schengen-Flüge wie inländische Flüge abzufertigen[311]. Nachdem alle baulichen, rechtlichen und politischen Voraussetzungen, namentlich bei den Außengrenzkontrollen, der Drogenbekämpfung und vor allem bei der Einrichtung und Inbetriebnahme des Schengener Informationssystems[312] erfüllt waren, beschloß der Schengener Exekutivausschuß am 22. Dezember 1994, das SDÜ mit dem Beginn des Sommerflugplans am 26. März 1995 in Kraft zu setzen. Seit diesem Zeitpunkt wird das SDÜ mit allen Teilen in Belgien, der Bundesrepublik Deutschland, Frankreich, Luxemburg, den Niederlanden, Portugal und Spanien angewendet[313].
Wie allerdings dem Bericht der Bundesregierung über die Umsetzung des SDÜ zu entnehmen ist, wandte Frankreich bestimmte Teile des Abkommens erst nach der dreimonatigen Anfangsphase ab Juli 1995 an. Vom 1. Juli 1995 an führte Frankreich - befristet bis Ende 1995 - wegen angeblicher Probleme bei der Realisierung des SDÜ und Gefährdungen im Zuge terroristischer Anschläge auf der Grundlage der Ausnahmeregelung an seinen Binnengrenzen weiterhin Personenkontrollen durch[314].
Durch Beschluß des Schengener Exekutivausschusses wurde das SDÜ in Italien am 26. Oktober 1997 und in Österreich am 1. Dezember 1997 teilweise und am 1. April 1998[315] in vollen Umfang in Kraft gesetzt. Seit dem 11. Juni 1997[316] hat auch Griechenland das SDÜ teilweise angewandt, da eine Ausnahmeregelung für die Aufhebung der Personenkontrollen an den gemeinsamen Grenzen bestand hat[317]; seit dem 26. März 2000, mit Beginn des Sommerflugplanes, ist nunmehr die vollständige Anwendung des SDÜ in Griechenland gewährleistet[318].

Im folgenden soll nun die inhaltliche Ausgestaltung des SDÜ näher beleuchtet werden. Angesichts der Fülle von Details, die das SDÜ und seine Ausführungsregelungen enthalten, können nicht sämtliche Bereiche ausführlich untersucht werden, da dies den Rahmen dieser Arbeit sprengen würde. Vielmehr werden bestimmte Schwerpunkte gesetzt, die vertieft dargestellt werden. Im einzelnen handelt es sich hier um die Abschaffung der Kontrollen sowie Ausgleichsmaßnahmen im Polizei- und Sicherheitsbereich.

---

311 Ibid.

312 S. dazu u. S. 65 ff.

313 BGBl. 1996 II S. 242.

314 Vgl. Bericht der Bundesregierung über das Schengener Übereinkommen, ZRP 12/1995, 477 f. sowie EuZW 12/1995, 471 f.; s. auch *Nicolaus*, NVwZ 1/1996, 40 (41) m.w.N.

315 Für Italien: *Nascimbene*, ZAR 6/1998, 259.

316 *Dimakopoulos*, ZAR 6/1998, 262 (263).

317 Vgl. Gesamtbericht EU 1997, S. 26 Ziff. 48.

318 Vgl. Der Tagesspiegel v. 30 Dezember 1999, S. 6.

3. Inhaltliche Ausgestaltung des SDÜ

Das in acht Titel[319] gegliederte SDÜ regelt in 142 Artikeln nicht nur die vollständige Aufhebung aller Personenkontrollen an den Binnengrenzen der Vertragsstaaten, sondern sieht vor allem Ausgleichsmaßnahmen vor, die notwendig sind, um Sicherheitsdefizite zu verhindern; insoweit stellt es eine Konkretisierung der bereits im Schengener Regierungsabkommen vom 14. Juli 1985 begründeten Verpflichtungen[320] dar. Wie auch schon im zuvor genannten Schengener Regierungsabkommen stellen die Vertragsparteien in der Präambel zum SDÜ die Förderung der europäischen Integration im Hinblick auf die Abschaffung der Kontrollen des Personenverkehrs an den gemeinsamen Binnengrenzen, die Erleichterung des Transports und des Warenverkehrs in den Vordergrund. Diese Einbindung läßt erkennen, daß die Vertragsparteien das Übereinkommen von vornherein nicht als eine Maßnahme verstanden haben, die ausschließlich Wirkungen auf der zwischenstaatlichen Ebene entfaltet, sondern die vielmehr der Verwirklichung des Europäischen Binnenmarktes dient und somit die europäische Integration vorantreiben soll. So heißt es u.a. in der Präambel: „... in der Erwägung, daß der Vertrag zur Gründung der Europäischen Gemeinschaften, ergänzt durch die Einheitliche Europäische Akte, vorsieht, daß der Binnenmarkt einen Raum ohne Binnengrenzen umfaßt".

Zudem räumen die Vertragsparteien dem Gemeinschaftsrecht folgerichtig den Vorrang ein, indem es weiter heißt: „in der Erwägung, daß der durch die Vertragsparteien angestrebte Zweck mit diesem Ziel übereinstimmt, unbeschadet der Maßnahmen, die zur Anwendung der Bestimmung dieses Vertrags getroffen werden". Dieser Vorrang zugunsten des Gemeinschaftsrechts hat auch seinen Niederschlag in einer Vertragsnorm selbst gefunden. So legt Art. 134 SDÜ fest, daß „die Bestimmungen dieses Übereinkommens nur anwendbar (sind), soweit sie mit dem Gemeinschaftsrecht vereinbar sind"[321]. Damit wird, wie *Taschner* zutreffend formuliert, der Grundsatz „Gemeinschaftsrecht bricht Schengenrecht" postuliert.[322]

---

319 Titel I „Begriffsbestimmungen", Titel II „Abschaffung der Kontrollen an den Binnengrenzen", Titel III „Polizei und Sicherheit", Titel IV „Schengener Informationssystem", Titel V „Transport und Warenverkehr", Titel VI „Datenschutz", Titel VII „Exekutivausschuß" und Titel VIII „Schlußbestimmungen".

320 S. dazu bereits o. S. 43 ff.

321 Zu der Frage, inwieweit das Konzept und die Politik vom SDÜ mit dem Gemeinschaftsrecht in Einklang steht, vgl. ausführlich *Epiney*, in: Achermann/Bieber u.a., S. 31 ff. m.w.N.; s. auch *O'Keeffe*, in: Pauly (Hrsg.), Les accords de Schengen, S. 171 ff.

322 *Taschner*, Schengen oder die Abschaffung der Personenkontrollen, S. 33.

3.1. Abschaffung der Kontrollen im Geltungsbereich des SDÜ

3.1.1. Überschreiten der Binnengrenzen

Die Hauptaussage des SDÜ findet sich in Art. 2, dessen erster Absatz lautet: „Die Binnengrenzen dürfen an jeder Stelle ohne Personenkontrollen überschritten werden". Diese Aussage hat zur Folge, daß seit dem 26. März 1995, dem Zeitpunkt des Inkraftsetzens des SDÜ, keine Kontrollen mehr an den Grenzen zu den Hoheitsgebieten der Vertragsparteien bei allen Reisenden, seien es EG-Bürger oder Drittausländer, durchgeführt werden dürfen[323], soweit es nicht die öffentliche Ordnung oder die nationale Sicherheit erfordern[324]. Damit entfällt auch grundsätzlich die Pflicht, an der Grenze anzuhalten und dort die Reisedokumente vorzuzeigen. Reist also eine Person in das Territorium einer Vertragspartei ein, hat sie damit auch Zugang zu den Hoheitsgebieten aller anderen Vertragsparteien. Insoweit entspricht dies dem Wesen einer Paßunion, bei der in der Praxis eine Unterscheidung der Reisenden nach der Staatsangehörigkeit nicht getroffen werden kann[325]. Diese Freistellung von Personenkontrollen bedeutet aber kein Recht auf Einreise in einen der Schengener Staaten. Daß ein Reisender an der Grenze keine Reisedokumente mehr vorzuweisen braucht, bedeutet nicht, daß er nicht im Besitz dieser Papiere sein muß. So weist Art. 2 III SDÜ ausdrücklich darauf hin, daß Drittausländer ihrer Meldepflicht im Gastland zu genügen und die je nach innerstaatlichem Recht erforderlichen Papiere, wie Reisedokumente, Aufenthaltsbescheinigungen, zu besitzen, mit sich zu führen und auf Verlangen vorzuzeigen haben. Damit wird deutlich, daß auch im Rahmen des SDÜ zwischen EG-Bürgern einerseits und Drittausländern andererseits unterschieden wird, was sich vor allem im Hinblick auf die an den Außengrenzen vorzunehmenden Kontrollen auswirkt.
Ein Drittausländer ist nach der Legaldefinition in Art. 1 SDÜ „eine Person, die nicht Staatsangehöriger eines der Mitgliedstaaten der Europäischen Gemeinschaft ist". Daraus ergibt sich, daß nicht nur Staatsangehörige der Schengen-Staaten, sondern auch die des Vereinigten Königreichs, Irlands, Dänemarks, Schwedens und Finnlands in den Genuß der vereinfachten Kontrollen an den Außengrenzen gelangen, was den integrationsfreundlichen Charakter des SDÜ

---

[323] S. auch *Epiney*, in: Achermann/Bieber u.a., S. 51; *Wehner*, S. 202; *Taschner*, Schengen, Rn. 44; *Nanz*, Integration 2/1994, 92 (95); *ders.*, ZAR 3/1994, 99 (100 f.); *ders.*, in: Bieber/Monar (eds.), S. 29 (32); *Hoogenboom*, in Meijers/Bolten u.a., S. 74 (79 ff.).

[324] Zur der in Art. 2 II SDÜ normierten Ausnahmeklausel vgl. *Nanz*, Integration 2/1994, 92 (95 f.); *ders.*, ZAR 3/1994, 99 (101 f.); s. hierzu auch *Hailbronner/Thiery*, EuR 5/1998, 538 (597 Fn. 60), die darauf hinweisen, daß Frankreich diese Aufnahmeregelung in bezug auf die Grenzen zu Belgien und Luxemburg seit dem Jahr 1996 wegen der Gefahr von Anschlägen seitens algerischer Terroristen sowie der liberalen niederländischen Drogenpolitik anwendet.

[325] S. auch *Taschner*, Schengen, Rn. 44.

im Hinblick auf die Verwirklichung eines einheitlichen europäischen Binnenmarktes verdeutlicht. Auch das Saarbrücker Abkommen vom 13. Juli 1984[326] und das Schengener Regierungsabkommen vom 14. Juni 1985[327] sahen sämtliche EG-Bürger als Begünstigte an.

Der in Art. 2 I SDÜ genannte Begriff der „Binnengrenzen" erfaßt nicht nur die gemeinsamen Landgrenzen der Vertragsparteien, sondern auch ihre See- und Flughäfen[328]. Dieser Begriff geht damit sehr weit, wenn man die Entwicklung der vorangehenden, meist bilateralen Vereinbarungen betrachtet, die sich teilweise nur auf die Landgrenzen bezogen[329].
Die Definition des Begriffs der „Außengrenzen" ergibt sich spiegelbildlich. Demnach sind alle Land- und Seegrenzen sowie Flug- und Seehäfen der Vertragsparteien Außengrenzen, „soweit sie nicht Binnengrenzen sind"[330]. Für Flughäfen bedeutet dies, daß bei Flügen von und nach einem Drittstaat eine Außengrenze, bei Flügen zwischen den Schengener Vertragsstaaten eine Binnengrenze überschritten wird, so daß im letztgenannten Fall keine Personenkontrollen stattfinden dürfen[331]. Obwohl sämtliche EG-Angehörige in den Genuß der vereinfachten Kontrollen an den Außengrenzen gelangen, werden die Grenzen zu dem Vereinigten Königreich, Irland, Dänemark, Schweden, und Finnland per definitionem als „Außengrenzen" angesehen. Denn „Drittstaat" ist ein „Staat, der nicht Vertragspartei ist", also auch ein Nicht-Schengener-EG-Mitgliedstaat.

3.1.2. Überschreiten der Außengrenzen

Die für die Abschaffung der Binnengrenzkontrollen erforderlichen Ausgleichsmaßnahmen sind in den Regelungen über das Überschreiten der Außengrenzen in den Art. 3 bis 8 SDÜ enthalten. Kernelement der Außengrenzkontrollen ist die Festlegung der Kriterien, welche Personen und unter welchen Voraussetzungen diese in den großen kontrollfreien Binnenraum einreisen dürfen[332] und wie illegale Einreisen verhindert werden können.
Ziel ist es also, einen einheitlichen Kontrollstandard an allen Außengrenzen zu schaffen und zu gewährleisteten, um das Entstehen von sog. Schwachstellen

---

326 S. dazu o. S. 40 ff.
327 S. dazu o. S. 43 ff.
328 Vgl. Art. 1 SDÜ.
329 So z.B. das Saarbrücker Abkommen v. 13. Juli 1984, vgl. dazu o. S. 40.
330 Vgl. Art. 1 SDÜ.
331 S. auch *Epiney*, in: Achermann/Bieber u.a., S. 55. In Art. 4 SDÜ findet sich eine Sonderregelung für die Einreise in das Hoheitsgebiet der Schengener Vertragsstaaten auf dem Luftweg.
332 S. hierzu insb. *Westphal*, ZAR 4/1998, 175 ff.

beim Grenzübertritt zu verhindern[333]. So wird zunächst der Grenzübertritt beim Überschreiten der Außengrenzen im Gegensatz zum Überschreiten der Binnengrenzen auf bestimmte Grenzübergangsstellen festgelegt[334].
In den Art. 6 bis 8 SDÜ finden sich die maßgeblichen Bestimmungen über die Durchführung der Grenzkontrollen, wobei Art. 6 I SDÜ hierfür das grundlegende Prinzip formuliert. Danach werden die Kontrollen auch weiterhin von nationalen Behörden, deren Zuständigkeit nationales Recht bestimmt, in nationaler Zuständigkeit und nach Maßgabe des nationalen Rechts durchgeführt. Dies hat zur Folge, daß die unter der Herrschaft des nationalen Rechts vorgenommenen Grenzkontrollen für das gesamte Territorium der Schengener Vertragsparteien gelten. Die Kontrollen durch die jeweiligen Grenzbeamten erfolgen also im Sinne einer Art „Sachwalterschaft“[335] auch für alle anderen Vertragsstaaten. Diese Außengrenzkontrollen werden „nach einheitlichen Grundsätzen“ durchgeführt, die in Art. 6 II SDÜ näher festgelegt sind. *Nanz* spricht in diesem Zusammenhang von einem Zwei-Stufen-Kontrollmechanismus[336]. Danach unterliegen auf der ersten Stufe alle Personen „zumindest“ einer Identitätskontrolle, die darauf abzielt, ob der Reisende ein Ausweispapier bei sich hat und ob er mit der darin abgebildeten Person identisch ist[337]. Auf der zweiten Stufe wird dann zwischen EG-Bürgern und Drittausländern unterschieden. Während bei ersteren die Identitätskontrolle im Regelfall ausreicht, wird bei letzteren gemäß Art. 6 II lit. c i.V.m. lit. a SDÜ eine „eingehende Kontrolle“ vorgenommen. Wie dem Art. 5 I SDÜ zu entnehmen ist, müssen bei der Einreise von Drittausländern in das Schengener Vertragsgebiet zunächst einmal bestimmte Einreisevoraussetzungen vorliegen[338], wobei sich diese auf sog. Kurzaufenthalte, d.h. Aufenthalte bis zu einer Dauer von drei Monaten, beschränken. Die nach einheitlichen Grundsätzen durchzuführende Personenkontrolle umfaßt aber nicht nur die Überprüfung der Grenzübertrittspapiere und der übrigen Einreisevoraussetzungen, sondern auch Aufenthaltstitel, Arbeitsaufnahmenachweise, die in Aussicht genommene Ausreise, die fahndungstechnische Kontrolle und die Abwehr von Gefahren für die nationale

---

333 *Nanz*, Integration 2/1994, 92 (96); *ders.*, ZAR 3/1994, 99 (101).

334 Vgl. Art. 3 I SDÜ. Außengrenzen außerhalb der Grenzübergangsstellen werden durch geeignete Grenzschutzstreifen, wie etwa den Bundesgrenzschutz, überwacht; vgl. Art. 6 III SDÜ.

335 So *Epiney*, in: Achermann/Bieber u.a., S. 56.

336 *Nanz*, Integration 2/1994, 92 (96 ff.); *ders.*, ZAR 3/1994, 99 (102); *ders.*, in: Bieber/Monar (eds.), S. 29 (34).

337 Vgl. Art. 6 II lit. b SDÜ.

338 Zu den Einreisevoraussetzungen im einzelnen vgl. *Epiney*, in: Achermann/Bieber u.a., S. 60 ff.; *Nanz*, Integration 2/1994, 92 (97); *ders.*, ZAR 3/1994, 99 (101 f.); *ders.*, in: Bieber/Monar (eds.), S. 29 (35 f.).

Sicherheit und die öffentliche Ordnung[339]. Sollte bei dieser Überprüfung festgestellt werden, daß die Einreisevoraussetzungen im Sinne des Art. 5 I SDÜ nicht vorliegen, ist die Einreise grundsätzlich zu verweigern, es sei denn, daß diese aus humanitären Gründen oder Gründen des nationalen Interesses oder aufgrund internationaler Verpflichtungen gerechtfertigt werden kann; jedoch gilt die Einreiseerlaubnis dann nur für den Staat, über dessen Außengrenze die Einreise erfolgt ist[340].
Liegen dagegen die Einreisevoraussetzungen vor, so kann dem Drittausländer die Einreise gestattet werden; die Einreiseerlaubnis wird von einer Ermessensentscheidung abhängig gemacht. Da weder dem SDÜ noch entsprechenden Ausführungsregelungen Aussagen über bestimmte anzuwendende Ermessenskriterien zu entnehmen sind, geht *Epiney* zu Recht davon aus, daß sich die Ermessensausübung allein nach nationalen Maßstäben richtet[341]. Diese vertraglichen Regelungen verdeutlichen, daß es zwar eine Pflicht zur Einreiseverweigerung gibt, aber kein Recht auf Einreise im Falle des Vorliegens der entsprechenden Einreisevoraussetzungen[342]. Damit besteht für den Drittausländer lediglich die Möglichkeit, die Entscheidung der mit der Einreise befaßten zuständigen Stelle vor den innerstaatlichen Gerichten auf Mißbräuche in der Ermessensausübung überprüfen zu lassen. Vor diesem Hintergrund setzt *Steenbergen* wohl auch zu Recht Kritikpunkte im Hinblick auf die vertragliche Ausgestaltung des SDÜ an. Denn für den Drittausländer dürfte es sehr schwierig sein, einen Ermessensmißbrauch in einem eventuell stattfindenden nationalen Gerichtsverfahren nachzuweisen[343].

In der Zwischenzeit haben sich die Mitgliedstaaten des Schengener Abkommens mit der Unterzeichnung eines Aktionsplans zur Sicherung der EU-Außengrenzen zu weitreichenden Maßnahmen verpflichtet, mit denen die Außengrenzen effektiver als bisher gegen illegale Zuwanderer „abgeschottet" werden sollen[344]. Dieser Aktionsplan war vor dem Hintergrund des steigenden Einwanderungsdrucks, insbesondere im Hinblick auf die weiter anhaltende Kosovo-Krise, notwendig geworden. Neben der gegenseitigen Unterstützung bei Kontroll- und Überwachungsaufgaben an den Außengrenzen der EU, einer gemeinsamen Visapolitik und einer Entsendung von Dokumentenberatern zur Überprüfung der Echtheit von Visa- und Ausweispapieren ist Schwerpunkt des Regelungswerkes die lückenlose Identifizierung aller illegalen Einwanderer

339 Vgl. Art. 6 II lit. a SDÜ.
340 Vgl. Art. 5 II SDÜ.
341 *Epiney*, in: Achermann/Bieber u.a., S. 63.
342 Vgl. auch *Westphal*, in: Huber (Hrsg.), B 651, Art. 5 Rn. 6 m.w.N.
343 *Steenbergen*, in: Meijers/Bolten u.a., S. 57 (64 f.).
344 Vgl. Handelsblatt v. 17. September 1998, S. 3.

anhand von Fingerabdrücken. Denn die Identifizierung der illegalen Zuwanderer ist notwendige Voraussetzung, um die im Dubliner Übereinkommen über die Bestimmung des zuständigen Staates für die Prüfung eines in einem Mitgliedstaat der Europäischen Gemeinschaft gestellten Asylantrags vom 15. Juni 1990[345] vereinbarte Rücknahmegarantie durchzusetzen. Danach wird der erste Einreisestaat zur Rücknahme derjenigen Ausländer verpflichtet, die lediglich zum Transit in das Einreiseland gekommen und in andere EU-Staaten weitergereist sind[346]. Vor allem im Hinblick darauf, daß sich die See- und Fährhäfen in der Vergangenheit als Einfallstor illegaler Zuwanderung erwiesen haben, sieht der Aktionsplan strengere Kontrollen an diesen Orten vor. Die diesbezüglichen Regelungen zielen hauptsächlich auf die Situation in Griechenland und Italien, in denen eine weniger strikte Erfassung der Flüchtlingsdaten erfolgt, da die dort ankommenden Flüchtlinge in der Regel eine Weiterreise nach Deutschland oder Frankreich anstreben. Eine konsequente Absicherung der Außengrenzen muß aber auch im Hinblick auf die anstehende EU-Osterweiterung gewährleistet sein, da sich ansonsten der osteuropäische Teil der Union zum „Einfallstor" für Illegalität entwickeln würde.

3.1.3. Sichtvermerke

Wie schon der *Adonnino-Ausschuß* in seinem ersten Bericht[347] festgestellt hat, ist die gemeinsame Sichtvermerkspolitik eines der Kernprobleme einer jeden Paßunion[348]. Denn bei offenen Binnengrenzen können Drittausländer die Visumspflicht für ein Mitgliedsland der Paßunion leicht durch die Einreise in den visumsfreien Nachbarstaat und die unkontrollierte Weiterreise in den ein Visum verlangenden Mitgliedstaat umgehen. Die Schengener Vertragsparteien haben daher für den Bereich der Sichtvermerkspolitik eine konzentrierte Verfahrensweise vereinbart, wonach Visumsregelungen gegen Drittausländer schrittweise harmonisiert werden[349]. Zu nennen ist hier die Festlegung der visapflichtigen Drittstaaten[350], die in einer gemeinsamen, sog. „schwarzen" Liste festgeschrieben sind. Eine Änderung dieser Liste kann grundsätzlich nur einverständlich vorgenommen werden[351]. In der Zwischenzeit ist eine derartige Liste durch gemeinschaftsrechtliche Regelungen verbindlich festgesetzt worden.

---

345 S. dazu u. S. 59 f., 88 f.

346 Vgl. Art. 6 ff. Dubliner Übereinkommen.

347 S. dazu o. S. 15.

348 S. auch *Taschner*, Schengen, Rn. 47.

349 Vgl. Art. 9 I SDÜ; hierzu *Seiters*, Politische Studien 1992, 5 (10).

350 Zur Einreise und zum Aufenthalt von visumspflichtigen Drittausländern vgl. *Westphal*, ZAR 4/1998, 175 f.

351 Vgl. Art. 9 II SDÜ.

Durch die Verordnung Nr. 2317/95 des Rates vom 25. September 1995[352], die auf der Grundlage von Art. 100 c EGV a.F. erlassen wurde[353], werden die Drittländer bestimmt, deren Staatsangehörige beim Überschreiten der Außengrenzen der Mitgliedstaaten der Europäischen Gemeinschaft im Besitz eines Visums sein müssen, worunter zur Zeit 98 Staaten fallen.
Daneben sind auf Schengener Ebene zwei informatorische Verzeichnisse zu nennen. Zum einen ist dies ein Verzeichnis über die Drittstaaten, deren Staatsangehörigen in alle Schengener Staaten visafrei einreisen können, wozu z.B. die EWR-Staaten Norwegen, Island und Liechtenstein sowie Argentinien, Brasilien, Israel, Japan, die USA u.a. gehören[354], zum anderen eines über diejenigen Staaten, denen gegenüber einige Vertragsstaaten ein Visum verlangen, andere nicht. Diesen Verzeichnissen ist jedoch kein rechtlich verbindlicher Charakter beizumessen, so daß die Schengener Vertragsstaaten hier einseitig Veränderungen ihrer nationalen Visaregelungen vornehmen können[355].
Ein weiteres Kernelement der einheitlichen Sichtvermerkspolitik stellt die Verwendung eines einheitlichen Sichtvermerks (einheitliche Visamarke) dar, die für alle Vertragsparteien gültig ist[356] und von dem Staat des Hauptreiseziels ausgestellt wird[357]. Bis zur allgemeinen Verwendung der einheitlichen Visamarke ist entsprechend Art. 10 II SDÜ die Anerkennung der jeweils national erteilten Sichtvermerke vorgesehen. Diese Regelung ist besonders für visapflichtige Drittausländer vorteilhaft, da für einen kurzfristigen Aufenthalt im Hoheitsgebiet der Schengen-Staaten anstelle mehrerer nationaler Visa nur noch ein Visa erforderlich ist. Inzwischen ist diese Vorschrift durch gemeinschaftsrechtliche Regelungen ersetzt und damit obsolet geworden. Denn durch die auf Art. 100 c III EGV a.F. gestützte Verordnung Nr. 1683/95 des Rates vom 29. Mai 1995[358] wurden Regelungen betreffend einer einheitlichen Visagestaltung innerhalb des Hoheitsgebiets der Gemeinschaft getroffen.

Wird das einheitliche Schengen-Visum, das in der Bundesrepublik Deutschland die Rechtswirkung einer Aufenthaltsbewilligung entfaltet[359], beantragt, werden vor Erteilung alle Vertragsstaaten im Wege des automatisierten Konsultationsverfahrens um Zustimmung gebeten. Ist der Antragsteller nicht im Schengener

---

[352] ABl. EG 1995 Nr. L 234/1.
[353] S. dazu auch u. S. 131.
[354] S. hierzu ausführlich *Westphal*, in: Huber (Hrsg.), B 651, Art. 9 Rn. 2.
[355] S. auch *Nanz*, Integration 2/1994, 92 (98); *ders.*, ZAR 3/1994, 99 (103); *ders.*, in: Bieber/Monar (eds.), S. 29 (36).
[356] Vgl. Art. 10 I SDÜ.
[357] Vgl. Art. 12 II SDÜ.
[358] ABl. EG 1995 Nr. L 164/1.
[359] Dazu *Westphal*, ZAR 4/1998, 175 (176) m.w.N.

Sicherheitssystem zur Einreise ausgeschrieben und widerspricht keiner der Vertragsparteien der Ausstellung des Visums, so wird das Visum für einen Zeitraum von bis zu drei Monaten erteilt[360]. Ist der Drittausländer in Besitz eines einheitlichen Sichtvermerks und ist er rechtmäßig in das Hoheitsgebiet einer der Vertragsparteien eingereist, so kann er sich im gesamten Hoheitsgebiet der Vertragsparteien frei bewegen[361]. Insoweit gewährt Art. 19 I SDÜ einen individuellen, das Freizügigkeitsrecht verbürgenden Rechtsanspruch, der mit Passieren der Kontrolle bei der Einreise in das Schengener Vertragsgebiet zum Tragen kommt[362]. Der einreisende Drittausländer ist also nicht verpflichtet, zunächst das Hoheitsgebiet des Staates zu erreichen, der das Visum ausgestellt hat. Ist die Gültigkeit des Sichtvermerks aber gemäß Art. 10 III, 11 II, 14 I oder 16 SDÜ räumlich beschränkt, greift dieses Freizügkeitsrecht nicht. Für längerfristige Visa bleibt die Zuständigkeit der einzelnen Mitgliedstaaten bestehen[363], d.h. ihre Erteilung richtet sich ausschließlich nach nationalem Recht[364] und sie besitzen keine Gültigkeit für das gesamte Vertragsgebiet. Ein derartiges Visum wird daher als nationales Visum erteilt[365]. Einreisende Drittausländer, die keinen Sichtvermerk benötigen[366], können sich, wie Art. 20 I SDÜ zu entnehmen ist, während einer Aufenthaltsdauer von bis zu drei Monaten im gesamten Vertragsgebiet frei bewegen. Ob sich aus dieser Regelung ebenso wie aus Art. 19 I SDÜ ein individueller Rechtsanspruch ableiten läßt, ist umstritten. *Westphal* verneint dies wohl zu Recht, da die Anwendung des Art. 20 I SDÜ von weiteren innerstaatlichen Rechtsakten abhängt[367]. So legt das SDÜ nicht verbindlich fest, welche Drittausländer sichtvermerksfrei sind; es bleibt den Vertragsstaaten überlassen, durch innerstaatliche Rechtsakte diejenigen Ausländer zu bestimmen, die von der Sichtvermerkspflicht befreit sind.

Abschließend sei noch darauf hingewiesen, daß sämtliche Drittausländer der Meldepflicht unterliegen. So haben sich sämtliche Drittausländer unter den von den Vertragsparteien festzulegenden Voraussetzungen bei den jeweils zuständigen Behörden innerhalb von drei Tagen nach der Einreise zu melden[368]. Durch die Meldepflicht soll sichergestellt werden, daß der Aufenthalt der Drittauslän-

---

[360] Vgl. Art. 10 I, 15 SDÜ. Zu den Voraussetzungen einer Verlängerung des Schengen-Visums vgl. *Westphal*, ZAR 4/1998, 175 (176) m.w.N.

[361] Vgl. Art. 19 I SDÜ.

[362] *Westphal*, in: Huber (Hrsg.), B 651, Art. 19 Rn. 1; *Huber*, NVwZ 11/1996, 1069 (1072).

[363] Vgl. Art. 18 SDÜ.

[364] S. aber Art. 25 SDÜ; dazu *Westphal*, ZAR 4/1998, 175 (179 f.).

[365] Vgl. auch *Westphal*, ZAR 4/1998, 175 (177).

[366] S. dazu *Westphal*, ZAR 4/1998, 175 (176 f.).

[367] *Westphal*, in: Huber (Hrsg.), B 651, Art. 20 Rn. 1; *ders.*, ZAR 4/1998, 175 (176) unter Hinweis auf OLG Köln, InfAuslR 1997, 459; a.A.: *Huber*, NVwZ 11/1996, 1069 (1072).

[368] Vgl. Art. 22 I SDÜ.

der im Hoheitsgebiet aller Schengen-Staaten nicht das Höchstmaß der drei Monate überschreitet[369]. Als sog. Begleitmaßnahmen gegen illegale Einreise verpflichtet das SDÜ die Vertragsstaaten, im jeweiligen staatlichen Recht Bestimmungen über die Rückführung von Personen an eine Außengrenze aufzunehmen, denen die Einreise verweigert wurde[370]. Ebenfalls verpflichten sich die Staaten zu Sanktionen gegen sog. „Schlepper", d.h. Personen, die zu Erwerbszwecken einem Drittausländer helfen oder zu helfen versuchen, in das Hoheitsgebiet der Schengen-Staaten einzureisen, ohne daß dieser die entsprechenden Voraussetzungen erfüllt[371].

3.1.4. Behandlung von Asylbegehren

Einer der von den Vertragsstaaten am heftigsten diskutierten Bereiche im Rahmen des SDÜ war von Anfang an das Asylrecht[372]. Die in Kapitel 7 des SDÜ aufgenommenen Regelungen veranlaßten die meisten Vertragsstaaten, wie etwa die Bundesrepublik Deutschland oder auch Frankreich, zu einer Verfassungsänderung der das Asylrecht betreffenden Vorschriften. Dies war teilweise notwendig, um die Voraussetzungen für die Anwendung der Schengener Asylvorschriften zu schaffen[373].

Die asylrechtlichen Vorschriften des Kapitels 7 des SDÜ[374], die in weiten Teilen inhaltsgleich mit den Vorschriften des Dubliner Übereinkommens über die Bestimmung des zuständigen Staates für die Prüfung eines in einem Mitgliedstaat der Europäischen Gemeinschaft gestellten Asylantrags vom 15. Juni 1990[375] sind, finden mit Inkrafttreten des Dubliner Abkommens am 1. September 1997 keine Anwendung mehr[376]. Aufgrund dieser Tatsache haben die Schengener Staaten, mit Ausnahme des bereits am 1. Mai 1991 in Kraft getretenen[377] sog. Schengen-Polen-Abkommens[378], an keiner weiteren

---

369 Zur Zielsetzung des Art. 22 SDÜ vgl. insb. *Charpentier*, in: Pauly (Hrsg.), Les accords de Schengen, S. 65 (71); *Guimezanes*, in: Pauly (Hrsg.), Schengen en panne, S. 5 (22 f.), die auch auf diesbezügliche Umsetzungsschwierigkeiten eingeht.

370 Vgl. Art. 26 SDÜ.

371 Vgl. Art. 27 SDÜ.

372 S. auch *Donner*, in: Schermers/Flintermann u.a. (Hrsg.), S. 5 (14).

373 S. dazu *Taschner*, Schengen, Rn. 55 f.; *Nanz*, Integration 2/1994, 92 (100); *ders.*, ZAR 3/1994, 99 (104); *ders.*, in: Bieber/Monar (eds.), S. 29 (41).

374 Vgl. hierzu *Boeles*, in: Meijers/Bolten u.a., S. 135 (144 ff.).

375 BGBl. 1994 II S. 791.

376 Vgl. Art. 1 des Protokolls zu den Konsequenzen des Inkrafttretens des Dubliner Übereinkommens für einige Bestimmungen des Durchführungsübereinkommens zum Schengener Übereinkommen (Bonner Protokoll) v. 26. April 1994, BGBl. 1995 II S. 739 sowie Bek. v. 3. Juli 1997, BGBl. 1997 II S. 1468.

377 Vgl. Bek. v. 16. September 1994, BGBl. 1994 II S. 3537.

Harmonisierung des Asylrechts gearbeitet, sondern dies vielmehr sämtlichen EG-Mitgliedstaaten überlassen[379]. Daher werden im folgenden lediglich die Grundprinzipien des Asylrechts nach dem SDÜ dargestellt.

Zunächst ist darauf hinzuweisen, daß die asylrechtlichen Vorschriften des SDÜ kein subjektives Recht auf Asylgewährung begründen[380]. Etwas anderes ergibt sich auch nicht aus Art. 28 SDÜ, wonach die Vertragsparteien ihre Verpflichtungen aus der Genfer Flüchtlingskonvention vom 28. Juli 1951[381] einschließlich des Protokolls über die Rechtsstellung der Flüchtlinge vom 31. Januar 1967[382] bekräftigen. Geltender völkerrechtlicher Praxis und Auslegung entspricht es nämlich, diesem Vertragswerk kein Recht auf Asyl zu entnehmen[383]. Die Vertragsstaaten haben sich lediglich zur Gewährung bestimmter Rechte an anerkannte Flüchtlinge verpflichtet und garantieren, wie dies auch Art. 33 Genfer Flüchtlingskonvention vorsieht, wonach ein direkt aus dem Verfolgerstaat eingereister Flüchtling nicht in das Verfolgerland zurückgewiesen oder zurückgeschoben werden darf, das sog. Prinzip des „Non-Refoulement"[384].

---

378 BGBl. 1993 II S. 1099. In diesem Abkommen, das als Modell für weitere Rückführungsabkommen angesehen wird (vgl. *Achermann/Gattiker*, Asyl 2/1994, 23 [25 f.]), verpflichten sich die Vertragsparteien Belgien, Bundesrepublik Deutschland, Frankreich, Italien Luxemburg, Niederlande, Spanien und Polen, über deren Außengrenze eine Person eingereist ist, formlos zur Rücknahme, wenn sie im ersuchenden Staat die Voraussetzungen für die Einreise oder den Aufenthalt nicht oder nicht mehr erfüllt. Das Abkommen bezieht sich auf die Staatsangehörigen der Vertragsparteien, aber auch auf Drittstaatsangehörige, beschränkt sich allerdings zur Zeit im Verhältnis der Schengener Vetragsstaaten untereinander auf polnische Staatsangehörige.
Darüber hinaus hat die Bundesrepublik Deutschland am 7. Mai 1993 mit Polen ein bilaterales Abkommen über die Zusammenarbeit hinsichtlich der Auswirkungen von Wanderungsbewegungen geschlossen, das am 29. September 1994 in Kraft getreten ist (vgl. Bek. v. 24. Oktober 1994, BGBl. 1994 II S. 3775). Ein entsprechendes Abkommen ist am 3. November 1994 mit der Tschechischen Republik unterzeichnet worden; dieses Abkommen ist am 1. Januar 1995 in Kraft getreten (vgl. Bek. v. 27. Januar 1995, BGBl. 1995 II S. 141). Mit der Schweiz hat die Bundesrepublik Deutschland am 20. Dezember 1993 ein Abkommen über die Rücknahme von Personen mit unbefugten Aufenthalt (Rückübernahmeabkommen) geschlossen, das zwar am 1. Februar 1994 in Kraft getreten ist (vgl. Bek. v. 3. Mai 1996, BGBl. 1996 II S. 945), aber erst seit 1. Febraur 1996 angewandt wird.

379 S. auch *Achermann*, in: Achermann/Bieber u.a., S. 90.

380 S. auch *Huber*, NVwZ 11/1996, 1069 (1073)

381 BGBl. 1953 II S. 560; UNTS Vol. 189 p. 150.

382 BGBl. 1969 II S. 1294; UNTS Vol. 606 p. 267.

383 Statt vieler vgl. *Hailbronner*, in: Graf Vitzthum (Hrsg.), 3. Abschnitt Rn. 266 ff.; *ders.*, ZAR 1/1995, 3 (4) m.w.N.; *Geiger*, S. 312 f.

384 Vgl. hierzu *Kälin*, Das Prinzip des Non-Refoulement, 1982; *Gornig*, Das Refoulement-Verbot im Völkerrecht, 1987; *Stenberg*, Non-Expulsion and Non-Refoulement, 1989.

In den Art. 28 - 38 SDÜ[385] werden die Zuständigkeiten für die Behandlung von Asylbegehren geregelt. Damit soll einerseits erreicht werden, daß jedem Asylbewerber im Vertragsgebiet die Durchführung eines Asylverfahrens garantiert wird; die Schaffung sog. „refugees in orbit" soll also verhindert werden[386]. Hierbei ist zu berücksichtigen, daß nach dem Beschluß des Verwaltungsgerichts Gießen vom 25. Januar 1996 ein individueller Anspruch des Asylbewerbers auf Durchführung eines Asylverfahrens in einem bestimmten Vertragsstaat nicht besteht[387]. Zum anderen soll die Durchführung mehrerer paralleler oder sukzessiver Asylverfahren in verschiedenen Vertragsstaaten (sog. asylum-shopping) vermieden werden[388]. Eine Harmonisierung des Asylrechts insgesamt, vor allem aber des materiellen Asylrechts, wird nicht angestrebt[389]. Dies verdeutlicht auch die in der Schlußakte zum SDÜ abgegebene, das Asylrecht betreffende Gemeinsame Erklärung, wonach die Vertragsstaaten ihren Willen bekräftigen, im Hinblick auf eine Harmonisierung des Asylrechts eine Bestandsaufnahme ihrer nationalen Politik im Bereich des Asylrechts vorzunehmen.

Im Kern legen die asylrechtlichen Vorschriften fest, welche Vertragspartei für die Durchführung eines Asylverfahrens zuständig ist. Gem. Art. 29 III SDÜ entscheidet ein Vertragsstaat[390] mit Wirkung für alle anderen über Asylanträge und zwar gemäß Art. 32 SDÜ nach dem nationalen Recht des zuständigen Vertragsstaates. Die Vertragsstaaten erkennen dabei das von den nationalen Behörden gewährte Asyl gegenseitig an. Ferner schafft das SDÜ in den Art. 37 und Art. 38 ein System des wechselseitigen Informationaustausches. Danach unterrichten sich die Vertragsparteien nicht nur über Rechts- und Verwaltungsvorschriften und nationale Praktiken im Bereich des Asylrechts sowie über statistische Daten, sondern übermitteln auch personenbezogene Daten betreffend den Asylbewerber oder seine Angehörigen.

---

385 Dazu ausführlich *Achermann*, in: Achermann/Bieber u.a., S. 91 ff.

386 S. dazu auch *Gerlach*, ZRP 5/1993, 164 (166); *Achermann*, ASYL 4/1990 12 (15); *Weckel*, RGDIP 1991, 405 (417, 437); *O'Keeffe*, YEL 1991, 185 (199 f.); *Achermann/Gattiker*, ASYL 2/1994, 23 (24).

387 VG Gießen, Beschl. v. 25. Januar 1996, NVwZ - Beil. 4/1996, 27.

388 *Seiters*, Politische Studien 1992, 5 (10); *Achermann*, in: Achermann/Bieber u.a., S. 91 f.; *Ress*, in: Pauly (Hrsg.), Les accords de Schengen, S. 79 (84, 86, 98).

389 S. auch *Wehner*, S. 206; *Taschner*, Schengen, Rn. 52; *Nanz*, Integration 2/1994, 92 (100).

390 Die Kriterien, nach denen die Zuständigkeit eines Vertragsstaates zur Behandlung eines Asylbegehrens zu bestimmen ist, finden sich in Art. 30 lit. a - g SDÜ. Vgl. dazu *Huber*, NVwZ 11/1996, 1069 (1073 f.) m.w.N.

3.2. Maßnahmen zum Ausgleich des durch den Wegfall der Grenzkontrollen befürchteten Sicherheitsdefizits im Polizei- und Sicherheitsbereich

Daß die Vertragsstaaten der Ausgestaltung der Vertragsvorschriften auf dem sicherheitsrechtlichem Gebiet eine besondere Bedeutung beigemessen haben, liegt auf der Hand; denn die für diesen Bereich zu treffenden Regelungen berühren in besonderem Maße die Ausübung staatlicher Hoheitsrechte und die Wahrung der Souveränität der einzelnen Staaten. Neben dem befürchteten Sicherheitsrisiko zählte der mit einem einheitlichen Regelungssystem verbundene Verzicht auf Souveränitätsausübungsrechte zu den entscheidenden Gründen, weshalb die zunächst auf Gemeinschaftsebene in Gang gesetzten Initiativen im Hinblick auf einen vollständigen Grenzkontrollenabbau fehlschlugen. Aber auch die den Polizei- und Sicherheitsbereich betreffenden Regelungen im SDÜ stellen wegen der zögerlichen Einigungsbereitschaft der Vertragsstaaten einerseits nur einen Kompromiß dar, der jedoch andererseits durchgreifende Neuerungen mit sich bringt[391].

3.2.1. Polizeiliche Zusammenarbeit

Die Vorschriften aus dem Bereich der polizeilichen Zusammenarbeit[392] finden sich außer in den Art. 39 - 47 SDÜ auch in den Kapiteln über Betäubungsmittel (Art. 70 - 76 SDÜ) und Feuerwaffen und Munition (Art. 77 - 91 SDÜ).

Zu nennen ist hier besonders die Amtshilfe im polizeilichen Rechtsverkehr[393]. Nach Art. 39 I SDÜ sind die Polizeibehörden der Vertragsstaaten verpflichtet, sich untereinander gegenseitig Hilfe zu leisten, und zwar im Interesse der vorbeugenden Bekämpfung und der Aufklärung von Straftaten, sofern der Bereich nach nationalem Recht nicht den Justizbehörden vorbehalten ist und Zwangsmaßnahmen nicht erforderlich sind. Die handelnden Stellen selbst sind dabei an ihr nationales Recht im Rahmen ihrer Zuständigkeit gebunden. Mit dieser Regelung wird erstmals in der Geschichte der internationalen polizeilichen Beziehungen eine umfassende Verpflichtung statuiert, die gegenüber der bisherigen Zusammenarbeit einen erheblichen Fortschritt darstellt[394]. Vor allem die Tatsache, daß nunmehr zum Gegenstand der polizeilichen Zusammenarbeit der gesamte Tätigkeitsbereich gemacht worden ist, welcher den Polizeibehörden

---

391 S. auch *Sturm*, Kriminalistik 3/1995, 162 (165 f.); ausführlich zu den polizei- und sicherheitsrechtlichen Vorschriften vgl. *Schwart*, in: Meijers/Bolten u.a., S. 96 ff.

392 Ein kurzer Überblick dieser Vorschriften findet sich auch bei *Joubert/Bevers*, S. 34 ff.; *Nanz*, in: Bieber/Monar (eds.), S. 29 (40 f.); *ders.*, ZAR 3/1994, 99 (104 f.).

393 S. hierzu insb. *Schwart*, in: Meijers/Bolten u.a., S. 96 (98 f.).

394 Zu den noch bestehenden praktischen Problemen s. *Nikolaus*, der kriminalist, 4/1996, 169 ff.

nach nationalem Recht übertragen ist, stellt eine Neuerung dar. Damit können auch Maßnahmen, wie z.B. Vernehmungen, Verkaufsweg- und Spurenabklärungen sowie Herkunftsermittlungen, Gegenstand des polizeilichen Rechtshilfeverkehrs sein[395]. Auch die Regelung des Art. 39 III SDÜ, wonach bei Gefahr im Verzuge eine unmittelbare Befassung der zuständigen Nachbarbehörde möglich ist, stellt eine erhebliche Verbesserung der Verbrechensbekämpfung dar[396]. Dagegen sieht *Wolters* die Regelung des Art. 39 II SDÜ als eine Erschwerung der Zusammenarbeit an[397]. Denn danach können die von der Polizei übermittelten schriftlichen Informationen in einem Strafverfahren erst mit Zustimmung der zuständigen Justizbehörde der auskunfterteilenden Vertragspartei als Beweismittel verwertet werden.

Ein Novum stellen auch die Regelungen über die grenzüberschreitende Observation[398] und die grenzüberschreitende Nacheile[399] dar. Daß gerade die diese Bereiche betreffenden Vorschriften zu den am langwierigsten und heftigst diskutierten gehörten[400], ist gut nachzuvollziehen[401]. Polizeiliche Aktivitäten stellen eine Ausübung nationaler Souveränitätsrechte dar, deren Zuständigkeiten an den Landesgrenzen enden[402]. Mit den Regelungen über die polizeiliche Observation und Nacheile wollte man diese Rechte erweitern. Allerdings ist es aufgrund der nach wie vor bestehenden Empfindlichkeit der Staaten in Fragen des Souveränitätsverlustes zu komplizierten und wenig praxisgerechten Regelungen im SDÜ gekommen, die in der Literatur daher zu Recht kritisiert werden[403]. So muß etwa für die Fortsetzung einer Observation auf fremden Hoheitsgebiet ein vorheriges Rechtshilfeverfahren durchgeführt werden[404], wobei bis heute noch immer nicht geklärt ist, in welcher Sprache die Rechtshilfeanträge zu stellen sind[405]. Eilfälle grenzüberschreitender Observationen können nur bei Vorliegen einer Katalogstraftat im Sinne des Art. 40 VII SDÜ vorgenommen werden, wobei das Rechtshilfeersuchen mit Begründung, warum der Grenzüberschritt ohne vorherige Zustimmung stattgefunden hat, mitzuführen ist; zudem ist die Observation nach fünf Stunden abzubrechen, wenn die

---

395 Vgl. hierzu insb. *Wolters*, Kriminalistik 3/1995, 172 (173).

396 *Wehner*, in: Achermann/Bieber, u.a., S. 132.

397 *Wolters*, Kriminalistik 3/1995, 172 (173).

398 Vgl. Art. 40 SDÜ; s. dazu *Gleß/Lüke*, Jura 2/1998, 70 (73 f.); *Martinez Soria*, VerwArch 3/1998, 400 (410 f.).

399 Vgl. Art. 41 SDÜ; dazu ausführlich *Schwart*, in: Meijers/Bolten u.a., S. 96 (99 f.).

400 So insb. *Wolters*, Krimininalistik 3/1995, 172 (175).

401 So auch *Donner*, in: Schermers/Flintermann u.a. (Hrsg.), S. 5 (17).

402 Vgl. *Heitmann*, Die Polizei 6/1993, 154 (157).

403 Vgl. *Krüger*, Kriminalistik 12/1994, 773 (775); *Nanz*, Integration 2/1994, 92 (102).

404 Vgl. Art. 40 I SDÜ; insgesamt zu den Voraussetzungen vgl. insb. *Wehner*, in: Achermann/Bieber, u.a., S. 159 ff.

405 Vgl. zu diesem Problem insb. *Wehner*, in: Achermann/Bieber, u.a., S. 161.

Zustimmung des Gebietsstaates bis dahin nicht vorliegt. Darüber hinaus können die Beamten des Mitgliedstaates auf dessen Hoheitsgebiet operiert wird, jederzeit verlangen, daß die Observation an sie übergeben wird[406]. In jedem Fall müssen die grenzüberschreitenden Beamten nach Abschluß der Maßnahme Bericht erstatten[407].
Besonders die Regelung über die grenzüberschreitende Nacheile im Sinne des Art. 41 SDÜ wird kritisiert. Aufgrund ihrer vertragsrechtlichen Ausgestaltung kann man sie wohl zu Recht als Regelung mit eher symbolischem Wert ansehen[408]. Die Vertragsparteien haben Umfang und Modalitäten der Ausübung des Nacheilerechts[409], die dem SDÜ oder den Beitrittsakten als Erklärungen beigefügt sind, unterschiedlich ausgestaltet. So sind etwa die Rechte eines deutschen Polizeibeamten im Hinblick auf das Festnahmerecht in Belgien auf 30 Minuten nach Grenzübertritt und in den Niederlanden sowie Luxemburg auf ein 10 km-Gebiet beschränkt; in Frankreich wird dem deutschen Beamten überhaupt kein Festnahmerecht gewährt. Dagegen hat die Bundesrepublik Deutschland den belgischen, niederländischen, luxemburgischen und französischen Beamten ein zeitlich und räumlich unbegrenztes Festhalterecht eingeräumt[410].

Zur polizeilichen Zusammenarbeit gehören auch die Schaffung von Kommunikationsverbindungen, wie etwa direkte Telefon-, Funk- und Telexverbindungen zur Erleichterung der polizeilichen und zollrechtlichen Zusammenarbeit zwischen den Vertragsparteien[411] sowie Benennungen von Ansprechstellen, Austausch von Verbindungsbeamten bei besonderen Lagen, gemeinsame Übungen, Erfahrungsaustausch und Sprachschulung[412]. Was den Bereich der Harmonisierung der Bestimmungen über Feuerwaffen und Munition anbelangt, enthalten die Art. 77 - 91 SDÜ umfangreiche Festlegungen. Allerdings sind diese Regelungen in der Zwischenzeit obsolet geworden, da mit der vom Rat am 18. Juni 1991 erlassenen Richtlinie 91/477/EWG über die Kontrolle des Erwerbs und des Besitzes von Waffen[413] weitgehend inhaltsgleiche, gemeinschaftsrecht-

---

406 Art. 40 I UAbs. 2 SDÜ.

407 Art. 40 III lit. g SDÜ. Darüber hinaus treffen den Staat, dessen Beamte grenzüberschreitend tätig werden, weitere nachträgliche Aufklärungspflichten (vgl. Art. 40 III lit. h SDÜ).

408 So jedenfalls *Wolters*, Kriminalistik 3/1995, 172 (175) m.w.N; krit. *Seiters*, Die Polizei 1/1993, 1 (3).

409 S. hierzu ausführlich *Wehner*, in: Achermann/Bieber, u.a., S. 165 ff.; *Delvaux*, in: Pauly, (Hrsg.), Les accords de Schengen, S. 7 (11 ff.); *Gleß/Lüke*, Jura 2/1998, 70 (74).

410 Zur Frage, inwieweit das Handeln dieser ausländischen Polizeibeamten der deutschen Gerichtsbarkeit unterworfen ist, vgl. *Martínez Soria*, VerwArch 3/1998, 400 (418 f.).

411 Vgl. Art. 44 SDÜ.

412 *Seiters*, Politische Studien 1992, 5 (9).

413 S. dazu o. S. 28.

liche Vorschriften getroffen wurden, denen gemäß Art. 134 SDÜ der Vorrang einzuräumen ist[414].

3.2.2. Justitielle Zusammenarbeit

Auch durch die Vorschriften betreffend die justitielle Zusammenarbeit[415], die die Regelungen über die Rechtshilfe in Strafsachen (Art. 48 - 53 SDÜ)[416], über die Auslieferung (Art. 59 - 66 SDÜ), über die Übertragung der Vollstreckung von Strafurteilen (Art. 67 - 69) sowie über das Verbot der Doppelbestrafung (Art. 54 - 58) umfassen, sind nur begrenzte Fortschritte erzielt worden[417].
Im Kern stellen diese Regelungen lediglich Ergänzungen zum Europäischen Auslieferungsübereinkommen vom 13. Dezember 1957[418], zum Europäischen Übereinkommen vom 20. April 1959 über die Rechtshilfe in Strafsachen[419] und zum Übereinkommen über die Überstellung verurteilter Personen vom 21. März 1983[420] mit dem Ziel dar, den direkten Kontakt und die Zusammenarbeit zwischen den Justizbehörden der Vertragsparteien noch weiter zu erleichtern und zu beschleunigen[421].

3.2.3. Schengener Informationssystem (SIS)

Als das Kernstück des SDÜ wird das seit dem 26. März 1995 arbeitende Schengener Informationssystem (SIS) angesehen[422]. In den Art. 92 - 119 SDÜ[423] ist die Konzeption eines polizeilichen Fahndungssystems geregelt worden, mittels dessen (in allen Vertragsparteien gleichzeitig) nach bestimmten Personen und Sachen gesucht werden kann[424]. Eine detaillierte Darstellung der

---

414 S. auch *Taschner*, Schengen, Rn. R. 61; *Nanz*, Integration 2/1994, 92 (103).

415 Vgl. hierzu insb. *Wolters*, Kriminalistik 3/1995, 172 (176 f.); *Polimeni*, in: Pauly (Hrsg.), Les accords de Schengen, S. 53 ff; *Schwart*, in: Meijers/Bolten u.a., S. 96 (103 ff.); *Nanz*, in: Bieber/Monar (eds.), S. 29 (41 f.).

416 S. hierzu insb. mit krit. Anm. *Schomburg*, JBl. 9/1997, 553 (555 ff.).

417 S. auch *Wolters*, Kriminalistik 3/1995, 172 (176 f.); *Schomburg*, JBl. 9/1997, 553 (561 f.).

418 BGBl. 1964 II S. 1371.

419 BGBl. 1964 II S. 1386.

420 BGBl. 1991 II S. 1006.

421 S. auch *Sturm*, Kriminalistik 3/1995, 162 (166); *Nanz*, Integration 2/1994, 92 (103 f.); *Donner*, in: Schermers/Flintermann u.a. (Hrsg.), S. 5 (17); *Polimeni*, in: Pauly, (Hrsg.), Les accords de Schengen, S. 53 (63).

422 So *Seiters*, Die Polizei 1/1993, 1 (2); *Sturm*, Kriminalistik 3/1995, 162 (166); *Nicolaus*, NVwZ 1/1996, 40, (41); *Werner*, CR 1/1997, 34; *Schreckenberger*, VerwArch 3/1997, 389 (404); *Martinez Soria*, VerwArch 3/1998, 400 (411); *Schattenberg*, in: Schermers/Flintermann u.a. (Hrsg.), S. 43 (45).

423 Ausführlich hierzu vgl. *Verhey*, in: Meijers/Bolten u.a., S. 110 (120 ff.).

424 *Scheller*, JZ 18/1992, 904 (905).

teilweise sehr komplizierten technischen und rechtlichen Regelungen ist im Rahmen dieser Arbeit zu umfangreich, so daß im folgenden lediglich die Grundlagen des SIS skizziert werden[425].
Nach der in Art. 93 SDÜ enthaltenen Zielsetzung soll das SIS in dem Hoheitsgebiet der Vertragsparteien anhand der aus diesem System erteilten Informationen die öffentliche Sicherheit und Ordnung einschließlich der Sicherheit des Staates und die Anwendung der Bestimmungen des SDÜ im Bereich des Personenverkehrs gewährleisten.
Das SIS besteht aus einer technischen Unterstützungseinheit, die in Straßburg angesiedelt ist[426], und aus einem nationalen Teil[427], den jede Vertragspartei in eigener Verantwortung und auf eigene Kosten errichtet und unterhält[428]. In der Bundesrepublik Deutschland ist das Bundeskriminalamt in Wiesbaden als zentrale Stelle für den nationalen Teil des SIS festgelegt worden[429]. Diese zentrale Stelle trägt den Namen „SIRENE“[430] und ist Ansprechpartner für die „SIRENE“ anderer Vertragsparteien sowie Bindeglied zu inländischen Dienststellen. Technisch gesehen besteht das SIS aus parallel in den Vertragsstaaten geführten Datenbeständen, wobei die Eingabe und Bestandspflege jeweils der ausschreibenden Stelle, also dem Datenbesitzer, obliegt. Die Änderungen werden in einem Computer gespeichert, der online mit dem zentralen Rechner in Straßburg verbunden ist, welcher die weitere Verteilung an die jeweiligen nationalen zentralen Stellen übernimmt[431]. Das SIS enthält demnach ausschließlich die durch jede Vertragspartei gelieferten Daten und Informationen. Zutreffend ist daher die Ansicht *Wehners,* das SIS nicht als ein einheitliches Zentralfahndungssystem im Sinne eines Europäischen Kriminalamtes anzusehen; denn im Rahmen des SIS können nur die nationalen Bestände

---

425 Grundlegend zum Inhalt des SIS vgl. *Schattenberg*, in: Schermers/Flintermann u.a. (Hrsg.), S. 43 ff.; *Wehner*, S. 215 ff.; *dies*., in: Achermann/Bieber u.a., S. 133 ff.; *Billaud*, in: Pauly (Hrsg.), Les accords de Schengen, S. 27 ff.; *Nanz*, in: Bieber/Monar (eds.), S. 29 (43 f.); *Scheller*, JZ 18/1992, 904 ff.; *Bäumler*, CR 8/1994, 487 (490 ff.); *Hemesath*, Kriminalistik 3/1995, 169 ff.; *Martínez Soria*, VerwArch 3/1998, 400 (411 ff.); *Schreckenberger*, VerwArch 3/1997, 389 (404 ff.); zur Vorgeschichte vgl. insb. *Weichert*, CR 1/1991, 62 ff.

426 Vgl. Art. 92 III SDÜ.

427 Vgl. Art. 92 I SDÜ.

428 Vgl. Art. 119 II SDÜ.

429 Vgl. Art. 6 Nr. 1 b) des Gesetzes zu dem Schengener Übereinkommen v. 19. Juni 1990 betreffend den schrittweisen Abbau der Kontrollen an den gemeinsamen Grenzen v. 17. Juli 1993 (BGBl. 1993 II S. 1010). Das BKA ist zugleich auch Nationales Zentralbüro der Internationalen Kriminalpolizeilichen Organisation (Interpol) für die Bundesrepublik Deutschland; vgl. § 1 II des Gesetzes über die Einrichtung eines Bundeskriminalpolizeiamtes (BGBl. 1973 I S. 704).

430 Supplementary Information Request at the National Entress.

431 Zu den technischen Aspekten vgl. insb. *Schattenberg*, in: Schermers/Flintermann u.a. (Hrsg.), S. 43 (46 f.); *Sturm*, Kriminalistik 3/1995, 162 (166 f.).

abgefragt werden[432]. Was den Zugriff auf die im SIS gespeicherten Daten anbelangt, so sind gemäß Art. 101 SDÜ grundsätzlich nur die für die Grenzkontrollen und sonstige polizeiliche und zollrechtliche Überprüfungen im Inland zuständigen Stellen sowie die visaerteilenden Stellen legitimiert.

Die in den Art. 95 - 100 SDÜ genannten Ausschreibungskategorien[433], die im SDÜ abschließend festgelegt wurden, umfassen im wesentlichen die Daten, die auch aus den nationalen polizeilichen Fahndungsdateien bekannt sind. Sie lassen sich in die Bereiche Personenfahndung, Sachfahndung und verdeckte Registrierung unterteilen. Die Personenfahndung enthält die Ausschreibung von Personen, um deren Festnahme mit dem Ziel der Auslieferung ersucht wird[434], von Drittausländern zur Einreiseverweigerung[435] und von Vermißten oder Personen, die vorläufig in Gewahrsam genommen werden müssen[436]. Hierbei sind nur die in Art. 94 III SDÜ aufgeführten Angaben zulässig, wie persönliche Angaben, Ausschreibungsgrund und die zu ergreifende Maßnahme[437]. Im Bereich der Sachfahndung werden Daten aufgenommen, die zur Sicherstellung und Beweissicherung in Strafverfahren gesucht werden[438]. Die Ausschreibung von Sachen bezieht sich insbesondere auf gestohlene Kraftfahrzeuge, Feuerwaffen, Blankodokumente, Identitätspapiere, wie etwa Pässe, Identitätskarten oder Führerscheine und Banknoten[439]. Die Ausschreibung zur verdeckten Registrierung, die sich auf Personen und Fahrzeuge bezieht, ist unter bestimmten Voraussetzungen zur Strafverfolgung und zur Abwehr von Gefahren für die öffentliche Sicherheit zulässig[440].

Was den sensiblen Bereich des Datenschutzes und der Datensicherung im SIS anbelangt[441], so enthält das SDÜ umfangreiche Regelungen, die strengen Anforderungen entsprechen[442] und von dem auch in der Bundesrepublik

---

432 *Wehner*, in: Achermann/Bieber u.a., S. 135.

433 Vgl. dazu ausführlich *Wehner*, in: Achermann/Bieber u.a., S. 136 ff.; *Scheller*, JZ 18/1992, 904 (905 ff.); *Mokros*, in: Lisken/Denninger (Hrsg.), Hdb. PolizeiR, Kap. N, Rn. 99 ff.

434 Vgl. Art. 95 I SDÜ.

435 Vgl. Art. 96 I SDÜ.

436 Vgl. Art. 97 SDÜ.

437 Vgl. dazu insb. *Mokros*, in: Lisken/Denniger (Hrsg.), Hdb.PolizeiR, Kap. N, Rn. 102 ff.

438 Vgl. Art. 100 I SDÜ.

439 Vgl. Art. 100 III SDÜ.

440 Vgl. Art. 99 SDÜ; zu den Auslegungsproblemen dieser Vorschrift vgl. *Scheller*, JZ 18/1992, 904 (907 f.); *Pitschas*, ZRP 5/1993, 174 (176).

441 Vgl. dazu ausführlich *Wehner*, in: Achermann/Bieber u.a., S. 142 ff.; *Werner*, CR 1/1997, 34 f.

442 Vgl. auch *Scheller*, JZ 18/1992, 904 (910); *Seiters*, Politische Studien 1992, 5 (9); *Nanz*, Integration 2/1994, 92 (105); *Schreckenberger*, VerwArch 3/1997, 389 (408).

Deutschland gültigen Grundsatz der datenschutzrechtlichen Verantwortung[443] geprägt sind. Dies hat zur Folge, daß diejenige behördliche Stelle, die Daten zur eigenen Aufgabenerfüllung erhoben und gespeichert hat, auch für die Zulässigkeit der Speicherung und die Richtigkeit der Daten sowie für deren weitere Verarbeitung verantwortlich ist[444].
Neben Regelungen über die Zweckbindung der Daten[445], über Auskunfts-[446], Berichtigungs- und Löschungsrechte[447] sowie Schadensersatzansprüche[448] hinsichtlich der betroffenen Personen und über Löschungsfristen[449] sind vor allem die Vorschriften betreffend den gerichtlichen Rechtsschutz und die Errichtung von Datenschutz- und Datensicherungskontrollinstanzen zu nennen. Die den gerichtlichen Rechtsschutz betreffende Regelung des Art. 111 SDÜ beinhaltet die Besonderheit, daß das Recht und die Klage auf Auskunft, Berichtigung, Löschung oder Schadensersatz in jedem Vertragsstaat geltend gemacht oder erhoben werden können, unabhängig davon, ob von dort die Speicherung vorgenommen wurde. *Weichert* relativiert dieses Regelung wohl auch zu Recht dahingehend, daß aufgrund der unterschiedlichen Justizsysteme und Sprachprobleme der freien Wahl des Gerichtsstandorts Grenzen gesetzt sind und somit die praktische Relevanz dieser Möglichkeit nicht überschätzt werden darf[450]. Umgekehrt wird aber ein rechtlich versierter und international agierender Bürger Rechtsschutz in dem Vertragsstaat suchen, in dem seine Befugnisse am besten ausgestaltet sind, soll also heißen, in dem Vertragsstaat mit dem höchsten Datenschutzniveau[451]; der schlecht ausgestaltete Datenschutz wäre damit zu umgehen. Diese Problematik verdeutlicht, daß einheitliche nationale Datenschutzregelungen in den einzelnen Vertragsstaaten unabdingbar sind, dies umso mehr, wenn man auch auf gemeinschaftsrechtlicher Ebene zur einer Harmonisierung des Informationsbefugnisrechts gelangen möchte[452].
Zur Gewährleistung des Datenschutzes und der Datensicherung werden unabhängige Kontrollinstanzen eingerichtet. Art. 114 SDÜ sieht die Einrichtung nationaler Kontrollinstanzen vor. Danach hat jede Vertragspartei eine nationale Kontrollinstanz zu bezeichnen, die den Bestand des nationalen Teils des SIS überwacht und prüft, ob die im SIS gespeicherten Daten ordnungsgemäß

---

443 S. hierzu *Bäumler*, in: Lisken Denniger (Hrsg.), HdbPolizeiR, Kap. J, Rn. 727.

444 Dazu *Werner*, CR 1/1997, 34.

445 Vgl. Art. 102 SDÜ.

446 Vgl. Art. 109 SDÜ.

447 Vgl. Art. 110 SDÜ. Diese Bestimmung entspricht inhaltlich den bundesdeutschen Regelungen im Sicherheitsbereich, vgl. § 19 IV BDSG, § 15 II BVerfSchG.

448 Vgl. Art. 116 SDÜ.

449 Vgl. Art. 112, 113 SDÜ.

450 *Weichert*, CR 1/1991, 62 (65).

451 S. hierzu rechtsvergleichend *Riegel*, RiA 6/1987, 121 ff.

452 Vgl. hierzu vor allem *Riegel*, DÖV 8/1991, 311 ff.

verarbeitet und genutzt werden. Für das BKA als zentrale Stelle[453] der Bundesrepublik Deutschland ist dies der Bundesbeauftragte für Datenschutz[454]. Ferner wurde gemäß Art. 115 SDÜ eine gemeinsame Kontrollinstanz eingerichtet, die sich aus Vertretern der jeweiligen nationalen Kontrollinstanzen zusammensetzt und die Einhaltung der Bestimmungen über Datenschutz und Datensicherung bezüglich der technischen Unterstützungseinheit überwacht[455]. Die deutsche Abordnung besteht aus dem Bundesbeauftragten und dem Hessischen Datenschutzbeauftragten als Vertreter der Landesbeauftragten für den Datenschutz. Die gemeinsame Kontrollinstanz hat im Oktober 1996 erstmals die Datenverarbeitung in der Straßburger Zentraleinheit des SIS[456] überprüft, wobei anläßlich dieser Überprüfung deutlich wurde, daß eine effektive datenschutzrechtliche Kontrolle nur dann möglich ist, wenn die Kontrollinstanz durch qualifizierte IT-Experten der nationalen Kontrollinstanz unterstützt wird und ihr für ihre Recherchen die notwendigen technischen Zugangsmöglichkeiten eingeräumt werden[457]. Ferner hat sich die gemeinsame Kontrollinstanz mit zahlreichen Rechtsfragen zum Datenschutz nach dem SDÜ befaßt, wobei insoweit insbesondere die Diskussion um Umfang der Protokollierung bei Abfragen im SIS hervorzuheben ist[458].
Zudem sieht Art. 117 SDÜ vor, daß jede Vertragspartei spätestens bis zum Inkrafttreten des SDÜ eine nationale Datenschutzgesetzgebung - falls noch nicht geschehen - zu erlassen hat, die zumindest dem Standard des Übereinkommens des Europarates zum Schutz der Menschen bei der automatischen Verarbeitung personenbezogener Daten vom 28. Januar 1981[459] entspricht. Damit sind die Schengener Staaten nicht nur verpflichtet, die Datenschutzkonvention des Europarates zu ratifizieren[460], sondern auch den Vorgaben zur Änderung des nationalen Datenschutzrechts im Sinne dieses Übereinkommens nachzukommen.

---

[453] Dazu bereits o. S. 66.

[454] Vgl. Art. 114 I SDÜ i.V.m. § 26 BDSG.

[455] Vgl. Art. 115 SDÜ.

[456] Vg. dazu o. S. 66.

[457] Vgl. *Jacob*, DuD 23/1999, 4.

[458] Vgl. den zweiten Tätigkeitsbericht der gemeinsamen Kontrollinstanz für den Zeitraum vom Mai 1997 bis März 1998.

[459] BGBl. 1985 II S. 538. In Kraft getreten für die Bunderepublik Deutschland ist das Übereinkommen am 1. Oktober 1985 (vgl. BGBl. 1985 II S. 1134).

[460] Für Italien etwa ist das Übereinkommen erst am 1. Juli 1997 in Kraft getreten (vgl. BGBl. 1997 II S. 1753).

3.3. Exekutivausschuß

Abschließend sei noch auf die Regelungen der Art. 131 - 133 SDÜ hingewiesen. Danach richteten die Vertragsparteien einen sog. Exekutivausschuß[461] ein, an dessen Stelle mit Inkrafttreten des Amsterdamer Vertrags der Rat getreten ist[462]. Dem Exekutivausschuß waren über seine Kontrolltätigkeit im Hinblick auf die richtige Anwendung des SDÜ hinaus spezielle Aufgaben zugewiesen. So wurden diesem Exekutivausschuß in verschiedenen Bereichen wichtige Entscheidungsbefugnisse übertragen[463], wie über die praktischen Einzelheiten der Durchführung der Kontrollen und der Überwachung an den Außengrenzen[464] oder die Festlegung gemeinsamer Regelungen für die Prüfung der Sichtvermerksanträge[465] u.a.[466].
Im Exekutivausschuß hatte jede Vertragspartei einen Sitz, die dort durch einen für die Durchführung vom SDÜ zuständigen Minister vertreten war[467]. Sämtliche Beschlüsse des Exekutivausschusses waren dabei einstimmig zu fassen[468], wobei der Kommission lediglich ein Beobachterstatus zukam. Die Geschäftsordnung des Ausschusses war weitgehend mit der des Rates der Europäischen Union identisch[469].

4. Resümee

Im Rahmen des Abschlußresümees soll nicht der Frage nachgegangen werden, inwieweit die konzeptionelle Ausgestaltung des SDÜ mit dem Gemeinschaftsrecht in Einklang steht. Denn zum einen ist diese Frage in der Literatur bereits eingehend[470] behandelt worden, zum anderen hat die Gemeinschaft das Abkommen in seiner in Kraft gesetzten Fassung stets akzeptiert; in diesem Sinne wurde auch im Rahmen eines dem Amsterdamer Vertrag beigefügten Protokolls eine Regelung betreffend die Einbeziehung des Schengen-Besitzstandes in das

---

461 S. zu den Aufgaben und der Geschäftsordnung des Exekutivausschusses *Curtin/Meijers*, CMLRev. 1995, 390 (403 ff.); *Schreckenberger*, VerwArch 3/1997, 389 (406 f.).

462 Vgl. Art. 2 I S. 2 Schengen-Protokoll; s. dazu u. S. 216 f.

463 Zur Rechtsnatur der Entscheidungen des Exekutivausschusses vgl. *Schütz*, AöR 120 (1995), 509 (514 ff.).

464 Vgl. Art. 8 SDÜ.

465 Vgl. Art. 17 SDÜ.

466 Weitere Befugnisse finden sich etwa in den Art. 3 I 2, 5 I lit. a, 6 III 3, 12, 30 I lit. e, 76 IV, 89 S. 2, 121 I 2 SDÜ.

467 Vgl. Art. 132 I SDÜ.

468 Vgl. Art. 132 II SDÜ.

469 Vgl. dazu *Taschner*, Schengen, Rn. 67.

470 Statt vieler s. die ausführlichen Beiträge von *Epiney*, in: Achermann/Bieber u.a., S. 30 ff.; *Taschner*, Schengen, Rn. 70 ff.

gemeinschafts-/ unionsrechtliche Vertragssystem getroffen[471]. Auch soll eine inhaltliche Bewertung im Sinne einer vollständigen Gegenüberstellung von Vor- und Nachteilen des Abkommens nicht vorgenommen werden, da dies aufgrund der Fülle der im SDÜ geregelten Sachverhalte kaum möglich ist und über den Rahmen dieser Arbeit hinausgehen würde.
Im folgenden wird aber auf die Frage der Funktionen der Grenzkontrollen hinsichtlich der Kriminalitätsbekämpfung eingegangen, um zu untersuchen, ob der Abbau der Binnengrenzkontrollen zu einem bedeutenden Sicherheitsverlust führt. Anschließend wird das SDÜ unter dem Gesichtspunkt seiner Notwendigkeit betrachtet.

Ein Aspekt, der durch den Abbau der Kontrollen an den Binnengrenzen aufgeworfen wurde, ist die Kriminalitätsbekämpfung, da der Abbau nicht mit Sicherheitseinbußen einhergehen darf. Die Sicherheitsfunktionen, die Grenzkontrollen erfüllen, müssen durch andere Maßnahmen ersetzt werden. Hierbei sind die Vertragsparteien sich einig, daß dies eine Verstärkung der Grenzkontrollen an den Außengrenzen erfordert, um nicht auf die innere Sicherheit zu verzichten. Vor allem in der Bundesrepublik Deutschland wurde die Frage diskutiert, welche Funktionen Grenzkontrollen haben und ob die Schengener Regelungen ausreichenden Schutz vor Kriminalität bieten.
Besonders von polizeilicher Seite wurde der Einfluß der Grenzkontrollen auf die Kriminalitätsbekämpfung positiv eingeschätzt[472]. So seien 1992 60 % der polizeilichen Fahndungserfolge an den Grenzen der Bundesrepublik Deutschland erzielt worden[473]. Mehr als 60% der Rauschgift-Sicherstellungen seien an den Grenzen der Bundesrepublik Deutschland erfolgt, darunter 80 % der Groß- und 30 % der Kleinaufgriffe, so daß die Filterfunktion der Grenzen nach wie vor zu bejahen sei[474].
Ob der Abbau der Binnengrenzkontrollen Hauptursache des zunehmenden grenzüberschreitenden Verbrechens ist, ist wohl zu verneinen. Diese dürfte vielmehr in der sich ausweitenden Internationalisierung der Kriminalität zu sehen sein[475]. Europa stellt schon heute einen kriminal-geographischen Raum dar, in dem Grenzen eine relativ geringe Rolle spielen. Verstärkte Zusammenarbeit ist auf Dauer effektiver als allein die Filterfunktion der Grenzen. So weist *Seiters* darauf hin, daß das SIS als Fahndungssystem der Vertragsparteien ein Beispiel für die Verbrechensbekämpfung des 21. Jahrhunderts ist[476]. Grenzüber-

---

471 S. dazu u. S. 216.
472 *Kühne*, S. 14.
473 *Ziegenaus*, Politische Studien 1992, 37 (39).
474 Ibid.
475 *Seiters*, Politische Studien, 1992, 5 (11).
476 Ibid., 5 (12).

schreitenden Verbrechen kann nur durch modernste technische Mittel, die grenzüberschreitend wirken, begegnet werden[477].
Auch dürfte der Beitrag der Grenzen zum Erhalt der inneren Sicherheit, gemessen an den Grenzschutzstatistiken, sowohl qualitativ als auch quantitativ äußerst gering sein[478]. Grenzkontrollen im Bereich der Schengener Vertragspartner greifen außerhalb von vorbereitenden Fahndungsmaßnahmen nur noch auf der Basis des Zufallsprinzips. Hier ist die Grenze kein ernsthaftes Hindernis für Straftäter. Der völlige Kontrollenabbau würde die Tätigkeit der Strafverfolgungsbehörden nicht merklich beeinträchtigen. Die präventive Wirkung verbleibender Grenzkontrollen ist nicht empirisch erfaßbar. Es kann nur vermutet werden, daß sie den schlecht organisierten Gelegenheitsdelinquenten, keinesfalls aber den überlegt und planend vorgehenden Kriminellen beeindrukken[479].

Mit dem in Art. 14 EGV (Art. 7 a EGV a.F.) festgeschriebenen Willen, einen europäischen Binnenmarkt zu schaffen, wurde zwar ein Meilenstein für die europäische Integration gesetzt, doch konnten, wie bereits dargelegt[480], auf EG-Ebene, was die Verwirklichung des freien Personenverkehrs und den vollständigen Abbau der innergemeinschaftlichen Grenzkontrollen einschließlich der dazu notwendigen Ausgleichsmaßnahmen anbelangt, keine durchgreifenden Ergebnisse erzielt werden. Dies lag zum einen an den zwischen den Mitgliedstaaten und der Gemeinschaft bestehenden Kompetenzstreitigkeiten, andererseits aber auch an dem zum damaligen Zeitpunkt im Gemeinschaftsrecht vorherrschenden Einstimmigkeitsprinzip. Denn hätte bereits früher das Prinzip der qualifizierten Mehrheit, das unzweifelhaft als ein integrationsfreundliches Abstimmungssystem zu werten ist[481], vorgelegen, hätten gewisse Bereiche des SDÜ trotz des Widerstandes einiger Mitgliedstaaten durch gemeinschaftsrechtliche Regelungen realisiert werden können.
In Anbetracht dieser Situation war das Instrument des zwischenstaatlichen Abkommens die zunächst einzig mögliche Alternative, den Integrationsprozeß, zumindest zwischen einigen Mitgliedstaaten der EG, in Gang zu setzen. Zwar wurde damit der Weg eines Europas der zwei Geschwindigkeiten[482] beschritten,

---

477 Ibid.

478 *Kühne*, S. 49

479 Ibid.

480 S. dazu o. S. 31 f.

481 Vgl. dazu *Eisel*, ZParl 4/1985, 576 ff.

482 S. dazu *Fischbach*, in: Pauly (Hrsg.), Les accords de Schengen, S. 1 (5); *Pappas*, in: Pauly (Hrsg.), Les accords de Schengen, S. 185 (186); Editorial Comments, CMLRev. 1995, 673 (674).

der insbesondere vom Europäischen Parlament kritisiert wurde[483]; doch stellt diese Vorgehensweise kein Novum dar. Denn selbst auf Gemeinschaftsebene ist dieses integrationspolitische Modell gewählt worden, wie etwa das Sozialprotokoll[484], an dem das Vereinigte Königreich nicht teilnimmt, und der Eintritt in die Endstufe zur Währungsunion verdeutlichen[485]. Auch haben die Schengener Vertragsstaaten das SDÜ nicht nur als reines zwischenstaatliches Recht begriffen, sondern es in die durch die Gemeinschaft in Gang gesetzte Integration eingebunden[486]; dies wird durch die Präambel und die Regelung des Art. 134 SDÜ, aber vor allem durch die Tatsache verdeutlicht, daß sämtliche EG-Bürger, also auch solche von Nicht-Vertragsstaaten, in den Genuß der Freizügigkeit gelangen.
Daß nun die inhaltliche Ausgestaltung des SDÜ selbstverständlich auch Schwächen offenbart, liegt ebenfalls auf der Hand. Zu Recht wird kritisiert, daß das SDÜ über kein eigenes gerichtliches Kontrollsystem verfügt, was die einheitliche Auslegung der Vertragsvorschriften in allen Vertragsstaaten garantiert[487]. Zwar soll der Exekutivausschuß gem. Art. 131 SDÜ auf die richtige Anwendung der Schengener Vertragsregelungen achten[488], von einer echten gerichtlichen Kontrolle kann aber nicht gesprochen werden. Denn zum einen stellt der Exekutivausschuß kein unabhängiges Organ dar, da er mit den für die Durchführung vom SDÜ zuständigen Ministern besetzt ist, zum anderen ist keinerlei Verfahren geregelt, wie sich ein möglicherweise in seinen Rechten betroffener EG-Bürger oder Drittausländer an den Exekutivausschuß wenden kann. Nach der Konzeption des SDÜ sind für die rechtliche Überprüfung der Schengener Regelungen die nationalen Gerichte zuständig, soweit die Bürger durch diese betroffen sind. Die Gefahr der unterschiedlichen Auslegung durch die verschiedenen nationalen Gerichte ist daher vorgegeben. Allerdings weist *Epiney* in diesem Zusammenhang zutreffend darauf hin, daß bei einem einheitlichen gerichtlichen Kontrollsystem, vor allem im Hinblick auf Art. 134 SDÜ, der EuGH hätte eingebunden werden müssen; denn sonst wäre dieses Kontrollsystem wohl nicht mit dem Gemeinschaftsrecht vereinbar gewesen[489]. Wie nämlich dem Gutachten des EuGH 1/91 vom 14. Dezember 1991 zum

---

483 Vgl. Entschließung A3-0336/92 des Europäischen Parlamentes v. 19. November 1992 zum Inkrafttreten des Schengener Übereinkommens, ABl. EG 1992 Nr. C 337/214.

484 S. dazu auch Editorial Comments, CMLRev. 1995, 673 (675).

485 Vgl. dazu *Kimms*, S. 119 m.w.N.

486 Vgl. in diesem Zusammenhang auch *Epiney*, in: Achermann/Bieber u.a., S. 30.

487 Zur Kritik des ungenügenden Rechtsschuztes vgl. *O'Keeffe*, YEL 191 185 (217 ff.); *Boeles*, in: Meijers/Bolten u.a. S. 135 ff.; *Bieber*, NJW 1994, 294 (296). Zur Frage der demokratischen Kontrolle und Überwachung des SDÜ in den einzelnen Schengen-Mitgliedstaaten vgl. *Schütz*, AöR 120 (1995), 509 (519 ff.).

488 Vgl. dazu o. S. 70.

489 *Epiney*, in: Achermann/Bieber u.a., S. 43.

EWR-Abkommen zu entnehmen ist, ist ausschließlich der EuGH für die Wahrung des Rechts bei der Auslegung und Anwendung gemeinschaftsrechtlicher Vorschriften zuständig, so daß die Mitgliedstaaten keine völkerrechtlichen Verträge schließen können, wonach einer anderen gerichtlichen Instanz entsprechende Kompetenzen übertragen werden[490]. So wäre der EuGH lediglich befugt, darüber zu entscheiden, ob und inwieweit Bestimmungen des SDÜ mit dem EG-Vertrag vereinbar sind. Eine weitergehende Entscheidungsbefugnis im Sinne einer generellen inhaltlichen Überprüfung der Schengener Bestimmungen wäre unzulässig gewesen. Denn für die Zusammenarbeit in den Bereichen der innen- und justizpolitischen Zusammenarbeit ist der EuGH nach dem Willen der Mitgliedstaaten nicht zuständig, was auch durch die aufgrund des Maastrichter Vertrags eingeführten Regelungen der Art. K - K.9 EUV a.F. i.V.m. Art. L EUV a.F. verdeutlicht wurde[491].
Die von *Bieber* [492] vertretene Ansicht, die Schengener Konzeption eigne sich nicht als Modell, denn das „Weitergehen" einzelner Staaten werde mit einer Schwächung der Institutionen und der Solidarität innerhalb der Union erkauft, ist als überzogen anzusehen. Zum einen lag es nicht im Sinne der Schengener Vertragsparteien, die EG-Institutionen zu umgehen, vielmehr ließ sich auf EG-Ebene keine einheitliche Entscheidung finden. Zum anderen ist dem SDÜ gleichwohl ein gewisser Modellcharakter beizumessen[493], der sich vor allem in der Notwendigkeit einer europäischen Asylpolitik und einer Harmonisierung der unterschiedlichen nationalen Asylrechtsregelungen gezeigt hat. So ist es nicht verwunderlich, daß das SDÜ auch Vorbild[494] für das Dubliner Abkommen gewesen ist, das am 15. Juni 1990 unterzeichnet wurde[495]. Auch für das im Rahmen der Koordinatorengruppe „Freizügigkeit" zu entwickelnde Europäische Informationssystem (EIS) hat das Schengener Übereinkommen Modellcharakter[496]. Denn dieses System ist weitgehend dem SIS[497] nachgebildet worden.

Nicht gefolgt werden kann der Ansicht *Florins*, mit dem SDÜ werde lediglich eine Marktvergrößerung und Steigerung der Konkurrenzfähigkeit beabsichtigt[498]. Denn durch den Abbau der Binnengrenzkontrollen und die Ausgleichs-

---

490 EuGH, Gutachten 1/91, Slg. 1991, I- 6079 (I- 6104 f.).

491 Vgl. dazu HandKom.EUV/EGV/*Hailbronner*, Art. K Rn. 138 ff.; HandKom.EUV/EGV/*Klein*, Art. L Rn. 3.

492 *Bieber*, in: Achermann/Bieber u.a., S. 186.

493 So auch *Schreiber*, Kriminalistik 6/1991, 369 (372); *Akmann*, JA 2/1994, 49 (52) spricht von „Pilotfunktion".

494 *Achermann*, in: Achermann/Bieber u.a., S. 80, 83.

495 *Fischbach*, in: Pauly (Hrsg.), Les accords de Schengen, S. 1 (4).

496 So auch *Akmann*, JA 2/1994, 49 (52 Fn. 37).

497 S. dazu o. S. 65 ff.

498 *Florin*, ASYL 2/1989, 12.

maßnahmen werden Erleichterungen für die Bürger und deren Reisefreiheit geschaffen, die gerade nicht im wirtschaftlichen Zusammenhang stehen und keinerlei nennenswerten Einfluß auf den Warenverkehr haben. Die Schengener Übereinkommen tragen sowohl dem Bedürfnis nach uneingeschränkter Freizügigkeit zwischen den Vertragsstaaten als auch dem Bedürfnis nach Sicherheit Rechnung. Zwar mag der praktische Vorteil für den einzelnen Bürger reell nicht so groß sein, nicht zu vernachlässigen ist jedoch auch der psychologische Effekt, dem Bürger das Gefühl zu geben, in einem grenzenlosen, vereinten Europa zu leben und dadurch die Integration voranzutreiben[499].
Insbesondere haben die Schengener Übereinkommen nicht durch ein System der Abschottung nach außen zu einer „Festung Europa" geführt[500]. Vielmehr bedürfen die Probleme, die sich aus den Emigrationsströmen aus Osteuropa, aus den Bürgerkriegsgebieten, aus Staaten mit politischer Verfolgung und aus unterentwickelten Ländern ergeben, einer europaweiten Asyl- und Einwanderungspolitik, wie sie im SDÜ in ersten Ansätzen verwirklicht wird.

Letztendlich kann man über den Modellcharakter sowie über die Vor- und Nachteile der Schengener Übereinkommen weiterhin streiten. Fakt ist, daß durch die Schengener Übereinkommen ein Prozeß in Gang gesetzt wurde, der sonst sicher noch einige Jahre hätte auf sich warten lassen. In diesem Sinne wird in der Literatur zu Recht das SDÜ als „Motor", „Schrittmacher" oder „Meilenstein" für einen freien Personenverkehr angesehen[501]. Das SDÜ ist ein erster Schritt in die richtige Richtung, der für die Weiterentwicklung des europäischen Integrationsprozesses eine bedeutende Rolle eingenommen hat[502]. So ist der freie Personenverkehr ohne Binnengrenzen, wie ihn Art. 14 EGV (Art. 7 a EGV a.F.) fordert, in den meisten Mitgliedstaaten der EU in der Zwischenzeit Realität geworden. Auch wurden durch das SDÜ viele Aktivitäten in Gang gesetzt, da bewußt wurde, welche Bereiche durch den Wegfall der Binnengrenzkontrollen berührt sind und Regelungen erfordern.
Positiv zu erwähnen ist auch, daß sich die Vertragsstaaten durch das SDÜ zunächst einmal mit den Problemen auseinandergesetzt haben, konkrete, praktikable Lösungen bearbeitet zu haben, die über die im Weißbuch der Kommission vorgeschlagenen Maßnahmen hinausgehen sowie darüber hinaus

---

499 Editional Comment, CMLRev. 32/1995, 673 (676f.).

500 So aber *Trittin*, in: Butterwegge/Jäger (Hrsg.), S. 191 (192, 197).

501 Vgl. etwa *Sturm*, Kriminalistik 3/1995, 162; *Seiters*, Politische Studien 1992, 5 (12); *Schreiber*, Kriminalistik 6/1991, 369 (372); *Harings*, EuR, Beiheft 2/1998, 81 (82). Teilweise werden Begriffe wie „Katalysator" oder „Initialzündung" verwendet, vgl. dazu *Achermann*, in: Achermann/Bieber u.a., S. 80; *Pitschas*, NVwZ 7/1994, 625 (627). Krit. hierzu *Schomburg*, JBl. 9/1997, 553 f.

502 So auch *Blanc*, RMC 1991, 722 (723 f.); *Schreckenberger*, VerwArch 3/1997, 389 (390 f.).

die Erkenntnis gewonnen zu haben, welche Probleme noch der Lösung bedürfen[503]. Das SDÜ kann auch als Modell in diesem Sinne verstanden werden, wobei die Erfahrungen durch die praktische Umsetzung für eine effizientere Fortführung in der Europäischen Gemeinschaft von Vorteil sind[504].
So hat das Europäische Parlament in seiner Entschließung vom 19. November 1992 zum Inkrafttreten des SDÜ festgestellt, daß das SDÜ „als Prüfstand zur Erprobung einer Gemeinschaftsregelung für die in dem Übereinkommen behandelten Bereiche angesehen werden muß"[505]. Daß langfristig gesehen eine Harmonisierung der im SDÜ betroffenen Politikbereiche auf die Gemeinschaftsebene übertragen werden muß, liegt ebenfalls auf der Hand, wenn man nämlich neben der Währungsunion auch eine Politische Union, wie es die Gemeinschaft nun einmal anstrebt, verwirklichen will. Der Schengener Prozeß ist daher als Vorstufe für ein auf Gemeinschaftsebene zu überführendes Integrationssystems zu verstehen, wobei dieses allerdings ohne eine Erweiterung der EG-Kompetenzen nicht funktionsfähig sein dürfte.
Im folgenden wird daher zu zeigen sein, welche Auswirkungen die intergouvernementale Zusammenarbeit der Mitgliedstaaten der Europäischen Gemeinschaft für die Weiterentwicklung des europäischen Integrationsprozesses gehabt hat und inwieweit ein gemeinschaftliches Integrationssystem im Hinblick auf eine Harmonisierung der innen- und justizpolitischen Zusammenarbeit verwirklicht werden konnte.

B. Die intergouvernementalen Kooperationsstrukturen zwischen den Mitgliedstaaten der Europäischen Gemeinschaft

Neben den bereits erwähnten Übereinkommen zwischen einzelnen oder mehreren Mitgliedstaaten der Europäischen Gemeinschaft auf dem Gebiet der Personenfreizügigkeit und den Arbeiten im Rahmen der Schengen-Gruppe hatten die Mitgliedstaaten vor allem im Rahmen sog. intergouvernementaler Gremien eine Zusammenarbeit aufgenommen, die auf dem Gebiet der inneren Sicherheit die notwendigen Kompensationsmaßnahmen für die Beseitigung der Personenkontrollen benennen sollten. Ob und inwieweit sich diese intergouvernementalen Kooperationsstrukturen positiv auf den europäischen Integrationsprozeß ausgewirkt haben, ist nicht immer leicht zu sagen. Fest steht jedenfalls, daß die Gemeinschaftsaktivitäten in den Bereichen Justiz und Inneres sehr schwach ausgeprägt waren, was aber, wie bereits dargelegt[506], vor allem daraus resultierte, daß der Gemeinschaft keine umfassende Kompetenz zur Regelung

---

[503] So auch *Ress*, in: Pauly (Hrsg.), Les accords de Schengen, S. 79 (100f.).
[504] *Schutte*, CMLRev. 1991, 549, (570).
[505] Bull.EG 11/1992, Ziff. 1.5.11.
[506] S. dazu o. S. 23 ff.

innen- und justizpolitischer Fragen nach dem EG-Vertrag zukam. Lediglich die mit der Realisierung des Binnenmarktes in Zusammenhang stehenden Bereiche wurden auf Gemeinschaftsebene geregelt, wie dies die Richtlinie des Rates vom 10. Juni 1991 zur Verhinderung des Finanzsystems zum Zwecke der Geldwäsche[507] oder die Richtlinie des Rates vom 18. Juni 1991 über die Kontrolle des Erwerbs und des Führens von Schußwaffen verdeutlichen. Dagegen sind sämtliche von der Kommission im Weißbuch angekündigten Rechtsakte betreffend die Freizügigkeit von Drittstaatsangehörigen und zur inneren Sicherheit[508], bis zum Inkrafttreten des UnionsVertrags, nicht verwirklicht worden. Als Kritikpunkt kann daher angebracht werden, daß im Rahmen der intergouvernementalen Kooperationen zwischen den Mitgliedstaaten nicht schon im Rahmen der ersten Vertragsrevision, der EEA, darauf hingewirkt wurde, jedenfalls für einen Teil der innenpolitischen Zusammenarbeit die notwendigen Kompetenzgrundlagen auf Gemeinschaftsebene zu schaffen. Dies ist umso unverständlicher, als die für Einwanderung, Terrorbekämpfung und Drogenprobleme zuständigen Minister und die Kommission am 20. Oktober 1986 vereinbarten, daß die Freizügigkeit innerhalb der Gemeinschaft das vorrangige Ziel bleibe, das stets mit den Erfordernissen der Terrorbekämpfung sowie der Bekämpfung von Drogenhandel, Kriminalität und illegaler Einwanderung in Einklang zu bringen sei und demzufolge entsprechende Maßnahmen zu ergreifen seien[509]. Daß das Verschwinden der Binnengrenzkontrollen eine Koordinierung der innenpolitischen Zusammenarbeit sowie der Aysl- und Ausländerpolitik auf EG-Ebene notwendig machte, war den Mitgliedstaaten schon vor Inkrafttreten der EEA bewußt. Im Bewußtsein, daß die Verwirklichung der Freizügigkeit und insbesondere die Schaffung eines Raumes ohne Binnengrenzen eng mit den Fortschritten der zwischenstaatlichen Zusammenarbeit bei der Bekämpfung des Terrorismus, des internationalen Verbrechens, des Drogenhandels und sonstiger illegaler Praktiken zusammenhängt, beschloß der Europäische Rat auf Rhodos am 2./3. Dezember 1988 die Benennung eines Verantwortlichen aus jedem Mitgliedstaat für die erforderliche Koordinierung. Intention war, durch sog. Koordinatoren Möglichkeiten für die Gemeinschaft zu schaffen, um die erforderlichen Maßnahmen auf dem Gebiet der innenpolitischen Zusammenarbeit zu treffen[510].

Ob und inwieweit mit der Aufnahme des Titels VI „Bestimmungen über die Zusammenarbeit in den Bereichen Justiz und Inneres“ des EU-Vertrags im Bereich der Kooperation für die innere Sicherheit eine neue Dimension eröffnet

---

507 ABl. EG 1991 Nr. L 166/77.

508 S. dazu o. S. 19.

509 Bull.EG 10/1986, Ziff. 2.4.9.

510 Bull.EG 12/1998, Ziff. 1.1.3.

wurde, wird noch zu zeigen sein[511]. Schließlich ist dann der Frage nachzugehen, welche von den Staats- und Regierungschefs auf ihrer Tagung vom 14. und 15. Dezember 1990 in Rom gemachten Vorschläge[512], die intergouvernementale Zusammenarbeit in bestimmten Bereichen der inneren Sicherheit in Gemeinschaftskompetenzen im Rahmen einer Politischen Union zu überführen, in den Amsterdamer Vertrag aufgenommen worden sind[513].
Zunächst sollen die innerhalb der Gemeinschaft bestehenden intergouvernementalen Kooperationsstrukturen dargestellt werden.

Die intergouvernementalen Kooperationsstrukturen ließen sich in zwei Ebenen unterteilen. Zum einen handelte es sich um solche Arbeitsgruppen, die auf rein zwischenstaatlicher Ebene angesiedelt waren und keinen rechtlichen Bezug zum EG-Rahmen hatten[514], wozu vor allem die Schengen[515]- und TREVI-Gruppe, die Gruppe „Gegenseitige Amtshilfe“ (GAM) sowie die Ad-hoc-Gruppe „Einwanderung“ zählten. Eine gewisse Anbindung an die Gemeinschaft war lediglich dadurch gewährleistet, daß sämtliche Mitgliedstaaten der Europäische Gemeinschaft mit Ausnahme der Schengen-Gruppe an diesen Gremien teilnahmen und der Kommission an deren Sitzungen zumeist ein Beobachterstatus eingeräumt wurde. Zum anderen gab es aber auch solche mit innenpolitischen Fragen befaßten Gremien, die eng an das Gemeinschaftsgefüge angelehnt waren, ohne daß sie darin aber wirklich integriert wären, wie die beiden vom Europäischen Rat eingesetzten Koordinatorengruppen für die Freizügigkeit und für die Drogenbekämpfung.

I. Rein zwischenstaatliche Gremien

1. Zusammenarbeit der Zollverwaltungen

Als erste auf zwischenstaatlicher Ebene eingesetzte Arbeitsgruppe ist die zwischen den Zollverwaltungen der Mitgliedstaaten gebildete Gruppe „Gegen-

---

511 S. dazu u. S. 101 ff.

512 Schlußfolgerungen des Europäischen Rates der Staats- und Regierungschefs auf der Tagung v. 14. und 15. Dezember 1990 in Rom, vgl. EA 1/1991, D 27 (D 30). Zuvor hatten bereits Bundeskanzler Kohl und Staatspräsident Mitterand in ihrer gemeinsamen Botschaft v. 6. Dezember 1990 an den damaligen Präsidenten des Europäischen Rates, Herrn Guilio Andreotti, empfohlen, die Handlungsmöglichkeiten der Europäischen Union und der Gemeinschaft zu vertiefen sowie zu erweitern, vgl. EA 1/1991, D 25 (D 26).

513 S. dazu u. S. 165 ff.

514 S. auch *Leyendecker*, in: Jahrbuch der Europäischen Integration 1990/91, S. 201 ff., der allerdings drei Ebenen der innenpolitischen Zusammenarbeit unterscheidet; *Rupprecht/Hellenthal*, in: dies. (Hrsg.), S. 13.

515 S. dazu bereits o. S. 43 ff.

seitige Amtshilfe“ (GAM)[516] zu nennen, die auf der Grundlage des Übereinkommens über gegenseitige Unterstützung der Zollverwaltungen vom 7. September 1967[517] zwischen Belgien, der Bundesrepublik Deutschland, Frankreich, Italien Luxemburg und den Niederlanden eingesetzt wurde. Ziel dieser Gruppe war es, insbesondere in den Bereichen des Waffen- und Drogenhandels sowie der Pornographie operative

Maßnahmen gemeinsam zu planen und durchzuführen, für deren Bekämpfung die einzelnen Mitgliedstaaten zuständig sind[518]. Die GAM-Gruppe wurde ergänzt durch die Gruppe „Gegenseitige Amtshilfe 92“ (GAM 92), in welcher Fragen im Zusammenhang mit der Vollendung des Binnenmarktes erörtert wurden. Hauptaufgabe dieser Gruppe war es, Möglichkeiten zur Verbesserung der Zusammenarbeit und des Informationsaustausches zwischen den mitgliedstaatlichen Zolldienststellen (Aufbau eines gemeinsamen Zollinformationssystems) sowie geeignete Methoden zur Verstärkung der Kontrollen an den Außengrenzen der Europäischen Gemeinschaft zu erarbeiten. Im Gegensatz zu den anderen intergouvernementalen Gremien praktizierten die beiden GAM-Gruppen einen ständigen Vorsitz, wobei der für die GAM seit 1989 bei Spanien und der für die GAM 92 seit 1990 beim Vereinigten Königreich lag. Die Kommission nahm an den Beratungen als Beobachterin teil, wobei sie aber, vor allem unter dem Gesichtspunkt der engen Verbindung mit dem Bereich des gemeinschaftlichen Zollrechts, eine besonders aktive Rolle wahrnahm[519].

2. Justitielle Zusammenarbeit

Seit Mitte der siebziger Jahre wurde im Rahmen der EPZ der Regierungen der EG-Mitgliedstaaten die Gruppe „Justitielle Zusammenarbeit“ eingerichtet, die sich mit Fragen der justitiellen Zusammenarbeit im Bereich des Zivil- und Strafrechts beschäftigt und auf diesen Gebieten bereits zahlreiche völkerrechtliche Übereinkommen erarbeitet hat[520]. Allerdings ist diese Gruppe nicht unmittelbar zur Verwirklichung des Binnenmarktes geschaffen worden und hat daher auch eine weiter gesteckte Zielrichtung als nur die Schaffung von Ausgleichsmaßnahmen für die Beseitigung der Personenkontrollen im

---

516 GAM steht für „Groupe d'Assistance Mutuelle“; vgl. auch *Lepoivre*, CahDrEur 1995, 323 (324).

517 BGBl. 1969 II S. 65. Für die Bundesrepublik Deutschland ist es am 1. Juni 1970 in Kraft getreten, BGBl. 1970 II S. 987.

518 S. hierzu insb. *Nanz*, Integration 3/1992, 126 (129); *Degen*, in: GTE, Vorbem. zu den Artikeln K bis K. 9, Rn. 13.

519 S. hierzu insb. *Degen*, in: GTE, Vorbem. zu den Artikeln K bis K. 9, Rn. 13.

520 Entsprechende Nachw. finden sich bei *Degen*, in: GTE, Vorbem. zu den Artikeln K bis K.9, Rn. 12.

Binnenmarkt. Sie zielt vielmehr darauf ab, langfristig durch die Harmonisierung von Rechtsvorschriften der EG-Mitgliedstaaten einen „europäischen Rechtsraum" zu schaffen[521]. Personell setzt sich die Gruppe „Justitielle Zusammenarbeit" aus hohen Vertretern der Justizministerien der Mitgliedstaaten zusammen, an deren Beratungen die Kommission mit Beobachterstatus teilnahm[522].

3. Polizeiliche Zusammenarbeit

Die wohl umfangreichste Zusammenarbeit innerhalb der intergouvernementalen Kooperation hat im Bereich der polizeilichen Zusammenarbeit stattgefunden. Vor dem Hintergrund von Anschlägen palästinensischer und westeuropäischer Gruppen beschloß auf Initiative des damaligen britischen Premierministers *Harold Wilson* der Europäische Rat anläßlich seiner Tagung in Rom im November 1975 die Errichtung eines regelmäßig tagenden Gremiums der Innen- und Justizminister der Gemeinschaft zur Erörterung von Fragen der inneren Sicherheit und öffentlichen Ordnung[523].
Am 29. Juni 1976 beschlossen die für Fragen der inneren Sicherheit zuständigen Minister der damals noch neun Mitgliedstaaten auf ihrer Konferenz in Luxemburg eine Intensivierung und Systematisierung der Zusammenarbeit im Bereich der inneren Sicherheit[524]. Damit war die sog. TREVI[525]-Kooperation ins Leben gerufen. Allerdings ist in diesem Zusammenhang anzumerken, daß die im Rahmen des Beschlusses der Innenminister beschriebenen Aufgabenfelder einer verstärkten Kooperation lediglich im Rang eines Arbeitspapiers ohne völkerrechtliche Bindungswirkung standen[526]. Die Arbeitsweise der sog. TREVI-Kooperation entsprach dabei im wesentlichen der der EPZ – Rotation der Präsidentschaft nach den gemeinschaftsrechtlichen Regelungen, Tagungen in

---

521 *Degen*, in: GTE, Vorbem. zu den Artikeln K bis K. 9, Rn. 12; *Nanz*, Integration 3/1992, 126 (129); *Akmann*, JA 2/1994, 49 (51).

522 *Degen*, in: GTE, Vorbem. zu den Artikeln K bis K. 9, Rn. 12.

523 Vgl. Bull.EG 11/1975, Ziff. 1104; s. auch *Kölbach*, Die Polizei 10/1996, 245 (246).

524 Vgl. EA 14/1976, Z 131.

525 Nicht ganz geklärt ist bis heute, woraus sich der Name TREVI ableitet (so auch *Gleß/Lüke*, Jura 2/1998, 70 [71]). Einerseits wird dieser Name als Abkürzung für die Themenbereiche „Terrorisme, Radicalisme, Extremisme et Violence International" interpretiert (so etwa *Stüer*, S. 313; *Hummer*, ZfRV 2/1991, 129 (140); *Schreiber*, Kriminalistik 6/1991, 369 (373); Busch, KJ 1/1990, 1 (6); *Nanz*, Integration 3/1992, 126 [128]; *Akmann*, JA 2/1994, 49 [51]; *Joubert/Bevers*, S. 39), andererseits wird der Name mit dem ersten Tagungsort bei der Fontana di Trevi in Rom in Verbindung gebracht (so etwa *Degen*, in: GTE, Vorbem. zu den Artikeln K bis K.9, Fn. 4; HandKom.EUV/EGV/*Hailbronner*, Art. K Rn. 5; *Wenzel*, Die Polizei 1/1993, 5; „EU-Informationen" Nr. 2/1994, S. 6). Allerdings wurde keine dieser Erklärungen bisher von offizieller Seite bestätigt, s. auch *Goldstein*, S. 37.

526 S. auch *Nanz*, Integration 3/1992, 126 (128).

der Hauptstadt der Präsidentschaft, Bildung von Arbeitsgruppen -, ohne jedoch in den formalen Rahmen der EPZ eingliedert zu sein[527].
Gegliedert war die TREVI-Kooperation in drei Ebenen[528]. Die Ministerebene als das oberste Entscheidungsgremium stellt die erste Ebene dar, in der die für die innere Sicherheit zuständigen Minister der Mitgliedstaaten der Europäischen Gemeinschaft halbjährlich zusammentraten. Der Vorsitz der Ministerrunde wechselte alle sechs Monate entsprechend dem Vorsitz im Europäischen Rat. Die zweite Ebene bildete der Ausschuß der Hohen Beamten, der auf der Ebene von Staatssekretären oder Abteilungsleitern der Ministerien tagte und die Arbeiten der Minister vorbereitete[529]. Dieser Ausschuß wiederum wurde von mehreren Arbeitsgruppen der dritten Ebene unterstützt, die auf der ersten Sitzung der Hohen Beamten am 24. September 1976 in Den Haag eingerichtet wurden[530].
Im Grundsatz lassen sich fünf TREVI-Arbeitsgruppen unterscheiden[531]. Bis 1985 fand die Arbeit in den beiden ersten Arbeitsgruppen TREVI I und TREVI II statt, die sich vor allem mit der Koordination polizeilicher Zusammenarbeit zur Terrorismusbekämpfung beschäftigten[532].
Die Arbeitsgruppe TREVI I befaßte sich mit aktuellen Fragen der Terrorismuslage in Europa, einschließlich der Bedrohung der EG-Mitgliedstaaten durch außereuropäischen Terrorismus. Sie diskutierte und empfahl in diesem Zusammenhang entsprechende Maßnahmen zur Bekämpfung[533]. Zum Zweck des Informationsaustausches wurden in jedem Mitgliedstaat zentrale Koordinierungsstrukturen eingerichtet und Verbindungsbeamte für bestimmte Terrorismusbereiche bestellt, wobei die Kommunikation über geschützte Telex- und Telefaxverbindungen erfolgte[534].
Die Arbeitsgruppe TREVI II beschäftigte sich mit dem Informationsaustausch und der Zusammenarbeit in allgemeinen Polizeiangelegenheiten, wozu vor allem Fragen der polizeilichen Ausbildung einschließlich Sprachschulung, der Polizeiausrüstung, der polizeilichen Kommunikation und Informationsverarbei-

---

527 *Hummer*, ZfRV 2/1991, 129 (140).
528 Ausführlich dazu insb. *Wehner*, S. 230 f. m.w.N.; s. aber auch *Mokros*, in: Lisken/Denninger (Hrsg.), Hdb. PolizeiR, Kap. N, Rn. 131.
529 Dazu ausführlich *Wehner*, S. 230 f.
530 *Welter*, Die Polizei 8/1989, 207 (211).
531 Zur Einteilung der entsprechenden Arbeitsgruppen vgl. insb. *Welter*, Die Polizei 8/1989, 207 (210); *Wehner*, S. 231 ff; *Rupprecht/Hellenthal*, in: dies. (Hrsg.), S. 151 ff.; *Wenzel*, Die Polizei 1/1993, 5 f.; *Mokros*, in: Lisken/Denninger (Hrsg.), Hdb. PolizeiR, Kap. N, Rn. 131 f.; *Degen*, in: GTE, Vorbem. zu den Artikeln K bis K.9, Rn. 2 ff.
532 S. auch *Goldstein*, S. 37 m.w.N.
533 Zu den einzelnen Tätigkeiten vgl. *Rupprecht/Hellenthal*, in: dies. (Hrsg.), S. 152; *Wehner*, S. 234; *Wenzel*, Die Polizei 1/1993, 5 (6).
534 Ibid.

tung, der Polizei- und Kriminaltechnik sowie Absprachen zur Verhinderung von Gewalt in Zusammenhang mit sportlichen Großereignissen zählten[535].
Im Juni 1985 wurde von den TREVI-Ministern die Arbeitsgruppe TREVI III ins Leben gerufen, die sich mit Schwerverbrechen und international organisierter Kriminalität befaßte[536], wobei die Zusammenarbeit auf dem Gebiet der Bekämpfung der Rauschgiftkriminalität zunächst im Vordergrund stand[537]. Zu diesem Zweck wurde ein Netz von Rauschgiftverbindungsbeamten in den Anbau- und Transitländern aufgebaut[538].
Als Untergruppe von TREVI III wurde 1990 die Ad-hoc-Arbeitsgruppe „European Drugs Unit" (EDU) gebildet, welche die Aufgabe hatte, die Gründung einer Europäischen Drogenerfassungsstelle vorzubereiten[539]. Auf der Sitzung des Europäischen Rates am 28./29. Juni 1991 in Luxemburg wurde seitens der Staats- und Regierungschefs der EG beschlossen, die Tätigkeit der zu gründenden Erfassungsstelle auch auf die Bekämpfung der organisierten Kriminalität auszudehnen.[540] Zu diesem Zweck sollte eine Europäische kriminalpolizeiliche Zentralstelle (Europol) bis spätestens 31. Dezember 1993 vertraglich vereinbart werden, deren Aufgaben stufenweise ausgebaut werden sollten. Nach der Konferenz wurde die Arbeitsgruppe „EDU" in die Arbeitsgruppe „Europol" umbenannt, die nun die Aufgabe hatte, für die Einrichtung einer supranationalen Zentralstelle zur Bekämpfung der Rauschgiftkriminalität und sonstiger schwerwiegender Formen der internationalen Kriminalität die entsprechenden Vorarbeiten zu leisten[541].
Schließlich ist auf die Arbeitsgruppe „TREVI 92" hinzuweisen, welche die notwendigen Ausgleichsmaßnahmen für etwaige Sicherheitsverluste im Zusammenhang mit dem Abbau von Grenzkontrollen bei der Vollendung des EG-Binnenmarktes prüfen sollte[542], wobei diese sich eng an die im SDÜ enthaltenen Ausgleichsmaßnahmen anlehnte[543]. Die Arbeitsgruppe TREVI 92 ging aus der bereits am 20. Oktober 1986 auf dem informellen Treffen der

---

535 *Rupprecht/Hellenthal*, in: dies. (Hrsg.), S. 152; *Werner*, Die Polizei 1/1993, 5 (6).
536 *Klink*, Die Polizei 7/1987, 183 (186); *Rupprecht/Hellenthal*, in: dies. (Hrsg.), S. 152.
537 *Rupprecht/Hellenthal*, in: dies. (Hrsg.), S. 153; *Wehner*, S. 233; *Akmann*, JA 2/1994, 49 (51).
538 *Rupprecht/Hellenthal*, in: dies. (Hrsg.), S. 153.
539 *Rupprecht/Hellenthal*, in: dies. (Hrsg.), S. 153; *Wehner*, S. 233; *Degen*, in: GTE, Vorbem. zu den Artikeln K bis K.9, Rn. 5.
540 Bull.EG 6/1991, Ziff. I.38.
541 *Rupprecht/Hellenthal*, in: dies. (Hrsg.), S. 153. Zur Gründung und Funktionsweise von Europol s. u. S. 147 ff.
542 *Kokai*, in: Magiera (Hrsg.), S. 237 (243 f.); *Schreiber*, Kriminalistik 6/1991, 369 (372); *Akmann*, JA 2/1994, 49 (51); *Leyendecker*, in: Jahrbuch der Europäischen Integration 1990/91, S. 201 (202).
543 *Rupprecht/Hellenthal*, in: dies. (Hrsg.), S. 153.

Innenminister in London konstituierten Ad-hoc-Arbeitsgruppe „Einwanderung“[544] hervor. Danach einigten sich die Minister darauf, eine Arbeitsgruppe einzusetzen, die auch im Hinblick auf die Zusammenarbeit im Kampf gegen Terrorismus und Drogenhandel konkrete Maßnahmen erarbeiten sollte[545]. Diese Arbeitsgruppe wurde auf einer informellen Tagung der Justiz- und Innenminister der EG-Mitgliedstaaten in München am 3. Juni 1988[546] wegen der geplanten Abschaffung der Binnengrenzkontrollen abgespalten und als Sondergruppe „TREVI 92“ fortgeführt[547]. Neben der Wahrnehmung bestimmter Koordinierungsaufgaben hat diese Arbeitsgruppe lediglich ein Arbeitsprogramm entworfen, wonach in enger Anlehnung an das im SDÜ bestehende SIS[548] ein entsprechendes auf europäischer Ebene bestehendes Informationssystems (EIS) errichtet werden soll[549]. Die letzte Arbeitsgruppe ist im Dezember 1992 mit der Arbeitsgruppe „Anti-Mafia“ eingerichtet worden[550].

Wie dargelegt, sind die verschiedenen TREVI-Arbeitsgruppen auf mehreren Gebieten der Inneren Sicherheit tätig geworden. Allerdings ist eine genaue und umfassende Beschreibung der Tätigkeiten im Rahmen der TREVI-Kooperation sowie eine genaue Darstellung der Arbeitsweise dieser Gruppen äußerst schwierig. Dies liegt zum einen daran, daß nicht einmal ihre Treffen, geschweige denn die dort behandelten Themen, im allgemeinen bekannt gegeben wurden[551], zum anderen haben sich ihre Aktivitäten mit anderen intergouvernementalen Gremien überschnitten, wie etwa mit den der Ad-hoc-Arbeitsgruppe „Einwanderung“[552], so daß eine exakte Zuordnung der einzelnen Maßnahmen nicht immer möglich ist. Neben dieser Zuordnungsproblematik offenbart die TREVI-Kooperation auch in anderen Bereichen, insbesondere aber bei der Vereinbarung von gemeinsamen rechtsgültigen Rechtstexten, Probleme.
Zunächst ist darauf hinzuweisen, daß es sich bei der TREVI-Kooperation, obwohl der Kreis der sog. TREVI-Minister mit dem innerhalb der Europäischen Gemeinschaft für Fragen der inneren Sicherheit zuständigen Rat der Innen- und Justizminister personell identisch ist, nicht um eine Organisation der Europäi-

---

544 S. dazu u. S. 85 ff.
545 Vgl. EA 22/1986, Z 209.
546 Vgl. EA 13/1988, Z 119 f.
547 S. hierzu *Schreiber*, Kriminalistik 6/1991, 369 (372 f.).
548 S. dazu o. S. 65 ff.
549 S. hierzu *Schreiber*, Kriminalistik 6/1991, 369 (373); *Nicolaus*, NVwZ 1996, 40 (42).
550 *Akmann*, JA 2/1994, 49 (51); *Mokros*, in: Lisken/Denninger (Hrsg.), Hdb. PolizeiR, Kap. N, Rn. 132.
551 Vgl. hierzu z.B. *Busch*, KJ 1/1990, 1 (5 f.); *Goldstein*, S. 36 f.
552 S. dazu u. S. 85 ff.

schen Gemeinschaft handelte[553]. Dies liegt vor allem daran, daß für die im Rahmen der TREVI-Kooperation bestehenden Arbeitsgebiete keine gemeinschaftsrechtliche Kompetenz bestand; die TREVI-Minister arbeiteten, jedenfalls vor dem Inkrafttreten des EU-Vertrags, auf sicherheitsrechtlichem Gebiet und damit außerhalb des gemeinschaftsrechtlichen Rahmens. Diese Tatsache wird noch dadurch verdeutlicht, daß die Kommission an den Arbeiten der TREVI-Gruppe zunächst nicht beteiligt war[554]. So befaßten sich die für Fragen der inneren Sicherheit zuständigen Minister im Rahmen der TREVI-Gruppe erstmals auf ihrer Tagung am 7./8. Dezember 1990 mit der Frage der Beteiligung der Kommission an den Arbeiten der Sondergruppe für Maßnahmen im Zusammenhang mit der Freizügigkeit (TREVI 92)[555]. Auf der Tagung der Innen- bzw. Justizminister der Gemeinschaft am 13./14. Juni 1991 in Luxemburg nahm zum ersten Mal ein Vertreter der Kommission an den Beratungen der Arbeitsgruppe „TREVI 92" teil[556]. Dieser Beobachterstatus wurde der Kommission darüber hinaus nur noch im Rahmen von Sitzungen der Arbeitsgruppe „Europol" gewährt[557]; an den anderen TREVI-Arbeitsgruppen hat die Kommission nie teilgenommen. Letztendlich wurden aber im Rahmen der TREVI-Kooperation nur die jeweiligen nationalstaatlichen Interessen vertreten. Wie *Wehner* zutreffend bemerkt, war die TREVI-Kooperation eine besondere Form der intergouvernementalen Zusammenarbeit der EG-Mitgliedstaaten mit der Besonderheit, daß es für deren Einrichtung und Tätigkeit bisher keine speziellen rechtlichen Grundlagen gab[558]. Die Regierungen der Mitgliedstaaten sahen in den TREVI-Arbeitsgruppen lediglich eine Verwaltungstätigkeit[559]. Dies ist auch der Grund, warum auf der Ministerebene keine für alle Mitgliedstaaten verbindlichen Vereinbarungen getroffen werden konnten, sondern lediglich Empfehlungen, die jeweils in den einzelnen Mitgliedstaaten umgesetzt werden mußten[560]. Dies galt auch für das von den Innen- bzw. Justizministern der EG-Mitgliedstaaten auf ihrer Tagung am 14./15. Juni 1990 in Dublin[561]

---

553 So auch *Hummer*, ZfRV 2/1991, 129 (140); *Wehner*, S. 240; *Mokros*, in: Lisken/Denninger (Hrsg.), Hdb. PolizeiR, Kap. N, Rn. 133; *Gleß/Lüke*, Jura 2/1998, 70 (72).

554 Vgl. Bull.EG 6/1990, Ziff. 1.5.8.; Bull.EG 12/1990, Ziff. 1.5.9.

555 Vgl. Kommission der Europäischen Gemeinschaften (Hrsg.), XXIV. Gesamtbericht über die Tätigkeit der Europäischen Gemeinschaften 1990, 1991 Ziff. 896.

556 Bull.EG 6/1991, Ziff. 1.4.10.

557 S. hierzu *Wenzel*, Die Polizei 1/1993, 5 (6); *Akmann*, JA 2/1994, 49 (51); *Degen*, in:GTE, Vorbem. zu den Artikeln K bis K 9, Rn. 2.

558 *Wehner*, S. 241; so auch *Gleß/Lüke*, Jura 2/1998, 70 (72).

559 Vgl. hierzu *Gleß/Lüke*, Jura 2/1998, 70 (72) m.w.N.

560 S. auch *Wenzel*, Die Polizei 1/1993, 5 (6); *Schulte*, Kriminalistik 8-9/1992, 487. Zu den einzelnen Empfehlungen im Rahmen der TREVI-Kooperation vgl. *Degen*, in: GTE, Vorbem. zu den Artikeln K bis K.9, Rn. 2.

561 Bull.EG 6/1990, Ziff. 1.5.8.

genehmigte Aktionsprogramm, wonach die polizeiliche Zusammenarbeit und die Bemühungen bei der Bekämpfung des Terrorismus oder anderer Formen des organisierten Verbrechens weiter verstärkt werden sollten[562].
Obwohl in einigen wesentlichen Bereichen der Polizeizusammenarbeit, wie beispielsweise im Hinblick auf die grenzüberschreitende Nacheile und Observation, auf die Schaffung eines Europäischen Informationssystems (EIS)[563] als elektronisches Fahndungssystem sowie auf den Schutz personenbezogener Daten im Rahmen des EIS, der Abschluß eines für alle Mitgliedstaaten verbindlichen Übereinkommens notwendig gewesen wäre[564], sind völkerrechtliche Übereinkommen im Rahmen der TREVI-Kooperation nicht geschlossen worden.
Abschließend bleibt festzuhalten, daß im Rahmen der TREVI-Kooperation zwar wichtige und richtungsweisende Impulse für die Zusammenarbeit der Mitgliedstaaten auf dem Gebiet der Inneren Sicherheit gegeben wurden, ohne hierbei allerdings entscheidende verbindliche Regelungen, wie dies durch das SDÜ erfolgte, aufzustellen.
Es wird daher die weitere Frage zu stellen sein, ob und inwieweit nach dem Inkrafttreten des Maastrichter Vertrags entsprechende Fortschritte zu verzeichnen gewesen sind. Vorab ist bereits anzumerken, daß sich die TREVI-Kooperation hauptsächlich mit den mit der Errichtung von Europol verbundenen Maßnahmen beschäftigte, wie dies die Tagungen am 3. Dezember 1991 in Den Haag[565], am 11. Juni 1992 in Lissabon[566] sowie am 30. November/1. Dezember 1992 in London[567] verdeutlichten.
Mit Inkrafttreten des Maastrichter Vertrags wurde die TREVI-Kooperation durch den Rat der Innen- und Justizminister der Union ersetzt[568], dessen konstituierende Sitzung im Dezember 1993 stattfand[569].

4. Ad-hoc-Gruppe „Einwanderung"

Auf Initiative der britischen Präsidentschaft sind die für Einwanderungsfragen und Terrorismus- und Drogenbekämpfung zuständigen Minister unter Teilnahme des damaligen, für den Binnenmarkt zuständigen Vizepräsidenten der Kommission, *Lord Cockfield*, auf ihrer informellen Tagung am 20. Oktober 1986 in London übereingekommen, die Ad-hoc-Gruppe „Einwanderung"

---

562 S. dazu *Wehner*, S. 236 ff. m.w.N.
563 S. dazu o. S. 83.
564 S. hierzu insb. *Wenzel*, Die Polizei 1/1993, 5 (7).
565 Bull.EG 12/1991, Ziff. 1.4.16.
566 Bull.EG 6/1992, Ziff. 1.5.14.
567 Bull.EG 12/1992, Ziff. 1.5.13.
568 *Schelter*, EU-Magazin, 7-8/1995, 20; *Achermann*, ASYL 3/1994, 72.
569 *Gimbal*, in: Weidenfeld (Hrsg.), S. 71 (84).

einzusetzen[570]. Die Notwendigkeit einer solchen Arbeitsgruppe ergab sich aus der Einsicht, daß im Hinblick auf die Verwirklichung des Binnenmarktes als ein Raum ohne Binnengrenzen und der damit verbundenen Abschaffung der Binnenkontrollen nicht nur die zunächst im Rahmen der TREVI-Kooperation behandelten Aspekte der Bekämpfung von Terrorismus und Drogenhandel eine wichtige Rolle spielen, sondern weitergehende Ausgleichsmaßnahmen erforderlich sind. Unter der Zielsetzung der Verwirklichung des freien Personenverkehrs in der Europäischen Gemeinschaft wurde die Ad-hoc-Gruppe „Einwanderung" beauftragt, Maßnahmen in bezug auf die Sicherung strikter Kontrollen an den Außengrenzen, auf die Koordination der Visum- und Asylrechtspolitik und auf die Verbesserung des Informationsaustausches zwischen den Einwanderungsbehörden sowie Maßnahmen gegen den Mißbrauch gefälschter Dokumente zu erarbeiten[571].
Entsprechend dieser Arbeitsbereiche wurden fünf Untergruppen[572] gebildet, wobei es sich namentlich um die Untergruppen „Asyl", „Außengrenzen", „Visa", „Informationsaustausch" und „Gefälschte Dokumente" handelte.

In engem Zusammenhang mit der Ad-hoc-Gruppe „Einwanderung" stand das „Zentrum für beschleunigte Konsultationen", dessen Errichtung auf einem informellen Treffen der für Einwanderung zuständigen Minister der EG-Mitgliedstaaten am 28. März 1991 beschlossen wurde. Aufgabe dieses Gremiums war es, Maßnahmen für den Fall plötzlicher und unvorhergesehener Wanderungsbewegungen zu erarbeiten und in diesen Fällen die Einwanderungsminister der EG-Mitgliedstaaten einzuberufen[573].

4.1. Strukturelles System

Personell setzte sich die Ad-hoc-Gruppe „Einwanderung" aus den engsten Beratern der für Einwanderungsfragen zuständigen Minister zusammen, wobei es sich in der Praxis um die Abteilungsleiter der zuständigen Ministerien handelte. Dieses Gremium führte die Aufsicht über die ihm zuarbeitenden Untergruppen und griff die in den Untergruppen strittig gebliebenen Fragen auf, verbunden mit dem Ziel, diese einer Lösung zuzuführen, was sich aber aufgrund des Konsensprinzips in der Ad-hoc-Gruppe „Einwanderung" als schwierig darstellte[574]. Die für Einwanderungsfragen zuständigen Minister, bei denen es sich in der Regel um die Innen- bzw. Justizminister der jeweiligen EG-

---

570 Bull.EG 10/1986, Ziff. 2.4.7.; s. hierzu *Joly*, IJRL 2/1994, 159 (166 ff.).

571 Bull.EG 10/1986, Ziff. 2.4.7.

572 Ausführlich zu diesen Gruppen vgl. *Rupprecht/Hellenthal*, in: dies. (Hrsg.), S. 155; *Degen*, in: GTE, Vorbem. zu den Artikeln K bis K.9, Rn. 6 ff.

573 Vgl. hierzu *Rupprecht/Hellenthal*, in: dies. (Hrsg.), S. 155 f.

574 *Rupprecht/Hellenthal*, in: dies. (Hrsg.), S. 154.

Mitgliedstaaten handelte, trafen sich zweimal jährlich zeitgleich mit den Tagungen der zumeist personengleichen TREVI-Minister[575]. Ebenso wie im Rahmen der TREVI-Kooperation wechselte der Vorsitz bei den Einwanderungsministern und der Ad-hoc-Gruppe „Einwanderung" halbjährlich im Turnus der EG-Präsidentschaft[576]. Dies zeigt eine enge Verbindung mit der TREVI-Kooperation, die aber nicht nur auf personeller Ebene, sondern auch im Aufgabenbereich angesiedelt war. Die Kommission beschreibt daher eine Überschneidung der Tätigkeit beider Gruppen bei der Bearbeitung der Außengrenzenproblematik[577], stellt aber gleichzeitig fest, daß eine Koordinierung der Asyl- und Visaregelungen ausschließlich eine Angelegenheit der Ad-hoc-Gruppe „Einwanderung" sei[578].
Im Gegensatz zu den TREVI-Arbeitsgruppen war die Ad-hoc-Gruppe „Einwanderung" stärker in das Binnenmarktprogramm der Europäischen Gemeinschaft und damit in den europäischen Integrationsprozeß eingebunden, da die Kommission bereits ab Beginn an den Arbeiten der Ad-hoc-Gruppe „Einwanderung" mit Beobachterstatus teilgenommen hat und das Generalsekretariat des Rates als ständiges Sekretariat der Ad-hoc-Gruppe „Einwanderung" fungierte[579].

4.2. Zusammenarbeit auf dem Gebiet der Asyl- und Zuwanderungspolitik

Im Gegensatz zur TREVI-Kooperation haben die Arbeitsgruppen der Ad-hoc-Gruppe „Einwanderung", vor allem die Untergruppen „Asyl" und „Außengrenzen", konkrete Ergebnisse erzielt. Bereits auf der Brüsseler Tagung vom 28. April 1987 wurde auf der Grundlage der Ergebnisse der Londoner Tagung vom 20. Oktober 1986[580] beschlossen, im Hinblick auf die Verwirklichung des freien Personenverkehrs innerhalb der Gemeinschaft bis 1992 einheitliche Maßnahmen zur Verhinderung des Mißbrauchs des Asylrechts zu ergreifen[581]. Hierfür legten die für Einwanderungsfragen zuständigen EG-Minister eine Reihe von Richtlinien für die zukünftige Arbeit der Untergruppe „Asyl" fest. Dieselbe Ministerrunde hat dann auf ihrer Tagung am 8./9. Dezember 1987 in Kopenhagen[582] und am 3. Juni 1988 in München[583] diese Richtlinien bekräftigt und

---

575 *Nanz*, Intergration 3/1992, 126 (128); *Akmann*, JA 2/1994, 49 (51); HandKom.EUV/EGV/*Hailbronner*, Art. K Rn. 7.

576 *Rupprecht/Hellenthal*, in: dies. (Hrsg.), S. 154.

577 Vgl. Bericht der Kommission über die Abschaffung der Personenkontrollen an den innergemeinschaftlichen Grenzen, KOM (88) 640 endg., S. 7.

578 Ibid., S. 6.

579 Bull.EG 10/1986, Ziff. 2.4.9.

580 S. dazu o. S. 82 f., 85.

581 Bull.EG 4/1987, Ziff. 2.4.6.

582 Vgl. EA 1/1988, Z 9; s. dazu insb. *Taschner/de Lobkowicz*, in: Zuleeg (Hrsg.), S. 143 (150).

weiter konkretisiert. Auf der Tagung am 12. Mai 1989 in Madrid einigten sich die für Einwanderungsfragen zuständigen Minister schließlich darauf, ein Übereinkommen betreffend die Prüfung von Asylanträgen in den EG-Mitgliedstaaten auszuarbeiten[584]. Die auf der Tagung des Europäischen Rates auf Rhodos im Dezember 1988 eingesetzte Koordinatorengruppe „Freizügigkeit“[585] hat dann in ihrem grundsätzlichen Bericht, dem sog. „Dokument von Palma de Mallorca“ vom 6. Juni 1989, einen umfassenden Katalog von Maßnahmen für die Freizügigkeit sowie einen entsprechenden Zeitplan für ihre Anwendung zusammengestellt, von denen sich Punkt VI der Hauptmaßnahmen mit Maßnahmen betreffend das Asylrecht und den Flüchtlingsstatus beschäftigt. Danach sollten ein europäisches Zuständigkeitssystem für die Prüfung von Asylanträgen, einheitliche Regeln über die Freizügigkeit von Asylbewerbern zwischen den Mitgliedstaaten u.a. geschaffen werden sowie vereinfachte oder vorrangige Verfahren für offensichtlich unbegründete Asylbegehren. Ausgehend von diesen Vorgaben konzentrierten sich die Arbeiten der Untergruppe „Asyl“ darauf, entsprechende Regelungen auszuarbeiten. Mit dem „Übereinkommen über die Bestimmung des zuständigen Staates für die Prüfung eines in einem Mitgliedstaat der Europäischen Gemeinschaft gestellten Asylantrages“, das am 15. Juni 1990 von den Einwanderungsministern in Dublin gezeichnet worden ist[586], wurden erste durchgreifende Erfolge erzielt. Darüber hinaus wurde für Nichtmitgliedstaaten die Möglichkeiten in Aussicht gestellt, identische Parallelabkommen abzuschließen[587]. Obwohl das Dubliner Übereinkommen vier Tage vor dem SDÜ geschlossen wurde, hat es sich weitgehend an den Vorarbeiten zum SDÜ orientiert[588], was insbesondere dadurch deutlich wird, daß es inhaltlich mit den den Asylbereich betreffenden Vorschriften des SDÜ[589] fast identisch ist[590]. Im Kern[591] soll das Dubliner Übereinkommen jedem Asylbewerber die Prüfung seines Antrags durch einen einzigen Mitgliedstaat gewähr-

---

583 Vgl. dazu Innenpolitik V/1988, S. 3.

584 Bull.EG 5/1989, Ziff. 2.3.6.

585 S. dazu u. S. 94 ff.

586 Bull.EG 6/1990, Ziff. 2.2.1. Der Vertragsstext des Dubliner Übereinkommens ist abgedruckt in: BGBl. 1994 II S. 792.

587 *Achermann*, in: Achermann/Bieber u.a., S. 83; *Degen*, in: GTE, Vorbem. zu den Artikeln K bis K.9, Rn. 7.

588 S. auch *Goldstein*, S. 41 m.w.N.; *Achermann*, in: Achermann/Bieber u.a., S. 83.

589 S. dazu o. S. 59 ff.

590 S. hierzu *O'Keeffe*, YEL 1991, 185 (197 ff.).

591 Ausführlich zur inhaltlichen Ausgestaltung des Dubliner Abkommens vgl. *Löper*, ZAR 1/2000, 16 ff. m.w.N.. S. hierzu aber auch *Bolten*, NJB 5/1991, 165 ff.; *ders.*, in: Meijers/Bolten u.a., S. 8 ff., *Hailbronner*, ZAR 1/1995, 3 ff.; *Müller-Graff*, in: Bieber/Monar (eds.), S. 49 (52 ff.); *Hummer*, ZfRV 2/1991, 139 f.

leisten und dadurch verhindern, daß Asylbewerber von einem Mitgliedstaat an einen anderen verwiesen werden.
Die Kommission wies in ihrer Mitteilung über das Asylrecht vom 9. Oktober 1991 an den Rat und das Europäische Parlament darauf hin, daß neben einer schnellstmöglichen Ratifikation des Dubliner Übereinkommens vor allem das formelle und materielle Asylrecht zwischen den EG-Mitgliedstaaten harmonisiert werden müsse[592].
Gestützt auf diese Kommissionsmitteilung hat die Ad-hoc-Gruppe „Einwanderung" auf ihrer Tagung in Den Haag am 2. Dezember 1991 beschlossen[593], ein Arbeitsprogramm auf dem Gebiet der Einwanderungs- und Asylpolitik zu erstellen, das auf der Tagung des Europäischen Rates vom 9./10. Dezember 1991 in Maastricht gebilligt wurde[594]. Im Kern nennt dieses Programm[595] Maßnahmen, die für die Aufhebung der Binnengrenzen und die Durchführung des Dubliner Übereinkommens zu ergreifen sind. Im einzelnen handelt es sich hierbei um folgende Arbeitsbereiche:

- Vorbereitende Maßnahmen für die Anwendung und Durchführung des Dubliner Übereinkommens;
- Harmonisierung des materiellen Asylrechts, wobei es um Fragen der Festlegung einheitlicher Voraussetzungen für offensichtlich unbegründete Asylgesuche, einer einheitlichen Anwendung des Grundsatzes des ersten Aufnahmelandes, einer gemeinsamen Einschätzung der Lage in den Herkunftsländern im Hinblick auf Aufnahme und Ausweisung[596] sowie einer einheitlichen Anwendung des Flüchtlingsbegriffs gemäß Art. 1 lit. A der Genfer Flüchtlingskonvention geht;
- Harmonisierung der Ausweisungspolitik;
- Einrichtung einer Stelle für Informations- und Gedankenaustausch („clearing-house");
- Gewährleistung einer einheitlichen Anwendung der Asylpolitik mit dem Ziel der Schaffung einer gemeinsamen justitiellen Einrichtung;
- Harmonisierung von Aufnahmebedingungen für Asylbewerber;

---

592 Vgl. Bull.EG 10/1991, Ziff. 1.2.2.2.

593 Vgl. Bull.EG 12/1991, Ziff. 1.4.15.

594 Vgl. Bull.EG 12/1991, Ziff. I.6.

595 Vgl. Report from the Ministers responsible for immigration to the European Council meeting in Maastricht on immigration and asylum policy, Brüssel 3. Dezember 1991, SN 4038/91; s. aber auch Mitteilung der Kommission an den Rat und das Europäische Parlament, Zuwanderungs- und Asylpolitik, KOM (94) 23 endg. v. 23. Februar 1994 Anhang II.

596 Diese Arbeiten werden durch das Informations-, Forschungs- und Austauschzentrum für Asylfragen (CIREA) koordiniert, s. dazu u. S. 91.

- Harmonisierung der Aufnahmekriterien, beispielsweise zum Zwecke des Familiennachzugs, der Herstellung und Wahrung der familiären Lebensgemeinschaft und der Aufnahme von Studenten;
- Zusammenarbeit und Harmonisierung von Regelungen im Bereich der illegalen Einwanderung;
- Harmonisierung der einzelstaatlichen Politiken der Aufnahme von Arbeitskräften aus Drittländern;
- Rechtsstellung von Drittstaatsangehörigen.

Trotz dieses umfangreichen Maßnahmenkatalogs zeigten sich bereits bei der Anwendung und Durchführung des Dubliner Übereinkommens Schwierigkeiten. Wie die für Einwanderungsfragen zuständigen Minister auf ihrer Tagung am 11. Juni 1992 in Lissabon feststellten[597], hatten zu diesem Zeitpunkt erst zwei EG-Mitgliedstaaten das Dubliner Übereinkommen ratifiziert. Erst am 1. September 1997 ist das Dubliner Übereinkommen in Kraft getreten[598].
Daher kommt es nicht von ungefähr, daß das Europäische Parlament in seiner Entschließung vom 18. November 1992 zur Harmonisierung des Asylrechts und der Asylpolitiken in der Europäischen Gemeinschaft[599] äußerst kritisch zu den bisherigen Harmonisierungsbestrebungen Stellung genommen hat. Die vor allem hinsichtlich des Asylverfahrens geforderten Änderungen sind aber im wesentlichen im Rahmen des europäischen Asylrechtsharmonisierungsprozesses unberücksichtigt geblieben[600]. So haben die für Einwanderungsfragen zuständigen Minister im Rahmen der Durchführung ihres Arbeitsprogramms über Einwanderung und Asyl[601] auf ihrer Tagung am 30. November /1. Dezember 1992 in London lediglich eine Entschließung zu offensichtlich unbegründeten Asylanträgen verabschiedet, wobei sie die Einführung eines besonderen beschleunigten Verfahrens für derartige Anträge nicht verlangten. Gefordert wurde lediglich eine zügige Behandlung von offensichtlich unbegründeten Asylanträgen, d.h. eine erste Entscheidung innerhalb eines Monats[602].

---

597 Vgl. Bull.EG 6/1992, Ziff. 1.5.13.

598 Jedenfalls für Belgien, Dänemark, die Bundesrepublik Deutschland, das Vereinigte Königreich, Irland, Italien, Niederlande, Portugal und Spanien, vgl. BGBl. 1997 II S. 1452. Österreich und Schweden wenden das Dubliner Übereinkommen seit dem 1. Oktober 1997 an, vgl. BGBl. 1997 II S. 1731; für Finnland ist es am 1. Januar 1998 in Kraft getreten, vgl. BGBl. 1998 II S. 62, 58.

599 ABl. EG 1992 Nr. C 337/97 sowie BT-Drs. 12/4052.

600 S. dazu insb. *Hailbronner*, ZAR 1/1995, 3, (12).

601 Insgesamt zu den Londoner Beschlüssen der Einwanderungsminister vgl. *Hailbronner*, ZAR 1/1995, 3 (6 f.); *Braun*, in: Müller-Graff (Hrsg.), S. 75 (80 f.).

602 Vgl. Mitteilung der Kommission an den Rat und das Europäische Parlament, Zuwanderungs- und Asylpolitik, KOM (94) 23 endg., Anhang II Rn. 3.

In einer weiteren Entschließung wurden die wichtigsten Grundsätze in bezug auf den Begriff des ersten Aufnahmelandes festgelegt, wobei diese weiter gefaßt war als der entsprechende Punkt im Arbeitsprogramm, da in die Entschließung auch der Begriff des Aufnahme-Drittlandes einbezogen wurde. Aufnahme-Drittland ist danach jedes Land, durch das ein Asylsuchender zwar nicht notwendigerweise durchgereist ist, das aber trotzdem für eine Überprüfung des Asylantrags in Betracht kommt, weil es etwa dem Asylsuchenden ein Visum erteilt hat[603].
Außerdem haben sie eine Empfehlung zu den Verfahren der Mitgliedstaaten bei der Abschiebung von Staatsangehörigen aus Drittländern, die sich illegal in ihrem Hoheitsgebiet aufhalten, sowie eine Empfehlung zum Transit im Falle einer Abschiebung genehmigt[604].
Darüber hinaus stimmten die Einwanderungsminister der Einrichtung eines Informations-, Forschungs- und Austauschzentrums für Fragen des Grenzübertritts und der Einwanderung[605] (CIREFI)[606] zu, welches sich mit Fragen befaßt, die den Informationsaustausch über Schlepper, Beförderungsunternehmen sowie Reisewege, die für die unkontrollierte Zuwanderung benutzt werden, betreffen[607]. Zuvor hatten die Minister bereits auf ihrer Tagung am 11. Juni 1992 in Lissabon ein Informations-, Forschungs- und Austauschzentrum für Asylfragen (CIREA)[608] eingerichtet[609], das hauptsächlich alle asylrechtlich relevanten Informationen erfassen, austauschen und weitergeben soll, um die Asylpolitiken der zuständigen Stellen zu erleichtern[610].
Auf ihrer Tagung am 1. Juni 1993 in Kopenhagen[611] verabschiedeten die für Einwanderungsfragen zuständigen Minister neben einer Empfehlung betreffend Kontrollen und Entfernung von Staatsangehörigen dritter Länder ohne Aufenthalts- oder Arbeitserlaubnis, die zumindest im Ansatz - wie im Arbeitsprogramm gefordert wird - einige Aspekte einer Ausweisungspolitik festlegt, eine Entschließung über gemeinsame Leitlinien für die Aufnahme von besonders schutzbedürftigen Personengruppen aus dem ehemaligen Jugoslawien sowie eine Entschließung über die Erteilung einer Aufenthaltserlaubnis zum Zwecke

---

603 Ibid.

604 Bull.EG 12/1992, Ziff. 1.5.12.

605 Ibid.

606 CIREFI bedeutet Centre d'information de réflexion et d'échanges en matière de franchissement des frontières et d'immigration.

607 Vgl. Mitteilung der Kommission an den Rat und das Europäische Parlament, Zuwanderungs- und Asylpolitik, KOM (94) 23 endg., Anhang II Rn. 6.

608 CIREA bedeutet Centre d'information de réflexion et d'échange en matière d'asile.

609 Bull.EG. 6/1992, Ziff. 1.5.13.

610 Vgl. hierzu *Hailbronner*, ZAR 1/1995, 3 (7); *Joly*, IJRL 2/1994, 159 (173 f.).

611 Vgl. Bull.EG 6/1993, Ziff. 1.4.18.

des Familiennachzugs[612]. Allerdings sieht letztere keine vollständige Harmonisierung vor, sondern sie betrifft nur die Erteilung einer Aufenthaltserlaubnis für Ehegatten und Kinder.

4.3. Zusammenarbeit im Bereich der Grenzübertrittspolitik und des Datenschutzes

Neben dem Dubliner Übereinkommen und den vorgenannten Empfehlungen und Entschließungen der für Einwanderungsfragen zuständigen Minister hat die Ad-hoc-Gruppe „Einwanderung", diesmal vertreten durch ihre beiden Untergruppen „Außengrenzen" und „Visa", auch im Bereich der Grenzübertrittspolitik Fortschritte erzielt.
In diesem Zusammenhang sind ihre Vorarbeiten für den Entwurf des Übereinkommens der Mitgliedstaaten der Europäischen Gemeinschaften über das Überschreiten der Außengrenzen zu nennen[613], das nach den Vorgaben des Europäischen Rates von Luxemburg bis spätestens 1. Juli 1991 fertiggestellt werden sollte[614]. Wie das SDÜ hat es in erster Linie die Verlagerung der Kontrollen von den Binnengrenzen an die Außengrenzen der Gemeinschaft zum Ziel; zudem enthält es u.a. Regelungen betreffend die gemeinsame Einreise- und Visapolitik sowie solche über die Bewegungsfreiheit von Drittstaatlern im Europäischen Binnenmarkt[615]. Im Unterschied zum Dubliner Übereinkommen ist das Abkommen über das Überschreiten der Außengrenzen bis heute nicht in Kraft getreten, da es bisher nicht gelungen ist, den zwischen Spanien und dem Vereinigten Königreich bestehenden Streit über die Ausübung der Außengrenzkontrollen in Gibraltar[616] auszuräumen.
Zusätzlich hat der Europäische Rat auf seiner Tagung am 8./9. Dezember 1989 in Straßburg darauf hingewiesen, daß beim Einsatz von Datenbanken, in denen persönliche Daten gespeichert sind, der Schutz der Bürger gewährleistet werden müsse[617]. Auf seiner Tagung am 28./29. Juni 1991 in Luxemburg hat er die Ad-hoc-Gruppe „Einwanderung" beauftragt, die Beratungen über ein Übereinkommen über den Personenschutz bei der Verarbeitung personenbezogener Daten

---

612 S. hierzu ausführlich *Haberland*, ZAR 1/1996, 3 (5 ff.).

613 *Nanz*, Integration 3/1992, 126 (128).

614 Bull.EG 6/1991, Ziff. I.17.

615 S. hierzu *Taschner*, Schengen oder die Abschaffung der Personenkontrollen, S. 27 f.; *Schreiber*, Kriminalistik 6/1991, 369 (373); *Degen*, in: GTE, Vorbem. zu den Artikeln K bis K.9, Rn. 9; *Nanz*, Integration 3/1992, 126 (139 Fn. 6).

616 Vgl. Siebter Bericht von der Kommission an den Rat und an das Europäische Parlament über die Durchführung des Weißbuchs der Kommission zur Vollendung des Binnenmarktes, KOM (92) 383 endg., S. 22.

617 Bull.EG 12/1989, Ziff. 2.4.3.

aufzunehmen und bis spätestens zum 30. Juni 1992 abzuschließen[618], was bis heute noch nicht geschehen ist. Das geplante Übereinkommen stellt die notwendige Ergänzung zur Schaffung eines ebenfalls geplanten einheitlichen Informationssystems dar.
Die Kommission hat diesen Themenbereich aufgegriffen, in dem sie am 18. Juli 1990 eine Mitteilung zum Datenschutz verabschiedet und eine Reihe von Maßnahmen im Rahmen des Gemeinschaftsrechts vorgeschlagen hat, um im Hinblick auf die Schaffung des Binnenmarktes in der gesamten Gemeinschaft auch gleiche Datenschutzprinzipien zu gewährleisten[619]. Außer den drei Vorschlägen der Kommission vom 27. Juli 1990, bei denen es sich um einen Vorschlag für eine Richtlinie des Rates zum Schutz von Personen bei der Verarbeitung personenbezogener Daten[620], um einen für eine Richtlinie zum Schutz personenbezogener Daten und der Privatsphäre in öffentlichen digitalen Telekommunikationsnetzen, insbesondere in öffentlichen digitalen Mobilfunknetzen[621] sowie um einen Vorschlag für eine Empfehlung des Rates auf dem Gebiet der Informationssicherheit[622] handelt, sind in diesem Bereich bisher keine nennenswerten Fortschritte zu verzeichnen gewesen.
Die Ad-hoc-Gruppe „Einwanderung" ging wie die TREVI-Kooperation in dem Rat für Justiz und innere Angelegenheiten auf[623].

4.4. Zusammenfassung

Abschließend läßt sich festhalten, daß die Ad-hoc-Gruppe „Einwanderung" weitaus durchgreifendere Fortschritte erzielt hat, als das im Rahmen der TREVI-Kooperation der Fall war. Hierbei darf nicht außer acht gelassen werden, daß der im Rahmen dieser Zusammenarbeit gewählte Weg des völkerrechtlichen Abkommens mühsam und mit vielen Risiken belastet ist. So wird es meistens recht schwierig sein, auf zwischenstaatlicher Ebene unter Beteiligung sämtlicher EG-Mitgliedstaaten einen Konsens zu finden, wie dies insbesondere das Übereinkommen über das Überschreiten der Außengrenzen verdeutlicht. Darüber hinaus kann die Ratifizierung völkerrechtlicher Abkommen durch die

---

618 Bull.EG 6/1991, Ziff. I.17.

619 Vgl. Bull.EG 7/8/1990, Ziff. 1.3.309.

620 ABl. EG 1990 Nr. C 277/3, geänd. durch den Vorschlag v. 16. Oktober 1992 für eine RL des Rates zum Schutz natürlicher Personen bei der Verarbeitung personenbezogener Daten und zum freien Datenverkehr, ABl. EG 1992 Nr. C 311/30; s. hierzu *Riegel*, DÖV 8/1991, 311 (316 ff.) sowie Bull.EG 10/1992, Ziff. 1.3.177.

621 ABl. EG 1990 Nr. C 277/12.

622 Vorschlag für eine Empfehlung des Rates über gemeinsame Kriterien für die Bewertung der Sicherheit von Informationstechnologien, ABl. EG 1990 Nr. C 277/18; (vgl. auch Bull.EG 9/1992, Ziff. 1.2.150).

623 *Schelter*, EU-Magazin, 7-8/1995, 20; *Achermann*, ASYL 3/1994, 72.

EG-Mitgliedstaaten sehr zeitraubend sein, wenn man bedenkt, daß zwischen der Unterzeichnung und dem Inkrafttreten des Dubliner Übereinkommens sieben Jahre vergangen sind.
All dies zeigt, daß die intergouvernementale Zusammenarbeit, auch in speziell hierfür eingerichteten Arbeitsgruppen, langfristig gesehen nicht der richtige Weg sein kann. Sie ist aber zumindest als erster Schritt in die richtige Richtung zu werten, wenn man bedenkt, daß anfangs auf den Gebieten der Asyl- und Ausländerpolitik sowie der inneren Sicherheit so gut wie keine Fortschritte erzielt wurden. Letztendlich muß eine Übertragung der Kompetenzen in diesen Bereichen auf die Gemeinschaftsebene erfolgen, wenn die europäische Integration schnell voranschreiten und das Ziel, nach der Wirtschafts- und Währungsunion nun auch eine Politische Union zu gründen, erreicht werden soll.

II. Zusammenarbeit in Form von Koordinatorengruppen

Um die Aktivitäten im Rahmen der intergouvernementalen Zusammenarbeit, aber auch auf der Gemeinschaftsebene besser aufeinander abzustimmen, hat der Europäische Rat ferner zwei unterschiedliche und voneinander unabhängige[624] Koordinatorengruppen gebildet. Diese waren im Gegensatz zu den oben genannten zwischenstaatlichen Arbeitsgruppen, wie dies schon die Beteiligung der Kommission an deren Arbeiten verdeutlicht, eng an das Gemeinschaftssystem angelehnt, ohne darin eine rechtliche Verankerung zu finden. *Weidenfeld* sieht die beiden Gremien daher als „Grauzone“ an, die zwischen der intergouvernementalen und gemeinschaftlichen Zusammenarbeit angesiedelt war[625].

1. Gruppe der Koordinatoren „Freizügigkeit“

Angesichts der Vielzahl der unterschiedlichen Arbeits- und Unterarbeitsgruppen sowie deren im Laufe der Zeit gewachsenen und zum Teil sich überschneidenden Tätigkeitsbereiche hat der Europäische Rat auf Anregung der Kommission im Rahmen seiner Sitzung auf Rhodos am 2./3. Dezember 1988 die Gruppe der Koordinatoren „Freizügigkeit“ ins Leben gerufen[626], die sich aus hohen Beamten der zuständigen Ministerien und einem von der Kommission benannten Kommissar zusammensetzte, wobei der Vorsitz bei der jeweiligen Ratspräsidentschaft lag. Die Sekretariatsaufgaben wurden vom Generalsekretariat des Rates wahrgenommen. Die Koordinatorengruppe tagte acht- bis zehnmal pro

---

624 S. auch *Degen*, in: GTE, Vorbem. zu den Artikeln K bis K.9, Rn. 15 Fn. 43.
625 *Weidenfeld*, in: Rupprecht/Hellenthal (Hrsg.), S. 15.
626 Vgl. Bull.EG 12/1988, Ziff. 1.1.3.

Jahr, wobei sie mindestens zweimal jährlich dem Europäischen Rat über den Stand der Arbeiten der anderen Arbeitsgruppen berichtete[627].
Die Aufgabe der Koordinatorengruppe, die in Folge des Inkrafttretens des Maastrichter Vertrags aufgelöst wurde[628], bestand darin, die Behandlung des Abbaus der EG-Binnengrenzen im Rahmen der mit der Erarbeitung von Ausgleichsmaßnahmen beschäftigten anderen Arbeitsgruppen zu koordinieren mit dem Ziel, Doppelarbeiten zu vermeiden sowie weitere Impulse zu geben. Eine Weisungsbefugnis gegenüber den anderen Arbeitsgruppen kam den Koordinatoren aber nicht zu[629]. Entsprechend dem Beschluß des Europäischen Rates von Rhodos[630] hat die Arbeitsgruppe Koordinatoren „Freizügigkeit“ ein Arbeitspapier erstellt, das sog. „Dokument von Palma de Mallorca“, das sich im Hinblick auf die Verwirklichung eines von Kontrollen vollständig freien Personenverkehrs weitgehend an den Ansatz und die Methoden anlehnt, welche im Weißbuch zur Vollendung des Binnenmarktes[631] vorgesehen sind[632].
Im Rahmen seiner Tagung am 26./27. Juni 1989 in Madrid hat der Europäische Rat dieses Arbeitsprogramm angenommen und die Koordinatorengruppe zu einer schnellen Durchführung der entsprechenden Maßnahmen aufgefordert[633].
In ihrem Arbeitsprogramm für 1990 wies die Kommission darauf hin, daß es als vordringlichste Aufgabe der Koordinatorengruppe anzusehen sei, für eine schnelle Durchsetzung des Dubliner Übereinkommens sowie des Abkommens über das Überschreiten der Außengrenzen zu sorgen[634]. Denn vor allem das letztgenannte Übereinkommen enthält zahlreiche Maßnahmen, die im Palma-Dokument aufgeführt sind und die für die Verwirklichung der Freizügigkeit eine unerläßliche Voraussetzung bilden[635].
Weiterhin beauftragte der Europäische Rat auf seiner Tagung vom 9./10. Dezember 1991 in Maastricht die Koordinatorengruppe, in Zusammenarbeit mit der Kommission einen Beitrag zur institutionellen Umsetzung des EU-Vertrags im Innen- und Justizbereich zu leisten[636]. Ferner sollte die Koordinatorengruppe

---

627 *Degen*, in: GTE, Vorbem. zu den Artikeln K bis K.9, Rn. 14.

628 Vgl. die Antwort des Rates vom 17. März 1994 auf die schriftliche Anfrage des Parlamentsabgeordneten Van-Outrive, ABl. EG 1994, Nr. C 102/26.

629 *Degen*, in: GTE, Vorbem. zu den Artikeln K bis K. 9, Rn. 14.

630 S. hierzu auch das Arbeitsprogramm der Kommission für 1989, vgl. Bull.EG, Beil. 2/1989, S. 17 f.

631 S. dazu o. S. 18 ff.

632 Agence Europe Nr. 5051 v. 6. Juli 1989, S. 11.

633 Bull.EG 6/1989, Ziff. 1.1.7.

634 Bull.EG Beil. 1/1990, S. 22.

635 XXV. Gesamtbericht über die Tätigkeit der Europäischen Gemeinschaften 1991, Ziff. 213.

636 Bull.EG 12/1991, Ziff. I.10.

prüfen, welche Struktur das europäische Informationssystem[637] erhalten sollte sowie welche technischen und rechtlichen Vorkehrungen, einschließlich des Schutzes der Privatsphäre, im Hinblick auf die Errichtung eines solchen Systems zu treffen seien[638]. Zu diesem Zweck ist auf Initiative der Koordinatoren „Freizügigkeit“ die „Horizontale Informatikgruppe“ gebildet worden, die die im Einwanderungs- und TREVI-Bereich behandelten Informatik-Fragen koordinieren und Lösungen fördern sollte, um unnötige Überschneidungen zu vermeiden. Allerdings ist diese Arbeitsgruppe über den Entwurf eines Übereinkommens über ein Europäisches Informationssystem, das weitgehend dem SIS entspricht[639], bisher nicht hinausgekommen[640].

Auf seiner Tagung am 11./12. Dezember 1992 in Edinburgh hat der Europäische Rat festgestellt, daß die Freizügigkeit innerhalb der Gemeinschaft bis zum 1. Januar 1993 nicht vollständig gewährleistet werden könne, da die Arbeiten zur Erreichung dieses Ziels nicht abgeschlossen waren. Er ersuchte daher die zuständigen Minister sowie sämtliche Arbeitsgruppen, ihre Arbeiten zu beschleunigen[641].

2. Gruppe der Koordinatoren für die Drogenbekämpfung

Auf Initiative des damaligen französischen Staatspräsidenten *Francois Mitterand* hat der Europäische Rat am 8./9. Dezember 1989 in Straßburg[642] die Einsetzung des Europäischen Ausschusses zur Bekämpfung des Drogenmißbrauchs (CELAD)[643] beschlossen[644].

Aufgabe dieses Ausschusses war es, die Koordinierung der Maßnahmen der Mitgliedstaaten in den wichtigsten Bereichen der Drogenbekämpfung, wie Vorbeugemaßnahmen, Gesundheits- und Sozialpolitik gegenüber den Drogenabhängigen, strafrechtliche Verfolgung des Rauschgifthandels und internationale Maßnahmen, sicherzustellen[645]. Darüber hinaus koordinierte CELAD auch die künftigen Standpunkte der Mitgliedstaaten und der Gemeinschaft in internationalen Zusammenkünften zur Bekämpfung des Drogenmißbrauchs[646].

---

637 Zur Funktionsweise des europäischen Informationssystems vgl. *Rupprecht/Hellenthal*, in: dies. (Hrsg.), S. 216 ff.

638 Bull.EG 12/1991, Ziff. I.7.

639 S. dazu o. S. 65 ff.

640 *Degen*, in: GTE, Vorbem. zu den Artikeln K bis K.9, Rn. 14.

641 Bull.EG 12/1992, Ziff. I.10; s. auch den Hinweis der Kommission in ihrem Arbeitsprogramm für 1992, vgl. dazu Bull.EG, Beil. 1/1992, S. 47.

642 Bull.EG 12/1989, Ziff. 1.1.9.

643 Abkürzung für Comité européen pour la Lutte anti-drogue.

644 Bull.EG. 1-2/1990, Ziff. 1.3.16.

645 Vgl. Bull.EG 12/1989, Ziff. 1.1.9.

646 Bull.EG 1-2/1990, Ziff. 1.3.16.; s. auch Bull.EG 12/1990, Ziff. I.17.

So bereitete der Ausschuß die Zusammenkunft der Suchtstoffkommission der Vereinten Nationen sowie die am 20./23. Februar 1990 in New York durchgeführte Sondertagung der Generalversammlung über die internationale Zusammenarbeit bei der Drogenbekämpfung[647] vor[648]. Bereits in seiner Sitzung am 29./30. Mai 1990 in Brüssel stellte er in enger Zusammenarbeit mit der Kommission ein europäisches Programm zur Drogenbekämpfung auf, dessen zügige Umsetzung der Europäische Rat auf seiner Tagung vom 14./15. Dezember 1990 in Rom forderte[649]. Im Kern enthält dieses Programm Maßnahmen zur Einschränkung der Drogennachfrage, Aktionen zur Bekämpfung des illegalen Drogenhandels sowie Aktionen auf internationaler Ebene und in den Mitgliedstaaten[650].
Außerdem wurde auf Antrag der Vereinigten Staaten ein Konsultationsverfahren zwischen CELAD, den USA und anderen Industrieländern, wozu Schweden, Japan, Kanada und Australien zählen, geschaffen. Innerhalb dieses Systems sind abgesehen von einem politischen Gremium sechs regionale Gruppen vorgesehen, die beauftragt sind, die Strategien in den Produktions- und Transitländern zu koordinieren[651]. Diese als Dublin-Gruppe[652] bekannt gewordene Kontaktgruppe tagte einmal jährlich[653]. Darüber hinaus koordinierte CELAD mit der Arbeitsgruppe „Drogen" der EPZ ihr Vorgehen auf internationaler Ebene[654].
Auf seiner Sitzung vom 27. Mai 1991 in Brüssel sprach sich der CELAD für die Schaffung eines europäischen Drogenbeobachtungszentrums aus[655], das vom Europäischen Rat auf seiner Tagung am 28./29. Juni 1991 in Luxemburg gebilligt wurde[656]. Der CELAD hatte sich in seiner Sitzung im September 1991 in Den Haag darauf verständigt, daß sich die Beobachtungsstelle auf ein Gemeinschaftsinstrument stützen sollte. Hiervon ausgehend hat die Kommission am 27. November 1991 einen entsprechenden Vorschlag für eine Verordnung des Rates zur Schaffung einer europäischen Drogenbeobachtungsstelle und des Europäischen Informationsnetzes Drogen und Suchtkrankheiten erlassen[657], der

---

[647] S. dazu EA 6/1990, Z 59 f.
[648] Vgl. Bull.EG 1-2/1990, Ziff. 1.3.16.
[649] Bull.EG 12/1990, Ziff. I.17.
[650] Vgl. Bull.EG 5/1990, Ziff. 1.2.250.
[651] Vgl. XXIV. Gesamtbericht über die Tätigkeiten der Europäischen Gemeinschaften 1990, Ziff. 167.
[652] *Rupprecht/Hellenthal*, in: dies. (Hrsg.), S. 162; *Degen*, in: GTE, Vorbem. zu den Artikeln K bis K.9, Rn. 15.
[653] *Rupprecht/Hellenthal*, in: dies. (Hrsg.), S. 162 Fn. 308.
[654] *Degen*, in: GTE, Vorbem. zu den Artikeln K bis K.9, Rn. 15; *Nanz*, Integration 3/1992, 126 (129).
[655] Bull.EG 5/1991, Ziff. 1.2.169.
[656] Bull.EG 6/1991, Ziff. I.18.
[657] S. hierzu Bull.EG 11/1991, Ziff. 1.2.196; ABl. EG 1992 Nr. C 43/2.

fünf vorrangige Aktionsbereiche vorsieht: Verringerung der Drogennachfrage, einzelstaatliche und gemeinschaftliche Strategien und Maßnahmen, internationale Zusammenarbeit, geopolitische Beurteilung des Angebots, Drogenhandel sowie Drogenwirtschaft. Der Rat hat am 8. Februar 1993 die Verordnung (EWG) Nr. 302/93 über die Schaffung einer Europäischen Beobachtungsstelle für Drogen und Drogensucht angenommen[658]. Ihre wichtigste Aufgabe besteht darin, den Mitgliedstaaten und der Gemeinschaft objektive, verläßliche und vergleichbare Informationen über das Drogenphänomen und die Folgen der Drogensucht zur Verfügung zu stellen[659]. Allerdings darf die Beobachtungsstelle keinerlei Maßnahmen treffen, die über den Bereich der Information und der Informationsausübung hinausgehen[660]. Direkte Einflußmöglichkeiten auf die Verfolgung konkreter Betäubungsmitteldelikte durch die nationalen Behörden sowie eigene Ermittlungskompetenzen kommen ihr also nicht zu[661]; insoweit ist der Funktionsbereich der Beobachtungsstelle stark eingeschränkt. Der Sitz der Beobachtungsstelle ist Lissabon[662].

Des weiteren sind auf Gemeinschaftsebene noch andere, vornehmlich durch die Arbeiten im Rahmen der CELAD in Gang gesetzte, erfolgreiche Initiativen zu verzeichnen. So hat die Gemeinschaft das Wiener Übereinkommen der Vereinten Nationen zur Bekämpfung des illegalen Handels mit Suchtstoffen und psychotropen Substanzen vom 19. Dezember 1988 ratifiziert[663], ein integriertes Kooperationsprogramm mit Kolumbien genehmigt[664] und einen Richtlinienvorschlag zur Verhinderung der Nutzung des Finanzsystems zum Zweck der Geldwäsche vorbereitet[665], der in der Zwischenzeit als Rechtsakt ergangen ist[666]. Darüber hinaus hat der Rat die Verordnung (EWG) Nr. 3677/90 vom 13. Dezember 1990 über Maßnahmen gegen die Abzweigung bestimmter Stoffe zur unerlaubten Herstellung von Suchtstoffen und psychotropen Substanzen[667] sowie die Richtlinie 92/109/EWG vom 14. Dezember 1992 über die Herstellung und das Inverkehrbringen bestimmter Stoffe, die zur unerlaubten Herstellung

---

658 ABl. EG 1993 Nr. L 36/1, geänd. durch VO (EG) Nr. 3294/94 des Rates v. 22. Dezember 1994, ABl. EG 1994 Nr. L 341/7.

659 Vgl. Art. 1 II der VO (EWG) Nr. 302/93.

660 Vgl. Art. 1 IV der VO (EWG) Nr. 302/93.

661 S. auch *Gleß/Lüke*, Jura 2/1998, 70 (78).

662 Vgl. Art. 1 lit. d des Beschlusses 93/C 323/01, ABl. EG 1993 NR. C 323/1.

663 Vgl. Beschluß 90/611/EWG des Rates v. 22. Oktober 1990, ABl. EG 1990 Nr. L 326/56.

664 S. hierzu XXIV. Gesamtbericht über die Tätigkeiten der Europäischen Gemeinschaften 1990, Ziff. 758.

665 ABl. EG 1990 Nr. C 106/6.

666 Vgl. RL des Rates v. 10. Juni 1991, ABl. EG 1991 Nr. L 166/77.

667 ABl. EG 1990 Nr. L 357/1, geänd. durch VO (EWG) Nr. 3769/92 der Kommission v. 21. Dezember 1992, ABl. EG Nr. L 383/17, geänd. durch VO (EG) Nr. 2093/97 der Kommission v. 24. Oktober 1997, ABl. EG 1997 Nr. L 292/11.

von Suchtstoffen und psychotropen Stoffen verwendet werden[668], erlassen. Damit hat der Rat gemäß dem Wiener Übereinkommen auf Gemeinschaftsebene ein System zur Überwachung des internationalen Handelns mit diesen Stoffen eingeführt.

Personell setzte sich CELAD aus den Koordinatoren „Drogenbekämpfung" der einzelnen Mitgliedstaaten und der Kommission zusammen[669], wobei der Vorsitz bei dem jeweiligen Ratsvorsitz lag. Wie auch bei der Koordinatorengruppe „Freizügigkeit"[670] wurden die Sekretariatsaufgaben vom Generalsekretariat des Rates wahrgenommen. Auch der CELAD tagte acht- bis zehnmal pro Jahr und berichtete zweimal jährlich an den Europäischen Rat über den Stand der Arbeiten[671]. Mit dem Inkrafttreten des EU-Vertrags ist CELAD durch die Gruppe der Drogenkoordinatoren ersetzt worden. Aufgabe dieser Gruppe ist es, den Standpunkt der Europäischen Union bei internationalen Sitzungen sowie die Standpunkte der Dublin-Gruppe und des Betäubungsmittelausschusses der Vereinten Nationen zu koordinieren[672].

Abschließend läßt sich festhalten, daß auch die vom Europäischen Rat eingesetzten Koordinatorengruppen nicht dazu beigetragen haben, bis zum 1. Januar 1993 für eine vollständige Abschaffung der Personenkontrollen und damit für eine vollständige Gewährleistung der Freizügigkeit innerhalb der Europäischen Gemeinschaft zu sorgen. Zahlreiche Probleme, wie etwa die Durchsetzung des Abkommens über das Überschreiten der Außengrenzen oder die Schaffung eines Europäischen Informationssystems (EIS), konnten nicht gelöst werden. Insgesamt hat man gesehen, daß eine europäische innenpolitische Zusammenarbeit in Gremien ohne jegliche Rechtsetzungskompetenz nicht die durchgreifenden Erfolge erzielen kann, die notwendig sind, um das angestrebte Ziel, die Schaffung einer Politischen Union mit einer einheitlichen inneren Sicherheits-, Ausländer- und Asylpolitik zu erreichen. Um dieses Defizit abzubauen, müßte die innenpolitische Zusammenarbeit in die EG-Strukturen eingefügt werden. Auf diese Weise wäre auch eine Kontrolle durch das Europäische Parlament und vor allem durch den EuGH gewährleistet.
Zu untersuchen ist daher, ob und inwieweit die bisher von den Mitgliedstaaten zur Förderung des freien Personenverkehrs praktizierte Zusammenarbeit im Vertrag über die Europäische Union Berücksichtigung gefunden hat.

---

[668] ABl. EG 1992 Nr. L 370/76, geänd. durch die RL 93/46/EWG der Kommission v. 22. Juni 1993, ABl. EG 1993 Nr. L 159/134.

[669] Vgl. Bull.EG 1-2/1990, Ziff. 1.3.16.

[670] S. dazu o. S. 94 ff.

[671] *Degen*, in: GTE, Vorbem. zu den Artikeln K bis K.9, Rn. 15.

[672] Vgl. XXVII. Gesamtbericht über die Tätigkeiten der Europäischen Gemeinschaften 1993, Ziff. 600.

Dritter Teil: Regelungen zur innen- und justizpolitischen Zusammenarbeit nach dem Vertrag von Maastricht

Die Staats- und Regierungschefs der damals zwölf Mitgliedstaaten der Europäischen Gemeinschaft haben am 9./10. Dezember 1991 im niederländischen Maastricht den Entwurf des Vertrags über die Europäische Union gebilligt[673], der von den Außen- und Finanzministern der Mitgliedstaaten am 7. Februar 1992 unterzeichnet wurde[674] und der - nach Ratifizierung durch alle Mitgliedstaaten gemäß ihren verfassungsrechtlichen Vorschriften - am 1. Januar 1993 in Kraft treten sollte[675]. Wegen Ratifikationsverzögerungen trat der Maastrichter Vertrag jedoch erst am 1. November 1993 in Kraft, nachdem in Dänemark im Mai 1993[676] ein positives Referendum über den Maastrichter Vertrag durchgeführt worden war, das Vereinigte Königreich die Ratifikationsurkunden am 2. August 1993[677] hinterlegt hatte und die Bundesrepublik Deutschland das sog. „*Maastricht*-Urteil" des Bundesverfassungsgerichts[678], das sich aufgrund von Verfassungsbeschwerden mit der Verfassungsmäßigkeit des UnionsVertrags auseinandersetzen mußte, abgewartet hatte.

A. Die sog. „dritte Säule" der Europäischen Union

Der Unionsvertrag veränderte die Grundlagen des Gemeinschaftsrechts wie keine Vertragsänderung zuvor, was auch schon äußerlich sichtbar wurde.
In Titel I haben die Mitgliedstaaten eine Europäische Union gegründet[679], wobei sich diese u.a. das Ziel gesetzt hat, durch die Schaffung eines Raumes ohne Binnengrenzen einen ausgewogenen und dauerhaften wirtschaftlichen und sozialen Fortschritt zu fördern[680] sowie den Schutz der Rechte und Interessen der Angehörigen ihrer Mitgliedstaaten durch die Einführung einer Unionsbürgerschaft zu stärken[681]. Mit der Aufnahme der engen Zusammenarbeit in den Bereichen Justiz und Inneres in den Kreis der Zielbestimmungen des EU-Vertrags[682] ist die besondere Bedeutung unterstrichen worden, die diesem

---

673 Vgl. die Schlußfolgerungen der Tagung des Europäischen Rates der Staats- und Regierungschefs v. 9. und 10. Dezember 1991 in Maastricht, EA 3/1992, D 91.

674 EA 5/1992, Z 64.

675 Vgl. Art. R II EUV.

676 EA 12/1993, Z 130.

677 EA 17/1993, Z 186.

678 Sog. „Maastricht-Urteil" des BVerfG v. 12. Oktober 1993, BVerfGE 89, 155 ff.

679 Titel I Art. A UAbs. 1 EUV; s. dazu HandKom./EUV/EGV/*Klein*, Art. A Rn. 4 ff.

680 Titel I Art. B UAbs. 1 1. Spiegelstrich EUV.

681 Titel I Art. B UAbs. 1 3. Spiegelstrich EUV.

682 Titel I Art. B UAbs. 1 4. Spiegelstrich EUV.

Bereich im Rahmen der Schaffung einer Europäischen Union zukommt. Inhaltlich konkreter ausgestaltet wurde die als sog. „dritte Säule“[683] bezeichnete innen- und justizpolitische Zusammenarbeit in den Bestimmungen der Art. K - K.9 EUV a.F., die den Formen zwischenstaatlicher Abstimmungsmechanismen, d.h. intergouvernementaler Kooperationen, entsprechen. Mit dem Amsterdamer Vertrag sind sämtliche Vorschriften der „dritten Säule“ geändert oder gänzlich aufgehoben worden.
Träger der die innen- und justizpolitische Zusammenarbeit betreffenden Politikfelder blieben im Kern die Mitgliedstaaten. Die im Rahmen der „dritten Säule“ angestrebte Zusammenarbeit war also nach wie vor dem Völkerrecht zuzuordnen[684]. Lediglich Art. 100 c EGV a.F. sah eine Gemeinschaftskompetenz zur Begründung einer gemeinsamen - wenn auch eingeschränkten - Visapolitik gegenüber Drittstaatsangehörigen vor[685]. Diese vertragsrechtliche Ausgestaltung macht deutlich, daß die Mitgliedstaaten nach wie vor nicht bereit waren, die Kernbereiche ihrer Staatlichkeit in Form von Kompetenzgrundlagen vollständig auf die Gemeinschaft zu übertragen.[686]

I. Einbindung der innen- und justizpolitischen Zusammenarbeit in das Gemeinschaftssystem

1. Einbindung in den institutionellen Rahmen

Trotz des Kompromißcharakters der beschlossenen Vorschriften vollzog sich die innen- und justizpolitische Zusammenarbeit nicht mehr - wie bisher - gänzlich außerhalb der Institutionen der Gemeinschaft[687], sondern sie wurde in den einheitlichen institutionellen Rahmen der Europäischen Union eingegliedert, wie ihn Art. C EUV a. F., jetzt Art. 3 EUV, vorsah. Dadurch sollte klargestellt werden, daß sich auch die intergouvernementale Kooperation, welche durch eine Zusammenarbeit der Mitgliedstaaten auf völkerrechtlicher Ebene gekennzeich-

---

683 Die „erste Säule“ bilden die Europäischen Gemeinschaften EG, EAG und EGKS; die „zweite Säule" ist die gemeinsame Außen- und Sicherheitspolitik (GASP) gem. Art. J - J. 11. Ausführlich zur Säulen-These vgl. HandKom.EUV/EGV/*Klein*, Art. A Rn. 36 m.w.N.

684 *Nanz*, Integration 3/1992, 126; HandKom.EUV/EGV/*Hailbronner*, Art. K Rn. 12 m.w.N.; *Degen*, in: GTE, Art. K Rn. 2; *Graf Stauffenberg/Langenfeld*, ZRP 7/1992, 252 (254); krit. zur dogmatischen Einordnung vgl. insb. v. *Bogdandy/Nettesheim*, EuR 1/1996, 3 (4), die die innen- und justizpolitische Zusammenarbeit als „hybride“ Einrichtung bezeichnen, die zwischen einer völkerrechtlich begründeten Kooperation souveräner Staaten und einer supranationalen Institution steht.

685 S. dazu u. S. 130 f.

686 *Bunz/Neuenfeld*, Aus Politik und Zeitgeschichte, B 48/1994, 37 (43).

687 S. hierzu *Müller-Graff*, CMLRev. 1994, 493 (495 ff.).

net ist, grundsätzlich in den Organen und Verfahren vollzieht[688], die im Rahmen der „ersten Säule" geprägt wurden[689]. Trotzdem bleibt festzuhalten, daß die im Rahmen der innen- und justizpolitischen Zusammenarbeit vorgesehenen Handlungsinstrumente[690] wegen des intergouvernementalen Charakters kein Gemeinschaftsrecht darstellten, so daß die Handlungsformen des Art. 249 EGV (Art. 189 EGV a.F.) für eine Umsetzung der Zusammenarbeit in den Bereichen Inneres und Justiz in keiner Weise herangezogen werden konnten[691]. Auffällig ist auch, daß die institutionelle Ausgestaltung der Organe sehr unterschiedlich ausgefallen war[692]. Die stärkste Einbindung wurde allein vom Europäischen Rat als das originäre Organ der EU[693] erreicht[694]. Wie sich dem Art. D I EUV a.F. entnehmen läßt, war der Europäische Rat für die Festlegung der politischen Leitentscheidungen und der Schwerpunkte für die grundsätzlichen Initiativen für alle Bereiche der „dritten Säule" zuständig[695], die aber keine Rechtsverbindlichkeit gegenüber den Mitgliedstaaten und EG-Organen entfalteten[696]; sie waren vielmehr als Leitlinien der Unionspolitik zu verstehen[697]. Da im Rahmen der Tätigkeiten des Europäischen Rates nicht nur die Staats- und Regierungschefs der Mitgliedstaaten, sondern auch der Präsident der Kommission zusammenwir-

---

688 Zur Frage, wie einheitlich der institutionelle Rahmen wirklich ist, vgl. *Hilf/Pache*, in: Grabitz/Hilf, KommEU, Art. C Rn. 5 ff. m.w.N.

689 S. auch *Schrapper*, DVP 12/1996, 498 (499) m.w.N.

690 S. dazu u. S. 109 ff.

691 So auch *Müller-Graff*, CMLRev. 1994, 493 (495); *ders.*, in: FS Everling, 1996, S. 925 (932); vgl. ferner *Lane*, CMLRev. 1993, 939 (941).

692 S. auch *Müller-Graff*, in: ders. (Hrsg.), S. 11 (28).

693 Str.; so aber HandKom.EUV/EGV/*Klein*, Art. D Rn. 3 m.w.N.; *E. Klein/Haratsch*, DÖV 18/1993, 783 (788); *Hilf/Pache*, in: Grabitz/Hilf, KommEU, Art. D Rn. 9 sehen ihn als Vertragsorgan der Mitgliedstaaten. *Pechstein/Koenig*, Rn. 174, sprechen dem Europäischen Rat dagegen gänzlich die Organqualität ab; sie sehen ihn vielmehr als Regierungskonferenz an.

694 *Curtin*, CMLRev. 1993, 17 (28); *Müller-Graff*, in: ders. (Hrsg.), S. 11 (28).

695 Ausführlich zu den Aufgaben des Europäischen Rates vgl. *Hilf/Pache*, in: Grabitz/Hilf, KommEU, Art. D Rn. 10 ff. sowie *Hendry*, GYIL 36 (1993), 295 (315 ff.).

696 *Hilf/Pache*, in: Grabitz/Hilf, KommEU, Art. D Rn. 12; HandKom.EUV/EGV/*Klein*, Art. D Rn. 8; *Glaesner*, EuR 1/1994, 22 (31); s. aber *Pechstein/Koenig*, Rn. 175 ff., die dem Europäischen Rat auf der Grundlage von Art. D I EUV a.F. auch für die innen- und justizpolitische Zusammenarbeit eine verbindliche Leitlinienkompetenz zusprechen.

697 *Hilf/Pache*, in: Grabitz/Hilf, KommEU, Art. D Rn. 13 m.w.N. Dagegen ergibt sich aber im Rahmen der GASP aus Art. J.8 I EUV a.F. und Art. J.3 Ziff. 1 EUV a.F. eine die mit der Verwirklichung der intergouvernementalen Zusammenarbeit betrauten Gemeinschaftsorganen bindende Wirkung der Beschlüsse des Europäischen Rates hinsichtlich gemeinsamer Aktionen und der Grundlagen der Außen- und Sicherheitspolitik; vgl. *Glaesner*, EuR 1/1994, 22 (31 f.); *Hilf/Pache*, in: Grabitz/Hilf, KommEU, Art. D Rn. 33, 40.

ken[698], konnte das Gemeinschaftsinteresse legitimen Einfluß auf die Beratungen und Entscheidungen im Europäischen Rat nehmen[699].
Insgesamt gesehen war bei den EG-Organen aber lediglich eine begrenzte organmäßige Einbindung zu verzeichnen[700]. Zwar wurde dem Rat, der durch den unterhalb der Ministerebene angesiedelten K.4-Ausschuß[701], der die Einsetzung eines aus hohen Beamten bestehenden Koordinierungsausschusses vorsah[702], und durch den Ausschuß der Ständigen Vertreter – nach seiner französischen Formulierung COREPER[703] genannt[704] - unterstützt wurde, innerhalb der justiz- und innenpolitischen Zusammenarbeit die zentrale Rolle zugewiesen[705], dennoch hatten die politischen Vorgaben des Europäischen Rates im Rahmen der „dritten Säule" eine größere Bedeutung[706]. Während der Rat nach dem EG-Vertrag durch den Erlaß von Rechtsakten im Sinne des Art. 249 EGV (Art. 189 EGV a.F.) supranationale Rechtsetzungsgewalt ausübt, wurde er im Rahmen der innen- und justizpolitischen Zusammenarbeit in erster Linie als Instrument der intergouvernementalen Kooperation angesehen[707]. Wie *Müller-Graff* in diesem Zusammenhang daher zutreffend bemerkt, ist der Rat eher das Forum und die Mitgliedstaaten sind seine Akteure[708].
Zwar war die Kommission[709], wie Art. K.4 II EUV a.F. festlegte, „im vollen Umfang" an den Arbeiten im Rahmen der Zusammenarbeit in den Bereichen Justiz und Inneres beteiligt, was zuvor in den intergouvernementalen Gremien

---

[698] Vgl. Art. D II EUV a.F.

[699] So auch *Hilf/Pache*, in: Grabitz/Hilf, KommEU, Art. D Rn. 19; *Müller-Graff*, in: ders. (Hrsg.), S. 11 (29).

[700] So auch *Müller-Graff*, in: ders. (Hrsg.), S. 11 (29); *Curtin*, CMLRev. 1993, 17 (28).

[701] Ausführlich zur Funktion und den Aufgaben dieses Ausschusses vgl. *Niemeier*, in: Bieber/Monar (eds.), S. 321 ff.

[702] Der Koordinierungsausschuß selbst war wiederum in drei Lenkungsgruppen untergliedert, wobei diese durch einen entsprechenden Ratsbeschluß eingesetzt wurden (vgl. *Haberland*, ZAR 1/1996, 3). Im einzelnen handelt es sich dabei um die Lenkungsgruppen Asyl- und Einwanderung, Polizei und Zoll sowie Justitielle Zusammenarbeit (vgl. hierzu *O'Keeffe*, CMLRev. 1995, 893 (903 Fn. 15).

[703] Comité des representants permanents.

[704] Zur Organisation und Funktionsweise von COREPER vgl. *Röhl*, EuR 4/1994, 409 (418 ff.) m.w.N.

[705] Vgl. etwa *Schrapper*, DVP 12/1996, 498 (501); *de Lobkowicz*, in: Müller-Graff (Hrsg.), S. 41 (46); *Müller-Graff*, in: ders. (Hrsg.), S. 11 (29); *ders.*, in: FS Everling, 1996, S. 925 (935).

[706] Vgl. *Monar*, in: Monar/Morgan (eds.), S. 69 (81).

[707] Vgl. *Curtin*, CMLRev. 1993, 17 (28); *de Lobkowicz*, in: Müller-Graff, S. 41 (46); s. auch HandKom./EUV/EGV/*Hailbronner*, Art. K Rn. 124 m.w.N., der zugleich auf die strittige Frage eingeht, inwieweit der Rat im Rahmen der „dritten Säule" dogmatisch einzuordnen ist.

[708] *Müller-Graff*, in: ders. (Hrsg.), S. 11 (29).

[709] Zur Frage der dogmatischen Einordnung der Stellung der Kommission bei ihrem Tätigwerden im Rahmen der „dritten Säule" vgl. HandKom.EUV/EGV/*Hailbronner*, Art. K Rn. 129 m.w.N.

nicht selbstverständlich war[710], jedoch beschränkten sich die ihr nach dem EU-Vertrag zugewiesenen Befugnisse im Kern lediglich auf ein unverbindliches Vorschlagsrecht[711] sowie ein hieraus abzuleitendes Anwesenheitsrecht bei den entsprechenden Ratstagungen[712].

Neben der Beteiligung von Rat und Kommission wurde nunmehr auch das Europäische Parlament in das Entscheidungsverfahren miteinbezogen, wenngleich seine Rechte in der „dritten Säule" deutlich schwächer ausgestaltet waren als im Rahmen des Gemeinschaftsrechts[713]. Wie Art. K.6 EUV a.F. verdeutlichte, wurde das Europäische Parlament lediglich unterrichtet und angehört; eine rechtsverbindliche Gestaltungsmöglichkeit wurde dem Europäischen Parlament nicht zugewiesen[714]. Für das Europäische Parlament bestand jedoch die Möglichkeit, zumindest mittelbar über das Haushaltsverfahren, auf die zur „dritten Säule" gehörenden Politiken Einfluß zu nehmen. Dies wäre immer dann der Fall gewesen, wenn der Rat gemäß Art. K.8 II EUV a.F. beschlossen hätte, daß operative Ausgaben zu Lasten des Gemeinschaftshaushalts gehen sollten. Denn dann hätte gemäß Art. K.8 II EUV a.F. das EG-Haushaltsverfahren Anwendung gefunden, an dem das Europäische Parlament beteiligt wäre[715].

Abschließend stellt sich die Frage, ob und inwieweit der EuGH im Rahmen der zur „dritten Säule" gehörenden Gebiete eingebunden war[716]. Nach Art. L EUV a.F. wurde die Zuständigkeit des EuGH im Wege eines Enumerationsprinzips abschließend aufgeführt. Danach waren die Regelungen über den EuGH, die der EG-Vertrag vorsieht, im Grundsatz nicht anwendbar. Eine Ausnahme hiervon stellte lediglich Art. L lit. b EUV a.F. dar, nach welchem die Zuständigkeitsvorschriften des EG-Vertrags über den EuGH für Art. K.3 II lit. c UAbs. 3 EUV a.F. Anwendung gefunden haben. Nach dieser Vorschrift bestand die Möglichkeit, in völkerrechtlichen Übereinkommen vorzusehen, daß der Gerichtshof für die Auslegung der Übereinkommen und Streitigkeiten über ihre Anwendung

---

710 S. dazu o. S. 78.

711 Vgl. Art. K.3 II 1. Spstr. EUV a.F.; s. hierzu *Monar*, in: Monar/Morgan (eds.), S. 69 (72 f.); *Müller-Graff*, CMLRev. 1994, 493 (499); *Hendry*, GYIL 36 (1993), 295 (318).

712 Ausführlich zur Rolle der Kommission im Rahmen der „dritten Säule" vgl. *Myers*, in: Bieber/Monar (eds.), S. 277 ff.

713 So auch *Thun-Hohenstein/Cede*, Europarecht, S. 46; *Müller-Graff*, CMLRev. 1994, 493 (499 f.). Insgesamt zur Stellung des Europäischen Parlamentes im Rahmen des Titel VI des EU-Vertrages vgl. *Monar*, in: Bieber/Monar (eds.), S. 243 (246 ff.).

714 *Pechstein/Koenig*, Rn. 191; *Hendry*, GYIL 36 (1993), 295 (319). Ausführlich zur Rolle des Parlamentes im Rahmen der „dritten Säule" vgl. *Monar*, in: Monar/Morgan (eds.), S. 69 (75 ff.).

715 *Monar*, in: Monar/Morgan (eds.), S. 69 (77); *O'Keeffe*, CMLRev. 1995, 893 (904).

716 Vgl. dazu ausführlich *Neuwahl*, in: Bieber/Monar (eds.), S. 301 ff.; *Middeke/Szczekalla*, JZ 6/1993, 284 (291 f.).

zuständig ist[717], was insofern mit der bereits bestehenden Zuständigkeit des EuGH für die Auslegung des EuGVÜ vergleichbar ist [718].
Ob dem EuGH über diese Zuständigkeitsklausel hinaus die Möglichkeit zukam, aufgrund intergouvernementaler Zusammenarbeit erlassene Maßnahmen dahingehend zu überprüfen, ob diesen gemeinschaftsrechtliche Regelungen entgegenstehen, ist in der Literatur bis heute umstritten[719]. Der EuGH hat im Urteil vom 12. Mai 1998[720] eine derartige Zuständigkeit anerkannt[721]. Hierzu stellte er fest, daß er darüber zu wachen habe, ob eine Handlung des Rates zu Recht auf Art. K.3 EUV a.F. gestützt worden sei oder nicht auf eine Ermächtigungsgrundlage des EG-Vertrags hätte gestützt werden müssen. Begründet wurde dies damit, daß sich aus Art. M EUV a.F. ergab, daß eine Bestimmung wie Art. K.3 II EUV a.F., wonach der Rat in den Bereichen des Art. K.1 EUV a.F. gemeinsame Maßnahmen[722] annehmen konnte, nicht die Bestimmungen des EG-Vertrags berührte. Denn nach Art. L EUV a.F. galten die Bestimmungen über die Zuständigkeit des Gerichtshofes und die Ausübung dieser Zuständigkeit für Art. M EUV a.F.[723].
Letztendlich bleibt in diesem Zusammenhang aber festzuhalten, daß durch den Amsterdamer Vertrag nunmehr eine Zuständigkeit des EuGH für Nichtigkeitsklagen gegen Rechtsakte im Rahmen der Zusammenarbeit in den Bereichen Justiz und Inneres begründet wurde[724].

2. Einbindung der „dritten Säule“ in das Binnenmarktkonzept

Neben der institutionellen Einbindung hat die Justiz- und Innenzusammenarbeit durch den EU-Vertrag auch eine stärkere Einbindung im Hinblick auf die

---

717 Erstmals Gebrauch gemacht wurde von dieser Regelung im Rahmen des Vorschlags der Kommission v. 10. Dezember 1993 zum Abschluß eines Übereinkommens über die Personenkontrollen beim Überschreiten der Außengrenzen, ABl. EG 1994 Nr. C 11/6 (vgl. Art. 29 des Übereinkommens). Dagegen ist in Art. 40 I, II des Europol-Übereinkommens die Streitbeilegung ohne Einbeziehung des EuGH geregelt worden.

718 *Hendry*, GYIL 36 (1993), 295 (320).

719 Für eine derartige Zuständigkeit *Hendry*, GYIL 36 (1993), 295 (320); *Lepoivre*, CahDrEur 1999, 323 (337 Fn. 29); *Müller-Graff*, CMLRev. 1994, 493 (500); dagegen *Pechstein/Koenig*, Rn. 355 Fn. 21; *Pechstein*, JZ 20/1998, 1008 f.; *Böse*, EuR 5/1998, 678 ff.

720 In der Sache ging es hier um die Frage, ob die vom Rat aufgrund des Art. K.3 II lit. b EUV a.F. angenommene gemeinsame Maßnahme vom 4. März 1996 betreffend den Transit auf Flughäfen nicht auf Art. 100 c EGV a.F. hätte gestützt werden müssen (s. dazu ausführlich u. S. 126 f.).

721 EuGH, Rs. C-170/96, Kommission/Rat, Slg. 1998, I- 2763 (I- 2778 f.).

722 S. dazu u. S. 110.

723 Krit. zu dieser Begründung vgl. die Anm. von *Pechstein*, JZ 20/1998, 1008 f.; *Böse*, EuR 5/1998, 678 ff.

724 S. dazu u. S. 211 f.

Schaffung des Binnenmarktes, hier vor allem hinsichtlich der Verwirklichung der Freizügigkeit, erfahren. Dies ergab sich nicht nur aus dem Wortlaut des Art. K.1 EUV a.F. selbst, der die Verwirklichung der Freizügigkeit als eines der Ziele der Union ausdrücklich festschrieb, sondern auch aus dem 10. Erwägungsgrund der Präambel des EUV. Danach sollten die Regelungen des EU-Vertrags über den Bereich Justiz und Inneres dazu dienen, die Sicherheit der Unionsbürger vor solchen Gefahren zu schützen, die sich aus der durch den EG-Vertrag gewährleisteten Freizügigkeit ergeben[725]. Damit wird deutlich, daß die die innen- und justizpolitische Zusammenarbeit betreffenden Maßnahmen zunächst und in erster Linie auf die Verwirklichung von Ausgleichsmaßnahmen für den Wegfall der Personenkontrollen an den Binnengrenzen abzielen[726]. Bemerkenswert ist hierbei der bestehende Gegensatz zwischen Freizügigkeit und Ausgleichsmaßnahmen, der durch gemeinschaftsrechtliche Instrumente ausgelöst und durch intergouvernementale Zusammenarbeit bewältigt werden soll[727]. Daß, wie *Degen* zutreffend ausführt[728], sich die justiz- und innenpolitische Zusammenarbeit nicht vollends darin erschöpft, Ausgleichsmaßnahmen für den Wegfall der Personenkontrollen an den Binnengrenzen zu erlassen, sondern auch eigenständige Aufgaben verwirklichen soll, liegt ebenfalls auf der Hand, was durch die Erwähnung der Ziele der Union im allgemeinen in Art. K.1 EUV a.F. verdeutlicht wurde[729].

3. Vergemeinschaftungsklausel des Art. K.9 EUV a.F.

Die Zusammenarbeit im Rahmen der „dritten Säule" war nicht statisch angelegt, sondern enthielt eine Öffnung in Richtung auf eine weitergehende Vergemeinschaftung[730]. Dies verdeutlicht die Regelung des Art. K.9 EUV a.F., wonach bestimmte Bereiche der justiz- und innenpolitischen Zusammenarbeit in einem vereinfachten Vertragsänderungsverfahren in die supranationale Zuständigkeit der Europäischen Gemeinschaft überführt werden konnten[731]. Diese in der Literatur häufig als „Passerelle"[732], teilweise auch als Evolutivklausel[733]

---

[725] *Hilf/Pache*, in: Grabitz/Hilf, KommEU, Art. B Rn. 16.

[726] HandKom.EUV/EGV/*Hailbronner*, Art. K Rn. 14.

[727] *Hilf/Pache*, in: Grabitz/Hilf, KommEU, Präambel zum EUV Rn. 32.

[728] *Degen*, in: GTE, Art. K.1 Rn. 2.

[729] S. auch HandKom.EUV/EGV/*Hailbronner*, Art. K Rn. 14.

[730] S. hierzu *E. Klein/Haratsch*, DÖV 18/1993, 785 (796); s. auch *Nanz*, Integration 3/1992, 126 (131).

[731] BVerfGE 89, 155 (177).

[732] Zu deutsch „Brückchen"; so *O'Keeffe*, CMLRev. 1995, 893 (900); HandKom.EUV/EGV/*Hailbronner*, Art. K Rn. 172; *ders.*; ZAR 1/1995, 3 (12); *Fischer*, EuZW 24/1994, 747 (749); *Nanz*, Integration 3/1992, 126 (131); *ders.*, in: Monar/Morgan (eds.), S.

bezeichnete Regelung ermöglichte eine Überführung ausschließlich für die in Art. K.1 Nr. 1-6 EUV a.F. genannten Politikbereiche in die Gemeinschaftskompetenz nach Art. 100 c EGV a.F. mit der Folge, daß neben der Anwendung der gemeinschaftsrechtlichen Handlungsformen des Art. 249 EGV (Art. 189 EGV a.F.) und des gemeinschaftlichen Verfahrens der Entscheidungsfindung vor allem für die Auslegung und Anwendung des erfaßten Bereichs die Zuständigkeit des EuGH in Betracht gekommen wäre[734]; insoweit war die „Gemeinschaftsfähigkeit" festgeschrieben[735].

Die Kommission hatte bereits am 4. November 1993 einen Bericht an den Rat über die Möglichkeit der Anwendung von Art. K.9 EUV a.F. auf die Asylpolitik angenommen. Darin kam die Kommission zu dem Ergebnis, daß es nicht zweckmäßig sei, die Anwendung des Art. K.9 EUV a.F. auf die Asylpolitik unmittelbar nach dem Inkrafttreten des EU-Vertrags vorzuschlagen. Sie war vielmehr der Ansicht, diesen Problemkreis zu einem späteren Zeitpunkt anhand der Erfahrungen mit der Anwendung des Titels VI des EU-Vertrags a.F. erneut zu prüfen[736].

Dagegen fand Art. K.9 EUV a.F. auf die in Art. K.1 Nr. 7-9 EUV a.F. genannten Bereiche keine Anwendung, was von einer starken Zurückhaltung der Mitgliedstaaten gegenüber einer Integration in den Bereichen der justitiellen Zusammenarbeit in Strafsachen und im Zollwesen sowie gegenüber der polizeilichen Zusammenarbeit zeugt[737]. Dies ist nicht verwunderlich, da es sich hierbei um Gebiete handelt, die „zum traditionellen Kernbereich der einzelstaatlichen Souveränität" zu rechnen sind[738]. Bezüglich des vereinfachten Vertragsänderungsverfahrens ist noch anzumerken, daß der Rat die Vergemeinschaftung[739] auf Initiative der Kommission oder eines Mitgliedstaates einstimmig hätte beschließen und dieser Beschluß von allen Mitgliedstaaten hätte ratifiziert

---

123 (125); *Bunz/Neuenfeld*, Aus Politik und Zeitgeschichte, B 48/1994, 37 (44); *Den Boer*, in: Bieber/Monar (eds.), S. 191 (195).

733 So *Akmann*, JA 2/1994, 49 (53); *Braun*, in: Müller-Graff (Hrsg.), S. 75 (79); *Gimbal*, in: Weidenfeld (Hrsg.), S. 71 (83); *Lang*, ZAR 2/1998, 59.

734 S. auch *Degen*, in: GTE, Art. K.9 Rn. 9; *Bieber*, in: Monar/Morgan (eds.), S. 37 (45).

735 *Nanz*, Integration 3/1992, 126 (131).

736 Vgl. hierzu Bull.EG 11/1993, Ziff. 1.5.5.

737 S. auch HandKom.EUV/EGV/*Hailbronner*, Art. K Rn. 177; *Den Boer*, in: Bieber/Monar (eds.), S. 191 (195).

738 *Degen*, in: GTE, Art. K.9 Rn. 3.

739 Wären in diesem Zusammenhang Politikbereiche vergemeinschaftet worden, für die bereits völkerrechtliche Übereinkommen zwischen Mitgliedstaaten bestanden, so wären diese völkerrechtlichen Regelungen gemäß Art. 100 c VII EGV a.F. in Kraft geblieben, solange sie nicht durch Richtlinien oder Maßnahmen aufgrund von Art. 100 c EGV a.F. inhaltlich ersetzt worden wären. Damit galt der Vorrang des Gemeinschaftsrechts nur insoweit, als tatsächlich gemeinschaftsrechtliche Bestimmungen erlassen wurden; s. hierzu auch *Langeheine/van Nuffel*, in: Grabitz/Hilf, KommEU, Art. 100 c Rn. 29.

werden müssen[740]. Diese Klausel fand bis zum Inkrafttreten des Amsterdamer Vertrags[741] keine Anwendung[742].

II. Instrumente der Zusammenarbeit

Die Instrumente der Zusammenarbeit im Rahmen der „dritten Säule" wurden in Art. K.3 EUV a.F. genannt, der nicht nur auf eine Kooperationsform beschränkt war, sondern verschiedene Formen der Kooperation ermöglichte. Auch diese unterschieden sich, wie die gesamte „dritte Säule", wegen ihres intergouvernementalen Charakters von den rechtlichen Vorgaben des EG-Vertrags und stellten somit Formen der völkerrechtlichen Zusammenarbeit dar. Bezüglich der Formen dieser Zusammenarbeit ist darauf hinzuweisen, daß sie sehr generell gehalten waren und Voraussetzungen und Rechtsfolgen nur zum Teil festlegten, so daß die Mitgliedstaaten ihre Kooperation sehr flexibel gestalten konnten[743]. Auch fällt auf, daß sämtliche Handlungsformen des Art. K.3 EUV a.F. mit Ausnahme des völkerrechtlichen Übereinkommens weder verbindlich waren noch eine unmittelbare Wirkung gegenüber den Mitgliedstaaten entfalteten. Ihre praktische Bedeutung lag eher in der öffentlich erklärten politischen Bindung der Mitgliedstaaten[744].

Nach Art. K.3 I EUV a.F. unterrichteten und konsultierten die Mitgliedstaaten einander im Rat mit dem Ziel, ihr Vorgehen zu koordinieren. Damit wurde die jahrelange Zusammenarbeit der Mitgliedstaaten in den Bereichen Justiz und Inneres im Rahmen der verschiedenen intergouvernementalen Gremien von der informellen auf eine formelle, vertraglich festgeschriebene Grundlage geführt[745]. Zur Verwirklichung der Koordination begründeten die Mitgliedstaaten nach Art. K.3 I S. 2 EUV a.F. eine Zusammenarbeit zwischen ihren zuständigen Verwaltungsstellen, was verdeutlicht, daß die Zusammenarbeit nicht nur auf der Regierungsebene erfolgen sollte, sondern eben auch auf der Ebene der vollziehenden Verwaltungen. Aufgrund der täglichen Auseinandersetzung mit den zahlreichen Problemen auf den zur „dritten Säule" gehörenden Gebieten war die direkte Zusammenarbeit zwischen den einzelnen zuständigen Dienststellen

---

740 Dazu ausführlich, vgl. *Bieber*, in: Monar/Morgan (eds.), S. 37, (43 f.).

741 S. dazu u. S. 165 ff.

742 So auch *Pechstein/Koenig*, Rn. 370; *Lang*, ZAR 2/1998, 59.

743 S. hierzu *Müller-Graff*, CMLRev. 1994, 493 (506 ff.); anders vor allem *Blanke*, DÖV 10/1993, 412 (416 f.), der der Ansicht ist - ohne diese aber näher zu begründen -, daß gemeinsame Maßnahmen Rechtsakte sein können, die ohne Zwischenschaltung einer nationalen Instanz im „unmittelbaren Durchgriffseffekt" direkte Wirkung gegenüber den Gemeinschaftsbürgern entfalten. Zu den Rechtswirkungen der Zusammenarbeitsformen nach dem Amsterdamer Vertrag im Bereich der „dritten Säule" vgl. u. S. 206 ff.

744 So auch *Müller-Graff*, in: Monar/Morgan (eds.), S. 21 (35).

745 *Hendry*, GYIL 1993, S. 310.

als positiv zu bewerten. Demnach konnten beispielsweise die zuständigen Polizeidienststellen der Mitgliedstaaten direkt operationell, z.B. bei der Bekämpfung des Deliktsbereichs Euroscheckbetrug und Drogenhandel von international organisierten Gruppierungen, zusammenarbeiten. Durch eine direkte Kommunikation, verkürzte Meldewege und rechtzeitige Informationsgewinnung konnte aufgrund der dabei gewonnen Hinweise auch mit einer Intensivierung der Bekämpfung gerechnet werden.

Art. K.3 II EUV a.F. definierte die Instrumente der Zusammenarbeit, wobei es sich im einzelnen um gemeinsame Standpunkte, gemeinsame Maßnahmen und um völkerrechtliche Übereinkommen handelte.
Gemeinsame Standpunkte im Sinne des Art. K.3 II lit. a EUV a.F.[746] zielten in erster Linie darauf ab, daß die Mitgliedstaaten ihre innerstaatlichen Rechtsvorschriften oder Verwaltungspraktiken an gemeinsamen Maßstäben ausrichten[747], wie dies die gemeinsamen Standpunkte[748] zur harmonisierten Anwendung der Definition des Begriffs „Flüchtlinge" gemäß Art. 1 lit. a des Genfer Abkommen von 1951 und betreffend Unterstützungs- und Informationsprogramme im Grenzbereich[749] verdeutlichen.
Dagegen war eine präzise Definition des Begriffs der gemeinsamen Maßnahmen im Sinne des Art. K.3 II lit. b EUV a.F. schwierig, da es sich hierbei um einen unbestimmten Rechtsbegriff handelt[750]. Unter diese Handlungsform fielen Maßnahmen betreffend ein einheitliches Muster für die Aufenthaltsgenehmigungen[751], zur Bekämpfung von Rassismus und Menschenhandel[752], zu Ausbildungs-, Kooperations-[753] und Förderprogrammen[754], zum Austausch von Verbindungsrichtern und Staatsanwälten[755] und zur Angleichung von Rechtsvorschriften und Verfahren der Mitgliedstaaten[756]. Die Anzahl an unterschiedlichen Maßnahmen zeigt, daß der Begriff der gemeinsamen Maßnahme seine Ausfüllung erst durch die Praxis erfuhr[757].

---

746 Zu den gemeinsamen Standpunkten im Rahmen der GASP, vgl. Art. J.2 II EUV.
747 S. auch *Degen*, in: GTE, Art. K.3 Rn. 4.
748 S. dazu u. S. 117 f.
749 S. dazu u. S. 127.
750 *Müller-Graff*, in: Monar/Morgan (eds.), S. 21 (35 f.)
751 S. dazu u. S. 128.
752 S. dazu u. S. 137.
753 S. dazu u. S. 124, 133.
754 S. dazu u. S. 137.
755 S. dazu u. S. 137.
756 S. dazu u. S. 142.
757 So auch *Müller-Graff*, in: Monar/Morgan (eds.), S. 21 (35 f.).

Eine völkerrechtliche Verbindlichkeit war weder dem gemeinsamen Standpunkt[758] noch der gemeinsamen Maßnahme beizumessen. Daß auch der gemeinsamen Maßnahme nach Art. K.3 II lit. b EUV a.F. die Verbindlichkeit abzusprechen war[759], verdeutlicht die Tatsache, daß diese Handlungsform mit dem Inkrafttreten des Amsterdamer Vertrags durch zwei neue Handlungsformen, nämlich den Rahmenbeschluß und den sog. „sonstigen Beschluß", ersetzt wurde. Wie dem neuen Art. 34 II lit. b und c EUV zu entnehmen ist, wird die Verbindlichkeit gegenüber den Mitgliedstaaten ausdrücklich im Vertragstext festgeschrieben, was nicht notwendig gewesen wäre, hätte man bereits der gemeinsamen Maßnahme eine derartige Wirkung zugedacht.
Schließlich regelte Art. K.3 II lit. c EUV a.F. die Handlungsform des völkerrechtlichen Übereinkommens. Im Unterschied zu den gemeinsamen Standpunkten und Maßnahmen konnte durch die Handlungsform des völkerrechtlichen Übereinkommens in den Mitgliedstaaten auch unmittelbar anwendbares und Vorrang beanspruchendes Recht gesetzt werden. Wie dem Art. K.3 II lit. c EUV a.F. zu entnehmen war, blieb durch diesen Artikel der Art. 293 EGV (Art. 220 EGV a.F.) unberührt. Damit stand fest, daß völkerrechtliche Übereinkommen zwischen den Mitgliedstaaten dann auf Art. 293 EGV (Art. 220 EGV a.F.) zu stützen waren, wenn sie thematisch die dort genannten Materien betrafen. Während die Mitgliedstaaten nach Art. 293 EGV (Art. 229 EGV a.F.) „untereinander Verhandlungen" einleiten, wurden die Übereinkommen gemäß Art. K.3 II lit. c EUV a.F. vom Rat ausgearbeitet und „den Mitgliedstaaten zur Annahme gemäß ihren verfassungsrechtlichen Vorschriften" empfohlen. Dies verdeutlicht, daß die Mitgliedstaaten in keiner Weise verpflichtet waren, die ausgearbeiteten Übereinkommen tatsächlich anzunehmen. Eine Frist, wonach die Einleitung des Annahmeverfahrens vorgenommen werden mußte, bestand im Gegensatz zu der neuen Regelung des Art. 34 II lit. d EUV[760] nicht. Daher waren die Mitgliedstaaten nicht verpflichtet, innerhalb angemessener Frist das Annahmeverfahren einzuleiten und abzuschließen[761]. Auch die Praxis hat gezeigt, daß die Mitgliedstaaten Übereinkommen aus politischen Gründen unbefristet zurückstellten, wie dies insbesondere das Übereinkommen über die Personenkontrollen beim Überschreiten der Außengrenzen der Mitgliedstaaten[762] verdeutlicht. Auch das Europol-Übereinkommen, daß von den Mitgliedstaaten am 26. Juni 1995 unterzeichnet wurde, ist erst am 1. Oktober 1998 in Kraft getreten[763].

---

758 S. auch *Degen*, in: GTE, Art. K.3 Rn. 4.

759 Anders aber *Degen*, in: GTE, Art. K.3 Rn. 7, der die völkerrechtliche Verbindlichkeit gegenüber den Mitgliedstaaten aus der Natur der Sache folgen läßt.

760 S. dazu u. S. 203 f.

761 So aber *Degen*, in: GTE, Art. K.3 Rn. 13.

762 S. dazu u. S. 131 f.

763 S. dazu u. S. 150.

III. Resümee

Bereits an dieser Stelle erscheint es angebracht, ein kurzes Resümee zu ziehen. Als ein unbestreitbarer Fortschritt ist die Tatsache zu nennen, daß mit den Regelungen von Maastricht die justiz- und innenpolitische Zusammenarbeit überhaupt in einen Gesamtrahmen einbezogen wurde, der zumindest in Ansätzen eine Annäherung an das gemeinschaftsrechtliche System erkennen ließ[764]. Wie die Entwicklung bis zum Inkrafttreten des Maastrichter Vertrags gezeigt hat, war die mitgliedstaatliche Zusammenarbeit in erster Linie durch den Abschluß völkerrechtlicher Verträge geprägt, wobei teils bi-, teils multilaterale Übereinkommen geschlossen wurden; die Zusammenarbeit vollzog sich also völlig außerhalb der Institutionen der Gemeinschaft. Auch im Hinblick auf die vom Europäischen Rat eingesetzten Koordinatorengruppen[765] wurde die intergouvernementale Zusammenarbeit in keinem einheitlichen Gemeinschaftsrahmen vollzogen. Damit haben die Regelungen von Maastricht zunächst einmal einen ersten Schritt in Richtung auf die Entwicklung einer europäischen Innen- und Justizpolitik bewirkt.

Die Einbindung der „dritten Säule" in die Institutionen der Gemeinschaft ist im Ergebnis jedoch als sehr bescheiden einzustufen. Neben der fehlenden effektiven und demokratischen Kontrolle durch das Europäische Parlament[766], die im übrigen auch nicht vollständig mittels einer Kontrolle durch die nationalen Parlamente kompensiert wird[767], und dem eingeschränkten Initiativrecht der Kommission war vor allem die fehlende Kontrolle durch den EuGH als institutionelles Defizit anzusehen. Hieraus ergaben sich Gefahren nicht nur für den Rechtsschutz, sondern auch für eine einheitliche rechtliche Auslegung der im Rahmen der „dritten Säule" getroffenen Maßnahmen[768]. Schließlich ist das Fehlen spezieller Kompetenzgrundlagen, die es den Gemeinschaftsorganen ermöglichen, in ihren nach dem EG-Vertrag vorgesehenen Entscheidungsverfahren vorzugehen, negativ zu bewerten. Denn gerade dies hätte eine „echte" Vergemeinschaftung zur Folge gehabt. Mit Ausnahme des Art. 100 c EGV a.F., der auch nur im begrenzten Umfang Anwendung gefunden hat, haben die Maastrichter Regelungen keinen wesentlichen Fortschritt an Kompetenzen gebracht. Dies verwundert umso mehr, als mit dem Unionsvertrag erstmals der

---

[764] S. auch *Hilf/Pache*, in: Grabitz/Hilf, KommEU, Art. C Rn. 3 m.w.N.

[765] S. dazu o. S. 94 ff.

[766] S. hierzu *Gimbal*, in: Weidenfeld (Hrsg.), S. 71 (87 f.); *Drüke*, in: Pauly (Hrsg.): Les accords de Schengen, S. 105 (131 ff.); *Schütz*, AöR 120 (1995), 509 (543 ff.).

[767] *Monar*, Integration 2/1996, 93 (99); *Bohnen*, DRiZ 10/1996, 411 (413); *Akmann*, JA 2/1994, 49 (55).

[768] *Monar*, Integration 2/1996, 93 (99); *Bohnen*, DRiZ 10/1996, 411 (414); *Müller-Graff*, in: ders. (Hrsg.), S. 21 (31); *ders.*, in: FS Everling, 1996, S. 925 (939); *Akmann*, JA 2/1994, 49 (55).

unmittelbare Zusammenhang zwischen der Abschaffung der Grenzkontrollen im Binnenmarkt und der justiz- und innenpolitischen Zusammenarbeit vertraglich festgeschrieben wurde[769]. Auch die fehlende Verbindlichkeit der Instrumente der Zusammenarbeit zeigte den mangelnden Willen der Mitgliedstaaten, Souveränitätsverluste in den Bereichen der „dritten Säule" hinzunehmen. Daß diese äußerst zurückhaltende institutionelle Einbindung der „dritten Säule" in den Gemeinschaftsrahmen auch negative Auswirkungen auf die Ausgestaltung der einzelnen Politikfelder entfalten würde, dürfte ebenfalls auf der Hand liegen. Im folgenden wird daher zu zeigen sein, ob und inwieweit überhaupt Fortschritte in den einzelnen zur „dritten Säule" gehörenden Tätigkeitsbereichen erzielt wurden.

B. Tätigkeitsbereiche der Zusammenarbeit im Rahmen der „dritten Säule"

Was die von der „dritten Säule" erfaßten Tätigkeitsbereiche angeht, so fand sich in Art. K - Art. K.9 EUV a.F. weder eine allgemeine Definition der Bereiche Justiz und Inneres noch eine generalklauselartige Umschreibung dieser Gebiete. Vielmehr wurde die Zusammenarbeit in den Bereichen Justiz und Inneres durch eine abschließende Auflistung von neun Sachgegenständen in Art. K.1 EUV a.F. substantiiert; eine Erweiterung der Tätigkeitsbereiche konnte daher nur im Wege einer Vertragsänderung gemäß Art. N EUV a.F. erfolgen[770].
Im einzelnen fielen unter den Art. K.1 EUV a.F. (1) die Asylpolitik[771], (2) die Vorschriften für das Überschreiten der Außengrenzen der Mitgliedstaaten durch Personen und die entsprechenden Kontrollen[772], (3) die Einwanderungspolitik und die Politik gegenüber den Staatsangehörigen dritter Länder[773], (4) die Bekämpfung der Drogenabhängigkeit[774], (5) die Bekämpfung von Betrügereien im internationalen Maßstab[775], (6) die justitielle Zusammenarbeit in Zivil-[776] und (7) Strafsachen[777], (8) die Zusammenarbeit im Zollwesen[778] sowie (9) die polizeiliche Zusammenarbeit zur Verhütung und Bekämpfung des Terrorismus, des illegalen Drogenhandels und sonstiger schwerwiegender Formen der internationalen Kriminalität in Verbindung mit dem Aufbau eines unionsweiten

---

[769] S. dazu o. S. 106 f.
[770] *Degen*, in: GTE, Art. K.1 Rn. 4.
[771] Art. K.1 Ziff. 1 EUV a.F.
[772] Art. K.1 Ziff. 2 EUV a.F.
[773] Art. K.1 Ziff. 3 EUV a.F.
[774] Art. K.1 Ziff. 4 EUV a.F.
[775] Art. K.1 Ziff. 5 EUV a.F.
[776] Art. K.1 Ziff. 6 EUV a.F.
[777] Art. K.1 Ziff. 7 EUV a.F.
[778] Art. K.1 Ziff. 8 EUV a.F.

Systems zum Austausch von Informationen im Rahmen eines Europäischen Polizeiamtes (Europol)[779].

I. Berücksichtigung gemeinschaftsrechtlicher Zuständigkeiten

Die sachliche Reichweite der vorgenannten Bereiche war stets unter Beachtung der gemeinschaftsrechtlichen Zuständigkeiten zu bestimmen[780]. Denn wie dem Wortlaut der Vorbehaltsklausel des Art. K.1 EUV a.F. zu entnehmen war, betrachteten die Mitgliedstaaten „unbeschadet der Zuständigkeiten der Europäischen Gemeinschaft“ diese Bereiche „als Angelegenheiten von gemeinsamen Interesse“[781]. Entsprechend regelte Art. M EUV a.F., daß der EU-Vertrag grundsätzlich den personellen, sachlichen, räumlichen und zeitlichen Geltungsbereich der drei Gemeinschaftsverträge und der übrigen primärrechtlichen Vorschriften nicht berührt[782]. Damit wurde ausdrücklich klargestellt, daß durch die Regelungen der Art. K.1 - K.9 EUV a.F. die EG-Kompetenzen in keiner Weise beschränkt werden sollten[783].
Es stellte sich daher die Frage nach der Kompetenzlage. Da sich aber durch den EU-Vertrag die Reichweite der EG-Kompetenzen mit Ausnahme des Art. 100 c EGV[784] nicht verändert hatte - wie dies auch die in den einzelnen Politikbereichen des Art. K.1 EUV a.F. vollführte Praxis gezeigt hat[785] -, kann, was Zweifelsfragen über die Reichweite bestimmter Gemeinschaftszuständigkeiten anbelangte, auf die bereits oben[786] gemachten Ausführungen verwiesen werden. Zudem dürfte die jahrelange Diskussion um die Frage nach der Gemeinschaftskompetenz bezüglich der Einreise von Drittstaatsangehörigen mit dem Inkrafttreten des Amsterdamer Vertrags als beendet angesehen werden. Denn nach dem durch den Amsterdamer Vertrag neu eingeführten Art. 62 Nr. 3 EGV wird das Einreise- und Aufenthaltsrecht von Drittstaatsangehörigen für einen Aufenthalt von bis zu drei Monaten vergemeinschaftet. Daraus ergibt sich, daß dieser Bereich als Materie anzusehen ist, die bisher mit den Mitteln der „dritten Säule“ zu regeln war.
Neben der Problematik der Kompetenzabgrenzung ist der Frage nachzugehen, ob bei Bestehen einer Gemeinschaftskompetenz die Form der zwischenstaatlichen Zusammenarbeit im Rahmen der „dritten Säule“ Anwendung finden

---

[779] Art. K.1 Ziff. 9 EUV a.F.

[780] S. auch *Degen*, in: GTE, Art. K Rn.4; HandKom.EUV/EGV/*Hailbronner*, Art. K. Rn. 18.

[781] Art. K.1 UAbs. 1 EUV a.F.

[782] S. dazu HandKom.EUV/EGV/*Klein*, Art. M. Rn. 5.

[783] S. auch *Müller-Graff*, in: ders. (Hrsg.), S. 11 (36); *ders.*, in: FS Everling, 1996, S. 925 (943); HandKom.EUV/EGV/*Hailbronner*, Art. K Rn. 15.

[784] S. dazu u. S. 130 f.

[785] S. dazu u. S. 115 ff.

[786] Vgl. o. S. 23 ff.

konnte. Während *Pechstein/Koenig* eine „Flucht in das Unionsrecht" bei einer ausschließlichen – oder ausgeübten konkurrierenden - Gemeinschaftskompetenz[787] für unzulässig halten[788], will *Müller-Graff* das Verfahren der Zusammenarbeit im Rahmen der „dritten Säule" dann nicht ausschließen, wenn auf diesem Wege eher Ergebnisse erzielt werden können als durch Bemühungen, einen Gemeinschaftsakt zu erlassen[789]. Vorzugswürdig erscheint die Ansicht von *Degen*[790], wonach bei einer ausschließlichen Gemeinschaftszuständigkeit keine auf die Regelungen der Art. K.1 - K.9 EUV a.F. gestützten Beschlüsse gefaßt werden dürfen; insoweit sind die Gemeinschaftsorgane verpflichtet, von der Gemeinschaftszuständigkeit Gebrauch zu machen[791]. Handelt es sich dagegen um eine konkurrierende Zuständigkeit der Gemeinschaft, so ist die Frage nach der Ausübung der Gemeinschaftskompetenz nach Zweckmäßigkeitsgesichtpunkten zu entscheiden[792].
Doch dürfte dieser Problembereich eher rein theoretischer Natur sein, da zunächst einmal überhaupt eine Gemeinschaftskompetenz bestehen muß. Wie die Praxis bisher gezeigt hat[793], wurde auf gemeinschaftsrechtliche Kompetenzvorschriften nur in seltenen Fällen zurückgegriffen, was vor allem daran lag, daß sich die Mitgliedstaaten nicht darüber einig waren, ob Fragen betreffend die Innen- und Justizpolitik vom gemeinschaftsrechtlichen Kompetenzgefüge erfaßt waren. Inwieweit sich die gemeinschaftsrechtliche Praxis in den einzelnen Politikbereichen nach der Einführung der Art. K.1 - K.9 EUV a.F. geändert hat, wird nun im folgenden untersucht.

II. Die einzelnen Politikbereiche

Wie dem vom Rat „Justiz und Inneres" am 29./30. November 1993[794] ausgearbeiteten und vom Europäischen Rat auf seiner Tagung am 10./11. Dezember 1993 in Brüssel[795] angenommenen Aktionsplan im Bereich Justiz und Inneres und dem entsprechenden vorrangigen Programm zu entnehmen ist, wurden frühzeitig konkrete Maßnahmen im Rahmen der „dritten Säule" beschlossen, die im Kern die in Art. K.1 EUV a.F. aufgeführten Politikbereiche weitgehend umfassen. Es wurden mit den Bereichen Asyl und Einwanderung, polizeiliche

---

787 Zur Unterscheidung zwischen ausschließlicher und konkurrierender Zuständigkeit der Gemeinschaft vgl. *Schwartz*, in: FS Everling, 1996, S. 1331 ff.

788 *Pechstein/Koenig*, Rn. 120; so auch HandKom.EUV/EGV/*Hailbronner*, Art. K Rn. 17.

789 *Müller-Graff*, in: ders. (Hrsg.), S. 11 (37); *ders.*, in: FS Everling, 1996, S. 925 (944).

790 *Degen*, in: GTE, Art. K.1 Rn. 3.

791 *v.Bogdandy/Nettesheim*, in: Grabitz/Hilf, KommEU, Art. 3 b Rn. 12 m.w.N.

792 *Degen*, in: GTE, Art. K.1 Rn. 3.

793 S. dazu o. S. 31 f.

794 Bull.EG 11/1993, Ziff. 1.5.1.

795 Bull.EG 12/1993, Ziff. I.8.

Zusammenarbeit, Zusammenarbeit auf dem Gebiet des Zollwesens, Drogenbekämpfungsmaßnahmen sowie die justitielle Zusammenarbeit in Straf- und Zivilsachen sechs Schwerpunkte gesetzt. Der Europäische Rat hat daran die Erwartung geknüpft, daß der Rat weitere konkrete Maßnahmen beschließt, wobei er die Bereiche der Bekämpfung des Drogenhandels und der organisierten Kriminalität hervorhob.

1. Europäische Asyl- und Einwanderungspolitik

1.1. Enger Zusammenhang von Asyl- und Einwanderungspolitik

Obwohl die Regelung des Art. K.1 EUV a.F. die Asyl[796]- und Einwanderungspolitik[797] getrennt aufführt, stehen beide Bereiche doch in einem einheitlichen Zusammenhang, da beide Politiken bei dem Problem der Bewältigung von Wanderungsbewegungen Berücksichtigung finden müssen. So weist *Hailbronner* darauf hin, daß sich dieses Problemfeld zum einen damit auseinandersetzen muß, die Ursachen von Wanderungsbewegungen zu bewältigen, und zum anderen damit, wie mit gemeinsamen europäischen außen- und wirtschaftspolitischen Maßnahmen diesen Wanderungsbewegungen besser begegnet werden kann[798]. Diesen Zusammenhang zwischen Asyl- und Einwanderungspolitik hat auch die Kommission in der Zwischenzeit hervorgehoben. Während sie im Oktober 1991 dem Rat und dem Europäischen Parlament noch getrennte Mitteilungen betreffend Einwanderung einerseits[799] und Asylrecht andererseits[800] zukommen ließ, hat sie mit ihrer Mitteilung vom 23. Februar 1994[801] nunmehr ein umfassendes gemeinsames Konzept für eine wirksame Einwanderungs- und Asylpolitik vorgeschlagen[802]. Auch das vom Europäischen Rat von Maastricht im Dezember 1991 gebilligte Arbeitsprogramm der Ad-hoc-Gruppe „Einwanderung“[803] hat neben Fragen der Asylpolitik die weitergehenden Aspekte der Einwanderungsproblematik einbezogen, die über die Regelung von Kontrollen in einem Binnenmarkt hinausreichen.

---

796 Vgl. Art. K.1 Ziff. 1 EUV a.F.

797 Vgl. Art. K.1 Ziff. 3 EUV a.F.

798 *Hailbronner*, ZAR 1/1995, 3 (8); s. auch *Pechstein/Koenig*, Rn. 356, die ebenfalls von einer teilweisen Überschneidung beider Politikbereiche ausgehen.

799 Vgl. Bull.EG 10/1991, Ziff. 1.2.2.1.

800 Vgl. Bull.EG 10/1991, Ziff. 1.2.2.2.

801 Mitteilung der Kommission an den Rat und das Europäische Parlament v. 23. Februar 1994 - Zuwanderungs- und Asylpolitik -, KOM (94) 23 endg.

802 S. dazu u. S. 118 f.

803 S. dazu bereits o. S. 89.f

Schließlich hat auch der Rat „Justiz und Inneres“ in seinem Arbeitsprogramm vom 30. November 1993[804] für den justiz- und innenpolitischen Bereich die Bereiche Asyl und Einwanderung verknüpft. Aufgrund dieses engen Sachzusammenhangs wird es schwierig sein, beide Regelungsbereiche klar voneinander abzugrenzen[805]. Trotzdem ergeben sich daraus keine besonderen Probleme, da für beide Bereiche die gleichen Regelungen galten, wie z.B. die Anwendbarkeit des Art. K.9 EUV a.F. und die Initiativberechtigung der Kommission im Rahmen des Art. K.3 EUV a.F.
Aufgrund des engen Sachzusammenhangs werden daher beide Politikbereiche gemeinsam in einem Gliederungspunkt dargestellt.

1.2. Inhaltliche Ausgestaltung der Asyl- und Einwanderungspolitik

Als wesentlicher Regelungsbereich der Asylpolitik wird die Harmonisierung des formellen und materiellen Asylrechts angesehen[806]. Welche Bereiche hiervon im Rahmen der „dritten Säule“ erfaßt sein sollen, läßt sich vor allem anhand der Maßnahmeprogramme feststellen.
Hinsichtlich der Harmonisierung des materiellen Asylrechts plante die Kommission bereits in ihrer Mitteilung vom 9. Oktober 1991[807] Maßnahmen, mit denen u.a. eine einheitliche Auslegung der Kriterien der Genfer Konvention und eine Harmonisierung der Vorschriften für „de facto“-Flüchtlinge und der Aufnahmebedingungen für Asylbewerber erreicht werden können. Unter Berücksichtigung dieser Mitteilung und des Arbeitsprogrammes der Ad-hoc-Gruppe „Einwanderung“ vom 2. Dezember 1991[808] hat der Rat „Justiz und Inneres“ in seinem Aktionsplan vom 29./30. November 1993[809] und dem entsprechenden Arbeitsprogramm vom 2. Dezember 1993[810] für die materielle Asylrechtsharmonisierung zunächst eine gemeinsame Aktion für die Harmonisierung der Auslegung der Flüchtlingsdefinition der Genfer Flüchtlingskonvention sowie eine Angleichung der Aufnahmebedingungen von Asylbewerbern vorgesehen. Darüber hinaus wurde eine Prüfung darüber geplant, ob die bereits angenommenen Ministerentschließungen in „gemeinsame Aktionen“ oder Übereinkommen übernommen sowie Grundsätze aufgestellt werden können, die

---

[804] S. o. S. 115 f.

[805] *Hailbronner*, ZAR 1/1995, 3 (8); HandKom.EUV/EGV/*Hailbronner*, Art. K Rn. 19.

[806] Vgl. etwa Mitteilung der Kommission an den Rat und das Europäische Parlament v. 9. Oktober 1991, Bull.EG 10/1991, Ziff. 1.2.2.2.; *Nanz*, Integration 3/1992, 126 (134); *Fischer*, EuZW 24/1994, 747 (749); *Pechstein/Koenig*, Rn. 353; *Akmann*, JA 2/1994, 49 (53); HandKom.EUV/EGV/*Hailbronner*, Art. K Rn. 19.

[807] Bull.EG 10/1991, Ziff. 1.2.2.2.; s. dazu o. S. 89.

[808] S. dazu o. S. 89 f.

[809] S. dazu o. S. 115 f.

[810] Arbeitsprogramm v. 2. Dezember 1993, 10684/93, JAI 12.

in den bilateralen oder multilateralen Rücknahmeübereinkommen mit Drittstaaten zu berücksichtigen sind und gegebenenfalls eine Verbindung zwischen den von der Gemeinschaft und den Mitgliedstaaten geschlossenen Assoziations- oder Kooperationsabkommen und der Praxis der Drittstaaten im Bereich der Rücknahme herstellen. Demnach können als dem materiellen Asylrecht zugehörige Bereiche zunächst einmal die sachlichen Kriterien für die Behandlung von Anträgen auf Anerkennung als politischer Flüchtling im Sinne der Genfer Flüchtlingskonvention[811], für den Zugang und den Aufenthalt von Asylbewerbern in den EG-Mitgliedstaaten sowie die Voraussetzungen für die Aufenthaltsbeendigung und die Rückführung in die Herkunftsländer angesehen werden[812].
Was die formelle Asylrechtsharmonisierung anbelangt, so umfaßt diese die Vereinheitlichung des Asylverfahrens[813]. Hierzu sind, neben einem einheitlichen Zuständigkeitssystem für die Prüfung von Asylanträgen, vereinfachte Verfahren für offensichtlich unbegründete Asylanträge[814] und nunmehr auch, wie dem Arbeitsprogramm vom 2. Dezember 1993 des Rates „Justiz und Inneres" zu entnehmen ist, die Festlegung von Mindestgarantien für die Verfahren zur Prüfung von Asylanträgen zu zählen. Eine Totalharmonisierung des Asylrechts in Europa wird mit diesen inhaltlichen Vorgaben nicht angestrebt.
Vor allem die Harmonisierung des Asylverfahrensrechts hat der Tatsache Rechnung zu tragen, daß die EG-Mitgliedstaaten eine zum Teil stark divergierende Verwaltungs- und Gerichtsorganisationen aufweisen, die gleichfalls harmonisiert werden müßten, wenn man zu einem unionsweit einheitlichen Asylverfahren gelangen wollte[815]. Allerdings hat der Rat „Justiz und Inneres" in seiner Entschließung vom 14. Oktober 1996 zur Festlegung der Prioritäten für die Zusammenarbeit im Bereich Justiz und Inneres für den Zeitraum vom 1. Juli 1997 bis zum 30. Juni 1998[816] für den Bereich der Asylpolitik als neues Ziel die Angleichung der nationalen Asylverfahren hervorgehoben. Die inhaltliche Ausgestaltung im Hinblick auf die Herstellung einer vollständigen Einheitlichkeit des Asylrechts ist also erweitert worden.
Neben dem formellen und materiellen Asylrecht bezieht sich die Asylpolitik auch auf Bereiche der Einwanderungspolitik. Wie der bereits erwähnten[817] Mitteilung der Kommission vom 23. Februar 1994 über die Einwanderungs- und

---

811 S. dazu insb. *Nanz*, in: Monar/Morgan (eds.), S. 123 (129 f.); *Hailbronner*, ZAR 1/1995, 3 (8).

812 So auch *Degen*, in: GTE, Art. K.1 Rn. 6.

813 S. dazu ausführlich *Hailbronner*, ZAR 1/1995, 3 (8 f.).

814 Vgl. in diesem Zusammenhang sog. das „Dokument von Palma de Mallorca" v. 6. Juni 1989, s. dazu o. S. 88.

815 S. auch *Nanz*, Integration 3/1992, 126 (134).

816 ABl. EG 1996 Nr. C 319/1.

817 S. dazu o. S. 116.

Asylpolitik[818] zu entnehmen ist, zeigt sich die enge Verflechtung beider Politiken[819] unter dem Gesichtspunkt der Verhinderung der Ursachen von großen Wanderungsbewegungen, worunter in erster Linie der Zustrom politischer Flüchtlinge gemeint sein dürfte[820]. Insoweit ist die europäische Asylrechtskoordination auch mit einem einheitlichen europäischen Flüchtlingskonzept verknüpft, wozu u.a. eine Zusammenarbeit mit den wichtigsten Zuwanderungsländern, eine Festlegung und Umsetzung gemeinsamer Konzepte, die Einbeziehung sog. Gewaltflüchtlinge in Koordinierungsverfahren[821], die Kontrolle von Fluchtbewegungen vor Erreichen der EG-Mitgliedstaaten sowie Rückführungsaktionen gehören[822]. In diese Richtung und sogar darüber hinaus gehen die vom Europäischen Parlament auf der Grundlage des *Lambrias*-Berichts in der am 19. Januar 1994 verabschiedeten Entschließung[823] gemachten Ausführungen zu den Grundprinzipien einer europäischen Flüchtlingspolitik, die in den Kontext einer umfassenden europäischen Asyl- und Flüchtlingspolitik gestellt sind. Danach zählt das Europäische Parlament zu den Grundprinzipien die Festlegung von gemeinsamen Kriterien für „sichere“ Aufnahmestaaten und Herkunftsländer, von Fristen für die Gewährung von Einreisevisa für Flüchtlinge, die Einteilung von Flüchtlingskategorien, denen der Weg des Asylverfahrens offensteht, einschließlich derer, die den Kriterien der Genfer Flüchtlingskonvention nicht entsprechen, sowie die Einrichtung eines europäischen Flüchtlingsfonds und die Aufstellung eines Notplans für die Aufnahme von Flüchtlingen.

Die Einwanderungspolitik im Sinne des Art. K.1 Nr. 3 EUV a.F. betraf dagegen im Kern die Voraussetzungen für die Einreise und den Verkehr von Drittstaatsangehörigen im Hoheitsgebiet der Mitgliedstaaten (lit. a) sowie die Voraussetzungen für den Aufenthalt dieser Staatsangehörigen im Hoheitsgebiet der Mitgliedstaaten einschließlich der Familienzusammenführung und des Zugangs zur Beschäftigung (lit. b). Damit erfaßt die Einwanderungspolitik zunächst die Voraussetzungen für die rechtmäßige Einreise in das Gebiet der Union sowie den Aufenthalt und den Verkehr innerhalb dieses Gebietes, wozu auch die aufenthaltsbeendenden Maßnahmen zu zählen sind. Eng hiermit verbunden dürften auch Maßnahmen im Hinblick auf eine Verbesserung der Integration legaler Zuwanderer sein, etwa durch die Bekämpfung jeglicher Formen von

---

818 KOM (94) 23 endg., S. 5 ff.

819 Grundlegend dazu s. o. S. 116 f.

820 Vgl. *Hailbronner*, ZAR 1/1995 3 (10 f.); *Degen*, in: GTE, Art. K.1 Rn. 5 m.w.N.

821 Dazu ausführlich *Hailbronner*, ZAR 1/1995, 3 (9 f.).

822 S. hierzu *Hailbronner*, ZAR 1/1995, 3 (11); *Achermann*, in: Achermann/Bieber u.a., S. 127 f.

823 ABl. EG 1994 Nr. C 44/106.

Rassendiskriminierung, Rassismus und Fremdenfeindlichkeit[824]. Damit ist, wie *Degen* zutreffend formuliert[825], fast das gesamte für Drittstaatsangehörige geltende Ausländerrecht zum Gegenstand der „dritten Säule“ gemacht worden, was nach dem Inkrafttreten des Amsterdamer Vertrags in Art. 63 Nr. 3 EGV[826] geregelt ist. Schließlich sah Art. K.1 Nr. 3 lit. c EUV a.F. Fragen betreffend die Bekämpfung der illegalen Einwanderung, des illegalen Aufenthalts und der illegalen Arbeit dieser Staatsangehörigen in den Mitgliedstaaten als vom Schutzbereich der Einwanderungspolitik erfaßt an.

Mit der Vorschrift des Art. K.1 Nr. 3 EUV a.F. wurde deutlich, daß sich die entsprechenden Kompetenzregelungen des EG-Vertrags zur Freizügigkeit nur auf Staatsangehörige der EG-Mitgliedstaaten bezogen, und nicht, wie teilweise angenommen, auch auf Drittstaatsangehörige[827]. Zwar ist das Binnenmarktkonzept auf die Abschaffung sämtlicher Binnengrenzkontrollen für Personen, also auch für Drittstaatsangehörige, ausgerichtet[828]; dennoch hat bisher hierfür eine gemeinschaftsrechtliche Kompetenznorm, übrigens auch für EG-Bürger, gefehlt. Zwar hat die Kommission den Vorschlag vom 24. August 1995 für eine Richtlinie des Rates zur Beseitigung der Personenkontrollen auf Art. 94 EGV (Art. 100 EGV a.F.) gestützt[829]; trotzdem ist dieser Richtlinienvorschlag bis heute nicht verbindliches Recht. Zudem wäre die Einführung des durch den Amsterdamer Vertrag neu aufgenommenen Art. 62 Nr. 1 EGV unverständlich, wonach der Gemeinschaft nunmehr die Kompetenz zukommt, Regelungen betreffend die Abschaffung der Binnengrenzkontrollen für EU-Bürger und Drittstaatsangehörige gleichermaßen zu treffen. Die Ansicht von *Nanz*, daß lediglich die aufenthaltsrechtliche Befugnis zur Einreise in einen EG-Mitgliedstaat im Rahmen der „dritten Säule“ zu regeln war und nicht auch die Befugnis zur Aufhebung der physischen Grenzkontrollen für Drittstaatsangehörige[830], ist daher abzulehnen. Auch wäre der von der Kommission ebenfalls auf Art. 94 EGV (Art. 100 EGV a.F.) gestützte Richtlinienvorschlag vom 24. August 1995 über die Reisefreiheit von Drittstaatsangehörigen innerhalb der Gemeinschaft[831], wonach die Mitgliedstaaten „den Staatsangehörigen von Drittländern, die sich rechtmäßig in einem Mitgliedstaat aufhalten, ... das Recht, im Gebiet der anderen Mitgliedstaaten zu reisen“, gewähren sollten[832], nicht

824 S. auch Mitteilung der Kommission v. 23. Februar 1994, KOM (94) endg., Rn. 11 f.; *Achermann*, in: Achermann/Bieber u.a., S. 128.

825 *Degen*, in: GTE, Art. K.1 Rn. 8.

826 S. dazu u. S. 185 ff.

827 Vgl. dazu bereits o. S. 26 ff.; s. auch *Weber*, ZAR 1/1997, 25 (28).

828 Vgl. o. S. 23.

829 ABl. EG 1995 Nr. C 289/16.

830 *Nanz*, Integration 13/1992, 126 (136); s. auch *Degen*, in: GTE, Art. K.1 Rn. 9.

831 ABl. EG 1995 Nr. C 306/5.

832 Vgl. Art. 1 des RL-Vorschlags.

nachzuvollziehen. Einerseits ist der Richtlinienvorschlag bis heute noch nicht verabschiedet worden, andererseits wäre die ebenfalls durch den Amsterdamer Vertrag neu eingeführte Vorschrift des Art. 62 Nr. 3 EGV unverständlich. Danach kommt der Gemeinschaft nämlich die Kompetenz zu, Regelungen betreffend die Reisefreiheit von Drittstaatsangehörigen zu treffen.

1.3. Stand der Integration und Zusammenarbeit

Maßgebend für die Beurteilung des Integrationsstandes und der Zusammenarbeit im Rahmen der Asyl- und Einwanderungspolitik dürfte vor allem der Aktionsplan des Rates vom 29./30. November 1993 sowie das entsprechende Arbeitsprogramm vom 2. Dezember 1993 sein, da hier die Prioritäten der einzelnen Arbeitsbereiche festgelegt wurden.

1.3.1. Maßnahmen im asylrechtlichen Bereich

Zunächst hat die Kommission am 4. November 1993 einen Bericht an den Rat „Justiz und Inneres" über die Möglichkeit der Anwendung von Art. K.9 EUV a.F. auf die Asylpolitik angenommen. Auf der Grundlage des zweiten Abschnitts der dem EU-Vertrag beigefügten Erklärung zur Asylfrage, in dem der Rat aufgefordert wird, diese Frage anhand eines vor Jahresende zu erstellenden Berichts zu prüfen, kam die Kommission zu dem Ergebnis, daß es nicht zweckmäßig ist, Art. K.9 EUV a.F. unmittelbar nach dem Inkrafttreten des EU-Vertrags anzuwenden, und schlug daher vor, diesen Problemkreis zu einem späteren Zeitpunkt erneut zu prüfen[833]. Der Rat „Justiz und Inneres" hat sich in seiner Schlußfolgerung vom 20. Juni 1994 dieser Beurteilung angeschlossen und erklärt, eine Prüfung bis spätestens 1995 vorzunehmen[834]. Am 22. November 1995 hat die Kommission erneut die in Art. K.9 EUV a.F. vorgesehene Möglichkeit geprüft, Art. 100 c EGV a.F. auf Maßnahmen in Art. K.1 Nr. 1 - 6 EUV a.F. anzuwenden. Diesmal schlug die Kommission vor[835], aufgrund der befürchteten Schwierigkeiten bei der Durchführung des Verfahrens[836] im Rahmen des Art. K.9 EUV a.F. von einer „Vergemeinschaftung" in diesem Sinne abzusehen; sie befürwortete vielmehr eine „Vergemeinschaftung" im Rahmen der Regierungskonferenz 1996, wie sie dann auch tatsächlich erfolgte[837].

---

833 Vgl. Bull.EG 11/1993, Ziff. 1.5.5.
834 Vgl. Bull.EU 6/1994, Ziff. 1.4.4.
835 Vgl. Bull.EU 11/1995, Ziff. 1.5.1.
836 S. dazu o. S. 107 ff.
837 S. dazu u. S. 167 ff.

Als wesentlicher Fortschritt im Hinblick auf die Vereinheitlichung der Asylpolitik, insbesondere im verfahrenstechnischen Bereich, ist neben dem Dubliner Übereinkommen vom 15. Juni 1990, das noch im Rahmen der Ad-hoc-Gruppe „Einwanderung" ausgearbeitet wurde[838], aber erst am 1. September 1997 in Kraft getreten ist[839], die Entschließung des Rates vom 20. Juni 1995 über die Mindestgarantien für Asylverfahren[840] zu nennen.
Nachdem der Rat in der Zusammensetzung der Justiz- und Innenminister am 9. März 1995[841] eine politische Einigung[842] zu einer Entschließung über Mindestgarantien für Asylverfahren erzielt hatte, nahm er diese Entschließung am 21. Juni 1995[843] förmlich an. Sie enthält neben den Grundsätzen für gerechte und effiziente Asylverfahren im Einklang mit dem Genfer Abkommen vom 28. Juli 1951 über die Rechtsstellung der Flüchtlinge und dem New Yorker Protokoll von 1967 vor allem Garantien für die Prüfung von Asylanträgen, Rechte der Asylbewerber im Rahmen der Prüfungs,- Berufungs- und Überprüfungsverfahren sowie zusätzliche Garantien für unbegleitete Minderjährige und Frauen.
In Zusammenhang mit der Entschließung über die asylverfahrensrechtlichen Mindestgarantien hat der Rat zahlreiche Schlußfolgerungen zu weiteren verfahrenstechnischen Fragen verabschiedet. Hierbei handelt es sich im einzelnen um den Text über die Beweismittel im Rahmen des Dubliner Übereinkommens[844], das Laissez-passer-Formular für die Überstellung eines Asylbewerbers von einem Mitgliedstaat in einen anderen[845], das Verfahren für die Verteilung und Vertraulichkeit der gemeinsamen Berichte über die Situation in bestimmten Drittländern[846], das einheitliche Formular zur Bestimmung des für die Prüfung eines Asylantrags zuständigen Staates[847]. Das asylrechtliche Instrumentarium wurde 1997 durch drei Rechtsakte ergänzt. So verabschiedete der Rat am 26. Mai 1997 den auf Art. K.3 II lit. a EUV a.F. gestützten Beschluß 97/340/JI über den Informationsaustausch betreffend die Hilfen für die freiwillige Rückkehr von Drittstaatsangehörigen[848] und am 26. Juni 1997 eine Entschließung über unbegleitete minderjährige Staatsangehörige dritter

---

838 S. dazu o. S. 88 f.

839 Zur Anwendung des Dubliner Übereinkommens in der Praxis hat der Rat am 27. Mai 1997 Schlußfolgerungen angenommen, vgl. dazu ABl. EG 1997 Nr. C 191/27.

840 ABl. EG 1996 Nr. C 274/13.

841 Vgl. Bull.EU 3/1995, Ziff. 1.5.1.

842 Zu den Schwierigkeiten bei der Einigung vgl. *Braun*, in: Müller-Graff (Hrsg.), S. 75 (82).

843 Bull.EU 6/1995, Ziff. 1.5.4.

844 ABl. EG 1996 Nr. C 274/35.

845 ABl. EG 1996 Nr. C 274/42.

846 ABl. EG 1996 Nr. C 274/43.

847 ABl. EG 1996 Nr. C 274/44.

848 ABl. EG 1997 Nr. L 147/3.

Länder[849] sowie den Beschluß 97/420/JI zur Beobachtung der Durchführung der Rechtsakte im Asylbereich[850], nach dem die Mitgliedstaaten anhand von Fragebögen ihre Erfahrungen bei der praktischen Durchführung asylrechtlicher Rechtsakte dokumentieren sollen.

Darüber hinaus erzielte der Rat „Justiz und Inneres" am 23. November 1995 grundsätzliches Einvernehmen[851] über einen gemeinsamen Standpunkt zur harmonisierten Anwendung der Definition des Begriffs „Flüchtling" gemäß Art. 1 a des Genfer Abkommens von 1951, der am 4. März 1996 aufgrund von Art. K.3 II lit. a EUV a.F. - es handelte sich hierbei um den ersten gemeinsamen Standpunkt seit Inkrafttreten des EU-Vertrags - verabschiedet wurde[852]. Damit konnte erstmals Konsens über zentrale Fragen des materiellen Asylrechts, wie z.B. Fragen zur Gruppenverfolgung, zum Verfolgungsbegriff oder zu Verfolgungsgründen, erzielt werden[853]. Allerdings hat der gemeinsame Standpunkt 96/196/JI keinen Einfluß auf die Bedingungen, unter denen die EG-Mitgliedstaaten Personen, die keine Flüchtlinge im Sinne des Genfer Abkommens sind, aus humanitären Gründen aufnehmen[854].

Unter Anknüpfung an die Überlegungen der für Einwanderungsfragen zuständigen Minister auf ihrer Tagung in Kopenhagen im Juni 1993[855] forderte der Europäische Rat auf seiner Tagung in Essen[856] den Rat auf, die Probleme im Zusammenhang mit dem Zustrom von Flüchtlingen zu prüfen, um zu einer Regelung der künftigen Lastenverteilung zu kommen. Der Rat hat dann am 25. September 1995[857] eine Entschließung über die Lastenteilung hinsichtlich der Aufnahme und des vorübergehenden Aufenthalts von Vertriebenen angenommen, die er am 21. Juni 1995[858] gebilligt hatte. Am 23. November 1995[859] hat er diese Entschließung durch einen Beschluß ergänzt, mit dem ein Warnsystem und ein Dringlichkeitsverfahren eingeführt werden sollte, um eine wirksame Anwendung der Grundsätze über die Lastenverteilung zu ermöglichen, wenn Krisensituationen auftreten, die ein rasches Handeln erfordern. Am 4. März 1996 hat der Rat „Justiz und Inneres" den Beschluß 96/198/JI über ein Warn-

---

[849] ABl. EG 1997 Nr. C 221/23.
[850] ABl. EG 1997 Nr. L 178/6.
[851] Vgl. Bull.EU 11/1995, Ziff. 1.5.2.
[852] ABl. EG 1996 Nr. L 63/2.
[853] S. auch *Degen*, in: GTE, Art. K.1 Rn. 6.
[854] S. dazu HandKom.EUV/EGV/*Hailbronner*, Art. K Rn. 30.
[855] Bull.EG 6/1993, Ziff. 1.4.18.
[856] Bull.EU 12/1994, Ziff. I.25.
[857] Bull.EU 9/1995, Ziff. 1.5.6.
[858] Bull.EU 6/1995, Ziff. 1.5.3.
[859] Bull.EU 11/1995, Ziff. 1.5.3.

und Dringlichkeitsverfahren zur Lastenverteilung hinsichtlich der Aufnahme und des vorübergehenden Aufenthalts formell angenommen[860].
Die Kommission hat am 5. März 1997 einen Vorschlag für eine gemeinsame Maßnahme zum vorübergehenden Schutz von Vertriebenen angenommen[861], wonach ein Rahmen für gemeinsame Entscheidungen der Mitgliedstaaten in bezug auf derartige Regelungen aufgestellt wird und die Mindestrechte der durch eine solche Regelung begünstigten Vertriebenen festgelegt werden. Der Rat „Justiz und Inneres", der diesen Vorschlag eingehend prüfte, erörterte dabei insbesondere die Frage, wie die Lasten geteilt werden können, die sich aus der Aufnahme und dem vorübergehenden Aufenthalt einer großen Zahl von Zuwanderern ergeben. In diesem Zusammenhang verabschiedete er, gestützt auf Art. K.3 EUV a.F., am 22. Juli 1997 die gemeinsamen Maßnahmen 97/477/JI[862] zur Finanzierung gezielter Projekte zugunsten von Vertriebenen, die vorübergehenden Schutz in den Mitgliedstaaten gefunden haben, und von Asylbewerbern sowie 97/478/JI[863] zur Finanzierung gezielter Projekte zugunsten von Asylbewerbern und Flüchtlingen.
Schließlich ist auf den am 9. Juli 1997 von der Kommission angenommenen Vorschlag für eine gemeinsame Maßnahme betreffend ein Ausbildungs-, Austausch- und Kooperationsprogramm in den Bereichen Asyl, Einwanderung und Überschreiten der Außengrenzen (Odysseus)[864] hinzuweisen, der bereits vom Europäischen Parlament in seiner Stellungnahme vom 21. November 1997 befürwortet wurde[865]. Dieses Programm soll zur Intensivierung der Zusammenarbeit zwischen den zuständigen innerstaatlichen Behörden der vorgenannten Bereiche beitragen. Im Bereich des Asyls haben die Maßnahmen u.a. das Ziel, für eine koordinierte Anwendung der Bestimmungen des Dubliner Übereinkommens zu sorgen sowie Maßnahmen in Betracht zu ziehen im Hinblick auf normale und beschleunigte Prüfungsverfahren für Asylanträge in erster Instanz und für Berufungsverfahren, im Hinblick auf Aufnahmebedingungen für Asylbewerber, einschließlich ihrer Rechte und Pflichten, und im Hinblick auf Alternativen zur Anerkennung des Flüchtlingsstatus, einschließlich eines vorübergehenden Schutzes. Der Vorschlag sieht hierfür ein aus dem Gemeinschaftshaushalt finanziertes Mehrjahresprogramm vor.
Abschließend sind noch die Tätigkeiten des Informations-, Reflexions- und Austauschzentrums für Asylfragen (CIREA)[866] zu erwähnen, das in seinen

---

[860] ABl. EG 1996 Nr. L 63/10.
[861] KOM (97) 93.
[862] ABl. EG 1997 Nr. L 205/3.
[863] ABl. EG 1997 Nr. L 205/5.
[864] ABl. EG 1997 Nr. C 267/74.
[865] Bull.EU 11/1997, Ziff. 1.5.2.
[866] S. dazu o. S. 91.

Tätigkeitsberichten[867] u.a. auf die Lage in den Herkunftsländern von Asylbewerbern, auf den mitgliedstaatlichen Informationsaustausch betreffend asylrechtliche Fragen, auf Unterschiede zwischen den Mitgliedstaaten bei den Anerkennungsquoten hinsichtlich des Flüchtlingsstatus hinwies, aber auch Leitlinien für Asyl- und Ausländerfragen festlegte.

1.3.2. Maßnahmen im aufenthaltsrechtlichen Bereich

Auch im Bereich der Einreise und des Aufenthalts von Staatsangehörigen dritter Länder sind Fortschritte erzielt worden. Zunächst ist auf drei Entschließungen hinzuweisen, die der Rat auf seinen Tagungen vom 20. Juni 1994 und 30. November 1994 verabschiedete. Hierbei handelt es sich um die Entschließung über die Beschränkungen für die Einreise von Staatsangehörigen dritter Länder in die Mitgliedstaaten zur Ausübung einer Beschäftigung[868], zur Ausübung einer selbständigen Erwerbstätigkeit[869] sowie zur Aufnahme eines Studiums[870]. In diesem Zusammenhang ist anzumerken, daß die Harmonisierungsgrundsätze nicht für EG- und EFTA-Angehörige, für nachgezogene Familienangehörige und auch nicht für Drittstaatsangehörige gelten, die für die Zulassung zur Ausübung einer Beschäftigung Rechte aus Abkommen mit Drittländern genießen, welche durch das Gemeinschaftsrecht geregelt sind. Was die Rechte von Familienangehörigen aus Drittländern von Staatsangehörigen der EG-Mitgliedstaaten anbelangt, so gilt hier gemeinschaftsrechtliches Sekundärrecht[871]. Vom Anwendungsbereich der Entschließung über die Zulassung von Studenten aus Drittstaaten sind zudem noch Schüler und Lehrlinge ausgeschlossen. Hinsichtlich der Schüler nahm der Rat am 30. November 1994 mit dem Beschluß 94/795/JI eine erste gemeinsame Maßnahme im Sinne von Art. K.3 II lit. b EUV a.F. an, die Reiseerleichterungen für Schüler von Drittstaaten mit Wohnsitz in einem Mitgliedstaat betrifft[872]. Danach sind drittstaatsangehörige Schüler bei grenzüberschreitenden Klassenfahrten von eventuellen Visaerfordernissen befreit. Darüber hinaus billigte der Rat am gleichen Tag eine Empfehlung bezüglich der Einführung eines Standardreisedokuments für die Rückführung von Staatsangehörigen dritter Länder[873] und ein bei Verhandlungen mit Drittländern ab dem 1. Januar 1995 zu verwendendes Muster für

---

867 Vgl. hierzu den Bericht über die Tätigkeit des Informations-, Reflexions- und Austauschzentrums für Asylfragen (CIREA) in den Jahren 1994 und 1995, ABl. EG 1997 Nr. C 191/29 und den im Jahr 1996, ABl. EG 1997 Nr. C 191/33.

868 ABl. EG 1996 Nr. C 274/3; hierzu ausführlich *Haberland*, ZAR 1/1996, 3 (7 ff.).

869 ABl. EG 1996 Nr. C 274/7; hierzu ausführlich *Haberland*, ZAR 2/1996, 55 ff.

870 ABl. EG 1996 Nr. C 274/10; hierzu ausführlich *Haberland*, ZAR 1/1996, 3 (9 ff.).

871 S. dazu bereits o. S. 30.

872 ABl. EG 1994 Nr. L 324.

873 ABl. EG 1996 Nr. C 274/18.

bilaterale Rücknahmeabkommen[874]. Gleichzeitig stimmte der Rat den Schlußfolgerungen über die Organisation und den Aufbau des Informations-, Reflektions- und Austauschzentrums für Fragen im Zusammenhang mit dem Überschreiten der Außengrenzen und der Zuwanderung (CIREFI) zu[875], dessen Gründung auf der halbjährlichen Tagung der für Einwanderungsfragen zuständigen Minister vom 30. November/1. Dezember 1992 in London beschlossen worden war[876].
Auf seiner Tagung vom 23. November 1995[877] hat der Rat einer Entschließung zur Rechtsstellung von auf Dauer ansässigen Drittstaatsangehörigen zugestimmt, die am 4. März 1996 formell angenommen wurde[878]. Als Begünstigte dieser Entschließung kommen Personen in Betracht, die sich rechtmäßig und ununterbrochen für einen bestimmten Zeitraum, der sich nach den jeweiligen mitgliedstaatlichen Rechtsvorschriften richtet, in dem Mitgliedstaat aufgehalten haben und dies auch nachweisen. Die Voraussetzung des erforderlichen Daueraufenthalts ist erfüllt, wenn die Person im Hoheitsgebiet eines Mitgliedstaates rechtmäßig zehn Jahre lang wohnhaft war. In der Bundesrepublik Deutschland werden die Voraussetzungen für eine solche Begünstigung nach § 27 II Nr. 1 lit. a AuslG von Inhabern einer Aufenthaltsberechtigung, die dem Ausländer nach acht Jahren erteilt wird, erfüllt. Als Vergünstigungen der durch die Entschließung Begünstigten sind Freizügigkeit im gesamten Hoheitsgebiet des Aufenthaltsstaats, weitgehende Gleichstellung im sozialen Bereich[879], Sicherung des Aufenthaltsstatus und Zugang zu einer Erwerbstätigkeit nach den nationalen Rechtsvorschriften vorgesehen. Darüber hinaus hat der Rat ebenfalls am 4. März 1996 unter Bezugnahme auf Art. K.1 Nr. 3 lit. a und c EUV a.F. die auf Art. K.3 II lit. b EUV a.F. gestützte gemeinsame Maßnahme 96/197/JI über eine Regelung des Transits auf Flughäfen verabschiedet[880]. Mit dieser Maßnahme soll eine verbesserte Kontrolle des Einreiseweges angestrebt werden, da der Luftweg häufig zur Einreise in das Hoheitsgebiet der Mitgliedstaaten benutzt wird, namentlich mit dem Ziel eines illegalen Aufenthalts, was insbesondere in Einreiseanträgen oder bei faktischen Einreisen beim Transit auf Flughäfen deutlich wird. So sieht die gemeinsame Maßnahme vor, daß die Mitgliedstaaten

---

874 ABl. EG 1996 Nr. C 274/20.

875 ABl. EG 1996 Nr. C 274/50.

876 S. dazu o. S. 91.

877 Bull.EU 11/1995, Ziff. 1.5.7.

878 ABl. EG 1996 Nr. C 80/2; ausführlich zur Entschließung vgl. *Haberland*, ZAR 2/1996, 55 (58 ff.).

879 Eine Gleichstellung der Drittausländer im Bereich der Sozialhilfe ist aber nicht vorgesehen. In der Bundesrepublik Deutschland ist eine solche Gleichstellung nicht gegeben, da im Rahmen des Bundessozialhilfegesetzes zwischen Inländern und Ausländern unterschieden wird (vgl. § 120 BSHG).

880 ABl. EG 1996 Nr. L 63/8.

von den Staatsangehörigen der Drittländer, die in der als Anhang beigefügten Liste aufgeführt sind, bei der Durchreise durch die Transitzonen ihrer Flughäfen ein spezielles Visum für den Transit auf Flughäfen verlangen. Über das Erfordernis eines solchen Visums für Staatsangehörige von Staaten, die nicht in der Liste enthalten sind, entscheidet jeder Mitgliedstaat selbst. Die Kommission hatte gegen diese Maßnahme am 15. Mai 1996 vor dem EuGH Nichtigkeitsklage gemäß Art. 230 EGV (Art. 173 EGV a.F.) erhoben[881], da sie der Auffassung war, daß dieser Bereich auf der Grundlage des Art. 100 c EGV a.F. hätte geregelt werden müssen. Der EuGH hat in dem Urteil vom 12. Mai 1998 die Klage auf Nichtigerklärung der Gemeinsamen Maßnahme 96/197/JI als unbegründet verworfen[882]. So wies er zutreffend darauf hin, daß Visa für den Transit auf Flughäfen nicht zur Überschreitung der Außengrenzen der Mitgliedstaaten berechtigen und somit tatbestandlich nicht von Art. 100 c EGV a.F. erfaßt waren[883].
Bereits der Wortlaut des Art. 100 c EGV a.F. („Überschreiten der Außengrenzen") spricht gegen eine Erfassung des Transitvisums, da der Inhaber dieses Visums nicht in das Hoheitsgebiet des jeweiligen Mitgliedstaates einreist[884]. Praktische Auswirkungen wird diese rechtliche Auslegung des Art. 100 c EGV a.F. zukünftig aber kaum haben, da mit dem Inkrafttreten des Amsterdamer Vertrags Art. 100 c EGV a.F. aufgehoben wurde und der Bereich der Einwanderungspolitik sowie die Bekämpfung der illegalen Einwanderung vergemeinschaftet wurde[885].
In Zusammenhang mit der gemeinsamen Maßnahme 96/197/JI ist noch auf den unter Bezugnahme des Art. K.1 Nr. 3 lit. c EUV a.F. vom Rat am 25. Oktober 1996 erlassenen gemeinsamen Standpunkt 96/622/JI betreffend Unterstützungs- und Informationsprogramme im Grenzbereich[886] hinzuweisen, der insbesondere auf den Einsatz spezialisierter Bediensteter im Rahmen der Flughafenkontrollen und den uneingeschränkten Informationsaustausch zwischen den Kontrollorganen abzielt.
Zuvor hat der Rat am 4. März 1996 ebenfalls unter Bezugnahme auf Art. K.1 Nr. 3 EUV a.F. eine Empfehlung betreffend die Zusammenarbeit der konsularischen Vertretungen vor Ort in Fragen der Visumserteilung erlassen[887]. Bereits am 22. Dezember 1995[888] hatte der Rat eine Empfehlung betreffend die Harmonisierung der Mittel zur Bekämpfung der illegalen Einwanderung und Beschäftigung

---

881 Vgl. ABl. EG 1996 Nr. C 210/7.
882 Zur Frage der Zuständigkeit des EuGH in diesem Fall vgl. bereits o. S. 106.
883 EuGH, Rs. C- 170/96, Kommission/Rat, Slg. 1998, I- 2763 (I- 2789 ff.).
884 So auch HandKom.EUV/EGV/*Hailbronner*, Art. 100 c Rn. 14.
885 S. dazu u. S. 179, 185 ff.
886 ABl. EG 1996 Nr. L 281/1.
887 ABl. EG 1996 Nr. C 80/1.
888 Vgl. Bull.EU 12/1995, Ziff. 1.5.4.

sowie zur Verbesserung der einschlägigen Kontrollmittel angenommen. Schon am 24. Juli 1995 hatte der Rat ergänzend zu der Empfehlung betreffend ein Muster für bilaterale Rücknahmeabkommen eine Empfehlung mit Leitlinien für die Abfassung von Protokollen zur Durchführung von Rücknahmeübereinkommen angenommen[889]. Hierbei geht es insbesondere um Fragen der Rückübernahmeverfahren und Mittel zur Feststellung der Identität zurückzuübernehmender Personen. Am 23. November 1995[890] erzielten dann der Rat und die Vertreter der Regierungen der Mitgliedstaaten grundsätzliches Einvernehmen über Rücknahmeklauseln, über deren Einsetzung in gemischten Abkommen mit Drittländern im Einzelfall zum Zeitpunkt der Annahme der Verhandlungsrichtlinien zu entscheiden sein wird[891]. Entsprechende Schlußfolgerungen zu Rückübernahmeklauseln in Gemeinschaftsabkommen haben der Rat und die Vertreter der Regierungen der Mitgliedstaaten am 20. Dezember 1995 angenommen[892]. Am 4. März 1996 hat der Rat die Schlußfolgerungen betreffend die Rücknahmeklauseln in den gemischten Abkommen formell angenommen. Diese Bestimmungen wurden am 27. September 1996 durch die Annahme einer Empfehlung über die Bekämpfung der illegalen Beschäftigung von Drittstaatsangehörigen[893] ergänzt, über die der Rat bereits auf seiner Tagung im Juni 1996[894] eine politische Einigung erzielt hatte.

Am 16. Dezember 1996 hat der Rat neben dem Beschluß 96/749/JI über die Beobachtung der Durchführung der von ihm erlassenen Maßnahmen im Bereich der illegalen Zuwanderung, der Rückübernahme, der illegalen Beschäftigung von Drittlandsangehörigen und der Zusammenarbeit bei der Vollstreckung von Ausweisungsanordnungen[895] noch die gemeinsame Maßnahme 97/11/JI, ebenfalls auf Art. K.3 II lit. b EUV a.F. gestützt, betreffend ein einheitliches Muster für die Aufenthaltsgenehmigung erlassen[896]; letztgenannte vor allem, um die Form der von den Mitgliedstaaten ausgestellten Papiere zu vereinheitlichen und so die Kontrolle durch die zuständigen Behörden zu erleichtern.

Schließlich ist auf eine Entschließung zur verstärkten Bekämpfung von Scheinehen hinzuweisen, die der Rat am 4. Dezember 1997 verabschiedete[897]. Mit dieser Maßnahme soll in erster Linie verhindert werden, daß die Rechtsvor-

---

889 ABl. EG 1996 Nr. C 274/25.

890 Vgl. Bull.EU 11/1995, Ziff. 1.5.9.

891 Zu den Rückübernahmeabkommen der Bundesrepublik Deutschland mit Drittländern s. o. S. 60.

892 Bull.EU 12/1995, Ziff. 1.5.3.

893 Bull.EU 9/1996, Ziff. 1.5.1.

894 Bull.EU 6/1996, Ziff. 1.10.7.

895 ABl. EG 1996 Nr. L 342/5.

896 ABl.EG 1997 Nr. L 7/1.

897 ABl.EG 1997 Nr. C 382/1.

schriften über die Einreise und den Aufenthalt von Drittstaatsangehörigen umgangen werden.
Zuvor hatte die Kommission am 30. Juli 1997 einen Vorschlag für einen Rechtsakt des Rates über die Ausarbeitung des Übereinkommens zur Regelung der Zulassung von Staatsangehörigen dritter Länder in das Hoheitsgebiet der Mitgliedstaaten der Europäischen Union angenommen[898]. Dieser Vorschlag enthält relativ liberale Regelungen über die Zulassung von Drittstaatsangehörigen, die sich wegen einer abhängigen oder selbständigen Erwerbstätigkeit im Unionsgebiet aufhalten wollen, über die Zulassung der Aufnahme eines Studiums oder einer beruflichen Bildung, über eine über das bundesdeutsche Recht hinausgehende Nachzugsberechtigung von Kindern (bis zum 18. statt bis zum 16. Lebensjahr), über eine wohlwollende Prüfung des Nachzugs sonstiger Familienangehöriger sowie über eine flexiblere Regelung für das eigenständige Aufenthaltsrecht nachgezogener Personen und die Beseitigung der sog. Inländerdiskriminierung für Familienmitglieder von EU-Bürgern, die von ihrer Freizügigkeit keinen Gebrauch machen. Insoweit wird deutlich, daß die Kommission hinsichtlich der Einwanderungpolitik der Union auch weiterhin[899] auf ein umfassendes Konzept abstellt, in dem alle wesentlichen Zulassungsmöglichkeiten der Zuwanderung integriert sind.

2. Grenzübertrittspolitik

Nach Art. K.1 Nr. 2 EUV a.F. gehörten in den Rahmen der „dritten Säule" auch die Vorschriften über das Überschreiten der Außengrenzen und die entsprechenden Personenkontrollen, die eng mit der Asyl- und Einwanderungspolitik verbunden sind[900]. Dieser häufig als Grenzübertrittspolitik bezeichnete Regelungsbereich[901] erfaßt aber nicht nur Drittstaatsangehörige, sondern auch Unionsbürger[902].
Inhaltlich spricht dieser Bereich also Aspekte an, die bezüglich des Grenzübertritts zu regeln sind. Dazu gehören neben den materiellen Voraussetzungen, unter denen Personen die Grenze überschreiten dürfen, wie z.B. Reisedokumente, Visa, ausreichende finanzielle Mittel zum Lebensunterhalt, auch die Vorschriften über die Durchführung der Grenzkontrollen, beispielsweise Stichproben oder systematische Kontrollen, Überprüfung der Reisedokumente

---

898 ABl. EG 1997 Nr. C 337/9.

899 Vgl. hierzu die Mitteilung der Kommission v. 23. Februar 1994 über die Zuwanderungs- und Asylpolitik, s. dazu o. S. 116.

900 *Pechstein/Koenig*, Rn. 356; HandKom.EUV/EGV/*Hailbronner*, Art. K Rn. 32.

901 S. etwa *Pechstein/Koenig*, Rn. 355.

902 HandKom.EUV/EGV/*Hailbronner*, Art. K Rn. 32; *Degen*, in: GTE, Art. K.1 Rn. 7.

und der anderen Einreisevoraussetzungen[903]. Letztendlich ist aber eine exakte Abgrenzung zur Asyl- und Einwanderungspolitik nicht zwingend notwendig, da auch für Art. K.1 Nr. 2 EUV a.F. dieselben Regelungen galten wie für Art. K. 1 Nr. 1 und Nr. 3 EUV a.F. Kompetentielle Überschneidungsprobleme gab es lediglich mit der durch den EU-Vertrag eingeführten Gemeinschaftskompetenz in der Visapolitik gemäß Art. 100 c EGV, die allerdings durch den Amsterdamer Vertrag aufgehoben wird und im Rahmen des durch den Amsterdamer Vertrag neu eingeführten Titels IV des EG-Vertrags erheblich erweitert wurde[904].

2.1. Abgrenzung zu Art. 100 c EGV a.F.

Durch Art. 100 c I EGV a.F. wurde der Gemeinschaft die Kompetenz zur Bestimmung derjenigen dritten Länder verliehen, deren Staatsangehörige beim Überschreiten der Außengrenzen der Mitgliedstaaten im Besitz eines Visums sein müssen. Danach bestimmte der Rat auf Vorschlag der Kommission und nach Anhörung des Europäischen Parlamentes einstimmig die entsprechenden dritten Länder.

Seit dem 1. Januar 1996 waren die Ratsentscheidungen im Sinne des Art. 100 c I EGV a.F. mit qualifizierter Mehrheit zu treffen[905]. Nach Art. 100 c III 2 EGV a.F. hatte die Gemeinschaft auch die Kompetenz zum Erlaß von Maßnahmen zur einheitlichen Visagestaltung. Diese vertragsrechtliche Ausgestaltung zeigt, daß Art. 100 c EGV keine umfassende Kompetenz zur Regelung sämtlicher die Visapolitik betreffenden Fragen enthielt, sondern lediglich Kompetenzen zur Regelung zweier Teilaspekte der Visapolitik, deren Reichweite im einzelnen umstritten ist. Die restlichen Bereiche der Visapolitik waren vielmehr auf intergouvernementaler Grundlage im Rahmen von Art. K.1 Nr. 2 und Nr. 3 lit. a EUV a.F. zu regeln[906]. Da die Regelung des Art. 100 c EGV a.F. mit dem Inkrafttreten des Amsterdamer Vertrags aufgehoben wurde und keine Entsprechung mehr findet, wird die Reichweite dieser Kompetenznorm sowie ihre Abgrenzung von den Bereichen der Zusammenarbeit nach Art. K EUV a.F. in den folgenden Ausführungen auf das wesentliche beschränkt[907].

Einigkeit besteht in der Literatur dahingehend, daß Art. 100 c EGV a.F. die Kompetenz zur Aufstellung einer sog. Negativliste enthielt, in der die Staaten

---

903 *Nanz*, Integration 3/1992, 126 (135); *Akmann*, JA 2/1994, 49 (53); HandKom.EUV/EGV/*Hailbronner*, Art. K Rn. 32; *Degen*, in: GTE, Art. K.1 Rn. 7.

904 Dazu u. S. 179 f.

905 Vgl. Art. 100 c III 1 EGV a.F.

906 *Nanz*, Integration 3/1992, 126 (131 f.); *Hailbronner*, CMLRev. 1994, 969 (984); *Akmann*, JA 2/1994, 49 (54 f.); HandKom.EUV/EGV/*Hailbronner*, Art. 100 c Rn. 2; s. auch EuGH, Rs. C-170/96, Kommission/Rat, Slg. 1998, I- 2763 (I- 2789 ff.).

907 Vgl. dazu ausführlich *Hailbronner*, CMLRev. 1994, 969 ff.

aufgeführt sind, deren Staatsangehörige Visa benötigen[908]. Ob Art. 100 c I EGV a.F. auch die Aufstellung einer die Negativliste nahtlos ergänzenden Positivliste ermöglichte, ist umstritten[909]. Die wohl überwiegende Meinung bejaht dies[910] zu Recht; denn der enge Zusammenhang der Visapolitik mit der Verwirklichung des Binnenmarktes als Raum ohne Binnengrenzen, in der auch die Kontrollfreiheit für Drittstaatsangehörige angestrebt ist[911], liegt auf der Hand. Diese Streitfrage kann jedoch offenbleiben, da die Gemeinschaft einen entsprechenden die sog. Positivliste betreffenden Rechtsakt nicht erlassen hat.
In der Praxis wurde von Art. 100 c EGV a.F., den *Hailbronner* als die „einzige echte Gemeinschaftskompetenz" im Bereich der Innen- und Justizpolitik bezeichnet, die durch den EU-Vertrag geschaffen wurde[912], lediglich zweimal Gebrauch gemacht. Hierbei handelt es sich um die Verordnung (EG) Nr. 1683/95 des Rates vom 29. Mai 1995 über eine einheitliche Visagestaltung[913] sowie um die Verordnung (EG) Nr. 2317/95 des Rates vom 25. September 1995 zur Bestimmung der Drittländer, deren Staatsangehörige bei Überschreiten der Außengrenzen der Mitgliedstaaten im Besitz eines Visums sein müssen[914], die durch die gleichnamige Verordnung (EG) Nr. 574/1999 des Rates vom 12. März 1999 ersetzt wurde[915].
Zusammenfassend läßt sich festhalten, daß die Koordinierung der materiellen Einreisevoraussetzungen und der Bedingungen der Visumserteilung ein Gegenstand der intergouvernementalen Zusammenarbeit nach Art. K.1 Nr. 2 und Nr. 3 EUV a.F. waren, während die formalen Erfordernisse für die Einreise von Drittstaatsangehörigen wohl dem Art. 100 c EGV a.F. zuzuschreiben waren[916].

2.2. Stand der Zusammenarbeit

Bereits im Rahmen der Arbeiten der Ad-hoc-Gruppe „Einwanderung" ist ein Entwurf eines Abkommens über das Überschreiten der Außengrenzen erarbeitet

---

908 S. hierzu *Weber*, ZRP 5/1993, 170 (172).

909 S. dazu HandKom.EUV/EGV/*Hailbronner*, Art. 100 c Rn. 3 ff. m.w.N.

910 S. die Nachw. bei HandKom.EUV/EGV/*Hailbronner*, Art. 100 c Rn. 3; *ders.*, CMLRev. 31/1994, 969 (980 ff.); vgl. ferner *Degen*, in: GTE, Art. K.1 Rn. 7; a.A.: *Nanz*, Integration 3/1992, 126 (132).

911 S. dazu o. S. 22 f.

912 *Hailbronner*, CMLRev. 1994, 969 (984); HandKom.EUV/EGV/*Hailbronner*, Art. 100 c Rn. 1.

913 ABl. EG 1995 Nr. L 164/1.

914 ABl. EG 1995 Nr. L 234/1; s. dazu auch o. S. 57.

915 ABl. EG 1999 Nr. L 72/2; s. dazu auch u. S. 133.

916 Vgl. auch HandKom.EUV/EGV/*Hailbronner*, Art. 100 c Rn. 7; *Degen*, in: GTE, Art. K.1 Rn. 7.

worden. Diese Verhandlungen wurden aber im Juni 1991 abgebrochen, als es sich als unmöglich erwies, eine Lösung für die einzige noch offene Frage, nämlich den Status von Gibraltar, zu finden[917].
Im November 1993 hat die Kommission auf der Grundlage des Art. K.3 II EUV a.F. einen Vorschlag für einen Beschluß zum Abschluß eines Übereinkommens über die Personenkontrollen beim Überschreiten der Außengrenzen der Mitgliedstaaten gebilligt und am 10. Dezember 1993 verabschiedet[918]. Dieser Vorschlag übernimmt im wesentlichen den Wortlaut des Vertragsentwurfs der Ad-hoc-Gruppe „Einwanderung". Die Unterschiede zur vorhergehenden Fassung beschränken sich ausschließlich auf die erforderlichen Änderungen unter Berücksichtigung der bisherigen Entwicklungen auf Gemeinschaftsebene im Bereich des freien Warenverkehrs und die Konsequenzen des Abkommens über den Europäischen Wirtschaftsraum sowie die Auswirkungen des Inkrafttretens von Titel VI des EU-Vertrags und die Bestätigung einer Gemeinschaftskompetenz im Bereich der Visumspolitik.
Als wesentliche Neuerung des Übereinkommenvorschlags der Kommission ist die Beteiligung des EuGH zu nennen. Nach Art. 29 des Übereinkommenvorschlags wird dem EuGH eine Kompetenz zur Vorabentscheidung und zur Entscheidung von Streitigkeiten über die Anwendung des Übereinkommens zugewiesen. Die Arbeiten an dem Entwurf des Übereinkommens über das Überschreiten der Außengrenzen sind jedoch ins Stocken geraten, da in drei Fragen politischer Natur - das Verfahren zum Erlaß der Durchführungsmaßnahmen, die Zuständigkeit des EuGH und die territoriale Geltung -, deren Klärung für den Abschluß dieses für die volle Verwirklichung des freien Personenverkehrs unerläßlichen Übereinkommens noch erforderlich ist, bis heute keine Übereinstimmung getroffen werden konnte. Das Europäische Parlament, das gemäß Art. K.6 EUV a.F. gehört wurde, hatte bereits am 21. April 1994 eine Entschließung über den Vorschlag für einen Beschluß des Rates zum Abschluß eines Übereinkommens über die Personenkontrollen beim Überschreiten der Außengrenzen der Mitgliedstaaten verabschiedet[919].
Eng mit diesem Vorschlag verbunden ist der Vorschlag für eine Verordnung zur Bestimmung der Drittländer, deren Staatsangehörige der Visumspflicht unterliegen, den die Kommission auf Art. 100 c EGV a.F. gestützt hat und den der Rat dann am 25. September 1996 auch in Form der Verordnung (EG) Nr. 2317/95 auf der Rechtsgrundlage des Art. 100 c EGV a.F. erlassen hat[920]. Die im Anhang dieser Verordnung enthaltene Liste der Drittländer, deren Staatsangehörige beim Überschreiten der Außengrenzen eines Mitgliedstaates im Besitz

---

917 Vgl. dazu o. S. 92.
918 ABl. EG 1994 Nr. C 11/6.
919 ABl. EG 1994 Nr. C 128/351.
920 ABl. EG 1995 Nr. L 234/1.

eines Visums sein müssen, nennt 98 Staaten sowie drei Gebietskörperschaften, die aber nicht von allen Mitgliedstaaten als Staaten anerkannt werden.
Zuvor hatte der Rat am 29. Mai 1995 die Verordnung (EG) Nr. 1683/95 über die einheitliche Visagestaltung, die er auf die Grundlage des Art. 100 c III EGV a.F. gestützt hat, erlassen[921]. Wie der Entschließung des Rates vom 14. Oktober 1996 zu entnehmen ist, hat der Rat für den Zeitraum vom 1. Juli 1996 bis zum 30. Juni 1998 den Schwerpunkt seines Arbeitsprogramms im Bereich der Außengrenzkontrollen beim Außengrenzübereinkommen und seinen Durchführungsmaßnahmen, beim Entwurf eines Übereinkommens über das Europäische Informationssystem (EIS) sowie bei der gegenseitigen Anerkennung der Visa und der Aktualisierung der Verordnungen im Visumsbereich gesetzt[922].
Zunächst hatte der Rat am 28. Oktober 1996 die auf Art. K.3 II lit. b und Art. K.8 II EUV a.F. gestützte gemeinsame Maßnahme 96/637/JI zur Festsetzung eines Ausbildungs-, Austausch- und Kooperationsprogramms im Bereich der Ausreisedokumente (Sherlock)[923] verabschiedet, das vorerst für den Zeitraum von 1996 bis 2000 festgelegt ist und von der Gemeinschaft mitfinanziert wird. Ziel dieses Programms ist es, den Kampf gegen Fälschungen von Ausweisdokumenten zu intensivieren.
Darüber hinaus hat die Kommission am 14. Juni 1997[924] eine Mitteilung im Rahmen der von den Mitgliedstaaten übermittelten Informationen zu den Visaregelungen für Staatsangehörige von Drittländern veröffentlicht, die nicht in der gemeinsamen Liste im Anhang zu der Verordnung (EG) Nr. 2317/95 aufgeführt sind.
Weitere Maßnahmen sind bisher nicht verabschiedet worden. Vielmehr hat der EuGH durch das Urteil vom 10. Juni 1997 die Verordnung (EG) Nr. 2317/95 für nichtig erklärt, weil die zweite Anhörung des Europäischen Parlamentes nicht erfolgt war[925]. Die Wirkungen der für nichtig erklärten Verordnung wurden jedoch vorläufig bis zum Erlaß einer neuen Verordnung aufrechterhalten. Am 12. März 1999 hat der Rat die entsprechende Verordnung (EG) Nr. 574/1999 erlassen[926].

3. Justitielle Zusammenarbeit

Obwohl die justitielle Zusammenarbeit nur mittelbar Auswirkungen auf den Grenzkontrollenabbau hat, soll diese im folgenden kurz beleuchtet werden.

---

921 ABl. EG 1995 Nr. L 164/1.
922 ABl. EG 1996 Nr. C 319/1.
923 ABl. EG 1996 Nr. L 287/7.
924 ABl. EG 1997 Nr. C 180/18.
925 EuGH, Rs. C- 392/95, Slg. 1997, I- 3213 (I- 3248).
926 ABl. EG 1999 Nr. L 72/2.

Die bisher im Rahmen der EPZ durchgeführte Zusammenarbeit in Zivil- und Strafsachen[927] wurde nunmehr in Art. K. 1 Nr. 6 und Nr. 7 EUV a.F. geregelt. Nach der vertragsrechtlichen Ausgestaltung müßten beide Bereiche dem Grunde nach getrennt dargestellt werden. Denn wie sich aus Art. K.1 EUV a.F. ergab, war die justitielle Zusammenarbeit in Zivilsachen in Art. K.1 Nr. 6 EUV a.F. aufgeführt[928], während die justitielle Zusammenarbeit in Strafsachen von Art. K.1 Nr. 7 EUV a.F. erfaßt war, was zur Folge hat, daß einerseits die nach Art. K.3 EUV a.F. bestehende Initiativberechtigung der Kommission nur im Rahmen der zivilrechtlichen Zusammenarbeit ausgeübt werden konnte und andererseits die Anwendung des Art. K.9 EUV a.F. lediglich im Bereich der Zivilsachen möglich war. Da dies in der Praxis aber kaum eine Rolle gespielt hat, werden im folgenden beide Bereiche zusammen behandelt.
Erst mit dem Inkrafttreten des Amsterdamer Vertrags wird eine Unterscheidung beider Bereiche notwendig[929]. Denn mit Art. 65 EGV ist für den Bereich der justitiellen Zusammenarbeit in Zivilsachen eine neue Kompetenzvorschrift für die Gemeinschaftsorgane geschaffen worden; dagegen bleibt die justitielle Zusammenarbeit in Strafsachen auch nach dem Amsterdamer Vertrag als intergouvernementale Zusammenarbeitsform weiter bestehen[930].

Von Art. K.1 Nr. 6 und Nr. 7 EUV a.F. wurde die Zusammenarbeit auf den Gebieten des materiellen Zivil- und Strafrechts sowie des zivil- und strafrechtlichen Verfahrensrechts erfaßt. Diese vertragsrechtliche Ausgestaltung verdeutlichte, daß eine umfassende justitielle Zusammenarbeit im Rahmen der „dritten Säule" nicht beabsichtigt war; denn ausgeklammert wurde unzweifelhaft die Zusammenarbeit in öffentlich-rechtlichen Streitigkeiten[931].
Daß die Mitgliedstaaten ihre unterschiedlichen Rechtssysteme aber weitgehend beibehalten haben, liegt an der Tatsache, daß sie bisher für die Bereiche des Prozeßrechts und des Gerichtsaufbaus sowie auch für den Bereich des materiellen Rechts die alleinige Kompetenz innehaben[932]. Lediglich für die Rechtsangleichung auf dem Gebiet des materiellen Zivilrechts bestehen für die Gemeinschaft mit den Art. 94, 95 EGV (Art. 100, 100 a EGV a.F.) sowie Art. 43, 44 II, 49 EGV (Art. 52, 54 II, 59 EGV a.F.) weitreichende Zuständigkeiten, von denen sie in der Praxis auch Gebrauch gemacht hat. Zudem ist auf den Art. 293 EGV (Art. 220 EGV a.F.) hinzuweisen, der gemäß Art. K.3 II lit. c EUV

---

927 S. dazu o. S. 79 f.

928 S. hierzu *Heß*, NJW 1/2000, 23 (25 ff.).

929 S. dazu u. S. 188 ff., 201 ff.

930 Vgl. Art. 31 EUV.

931 Vgl. auch *Pechstein/Koenig*, Rn. 359.

932 Vgl. auch HandKom.EUV/EGV/*Hailbronner*, Art. K Rn. 53.

a.F. ausdrücklich unberührt bleibt, d.h., daß Art. 293 EGV (Art. 220 EGV a.F.) durch die Zusammenarbeit in Zivilsachen nicht umgangen werden durfte[933].

Auch der vom Rat am 29./30. November 1993 erarbeitete und vom Europäischen Rat auf seiner Tagung am 10./11. Dezember 1993 gebilligte Aktionsplan[934] unterstreicht die Bedeutung einer Verstärkung der Zusammenarbeit im Bereich der Justiz, vor allem auf dem Gebiet der Auslieferung und der international organisierten Verbrechen[935]. Dabei wird insbesondere auf die Notwendigkeit hingewiesen, dem Bürger die Gewißheit zu geben, daß seine Sicherheit gewährleistet ist. So hatte der Rat bereits im November 1993 auf dem Gebiet der Auslieferung eine Erklärung angenommen, in der er verlangte, eventuelle Verbesserungen sowohl des materiellen Rechts als auch des Verfahrensrechts zu prüfen[936]. Zunächst setzte der Rat aber die Prüfung einer Ausdehnung des Brüsseler Übereinkommens über die gerichtliche Zuständigkeit und die Vollstreckung gerichtlicher Entscheidungen in Zivil- und Handelssachen vom 27. September 1968[937] auf gewisse Bereiche des Familienrechts fort.
Der Rat nahm am 26. Mai 1997 das Übereinkommen über die Zustellung gerichtlicher und außergerichtlicher Schriftstücke in Zivil- und Handelssachen in den Mitgliedstaaten der Europäischen Union[938] sowie das Protokoll betreffend die Auslegung des Übereinkommens durch den EuGH[939] an. Das Übereinkommen, dessen Entwurf das Europäische Parlament am 11. April 1997[940] befürwortet hatte, ist das erste seiner Art auf dem Gebiet der justitiellen Zusammenarbeit im Bereich des Zivilrechts. Es soll eine schnellere Zustellung der Schriftstücke und eine größere rechtliche Sicherheit in Zivil- und Handelssachen ermöglichen[941]. Ferner erzielte der Rat auf seiner Tagung vom 4./5. Dezember 1997 eine politische Einigung über Grundsätze des Entwurfs eines Übereinkommens über die gerichtliche Zuständigkeit sowie die Anerkennung und Vollstreckung gerichtlicher Entscheidungen in Ehesachen[942].

---

933 Zum Verhältnis der zivilrechtlichen Zusammenarbeit des Art. K.1 Nr. 6 EUV a.F. und Art. 293 EGV (Art. 220 EGV a.F.) vgl. insb. *Dittrich*, in: Müller-Graff (Hrsg.), S. 101 (105 f.); HandKom.EUV/EGV/*Hailbronner*, Art. K. Rn. 56 m.w.N.

934 S. dazu bereits o. S. 115 f.

935 S. hierzu auch *Bonn*, in: Bieber/Monar (eds.), S. 211 (212 f.).

936 Vgl. Bull.EG 11/1993, Ziff. 1.5.9.

937 ABl. EG 1968 Nr. L 299/32.

938 ABl. EG 1997 Nr. C 261/1.

939 ABl. EG 1997 Nr. C 261/17.

940 ABl. EG 1997 Nr. C 132/306.

941 Vgl. dazu näher *Dittrich*, in: Müller-Graff (Hrsg.), S. 101 (107 f.).

942 Vgl. Bull.EU 12/1997, Ziff. 1.4.6.; zum Inhalt dieses geplanten Übereinkommens vgl. *Dittrich*, in: Müller-Graff (Hrsg.), S. 101 (107).

In diesem Zusammenhang sind noch eine Entschließung des Europäischen Parlamentes vom 18. Juli 1996 über die Entführung von Kindern aus nationalen Mischehen in den Mitgliedstaaten[943] sowie eine Entschließung vom 12. Dezember 1996 über die Adoption[944] zu nennen. Am 26. November 1997 hat die Kommission eine Mitteilung über Wege zu einer effizienteren Erwirkung und Vollstreckung gerichtlicher Entscheidungen in der Europäischen Union angenommen. Die Mitteilung enthält einen Vorschlag zur Neufassung der Übereinkommen von Brüssel und Lugano[945], der darauf abstellt, die grenzüberschreitende Anerkennung von Gerichtsurteilen zu verbessern, was in erster Linie durch eine weitgehende Vereinfachung des Exequaturverfahrens für ausländische Gerichtsurteile erreicht werden soll. Der Rat beschloß ebenfalls auf seiner Tagung am 4./5. Dezember 1997 ein Arbeitsprogramm zur Revision und Modernisierung der Übereinkommen von Brüssel und Lugano, zweier grundlegender Rechtsvorschriften über die gerichtliche Zuständigkeit und die Vollstreckung gerichtlicher Entscheidungen in Zivil- und Handelssachen.

Fortschritte wurden vor allem im Bereich der Auslieferung gemacht[946]. So nahm der Rat am 10. März 1995 den Rechtsakt betreffend das Übereinkommen über das vereinfachte Auslieferungsverfahren zwischen den Mitgliedstaaten der Europäischen Union an[947]. Das Übereinkommen wurde am gleichen Tag unterzeichnet[948]. Es handelt sich um das erste Übereinkommen, das auf der Grundlage von Art. K.3 EUV a.F. unterzeichnet wurde. Es soll die Anwendung des Europäischen Auslieferungsabkommens vom 13. Dezember 1957[949] in den Fällen erleichtern, in denen die Personen, um deren Auslieferung ersucht wird, dieser zustimmen und der ersuchte Staat seine Zustimmung gegeben hat.
Zusätzlich hat der Rat am 27. September 1996 einen Rechtsakt über die Festlegung eines Übereinkommens zur Verbesserung der Auslieferung zwischen den Mitgliedstaaten angenommen, das am gleichen Tag unterzeichnet wurde[950]. Dieses Übereinkommen, das sich an das Übereinkommen über das vereinfachte Auslieferungsverfahren vom März 1995 anschließt, stellt einen beträchtlichen

---

943 ABl. EG 1996 Nr. C 261/157.

944 ABl. EG 1997 Nr. C 20/176.

945 Vgl. Bull.EU 11/1997, Ziff. 1.5.3.

946 S. auch *Dittrich*, in: Müller-Graff (Hrsg.), S. 101 (108 f.).

947 ABl. EG 1995 Nr. C 78/1.

948 Dem Übereinkommen hat die Bundesrepublik Deutschland mit Gesetz v. 7. September 1998 zugestimmt, vgl. BGBl. 1998 II S. 2229.

949 BGBl. 1964 II S. 1369; UNTS Bd. 359 S. 273. Für die Bundesrepublik Deutschland ist dieses Abkommen am 1. Januar 1977 in Kraft getreten (vgl. Bek. v. 8. November 1976; BGBl. 1976 II S. 1778).

950 ABl. EG 1996 Nr. C 313/11.

Fortschritt dar, da es die Zahl der Fälle, in denen die Auslieferung durch einen Mitgliedstaat an einen anderen verweigert werden kann, spürbar verringert.

Auch im Bereich der strafrechtlichen Zusammenarbeit sind Fortschritte zu verzeichnen gewesen. So hat der Rat am 23. November 1995 eine Entschließung über den Schutz von Zeugen im Rahmen der Bekämpfung der internationalen organisierten Kriminalität förmlich angenommen[951], auf die er sich bereits am 21. Juni 1995[952] grundsätzlich geeinigt hatte. Ferner hat der Rat am 22. April 1996 die gemeinsame Maßnahme 96/277/JI betreffend den Rahmen für den Austausch von Verbindungsrichtern/-staatsanwälten angenommen[953]. Auf Initiative der Kommission[954] nahm der Rat am 28. Oktober 1996 die gemeinsame Maßnahme 96/636/JI zur Festlegung eines Förder- und Austauschprogramms für die Rechtsberufe („GROTIUS") an[955]. Weiter sind in diesem Zusammenhang zu nennen die gemeinsame Maßnahme vom 20. Dezember 1996 zur Festlegung eines gemeinsamen Programms für den Austausch, die Aus- und Fortbildung und die Zusammenarbeit der Strafverfolgungsbehörden (OISIN)[956] sowie die Entschließung 97/C 10/01 des Rates vom 20. Dezember 1996 über Personen, die im Rahmen der Bekämpfung der internationalen organisierten Kriminalität mit den Justizbehörden zusammenarbeiten[957].
Darüber hinaus erfuhr die strafrechtliche justitielle Zusammenarbeit zwischen den Mitgliedstaaten in zwei besonders sensiblen Bereichen eine weitere Verbesserung. Am 15. Juli 1996 hat der Rat die gemeinsame Maßnahme 96/443/JI betreffend die Bekämpfung von Rassismus und Fremdenfeindlichkeit[958] und am 24. Februar 1997 die gemeinsame Maßnahme 97/154/JI betreffend die Bekämpfung des Menschenhandels und der sexuellen Ausbeutung von Kindern angenommen[959]. Im Hinblick auf die letztgenannte Maßnahme ist noch auf die zuvor verabschiedete gemeinsame Maßnahme 96/700/JI des Rates vom 29. November 1996 hinzuweisen, wonach ein Förder- und Austauschprogramm für Personen aufgestellt wurde, die für Maßnahmen gegen den Menschenhandel und die sexuelle Ausbeutung von Kindern zuständig sind. Schließlich wurde in der Zwischenzeit mit der Umsetzung der Empfehlungen des vom Europäischen Rat in Amsterdam angenommenen Aktionsplans zur

---

951 ABl. EG 1995 Nr. C 327/5. Dem Übereinkommen hat die Bundesrepublik Deutschland mit Gesetz v. 7. September 1998 zugestimmt, vgl. BGBl. 1998 II S. 2253.
952 Bull.EU 6/1995, Ziff. 1.5.9.
953 ABl. EG 1996 Nr. L 105/1.
954 ABl. EG 1996 Nr. C 236.
955 ABl. EG 1996 Nr. L 287/3.
956 ABl. EG 1997 Nr. L 7/5.
957 ABl. EG 1997 Nr. C 10/1.
958 ABl. EG 1996 Nr. L 185/5.
959 ABl. EG 1997 Nr. L 63/2.

Bekämpfung der organisierten Kriminalität[960] begonnen. So hat sich das Europäische Parlament, das um eine diesbezügliche Stellungnahme gebeten worden war, zu einer Reihe von Zielen geäußert, die den Zweck verfolgen, die Korruption im privaten Sektor sowie die Beteiligung an einer kriminellen Vereinigung in den Mitgliedstaaten der Europäischen Union zu eigenständigen Straftatbeständen zu machen und ein justitielles Netz einzurichten[961]. Bezüglich der Bekämpfung der Korruption hat die Kommission am 21. Mai 1997 eine Mitteilung über die Politik der Europäischen Union zur Bekämpfung von Korruption angenommen[962], in der sie auf mehrere Bereiche hinweist, in denen eine Stärkung dieser Politik erforderlich ist, um die Korruption innerhalb und außerhalb der Grenzen der Union bekämpfen zu können. Insbesondere auf dieser Grundlage nahm der Rat am 6. Oktober 1997 und 13. November 1997 die gemeinsamen Standpunkte 97/661/JI[963] und 97/783/JI[964] zu den Verhandlungen im Europarat und in der OECD über die Bekämpfung der Korruption an.

4. Zusammenarbeit im Zollwesen

Was die Zusammenarbeit im Bereich des Zollwesens anbelangt, wurde in Art. K.1 Nr. 8 EUV a.F. im Kern die bisherige Arbeit der GAM - Gruppe[965] fortgesetzt[966]. Die Aktivitäten konzentrierten sich auf die Ausarbeitung eines Übereinkommensentwurfs über den EDV-Einsatz im Zollwesen mit dem Ziel der Schaffung einer Datenbank für die Bekämpfung illegaler Praktiken (Zollinformationsdienst), die Ausarbeitung einer Zollstrategie an den Außengrenzen zur Gewährleistung einer größeren Homogenität der Kontrollen an den Grenzen der Europäischen Union sowie eine Überarbeitung des Übereinkommens über gegenseitige Unterstützung der Zollverwaltungen von 1967[967]. Nach einer politischen Einigung am 21. Juni 1995[968] hat der Rat das Übereinkommen über das Zollinformationssystem (ZIS) am 26. Juli 1995 förmlich angenommen[969], wobei die Vertreter der Regierungen der Mitgliedstaaten das Übereinkommen am gleichen Tag unterzeichnet haben.

---

960 Vgl. ABl. EG 1997 Nr. C 251/1.

961 ABl. EG 1997 Nr. C 371/183.

962 Bull.E 5/1997, Ziff. 1.5.1.

963 ABl. EG 1997 Nr. L 279/1.

964 ABl. EG 1997 Nr. L 320/1.

965 S. dazu o. S. 78 f.

966 S. auch *Nanz*, Integration 3/1992, 126 (137); *Hendry*, GYIL 36 (1993), 295 (305). Insgesamt zu den zollrechtlichen Aktivitäten im Rahmen des Titel VI des EU-Vertrages vgl. *Ravillard*, in: Bieber/Monar (Eds.), S. 231 ff.

967 S. dazu o. S. 79.

968 Bull.EU 6/1995, Ziff. 1.5.8.

969 ABl. EG 1995 Nr. C 316/34

Gleichzeitig wurde unter ausdrücklicher Berufung auf Art. K.7 EUV a.F. eine Übereinkunft über die vorläufige Anwendung des Übereinkommens über den Einsatz des Zollinformationssystems angenommen, die vorsieht, daß eine vorläufige Anwendung dieses Übereinkommens möglich ist, sobald acht Mitgliedstaaten es gebilligt, angenommen und ratifiziert haben[970]. Am 28. November 1996 wurde das Protokoll über die Auslegung des Übereinkommens über das Zollinformationssystem durch den Gerichtshof im Wege der Vorabentscheidung vom Rat angenommen und einen Tag später unterzeichnet[971]. Das ZIS ist ein elektronisches Informationssystem, das von den innerstaatlichen Zollbehörden eingerichtet und verwaltet wird, um schwerwiegende Verstöße gegen nationale Gesetze zu verhindern, aufzudecken und zu verfolgen. In diesem Zusammenhang ist auf die Verordnung (EG) Nr. 515/97 des Rates vom 13. März 1997[972], sog. Amtshilfeverordnung, hinzuweisen, die in Titel V ebenfalls ausführliche Regelungen betreffend die Schaffung und Nutzung des ZIS enthält. Rechtsgrundlage dieses Systems ist also einerseits das ZIS-Übereinkommen, andererseits die EG-Amtshilfeverordnung, was dazu führt, daß der Kommission im Rahmen der „dritten Säule" – systemwidrig – die Verantwortung für die technische Funktionsfähigkeit des Systems übertragen worden ist[973].

Am 9. Juni 1997 hat der Rat die Entschließung über einen Leitfaden für gemeinsame Zollaktionen angenommen[974], der die praktische Zusammenarbeit zwischen den Zollbehörden der Mitgliedstaaten intensivieren soll.

Schließlich hat der Rat am 18. Dezember 1997 den Rechtsakt über die Ausarbeitung des Neapel-II-Übereinkommens über gegenseitige Hilfe und Zusammenarbeit der Zollverwaltungen angenommen[975]. Mit Inkrafttreten dieses Übereinkommens wird das sog. Übereinkommen von Neapel, das am 7. September 1967 von den Mitgliedstaaten der Europäischen Gemeinschaft geschlossen worden war[976], aufgehoben. Wie dem Art. 1 des Übereinkommens zu entnehmen ist, bezweckt es die Bekämpfung der zunehmenden Zuwiderhandlungen gegen die nationalen wie auch gemeinschaftlichen Zollvorschriften im Wege einer effizienteren und zügigeren Zusammenarbeit im Zollwesen. Ferner sieht es Verfahren vor, wonach die EU-Mitgliedstaaten einander Amtshilfe leisten und - über ihre Zollverwaltungen - zusammenarbeiten, um

---

970 ABl. EG 1995 Nr. C 316/58.

971 ABl. EG 1997 Nr. C 151/16.

972 ABl. EG 1997 Nr. L 82/1. Gestützt wurde diese Verordnung insbesondere auf Art. 37 und 308 EGV (Art. 43 und 235 EGV a.F.).

973 Vgl. Art. 3 II und III des ZIS-Übereinkommens sowie Art. 23 III Amtshilfeverordnung.

974 ABl. EG 1997 Nr. C 193/4.

975 ABl. EG 1998 Nr. C 24/1; zum Zustandekommen dieses Übereinkommens, vgl. *Wewel*, in: Müller-Graff (Hrsg.), S. 117 (122 ff.).

976 S. dazu o. S. 79.

Zuwiderhandlungen gegen die nationalen Zollvorschriften zu verhindern, zu ermitteln, zu verfolgen und zu ahnden. Die vorgesehenen Verfahren treffen insbesondere drei Bereiche: die Amtshilfe auf Antrag, die Amtshilfe ohne Antrag sowie die besonderen Formen der grenzüberschreitenden Zusammenarbeit, bei der unter anderem Beamte eines Mitgliedstaates tätig werden können. Zudem enthält das Übereinkommen mit Art. 26 eine Regelung, wonach dem EuGH die Zuständigkeit zukommt, über alle Streitigkeiten zwischen den Mitgliedstaaten sowie zwischen den Mitgliedstaaten und der Kommission bezüglich der Auslegung und Anwendung des Übereinkommens zu entscheiden. Bisher ist das Übereinkommen noch nicht in Kraft getreten.

5. Bekämpfung der Drogenabhängigkeit und internationaler Betrügereien

Die Bekämpfung der Drogenabhängigkeit und der internationalen Betrügereien wurden von den Art. K.1 Nr. 4 und Nr. 5 EUV a.F. erfaßt. Beiden Zusammenarbeitsbereichen kommt eine sog. Lückenschließungsfunktion zu. Zum einen erfaßten Art. K.1 Nr. 4 und Nr. 5 EUV a.F. entsprechend ihrem Wortlaut nur die Bereiche, die nicht bereits schon von Art. K.1 Nr. 7 - 9 EUV a.F. erfaßt waren. Zum anderen enthält der EG-Vertrag mit Art. 152 EGV (Art. 129 EGV a.F.) eine Gemeinschaftskompetenz, welche die gesundheitspolitischen Aspekte der Drogenpolitik erfaßt und mit Art. 280 EGV (Art. 209 a EGV a.F.) eine Regelung, die eine Zusammenarbeit der Mitgliedstaaten im Hinblick auf die Bekämpfung von Betrug zum Nachteil der Gemeinschaft vorsieht. Eine exakte Zuordnung der entsprechenden Maßnahmen wird daher nicht immer einfach sein. Im folgenden soll aber versucht werden, unter Berücksichtigung der Erwägungsgründe der einzelnen Maßnahmen, einen Überblick über die entsprechenden Aktivitäten des Rates zu geben.
Im Bereich der Bekämpfung des illegalen Drogenhandels wurden hier im Kern die bisherigen Tätigkeiten des CELAD[977] fortgesetzt[978]. So fällt beispielsweise die Entschließung des Rates vom 29. November 1996 über Maßnahmen zur Bekämpfung des Problems des Drogentourismus innerhalb der Europäischen Union[979] in den Anwendungsbereich des Art. K.1 Nr. 4 EUV a.F. Wie den Erwägungsgründen zu entnehmen ist, waren dem Art. K.1 Nr. 4 EUV a.F. auch die Entschließungen des Rates vom 16. Dezember 1996 über Maßnahmen zur Bekämpfung des illegalen Anbaus und der illegalen Herstellung von Drogen sowie zur Vernichtung illegaler Kulturen und Herstellungslaboratorien in der

977 S. dazu o. S. 96 ff.
978 S. auch *Degen*, in: GTE, Art. K.1 Rn. 16.
979 ABl. EG 1996 Nr. C 375/3.

Europäischen Union[980] und vom 20. Dezember 1996 über die Ahndung von schweren Straftaten im Bereich des unerlaubten Drogenhandels[981] zuzuordnen. Dagegen fiel die vom Rat am 29. November 1996 erlassene gemeinsame Maßnahme 96/698/JI betreffend die Zusammenarbeit zwischen Zoll und Wirtschaft bei der Bekämpfung des illegalen Drogenhandels[982] sowie die am gleichen Tag erlassene Entschließung über Vereinbarungen zwischen den Polizei- und Zollbehörden bei der Drogenbekämpfung[983] nicht in den Anwendungsbereich des Art. K.1 Nr. 4 EUV a.F.; diese wurden vielmehr von Art. K.1 Nr. 8 und Nr. 9 EUV a.F. erfaßt. Das gleiche gilt, wie den Erwägungsgründen zu entnehmen ist, für die gemeinsame Maßnahme 96/699/JI des Rates vom 29. November 1996 betreffend den Austausch von Informationen über die Erstellung chemischer Profile von Drogen im Hinblick auf die Verbesserung der Zusammenarbeit zwischen den Mitgliedstaaten bei der Bekämpfung des illegalen Drogenhandels[984].
Unzweifelhaft dem Bereich des Art. K.1 Nr. 4 EUV a.F. zuzuordnen war die gemeinsame Maßnahme 96/750/JI des Rates vom 17. Dezember 1996 betreffend die Angleichung der Rechtsvorschriften und der Verfahren der Mitgliedstaaten der Europäischen Union zur Bekämpfung der Drogenabhängigkeit und zur Verhütung und Bekämpfung des illegalen Drogenhandels[985] sowie die gemeinsame Maßnahme 97/396/JI des Rates vom 16. Juni 1997 betreffend den Informationsaustausch, die Riskobewertung und die Kontrolle bei neuen synthetischen Drogen[986].
Die Bekämpfung der internationalen Betrügereien erstreckt sich auf den strafrechtlichen Schutz der finanziellen Interessen der Gemeinschaft[987] sowie auch auf die in diesem Zusammenhang zu fördernde Zusammenarbeit der Polizei- und Strafverfolgungsbehörden[988]. Folglich hat auch die Kommission am 15. Juni 1994[989] einen Vorschlag für einen Akt des Rates betreffend ein Übereinkommen über den Schutz der finanziellen Interessen der Gemeinschaft angenommen. In Ergänzung zu dem Vorschlag für eine Verordnung über verwaltungsrechtliche Sanktionen zielt dieses Übereinkommen darauf ab, in das innerstaatliche Strafrecht aller Mitgliedstaaten den Tatbestand des „Betrugs zum Nachteil der finanziellen Interessen der Gemeinschaft“ einzuführen, um so eine

---

980 ABl. EG 1996 Nr. C 389/1.
981 ABl. EG 1997 Nr. C 10/3.
982 ABl. EG 1996 Nr. L 322/3.
983 ABl. EG 1996 Nr. C 375/1.
984 ABl. EG 1996 Nr. L 322/5.
985 ABl. EG 1996 Nr. L 342/6.
986 ABl. EG 1997 Nr. L 167/1.
987 Vgl. hierzu auch Art. 280 EGV (Art. 209 a EGV a.F.).
988 S. auch *Degen*, in: GTE, Art. K.1 Rn. 17.
989 Bull.EU 6/1994, Ziff. 1.4.8.

Übereinstimmung der Sanktionssysteme zu gewährleisten und mögliche spätere Kompetenzstreitigkeiten zu regeln. Der Rat hat am 26. Juli 1995 den Beschluß betreffend das Übereinkommen über den Schutz der finanziellen Interessen förmlich angenommen[990]. Das Übereinkommen wurde am gleichen Tag unterzeichnet.

Am 20. Dezember 1996 hat die Kommission einen Vorschlag für einen Rechtsakt des Rates betreffend ein Protokoll zur Ergänzung dieses Übereinkommens in folgenden Punkten angenommen: Verantwortlichkeit juristischer Personen, Geldwäsche, vorrangige Zuständigkeit, Amts- und Rechtshilfe, Einrichtung eines Verfahrensregisters der wegen Betruges aufgenommenen Ermittlungen und Zuständigkeit des Gerichtshofes. Der Rat hat am 27. September 1996 ein erstes Protokoll zum Übereinkommen über den Schutz der finanziellen Interessen der Gemeinschaften unterzeichnet[991], das insbesondere auf die Bekämpfung von Bestechungshandlungen zielt. Das Protokoll über die Auslegung dieses Übereinkommens durch den Gerichtshof im Wege des Vorabentscheidungsverfahrens wurde am 29. November 1996 unterzeichnet[992]. Schließlich nahm der Rat am 26. Mai 1997 und 19. Juni 1997 die Rechtsakte an über die Ausarbeitung des Übereinkommens über die Bekämpfung der Bestechung, an der Beamte der Europäischen Gemeinschaften oder der Mitgliedstaaten beteiligt sind[993], und über die Ausarbeitung des zweiten Protokolls zum Übereinkommen über den Schutz der finanziellen Interessen der Gemeinschaften[994], das insbesondere die Verantwortlichkeit von juristischen Personen, die Einziehung der Beträge aus widerrechtlichen Handlungen, die Geldwäsche und die Zusammenarbeit zwischen den Mitgliedstaaten und der Kommission betrifft. Daß die vorgenannten Tätigkeiten vom Anwendungsbereich des Art. K.1 Nr. 5 EUV a.F. erfaßt waren, verdeutlicht bereits die Tatsache, daß die entsprechenden Maßnahmen auf Initiative der Kommission erlassen wurden. Hätte man diese Maßnahmen dem Art. K.1 Nr. 7 EUV a.F. zugeordnet, wäre eine Initiativberechtigung seitens der Kommission abzulehnen.

---

[990] ABl. EG 1995 Nr. C 316/49.

[991] ABl. EG 1996 Nr. C 313/2.

[992] ABl. EG 1997 Nr. C 151/1.

[993] ABl. EG 1997 Nr. C 195/1.

[994] Abl. EG 1997 Nr. C 221/11.

6. Polizeiliche Zusammenarbeit, insbesondere Europol

6.1. Sinn und Zweck einer grenzüberschreitenden polizeilichen Zusammenarbeit

Die international organisierte Kriminalität, die, wie die Mafia, die Camorra, das Medellin-Kartell, die Chinesischen Triaden oder die vietnamesischen Zigarettenschmugglerbanden, das Gebiet des Binnenraumes bereits als einheitliche Region für ihre kriminellen Aktivitäten nutzen, hat sich mit dem Zusammenwachsen von West- und Osteuropa weiterhin verstärkt, so daß Europa eine einheitliche Kriminalitätsregion bildet[995], in der sich die Sicherheitsprobleme für den einzelnen Bürger und die Gefahren für Wirtschaft und Gesellschaft verstärken werden. Dabei profitieren kriminelle Organisationen von dem Abbau der Grenzkontrollen und dem schrittweisen Aufheben der Visapflichten in Europa. Sie nutzen zum Transport von Rauschgift, Waffen, radioaktiven Substanzen und gefährlichem Industriemüll die Wege und Mittel des legalen internationalen Handels. Sie machen von modernster Kommunikationstechnologie Gebrauch und waschen und verschieben ihre illegalen Gewinne im Rahmen des legalen Kapitalverkehrs innerhalb Europas oder auch in andere Kontinente. Schon heute ist Westeuropa der zweitgrößte Rauschgiftmarkt nach Nordamerika.

Um dieser grenzüberschreitenden Kriminalität im Einzugsbereich des europäischen Binnenmarktes wirksam entgegentreten zu können, reichen Maßnahmen im nationalen Rahmen nicht mehr aus[996]. Es bedarf einheitlicher, auf Gemeinschaftsebene angesiedelter Maßnahmen, die auch, um deren einheitliche und wirksame Durchsetzbarkeit zu gewährleisten, von einer gemeinschaftsweiten polizeirechtlichen Zentralstelle zu koordinieren sind, wobei diese Stelle zunächst durch die Einrichtung und den Betrieb eines Informationssytems die Möglichkeit schaffen müßte, jeder ermittlungsführenden Behörde eines EG-Mitgliedstaates einen schnellen Zugriff auf die notwendigen Daten zu sichern, um das langwierige bürokratische Genehmigungsverfahren und die teilweise notwendige Übersetzung in und von Fremdsprachen bei den jeweiligen einzelnen Behörden zu vermeiden. Neben dem Informationsaustausch und der Koordinierung von Ermittlungen dürfte ein dringendes Bedürfnis auch für die Koordination von gemeinsamen operativen Einsätzen, wie beispielsweise gleichzeitige Durchsuchungen, Festnahmen oder Durchführung von sog. kontrollierten Lieferungen, bestehen, die durch speziell hierfür geschulte Ermittlungsbeamte vorzunehmen wären.

---

[995] S. dazu *Storbeck*, Die Polizei 9/1993, 229; s. auch *Peilert*, Die Polizei 3/1999, 65 f.

[996] S. hierszu insb. *Gündisch*, AnwBl. 4/1998, 170 (172); *Seiters*, Die Polizei 1/1993, 1 (5).

Die Errichtung eines Europäischen Polizeiamtes bringt aber auch erhebliche, vor allem rechtliche Probleme mit sich. So stellt sich die Frage nach der kompetentiellen Ausstattung dieser Behörde oder nach der Kontrollinstanz im Hinblick auf die Überprüfung von Eingriffen seitens des Polizeiamtes. Schließlich sind auch datenschutzrechtliche Aspekte, generell der grundrechtliche Schutz des einzelnen EU-Bürgers, zu berücksichtigen. Kritische Stimmen warnen daher bereits vor einem „europäischen Präventionsstaat", in dem die Sicherheit nicht mehr die Gewißheit der dem Individuum verbürgten Freiheit bedeutet[997].
Letztendlich wird es, wie bei der Errichtung einer jeden neuen Institution, der Hoheitsrechte übertragen werden sollen, darauf ankommen, wieweit die politischen Interessen der einzelnen Mitgliedstaaten berücksichtigt werden. Unter diesem Aspekt ist auch die polizeiliche Zusammenarbeit unter Berücksichtigung der Schaffung einer zentralisierten europäischen Polizeidienststelle zu sehen.
Als einer der Befürworter eines Europäischen Polizeiamtes hatte die Bundesrepublik Deutschland im Rahmen der Verhandlungen über den Maastrichter Vertrag die Position vertreten, daß die grenzüberschreitende polizeiliche Zusammenarbeit in die „erste Säule" aufgenommen werden müsse. Gedacht war, eine dem FBI entsprechende, mit umfangreichen Befugnissen ausgestattete Polizeidienststelle zu errichten[998]. Da hierfür die Zustimmung aller Mitgliedstaaten wegen der Befürchtung eines Souveränitätsverlustes fehlte, kam es zur Einfügung in die „dritte Säule" als Bereich intergouvernementaler Zusammenarbeit, eingebunden in den institutionellen Rahmen der Europäischen Union[999]. Gemäß Art. K.1 Nr. 9 EUV a.F. betrachteten die Mitgliedstaaten die polizeiliche Zusammenarbeit zur Verhütung und Bekämpfung des Terrorismus, des illegalen Drogenhandels und sonstiger schwerwiegender Formen der internationalen Kriminalität in Verbindung mit dem Aufbau eines unionsweiten Systems zum Austausch von Informationen im Rahmen eines Europäischen Polizeiamtes (Europol) als Angelegenheiten von gemeinsamen Interesse.

6.2. Regelungsbereich

Inhaltlich konzentrierte sich die Art der Zusammenarbeit in Art. K.1 Nr. 9 EUV a.F. auf drei Schwerpunkte: Terrorismus, illegaler Drogenhandel[1000] und sonstige schwerwiegende Formen der internationalen Kriminalität. Damit steht fest, daß sich die polizeiliche Zusammenarbeit nicht auf eine Verbrechensbekämpfung im allgemeinen oder gar auf eine polizeiliche Gefahrenabwehr bezog.

---

997 *Bull*, KritV 1995, 313.
998 Vgl. hierzu *Storbeck*, Kriminalistik 3/1994, 201 (203); *di Fabio*, DÖV 3/1997, 89 (96); *Ostendorf*, NJW 51/1997, 3418 (3419).
999 *Schelter*, EU-Magazin 7-8/1995, S. 20 f.
1000 S. hierzu und den entsprechenden Maßnahmen bereits o. S. 140 f.

Denn die Zusammenarbeit zur Abwehr von Gefahren für die öffentliche Sicherheit und Ordnung wurde nicht erwähnt.
Dies verdeutlicht auch die gemeinsame Maßnahme 97/339/JI des Rates vom 26. Mai 1997, die zwar eine Zusammenarbeit im Bereich der öffentlichen Ordnung und Sicherheit anstrebt[1001], die aber nicht im Sinne einer dem Polizei- und Ordnungsrecht innewohnenden Gefahrenabwehr für die öffentliche Sicherheit und Ordnung[1002] zu verstehen ist; sie steht vielmehr im Kontext des Informationsaustausches und der Entsendung von Verbindungsbeamten im Rahmen der Aufrechterhaltung der öffentlichen Ordnung und Sicherheit sowie der Verhütung von strafbaren Handlungen bei Großveranstaltungen, wie z.B. Sportwettkämpfen, Rockkonzerten oder Demonstrationen.
Die polizeiliche Zusammenarbeit bezieht sich ausschließlich auf die Prävention und Repression „schwerwiegender" internationaler Kriminalitätsformen. Damit wurden vom Regelungsbereich des Art. K.1 Nr. 9 EUV a.F. sämtliche Kriminalitätsformen mit grenzüberschreitenden Charakter erfaßt[1003], wobei sich die Schwere der jeweiligen Kriminalitätsform aufgrund einer Gegenüberstellung der zu schützenden Rechtsgüter sowie Art und Umfang ihrer Gefährdung ermitteln lassen dürfte[1004]. Außerdem sollten auch zollrelevante Bereiche in die polizeiliche Zusammenarbeit einbezogen werden, soweit dies erforderlich war. Damit kam es zwischen Art. K.1 Nr. 8 und Nr. 9 EUV a.F. zu einer inhaltlichen Überschneidung der Aufgabenbereiche, woraus sich allerdings keine praktischen Probleme ergaben; denn in beiden Fällen war eine Anwendung des Art. K.9 EUV a.F. sowie eine Initiativberechtigung der Kommission ausgeschlossen.
Der Amsterdamer Vertrag verzichtet daher auf eine inhaltliche Trennung beider Bereiche, was im übrigen auch praktisch sinnvoll ist. Denn eine organisatorische Zusammenfassung der Arbeiten von Polizei und Zoll führt nicht nur zu einer Optimierung und besseren Auswertung von Daten und Informationen, sondern auch zu einer Verbesserung der operativen Zusammenarbeit und somit zu einem erhöhten Bekämpfungsgrad des organisierten Verbrechens. Schon jetzt finden sich Maßnahmen, die beide Bereiche miteinander verknüpfen, wie die Entschließung des Rates vom 29. November 1996 über Vereinbarungen zwischen den Polizei und den Zollbehörden bei der Drogenbekämpfung[1005], die gemeinsame Maßnahme 96/747/JI des Rates vom 29. November 1996 betreffend die Erstellung und Führung eines Verzeichnisses der besonderen Fähigkeiten und Fachkenntnisse auf dem Gebiet der Bekämpfung der internationalen organisierten Kriminalität, mit denen die Zusammenarbeit zwischen den Mitgliedstaaten

---

1001 ABl. EG 1997 Nr. L 147/1.

1002 Vgl. dazu statt vieler *Götz*, Rn. 78 ff.

1003 *Degen*, in: GTE, Art. K.1 Rn. 13; HandKom.EUV/EGV/*Hailbronner*, Art. K Rn. 64.

1004 So auch *Degen*, in: GTE, Art. K.1 Rn. 13.

1005 ABl. EG 1996 Nr. C 375/1.

der Europäischen Union bei der Strafverfolgung erleichtert werden sollen[1006], und schließlich die gemeinsame Maßnahme 97/372/JI des Rates vom 9. Juni 1997 betreffend die Präzisierung der Kriterien für gezielte Kontrollen, Selektionsmethoden usw. und die Optimierung der Erfassung von polizeilichen und zollbehördlichen Informationen[1007].

Darüber hinaus hat der Rat eine Reihe von weiteren Maßnahmen auf den unterschiedlichsten Gebieten der Verbrechensbekämpfung erlassen. Dazu zählen die Entschließung des Rates vom 17. Januar 1995 über die rechtmäßige Überwachung des Fernmeldeverkehrs[1008], die Entschließung des Rates vom 9. Juni 1997 zur Verhinderung und Eindämmung des Fußballrowdytums durch Erfahrungsaustausch, Stadionverbote und Medienpolitik[1009]. Auch die Entschließung des Rates vom 7. Juni 1997 über den Austausch von DNS-Analyseergebnissen[1010] war dem Regelungsbereich des Art. K.1 Nr. 9 EUV a.F. zuzuordnen, da der Austausch derartiger Ergebnisse für die Zwecke strafrechtlicher Ermittlungen unabdingbar ist.

Im Bereich der Terrorismusbekämpfung ist auf die gemeinsame Maßnahme 96/610/JI des Rates vom 15. Oktober 1996 betreffend die Erstellung und Führung eines Verzeichnisses der besonderen Fähigkeiten und Fachkenntnisse auf dem Gebiet der Terrorismusbekämpfung hinzuweisen, mit dem die Zusammenarbeit zwischen den Mitgliedstaaten der Europäischen Union bei der Terrorismusbekämpfung erleichtert werden soll[1011]. Im Rahmen der Umsetzung des Aktionsprogramms zur Bekämpfung der organisierten Kriminalität[1012] nahm der Rat auf seiner Tagung vom 4./5. Dezember 1997 die gemeinsame Maßnahme 97/827/JI betreffend die Schaffung eines Mechanismus für die Begutachtung der einzelstaatlichen Anwendung und Umsetzung der zur Bekämpfung der organisierten Kriminalität eingegangenen internationalen Verpflichtungen an[1013]. Zuvor hatte die Kommission am 20. Oktober 1997 einen Vorschlag für einen Beschluß des Rates über eine gemeinsame Maßnahme zur Aufstellung eines Austausch-, Ausbildungs- und Kooperationsprogramms für Personen, die für die Bekämpfung der organisierten Kriminalität zuständig sind (FALCONE), angenommen, die dann am 19. März 1998 vom Rat verabschiedet wurde[1014].

1006 ABl. EG 1996 Nr. L 342/2.
1007 ABl. EG 1997 Nr. L 159/1.
1008 ABl. EG 1995 Nr. C 329/1.
1009 ABl. EG 1997 Nr. C 193/1.
1010 ABl. EG 1997 Nr. C 193/2.
1011 ABl. EG 1996 Nr. L 273/1.
1012 S. o. S. 137 f.
1013 ABl. EG 1997 Nr. L 344/7.
1014 ABl. EG 1998 Nr. L 99/8.

6.3. Europäische kriminalpolizeiliche Zentralstelle (Europol)

Eng mit der polizeilichen Zusammenarbeit verbunden ist die Schaffung einer kriminalpolizeilichen Zentralstelle (Europol), die durch Art. K.1 Nr. 9 EUV a.F. ausdrücklich hervorgehoben wurde. Jedoch wurde schon vor dem Inkrafttreten des Maastrichter Vertrags in den sog. TREVI-Arbeitsgruppen auf dem polizeirechtlichen Sektor vertieft zwischen den Mitgliedstaaten zusammengearbeitet[1015].

6.3.1. Gründungsphase -Errichtung der European Drugs Unit -

Bereits 1989 legten sich die Innen- und Justizminister der EG-Mitgliedstaaten mit der Verabschiedung des Palma-Dokuments auf die Einrichtung einer zentralen europäischen Intelligence-Dienstsstelle für die Rauschgiftbekämpfung fest; es sollte die „European Drugs Unit" (EDU) aufgebaut werden[1016]. Auf der Sitzung des Europäischen Rates am 28./29. Juni 1991 in Luxemburg folgten die Staats- und Regierungschefs der EG-Mitgliedstaaten dem Vorschlag der Bundesregierung, zur Bekämpfung des internationalen Drogenhandels und der internationalen organisierten Kriminalität eine kriminalpolizeiliche Zentralstelle (Europol) einzurichten[1017]. Der deutsche Vorschlag, eine völkerrechtliche Regelung als Grundlage für die Errichtung von Europol in den EG-Vertrag aufzunehmen und so Europol zu einer Institution der Gemeinschaft zu machen, wurde, wie dem Maastrichter Vertrag zu entnehmen war, abgelehnt[1018].
Die Ausdehnung der Tätigkeit von Europol auf weitere Bereiche der organisierten Kriminalität über die Rauschgiftkriminalität hinaus sollte schrittweise erfolgen. In einer Anfangsphase, d.h. bis zum 31. Dezember 1992, sollte die Organisation „Relaisstation für (den) Informations- und Erfahrungsaustausch" sein; in der zweiten Phase sollten Handlungsbefugnisse im Hoheitsbereich aller Mitgliedstaaten auf Europol übertragen werden[1019]. Der Europäische Rat hat sich auf seiner Tagung am 9./10. Dezember 1991 in Maastricht mit der Schaffung einer Europäischen Polizeibehörde einverstanden erklärt, der zunächst nur die Aufgabe übertragen werden sollte, auf der Ebene der damals zwölf EG-Mitgliedstaaten den Austausch von Informationen über den Drogen-

---

1015 S. dazu o. S. 80 ff.

1016 S. auch o. S. 82. Vgl. zur Gründungsphase auch *Martínez Soria*, VerwArch 3/1998, 400 (416 ff.); *Gleß/Lüke*, Jura 2/1998, 70 (75 f.); *Joubert/Bevers*, S. 39 ff.; *Bruggeman*, in: Bieber/Monar (eds.), S. 217 ff.

1017 Bull.EG 6/1991, Ziff. I.38.; s. auch o. S. 82.

1018 S. auch o. S. 144.

1019 Vgl. Anlage I der Schlußfolgerungen der Tagung des Europäischen Rates der Staats- und Regierungschefs v. 28. und 29. Juni 1991 in Luxemburg, in: EA 15-16/1991, D 394 (D 402); Bull.EG 6/1991, Ziff. I.38.

bereich zu organisieren[1020]. Der eigens hierfür gegründeten Arbeitsgruppe „Europol"[1021] kam die Aufgabe zu, die für die Schaffung von Europol notwendigen Schritte einzuleiten. Neben dieser Arbeitsgruppe wurde in Straßburg ein internationaler Aufbaustab eingerichtet, welcher in der Zeit vom 1. September 1992 bis zum 31. Dezember 1993 für die Planung und den praktischen Aufbau von Europol tätig sein sollte[1022]. Diese Arbeiten führten zunächst dazu, daß aufgrund der Innenministervereinbarung über die Einrichtung der Europol-Drogeneinheit vom 2. Juni 1993[1023], die für die Bundesrepublik Deutschland sowie für Belgien, Dänemark, Frankreich, Griechenland, Italien, Luxemburg, die Niederlande, Portugal, Spanien und das Vereinigte Königreich am 30. Oktober 1993 in Kraft trat[1024], die EDU als Vorstufe von Europol für einen Übergangszeitraum ins Leben gerufen wurde. Bereits am 29. Oktober 1993 hatte der Europäische Rat beschlossen, daß die Europol-Drogenstelle sowie Europol ihren Sitz in Den Haag haben werden[1025]. Bis zum Abschluß des Europol-Übereinkommens sollte diese Übergangslösung gelten.
Zum Aufgabenbereich der Europol-Drogeneinheit heißt es in der Ministervereinbarung: „Die Einheit arbeitet als nicht einsatzbezogener Stab für den Austausch und die Analyse von Informationen über den illegalen Drogenhandel, die darin verwickelten kriminellen Vereinigungen und die damit verbundenen Geldwäschehandlungen, die zwei oder mehr Mitgliedstaaten betreffen"[1026]. Für den Übergangszeitraum war die Tätigkeit der Europol-Drogeneinheit also auf die Weitergabe von personenbezogenen Daten im Rahmen konkreter Ermittlungsverfahren im Bereich der Betäubungsmittelkriminalität sowie der damit in Zusammenhang stehenden Geldwäschehandlungen und auf die Erstellung allgemeiner Lageberichte und Verbrechensanalysen zu diesen Delikten beschränkt, wobei letztere nur auf der Grundlage nicht-personenbezogener Informationen erarbeitet werden durften[1027]. Über diese informationelle Zusammenarbeit hinaus hatte die Europol-Drogeneinheit keinerlei Kompetenzen. Dieser Informationsaustausch erfolgte durch die Verbindungsbeamten[1028], die aus einzelnen EU-Mitgliedstaaten zur Europol-Drogeneinheit entsandt wurden. Anfang 1995 waren neben 30 direkt eingestellten Mitarbeitern 27

1020 Bull.EG 12/1991, Ziff. I.8.

1021 S. dazu bereits o. S. 82.

1022 S. dazu *Storbeck*, Kriminalistik 3/1994, 201 ff.

1023 Vgl. Bek. der Ministervereinbarung über die Einrichtung der Europol-Drogeneinheit v. 29. Dezember 1994, BGBl. 1995 II S. 154; s. ferner Bull.EG 6/1993, Ziff. 1.4.19.

1024 BGBl. 1995 II S. 154.

1025 ABl. EG 1993 Nr. C 323/1.

1026 BGBl. 1995 II S. 155.

1027 Vgl. lit. b der Ministervereinbarung v. 2. Juni 1993, BGBl. 1995 II S. 156.

1028 European Liaison Officer.

Verbindungsbeamte bei der EDU tätig[1029]. Die Verbindungsbeamten hatten nicht nur zu Fahndungsdaten Zugang, wie man sie im Schengener Informationssystem (SIS)[1030] oder bei Interpol[1031] findet, sondern auch zu weitergehenden, national bestehenden Dateien. Diese nationalen Dateien lassen polizeiliche Recherchen zu und enthalten für den Bereich der Rauschgiftkriminalität und der damit verbundenen Geldwäsche beispielsweise Daten über Täter, Tätergruppen, Adressen, Telefonnummern und Verdachtsmomente.

Auf seiner Tagung am 9./10. Dezember 1994 in Essen[1032] hat der Europäische Rat beschlossen, das Mandat für die Europol-Drogeneinheit zu erweitern. Zwar blieb ihre Arbeitsweise unverändert, doch wurde ihr Aufgabenbereich erheblich erweitert. Aufgrund der auf Art. K.3 II lit. b EUV a.F. gestützten gemeinsamen Maßnahme 95/73/JI des Rates vom 10. März 1995[1033], die auch die Einbeziehung der drei neuen EU-Mitgliedstaaten[1034] zum Inhalt hatte, und der gemeinsamen Maßnahme 96/748/JI vom 16. Dezember 1996[1035], welche nunmehr an die Stelle der Ministervereinbarung vom 2. Juni 1993 getreten waren und diese ersetzten, wurde der Aufgabenbereich der Europol-Drogeneinheit um vier neue Kriminalitätsbereiche erweitert. Die Europol-Drogeneinheit war danach neben dem illegalen Drogenhandel auch auf den Gebieten des illegalen Handels mit radioaktiven und nuklearen Materialien, der Schleuserkriminalität, des Menschenhandels und der Verschiebung von Kraftfahrzeugen tätig. Damit entspricht diese neue Aufgabenzuweisung mit Ausnahme der Terrorismusbekämpfung[1036] auch weitgehend dem von Art. K.1 Nr. 9 EUV a.F. erfaßten Regelungsbereich der schwerwiegenden Formen der internationalen Kriminalität.

6.3.2. Europol-Übereinkommen

Parallel zu den Tätigkeiten im Rahmen der Europol-Drogeneinheit wurden die Arbeiten bei der Schaffung eines Europol-Übereinkommens fortgesetzt, das zum Ziel haben sollte, auf sämtlichen Gebieten der schwerwiegenden grenzübergreifenden Kriminalität eine effektive Informationssammlung, -auswertung und -übermittlung sowie eine Intensivierung der Zusammenarbeit der zuständigen innerstaatlichen Stellen zu gewährleisten. Nach langen und vor allem schwierigen Verhandlungen nahm der Rat, nachdem er entsprechend den Beschlüssen

---

1029 S. hierzu *Weichert*, DuD 8/1995, 450 (451).

1030 S. dazu o. S. 65 ff.

1031 Vgl. dazu *Randelzhofer*, in: FS Schlochauer, 1981, S. 531 ff.

1032 Bull.EU 12/1994, Ziff. I.26.

1033 ABl. EG 1995 Nr. L 62/1.

1034 Dazu zählten Finnland, Österreich und Schweden.

1035 ABl. EG 1996 Nr. L 342/4.

1036 Dazu s. o. S. 146.

des Europäischen Rates von Cannes[1037] schließlich am 21. Juni 1995[1038] zu allgemeinem Einvernehmen über die einzelnen Bestimmungen des Europol-Übereinkommens gelangt war, am 26. Juli 1995 den Rechtsakt betreffend das Europol-Übereinkommen an[1039], das am gleichen Tage unterzeichnet wurde. Nachdem sämtliche Unterzeichnerstaaten das Europol-Übereinkommen ratifiziert hatten[1040], ist es am 1. Oktober 1998 in Kraft getreten; damit löste Europol die EDU ab[1041].

6.3.2.1. Einbeziehung der Terrorismusbekämpfung

Schwierigkeiten, eine Einigung zu erzielen, gab es zunächst bei der Frage, ob sich Europol auch mit der Bekämpfung des Terrorismus befassen sollte, was insbesondere von Spanien und Griechenland befürwortet wurde, während dies von dem Vereinigten Königreich abgelehnt wurde. Das Übereinkommen hat diese Frage dahingehend gelöst, daß Europol sich zunächst neben den Kriminalitätsformen[1042], die bereits von der Europol-Drogeneinheit wahrgenommen wurden[1043], auch mit sonstigen schwerwiegenden Formen der internationalen Kriminalität befassen kann, wozu (1) Straftaten gegen Leben, körperliche Unversehrtheit und Freiheit, (2) Straftaten gegen fremdes Vermögen und staatliches Eigentum sowie Betrug und (3) illegaler Handel und Straftaten gegen die Umwelt zu zählen sind[1044].
Wie Art. 2 II UAbs. 2 S. 1 des Übereinkommens zu entnehmen ist, kann sich Europol zwei Jahre nach Inkrafttreten des Übereinkommens mit der Bekämpfung des Terrorismus befassen, d.h. ab dem 2. Oktober 2000, da das Europol-Übereinkommen am 1. Oktober 1998 in Kraft getreten ist. Es besteht jedoch die Möglichkeit, sich schon vor Ablauf dieser Frist mit der Bekämpfung terroristischer Handlungen zu befassen, sobald der Rat im Verfahren nach Titel VI des EU-Vertrags einen entsprechenden einstimmigen Beschluß gefaßt hat[1045].

[1037] Bull.EU 6/1995, Ziff. I.20 bis I.24.
[1038] Bull.EU 6/1995, Ziff. 1.5.5.
[1039] ABl. EG 1995 Nr. C 316/1.
[1040] Die Bundesrepublik Deutschland hat dem Europol-Übereinkommen mit dem Europol-Gesetz v. 16. Dezember 1997 zugestimmt, BGBl. 1997 II 2150.
[1041] Bull.EU 10/1998, Ziff. 1.4.4.
[1042] Krit. hierzu *Kalk*, DuD 23/1999, 442 (443 f.) m.w.N, der vor allem im Hinblick auf das Bestimmtheitskriterium für Straftatbestände auf die unklaren Definitionen der in Art. 2 Europol-Übereinkommen und im entsprechenden Anhang niedergelegten Deliktsfelder hinweist.
[1043] S. dazu o. S. 82, 148.
[1044] Vgl. den Anhang betreffend Art. 2 des Europol-Übereinkommens, ABl. EG 1995 Nr. C 316/30.
[1045] Vgl. Art. 2 II UAbs. 2 S. 2 des Europol-Übereinkommens.

Bereits in dieser Vorschrift wird der Kompromißcharakter des Europol-Übereinkommens deutlich. Zwischenzeitlich hat man sich im Rat „Justiz und Inneres" politisch dahingehend geeinigt, das Mandat von Europol bereits früher auf den Bereich der Terrorismusbekämpfung auszudehnen, als es Art. 2 II UAbs. 2 S. 1 Europol-Übereinkommen vorsieht[1046].

6.3.2.2. Rechtsschutzsystem

Ein weiterer sehr kontrovers diskutierter Punkt war die Frage über die Kompetenzen des Rechnungshofes, aber vor allem über die des EuGH im Hinblick auf die Kontrolle der Organisation. So sträubte sich besonders das Vereinigte Königreich[1047] gegen die Aufnahme einer Vertragsregelung, die dem EuGH bei Streitigkeiten zwischen den Mitgliedstaaten über die Auslegung oder Anwendung des Übereinkommens die Entscheidungsbefugnis übertragen sollte. Da keine Einigung darüber erzielt werden konnte, welche Rolle der EuGH bei der Auslegung der Konvention einnehmen sollte, das Übereinkommen aber schnellstmöglich in Kraft treten sollte, fehlt dem Übereinkommen bis heute eine entsprechende Regelung[1048].
Jeder Person stehen Ansprüche auf Auskunft[1049], Berichtigung und Löschung[1050] der bei Europol fehlerhaft oder unzulässig gespeicherten Daten zu[1051]. Die Durchsetzung dieser Ansprüche findet in erster Linie in einem Verfahren vor der Gemeinsamen Datenschutzkontrollinstanz, die sich aus bis zu zwei Mitgliedern der nationalen Kontrollinstanzen zusammensetzt, statt[1052]. Bei ablehnenden Entscheidungen von Europol bezüglich des Auskunfts-, Berichtigungs- oder Löschungsanspruchs kann der Bürger gemäß Art. 19 VII Europol-Übereinkommen die Gemeinsamen Datenschutzkontrollinstanz anrufen. Entscheidungen der Gemeinsamen Datenschutzkontrollinstanz sind für beide

---

1046 Vgl. Bull.EU 3/1998, Ziff. 1.4.7.

1047 S. dazu *Nicolaus*, NVwZ 1/1996, 40 (42) m.w.N.

1048 Was die Rechtsschutzmöglichkeiten des Bürgers gegen Tätigkeiten von Europol anbelangt, finden sich entsprechende Regelungen in den Art. 38 und 39 Europol-Übereinkommen (s. dazu *di Fabio*, DÖV 3/1997, 89 [99]).

1049 Art. 19 Europol-Übereinkommen.

1050 Art. 20 I i.V.m. Art. 8 V Europol-Übereinkommen.

1051 Zu diesen Rechtsschutzmöglichkeiten des Bürgers gegen Europol vgl. insb. *Martínez Soria*, VerwArch 3/1998, 400 (428 f.); *Frowein/Krisch*, JZ 12/1998, 589 (590 ff.).

1052 S. hierzu *Frowein/Krisch*, JZ 12/1998, 589 (590 f.); *Gleß*, EuR 6/1998, 748 (757 ff.). Zur Geschäftsordnung für die gemeinsame Kontrollinstanz vgl. *Kalk*, DuD 23/1999, 442 (443).

Parteien rechtskräftig[1053] und anschließend vor nationalen Gerichten nicht mehr anfechtbar[1054].

Bei unzulässiger oder unrichtiger Datenverarbeitung haftet nach Art. 38 I Europol-Übereinkommen grundsätzlich jeder Mitgliedstaat gemäß seinem nationalen Recht für den einer Person entstandenen Schaden[1055]. Bei der Frage nach dem haftenden Mitgliedstaat ist darauf abzustellen, welche Nationalität der den Schaden verursachende Bedienstete hat. So wäre bei einem rechtswidrigen Handeln eines deutschen Datenübermittlers oder -verwenders nach deutschem Recht ein Amtshaftungsanspruch vor einem Landgericht zu erheben. Voraussetzung eines solchen Anspruchs ist, daß ein deutscher Amtswalter pflichtwidrig die Schadensursache gesetzt hat. Dies könnte beispielsweise dann der Fall sein, wenn die deutsche nationale Verbindungsstelle unrichtige oder unzulässige Daten nach Den Haag weitergegeben oder eine notwendige Korrekturmeldung unterlassen hat[1056].

In der Praxis dürfte es erhebliche Schwierigkeiten geben, Fehler bei der Datenverarbeitung, die ein rechtswidriges Handeln darstellen, einem bestimmten Bediensteten zuzuweisen. Für den Fall, daß ein anderer Mitgliedstaat oder ein Europol-Bediensteter aus einem anderen Mitgliedstaat pflichtwidrig gehandelt und die Rechte eines Betroffenen verletzt hat, ist nach Art. 38 II Europol-Übereinkommen ein Erstattungsanspruch gegenüber Europol selbst oder dem betreffenden Mitgliedstaat gegeben. Zusätzlich ist nach Art. 39 III Europol-Übereinkommen ein Unterlassungs- und Widerrufsanspruch für den Geschädigten direkt gegenüber Europol vorgesehen.

Nach Art. 40 I des Übereinkommens sind Streitigkeiten zwischen den Mitgliedstaaten im Rat zu erörtern und auch möglichst beizulegen. Kann innerhalb von sechs Monaten keine Einigung erzielt werden, bestimmen die Streitparteien selbst den Weg und die Modalitäten für eine gültige Entscheidung. Diesbezüglich enthält das Europol-Übereinkommen aber keine Regelung, wonach sich die streitenden Parteien auch an den EuGH wenden könnten. Dem Übereinkommen haben die Mitgliedstaaten mit Ausnahme des Vereinigten Königreichs lediglich eine Erklärung beigefügt, in der sie ihren Willen bekunden, im Streitfall systematisch den EuGH anzurufen[1057]. Auch bezüglich des Rechtsschutzes gegen Europol-Maßnahmen hat das Übereinkommen ursprünglich keine Zuständigkeit des EuGH vorgesehen, so daß eventuelle Verstöße vor den nationalen Gerichten geltend zu machen sind[1058]. Allerdings haben die

---

1053 Art. 24 VII 5 Europol-Übereinkommen.

1054 Zur Frage der Vereinbarkeit dieser Regelungen mit dem deutschen Verfassungsrecht vgl. *Frowein/Krisch*, JZ 12/1998, 589 (592 ff.).

1055 S. hierzu *Frowein/Krisch*, JZ 12/1998, 589 (591).

1056 S. hierzu *di Fabio*, DÖV 3/1997, 89 (99).

1057 Vgl. Erklärung zu Art. 40 II Europol-Übereinkommen, ABl. EG 1995 Nr. C 316/32.

1058 S. hierzu *Gleß*, EuR 6/1998, 748 (763).

Mitgliedstaaten durch das Protokoll betreffend die Auslegung des Übereinkommens über die Errichtung eines Europäischen Polizeiamtes durch den Gerichtshof der Europäischen Gemeinschaften im Wege der Vorabentscheidung vom 23. Juli 1996[1059] die Möglichkeit vorgesehen, durch Abgabe einer entsprechenden Erklärung die innerstaatlichen Gerichte zu ermächtigen, Zweifelsfragen bezüglich der Auslegung von Regelungen des Europol-Übereinkommens dem EuGH im Wege des Vorabentscheidungsverfahrens zur Entscheidung vorzulegen. Die Mitgliedstaaten können dabei gemäß Art. 2 II des Protokolls zwischen einem Vorlagerecht sämtlicher[1060] oder nur der letztinstanzlichen staatlichen Gerichte[1061] entscheiden. Zutreffend weist *Gleß* in diesem Zusammenhang darauf hin, daß dieses Protokoll keine Erweiterung der justitiellen Kontrolle über Europol zur Folge hat[1062]. Denn die Gerichte der Mitgliedstaaten, die das Protokoll ratifiziert haben, können dem EuGH lediglich solche entscheidungserheblichen Fragen vorlegen, die sich in einem bei ihnen anhängigen Verfahren bezüglich der Auslegung oder Anwendung des Europol-Übereinkommen stellen. Eine Vorlageverpflichtung besteht nach dem Wortlaut des Protokolls, anders als beispielsweise im Anwendungsbereich des Art. 234 EGV (Art. 177 EGV a.F.), nicht[1063].

Auch nach dem Inkrafttreten des Amsterdamer Vertrags sind hinsichtlich des gerichtlichen Kontrollsystems[1064] von Europol-Maßnahmen keine grundlegenden Änderungen eingetreten. Zwar ist einerseits das zuvor geschilderte Vorabentscheidungsverfahren als Art. 35 EUV[1065] in den EU-Vertrag überführt worden, andererseits ist aber in der Erklärung Nr. 7 der Schlußakte zum Amsterdamer Vertrag festgehalten, daß die Maßnahmen im Bereich der polizeilichen Zusammenarbeit nach Art. 30 EUV, einschließlich der Tätigkeiten von Europol, weiterhin „einer gerichtlichen Überprüfung durch die zuständigen einzelstaatlichen Stellen gemäß den in dem jeweiligen Mitgliedstaat geltenden

---

1059 ABl. EG 1996 Nr. C 199/2; BGBl. 1997 II 2172.

1060 Vgl. Art. 2 II lit. b des Protokolls. Davon haben bei der Unterzeichnung des Protokolls Belgien, die Bundesrepublik Deutschland, Griechenland, Italien, Luxemburg, die Niederlande, Österreich, Portugal und Finnland Gebrauch gemacht.

1061 Vgl. Art. 2 II lit. a des Protokolls. Davon haben Frankreich und Irland Gebrauch gemacht.

1062 *Gleß*, EuR 6/1998, 748 (762).

1063 Allerdings haben einige Mitgliedstaaten, darunter auch die Bundesrepublik Deutschland, eine Erklärung zum Protokoll abgegeben, nach der sie sich das Recht vorbehalten, durch eine innerstaatliche Norm ihre letztinstanzlichen Gerichte zu verpflichten. Diese Pflicht hat die Bundesrepublik Deutschland in Art. 2 II des Europol-Auslegungsprotokollgesetzes v. 17. Dezember 1997 festgelegt, BGBl. 1997 II S. 2170.

1064 Krit. hierzu *Ostendorf*, NJW 51/1997, 3418 (3420), der die Errichtung eines einheitlichen justitiellen Überbaus fordert, was umso mehr zu gelten habe, je mehr Europol unmittelbare Ermittlungsbefugnisse eingeräumt werden.

1065 S. dazu ausführlich u. S. 209 ff.

Rechtsvorschriften" unterliegen. Diese Erklärung ist auch vor dem Hintergrund der in Art. 35 V EUV verfügten Unzuständigkeit des EuGH für die Überprüfung der Gültigkeit oder Verhältnismäßigkeit von Maßnahmen der Polizei oder anderer Strafverfolgungsbehörden eines Mitgliedstaates oder der Wahrnehmung der Zuständigkeiten der Mitgliedstaaten für die Aufrechterhaltung der öffentlichen Ordnung und den Schutz der inneren Sicherheit zu sehen[1066].

6.3.2.3. Datenschutzrechtliche Fragen

Im Hinblick auf die Modalitäten der Datenverarbeitung im Europol-Informationssystem[1067] gab es unter den Mitgliedstaaten unterschiedliche Auffassungen, was insbesondere für die Regelung der Datenübermittlung aus den nationalen Beständen an Europol gilt[1068]. Speziell für die Bundesrepublik Deutschland gelten hierbei gewisse Besonderheiten. Einerseits ist für die Bundesrepublik Deutschland das Bundeskriminalamt die zuständige „nationale Stelle", die die einzige Verbindungsstelle zu Europol darstellt; andererseits muß aber im Hinblick auf die Veranwortlichkeit bei der Datenverarbeitung die besondere verfassungsrechtliche Kompetenzverteilung zwischen Bund und Ländern für polizeirechtliche Angelegenheiten beachtet werden, zumal die Bundesrepublik Deutschland, anders als nahezu alle anderen EU-Staaten, eine ausgeprägte föderale Struktur des Polizeirechts aufweist.
Wie dem Europol-Übereinkommen zu entnehmen ist, wird in Art. 4 III die Verpflichtung der Mitgliedstaaten begründet, für den Zugriff der Verbindungsstelle auf alle relevanten Daten zu sorgen, die im Rahmen von Art. 2 und 3 Europol-Übereinkommen von Bedeutung sind. Art. 4 IV Europol-Übereinkommen legt die einzelnen Aufgaben der nationalen Verbindungsstelle fest. Insoweit wird also, wie *Weichert* zutreffend bemerkt, eine Anlieferungspflicht der Landespolizeidienststellen beim BKA ohne Ansehung des Landespolizeirechts vorprogrammiert[1069]. Dagegen können Speicherungen im Informationssystem von Europol[1070] sowie Abruf, Veränderungen, Ergänzungen, Berichtigungen und Löschung der Daten[1071] ausschließlich durch die zuständige nationale Stelle, also das BKA, veranlaßt werden[1072]. Nach der Kompetenzord-

---

1066 S. dazu auch u. S. 210.
1067 Dazu ausführlich *Weichert*, DuD 8/1995, 450 (451 f.); *Martínez Soria*, VerwArch 3/1998, 400 (422 ff.).
1068 S. hierzu *Mokros*, in: Lisken/Denninger (Hrsg.), Hdb. PolizeiR, Kap. N, Rn. 149.
1069 *Weichert*, DuD 8/1995 450 (454); s. auch *di Fabio*, DÖV 3/1997, 89 (100).
1070 Vgl. auch Art.7 I Europol-Übereinkommen.
1071 Vgl. Art. 9 Europol-Übereinkommen.
1072 Krit. dazu *Ostendorf*, NJW 51/1997, 3418 (3419 f.).

nung des Grundgesetzes[1073] sind für das Sachgebiet „Polizeirecht" - und zwar sowohl für die Polizeigesetzgebung wie für die Polizeiorganisation - die Länder zuständig. Demnach liegt die Verantwortung auch für die Datenverarbeitung[1074] bei den Ländern, soweit die entsprechenden Daten von den Landespolizeibehörden erhoben worden sind. Zwar verleiht Art. 73 Nr. 10 GG dem Bund bei der internationalen Verbrechensbekämpfung die Gesetzgebungskompetenz für die Zusammenarbeit des Bundes und der Länder mit den ausländischen Behörden, die Regelung der Befugnisse ist aber weiterhin im materiellen Polizeirecht der Länder festgelegt und auch festzulegen[1075], sie wird also bereits vorausgesetzt.
Die Konferenz der Datenschutzbeauftragten des Bundes und der Länder hat daher auf ihrer 48. Tagung am 26./27. Juni 1994 in Potsdam gefordert, daß die Bundesregierung bei den Verhandlungen über das Europol-Übereinkommen eine Klarstellung bezüglich der Verantwortung der Länder trifft[1076]. Aus diesem Grund ist es zu einer einseitigen deutschen Protokollerklärung gekommen, wonach den Landeskriminalämtern über das BKA der Zugriff auf Europol-Daten online gewährt werden soll.
Bezüglich des Datenschutzstandards treten einige Probleme auf[1077]. Art. 14 Europol-Übereinkommen versucht einen gemeinsamen Datenschutzstandard festzuschreiben. Dieser widerspricht jedoch schon vom Ansatz her einer klaren Normierung, da hinsichtlich der Erhebung, Verarbeitung und Nutzung personenbezogener Daten durch Europol lediglich die Grundsätze des Übereinkommens des Europarates vom 28. Januar 1981 zum Schutz des Menschen bei der automatisierten Verarbeitung personenbezogener Daten[1078] und der Empfehlung Nr. R (87) 15 des Ministerkommitees des Europarates vom 17. September 1987 über die Nutzung personenbezogener Daten im Polizeibereich[1079] zu „beachten"[1080] und nicht etwa streng zu gewährleisten sind; der Verweis auf das Übereinkommen oder die Empfehlung kann nicht von der Notwendigkeit eigener datenschutzrechtlichen Regelungen freistellen[1081]. Hinzu

---

1073 Vgl. Art. 30, 70, 83 GG. Ausführlich zu den verfassungsrechtlichen Grundlagen, vgl. *Drews/Wacke/Vogel/Martens*, Gefahrenabwehr, § 2; *Götz*, § 4.

1074 Vgl. dazu ausführlich *Götz*, § 20 Rn. 525 ff.

1075 *Maunz*, in: Maunz/Dürig, GG, Bd. III, Art. 73 Rn. 166 (bearb. 1988).

1076 Vgl. 23. Tätigkeitsbericht des Hessischen Datenschutzbeauftragten, Ziff. 31.6.

1077 S. hierzu insb. *Martinez Soria*, VerwArch 3/1998, 400 (425); *Werner*, CR 1/1997, 34 (36 ff.); *Zieschang*, ZRP 11/1996, 427 (428 f.); krit. insb. *Kalk*, DuD 23/1999, 442 (444 f.) m.w.N.

1078 BGBl. 1985 II S. 538.

1079 Abgedruckt in: *Simitis/Dammann u.a.*, Dokumentation zum BDSG, Bd. II, D 3.8, Stand: August 1991.

1080 Vgl. Art. 14 III Europol-Übereinkommen.

1081 *Simitis*, in: Simitis/Dammann u.a., BDSG (Kommentar), § 1 Rn. 121, Stand: Januar 1992.

kommt, daß sowohl die Datenschutzkonvention als auch die Empfehlung nur die automatisierte, nicht aber die konventionelle Datenverarbeitung erfassen[1082]. Zudem fällt auf, daß die Befugnisse von Europol zur Datenverarbeitung teilweise weit über die im Landespolizeirecht vorgesehenen Befugnisse[1083] hinausgehen, was für die Datenerhebung[1084], für die Speicherung von Vorfeldinformationen[1085] oder für die möglichen Datenübermittlungen ins Ausland[1086] gilt. Damit besteht die Gefahr, daß die von den Landeskriminalämtern unter engen rechtlichen Voraussetzungen erhobenen und in das Informationssystem von Europol gelangten Daten dort für nach den jeweiligen landesrechtlichen Bestimmungen unzulässige Zwecke verwendet werden können. *Weichert* weist daher zutreffend darauf hin, daß „über den Umweg Europol" die landesrechtlichen Datenschutzstandards unterminiert werden, wobei die Landesbehörden zugleich für ihre Daten die informationelle Verantwortung verlieren, was auch für den Bereich der Länderkompetenz „Gefahrenabwehr" gilt[1087]. Dementsprechend bestätigt § 3 II des Gesetzes über das Bundeskriminalamt und die Zusammenarbeit des Bundes und der Länder in kriminalpolizeilichen Angelegenheiten (Bundeskriminalamtgesetz - BKAG) vom 7. Juli 1997[1088] das BKA-Monopol für die „Verhütung und Verfolgung" internationaler Straftaten ohne Berücksichtigung der entgegenstehenden Länderkompetenzen.
Es ist bemerkenswert, daß die Europol zustehenden Vorfeldbefugnisse in einem Spannungsverhältnis zu Ziff. 2.1 der Empfehlung Nr. R (87) 15 des Ministerkomitees des Europarates vom 17. September 1987 stehen, nach der die Sammlung personenbezogener Daten für polizeiliche Zwecke auf solche Daten beschränkt werden sollte, „die für die Abwehr einer konkreten Gefahr oder die Verfolgung einer speziellen Straftat erforderlich sind". Nach Art. 8 I Nr. 2 Europol-Übereinkommen ist aber die Speicherung von Daten über solche Personen zulässig, „bei denen bestimmte schwerwiegende Tatsachen ... die Annahme rechtfertigen, daß sie Straftaten begehen werden", ohne daß also eine konkrete Gefahr oder einschlägige Vortat vorzuliegen braucht[1089]. Damit stehen die Befugnisse von Europol in einem klaren Widerspruch zur eigenen Verpflichtung, hinsichtlich des Datenschutzstandards die Datenschutzempfehlung des Europarates zu beachten[1090].

1082 Vgl. dazu *Simitis*, in: Simitis/Dammann u.a., BDSG (Kommentar), § 1 Rn. 123.

1083 Vgl. dazu etwa §§ 42 ff. ASOG Bln; §§ 29 Bbg PolG ff.; §§ 19 ff. PolG BW; §§ 13 ff. HSOG.

1084 Vgl. Art. 10 III - V Europol-Übereinkommen.

1085 Vgl. Art. 10 I Europol-Übereinkommen.

1086 Vgl. Art. 18 Europol-Übereinkommen.

1087 *Weichert*, DuD 8/1995, 450 (454).

1088 BGBl. 1997 I S. 1650.

1089 S. auch *Lavranos*, DuD 7/1996, 400 (405); *Weichert*, DuD 8/1995, 450 (454).

1090 S. dazu bereits o. S. 155.

Die vom Europäischen Parlament und vom Rat auf Art. 95 EGV (Art. 100 a EGV a.F.) gestützte und am 24. Oktober 1995 erlassene Richtlinie 95/46/EG zum Schutz natürlicher Personen bei der Verarbeitung personenbezogener Daten und zum freien Datenverkehr[1091] ändert nichts am zur Zeit bestehenden Datenschutzstandard[1092] im Rahmen des Europol-Übereinkommens. Denn gemäß Art. 3 II 1. Spstr. dieser Richtlinie gilt diese lediglich für die Ausübung von Tätigkeiten, die in den Anwendungsbereich des Gemeinschaftsrechts fallen, nicht aber etwa für solche im Rahmen der „dritten Säule" der EU[1093], also auch nicht für Europol[1094]. Eine gesonderte zwischenstaatliche Datenschutzkonvention, in der ein gemeinsamer hoher Schutzstandard für den gesamten Bereich der „dritten Säule" festgeschrieben wird, ist bisher nicht in Sicht. Zwar hat die Kommission zur Harmonisierung der nicht in das Anwendungsgebiet der Datenschutzrichtlinie fallenden Bereiche eine entsprechende Selbstverpflichtung der Mitgliedstaaten vorgesehen[1095], diese hat aber bisher keine positive Resonanz gefunden. Handlungsbedarf besteht also weiterhin, wie dies auch *Dammann/Simitis* zutreffend bemerken; insbesondere in den Bereichen Inneres und Justiz müssen aufeinander abgestimmte, verbindliche Regelungen mit hohem Datenschutzstandard geschaffen werden, die die Datenverarbeitung in Akten sowie die Sicherung der Datenschutzkontrolle umfassen[1096].

6.3.2.4. Aufgabenbereich, Organisation und demokratische Kontrolle von Europol

Der Aufgabenbereich von Europol beschränkt sich entsprechend Art. 3 Europol-Übereinkommen auf die Erleichterung des Informationsaustausches zwischen den Mitgliedstaaten, die Sammlung, Verwertung und Analyse von Informationen und Erkenntnissen, die rasche Unterrichtung der nationalen Stellen über sie betreffende Vorgänge, die Unterstützung nationaler Behörden mit allen

---

1091 ABl. EG 1995 Nr. L 281/31; vgl. dazu ausführlich *Brühmann/Zerdick*, CR 7/1996, 429 ff.; *Grunaklis/Mand*, CR 7/1997, 431 ff.; *dies.*, CR 8/1997, 497 ff.; *Dammann/Simitis*, S. 97 ff. Zum Stand der Umsetzung der EU-Datenschutzrichtlinie in den EU-Ländern vgl. *Gola*, NJW 51/1997, 3411 (3417 f.) m.w.N.; *ders.*, NJW 51/1998, 3750 (3757).

1092 Zur Entwicklung des Datenschutzes in der EG und EU vgl. *Wurst*, JuS 6/1991, 448 ff.; *Brühmann*, DuD 2/1996, 66 ff.; *Dammann/Simitis*, S. 55 ff. Allgemein zum Datenschutz in Europa vgl. *Lavranos*, DuD 7/1996, 400 ff.

1093 Vgl. auch Erwägungsgrund 13 der Datenschutzrichtlinie.

1094 S. auch *Lavranos*, DuD 7/1996, 400 (406).

1095 Vgl. Entwurf einer Entschließung der im Rat vereinigten Vertreter der Regierungen der Mitgliedstaaten der Europäischen Gemeinschaften über die Anwendung der Grundsätze der Richtlinie auf den öffentlichen Bereich, der nicht in den Anwendungsbereich des Gemeinschaftsrechts fällt, KOM (90) 314 endg. = BR-Drs. 690/90.

1096 *Dammann/Simitis*, S. 57; *Kalk*, DuD 23/1999, 442 (444 f.) m.w.N.; im Ergebnis auch *Martínez Soria*, VerwArch 3/1998, 400 (425).

sachdienlichen Informationen sowie die Unterhaltung automatisierter Informationssammlungen. Damit steht fest, daß Europol, wie schon die EDU, keine eigenen Ermittlungsbefugnisse besitzt[1097], so daß durch Europol-Beamte weder Festnahmen noch Durchsuchungen oder Beschlagnahmen vorgenommen werden können. Solche Maßnahmen erfordern nach wie vor nach den nationalen Gesetzen der Mitgliedstaaten eine Anordnung durch Staatsanwaltschaft und/oder Gericht. Allerdings wird weiterhin das Ziel verfolgt, Europol mit Exekutivbefugnissen auszustatten[1098], wie dies der Aktionsplan des Rates zur Bekämpfung der organisierten Kriminalität vom 28. April 1997[1099] verdeutlicht.
Die Frage der Organisation von Europol wirft erhebliche Fragen auf. Die Vorschriften über Rechtsstatus und Organisation von Europol finden sich in den Art. 26 ff. Europol-Übereinkommen. Nach Art. 26 I Europol-Übereinkommen besitzt Europol Rechtspersönlichkeit, d.h. sie ist Trägerin von Rechten und Pflichten, die ihr aber nur im Rahmen des von den Mitgliedstaaten der Europäischen Gemeinschaft geschlossenen Übereinkommens zustehen[1100].
Organisatorisch gegliedert[1101] ist Europol in den Verwaltungsrat, der sich aus je einem Vertreter der Mitgliedstaaten zusammensetzt[1102], den Direktor als gesetzlicher Vertreter von Europol[1103], der durch einen 2/3-Mehrheitsbeschluß der Mitglieder des Rates entlassen werden kann - hiermit besteht derzeit die einzige Möglichkeit direkter Einflußnahme auf die konkrete Aufgabenerfüllung von Europol[1104] -, den Finanzkontrolleur sowie den Haushaltsausschuß. Rechenschaftspflichtig über seine Amtsführung ist der Direktor lediglich dem Verwaltungsrat[1105], der nach seiner Aufgabenstellung das wichtigste Organ nach dem Direktor darstellt. Wie weit die Aufsicht des Verwaltungsrates die Amtsführung des Direktors im Einzelfall tatsächlich beeinflussen kann, wird die künftige Amtspraxis erst zeigen. Denn wie Art. 30 I Europol-Übereinkommen zu entnehmen ist, lassen sich die Europol-Bediensteten „bei ihrer Tätigkeit von den Zielen und Aufgaben von Europol leiten"; sie „dürfen von keiner Regierung, Behörde, Organisation oder nicht Europol angehörenden Personen

---

1097 S. auch *Ostendorf*, NJW 51/1997, 3418 (3419); *Schreckenberger*, VerwArch 3/1997, 389 (410); *Frowein/Krisch*, JZ 12/1998, 589; HandKom.EUV/EGV/*Hailbronner*, Art. K Rn. 66; *Degen*, in: GTE, Art. K.1 Rn. 15; einschränkend dagegen *Weichert*, DuD 8/1995, 450 (453).

1098 S. auch *Gleß/Lüke*, Jura 2/1998, 70 (77).

1099 S. dazu u. S. 168.

1100 S. hierzu ausführlich *Martínez Soria*, VerwArch 3/1998, 400 (418 f.).

1101 Vgl. Art. 27 Europol-Übereinkommen. Ausführlich zu den einzelnen Organen von Europol vgl. *Schreckenberger*, VerwArch 3/1997, 389 (411); *Gleß*, EuR 6/1998, 748 (755 ff.); *Gleß/Lüke*, Jura 2/1998, 70 (76 f.).

1102 Vgl. dazu Art. 28 Europol-Übereinkommen.

1103 Art. 29 V Europol-Übereinkommen.

1104 So auch *Weichert*, DuD 8/1995, 450 (453); *di Fabio*, DÖV 3/1997, 89 (99).

1105 Vgl. Art. 29 IV Europol-Übereinkommen.

Weisungen entgegennehmen oder anfordern ...". Der Hintergrund dieser Regelung dürfte vor allem darin liegen, „das Amt von partikularen Interessen der Mitgliedstaaten unabhängig zu machen"[1106]. Damit wurde aber eine weitgehend weisungsunabhängige polizeiliche Institution geschaffen, was, mit Ausnahme des Vereinigten Königreichs, den EG-Mitgliedstaaten fremd ist[1107], zumal Europol auch nicht dem Gemeinschaftsrecht als EG-Organ untergeordnet ist. Ob, wie *Waechter* nun behauptet, diese Weisungsfreiheit von Europol „offenkundig" der Weisungsfreiheit der Kommission nachgebildet ist, mag dahinstehen; zutreffend ist seine Ansicht dahingehend, daß eine Verpflichtung von Europol auf das „Wohl der Gemeinschaft", wie es bei der Kommission entsprechend dem Art. 213 II 1 EGV (Art. 157 II 1 EGV a.F.) geregelt ist, nicht hätte getroffen werden können, denn die Tätigkeit von Europol spielt sich ausschließlich im Bereich der intergouvernementalen Zusammenarbeit zwischen den Mitgliedstaaten der Europäischen Gemeinschaft ab[1108]. In diesem Sinn ist auch die Präambel des Europol-Übereinkommens ausgestaltet, wobei sich diese in erster Linie auf die polizeiliche Zusammenarbeit zwischen den Mitgliedstaaten bezieht.
Neben der zuvor genannten Weisungsfreiheit werden die Bediensteten von Europol auch einer gerichtlichen Kontrolle der nationalen Gerichte entzogen, wie dies das Protokoll über die Vorrechte und Immunitäten für Europol, die Mitglieder der Organe, die stellvertretenden Direktoren und die Bediensteten von Europol vom 19. Juni 1997[1109] verdeutlicht, dem die Bundesrepublik Deutschland durch Gesetz vom 19. Mai 1998[1110] zugestimmt hat. Dieses Immunitätsprotokoll[1111], das vor allem von einem Teil der deutschen Literatur kritisiert wurde[1112], orientiert sich dabei an Immunitätsregelungen, wie sie bereits für andere internationale Organisationen gelten[1113]. Im Kern sind daher die Mitglieder der Organe und Bediensteten von Europol von jeder straf- oder

---

1106 *Waechter*, ZRP 5/1996, 167.

1107 Vgl. dazu *Hilse*, in: Lisken/Denninger (Hrsg.), Hdb. PolizeiR, Kap. B, Rn. 24 ff.

1108 *Waechter*, ZRP 5/1996, 167; *Martínez Soria*, VerwArch 3/1998, 400 (420) m.w.N.

1109 ABl. EG 1997 Nr. C 221/2.

1110 BGBl. 1998 II S. 974.

1111 Ausführlich dazu vgl. *Hailbronner*, JZ 6/1998, 283 ff.; *Gleß*, EuR 6/1998, 748 (751 ff.); *Nachbaur*, KJ 2/1998, 231 (233 ff.); *Hölscheidt/Schotten*, NJW 39/1999, 2851 ff.

1112 S. z.B. *Hirsch*, ZRP 1/1998, 10 ff.; *Nachbaur*, KJ 2/1998, 231 (236 ff.); *Bull*, DRiZ 1/1998, 32 f.; *Kalk*, DuD 23/1999, 442 (446) m.w.N.

1113 Vgl. beispielsweise das Protokoll über Vorrechte und Befreiungen der EG v. 8. April 1965 (BGBl. 1965 II S. 1482, geänd. durch Prot. Nr. 7 zum EU-Vertrag, BGBl. 1992 II S. 1253) oder das Übereinkommen über die Vorrechte und Immunitäten der Vereinten Nationen aus dem Jahre 1946 (BGBl. 1954 II S. 639; BGBl. 1980 II S. 941). Ähnlich auch das allgemeine Abkommen über die Vorrechte und Befreiungen des Europarates v. 2. September 1949 (BGBl. 1954 II S. 494), Übereinkommen über den Status der WEU, der nationalen Vertreter und des internationalen Personals v. 11. Mai 1955 (BGBl. 1959 II S. 705).

zivilrechtlichen Haftung frei, soweit es um mündliche und schriftliche Äußerungen sowie Handlungen geht, die „in Ausübung ihres Amtes" vorgenommen werden[1114].
Angesichts der derzeit bestehenden organisations- und kontrollrechtlichen Ausgestaltung von Europol wird dieses Übereinkommen, insbesondere vor dem Hintergrund des in Art. 20 GG niedergelegten Demokratieprinzips[1115], wonach die Konstituierung der Staatsorgane durch das Staatsvolk zu erfolgen hat, sich alle Amtswalter direkt oder indirekt auf das Staatsvolk zurückführen lassen und alle Entscheidungen mit dem Willen der Mehrheit des Staatsvolkes frei und gleich getroffen werden, von einem Teil der deutschen Literatur[1116] als äußerst fragwürdig angesehen. Denn gerade die demokratische und damit politische Kontrolle über Europol ist äußerst gering ausgestaltet[1117]. Eine Kontrolle durch das Europäische Parlament findet nicht statt. Zwar muß der Rat das Europäische Parlament einmal jährlich über die Arbeit von Europol informieren; Befugnisse oder ein Vetorecht zugunsten des Europäischen Parlamentes sind jedoch nicht vorgesehen. Daher sieht vor allem *Weichert* den demokratischen Mindeststandard im Hinblick auf die Kontroll- und Organisationsstruktur von Europol als nicht gewährleistet an. Von der Hand zu weisen ist dies nicht, da der informationelle Eingriff in die Bürgerrechte die Hauptaufgabe[1118] für Europol darstellt[1119] und Europol somit in einen zentralen Bereich staatlicher Tätigkeit, nämlich die Ausübung des Gewaltmonopols durch Polizeibehörden und Strafjustiz, eingreift.
Das BVerfG hat in seiner *Maastricht*-Entscheidung vom 12. Oktober 1993 festgestellt, daß europäische Organe oder Einrichtungen, die mit Hoheitsbefugnissen ausgestattet sind oder noch werden, neben einer demokratischen Legitimation einer demokratischen Kontrolle unterstehen müssen[1120]. Es darf hierbei aber nicht verkannt werden, daß die Realisierung demokratischer Anforderungen im Rahmen der Europäischen Union und der Europäischen

---

1114 Vgl. Art. 8 I des Immunitätsprotokolls. Ausnahmen der Immunität bestehen aber dann, wenn die nach Art. 8 I Immunitätsprotokoll gewährte Immunität aufgehoben würde (vgl. Art 12 Immunitätsprotokoll) und im Fall eines durch ein Mitglied von Europol verursachten Verkehrsunfalls (vgl. Art. 9 Immunitätsprotokoll).

1115 *Sachs*, in: Sachs, GG, Art. 20 Rn. 10 ff. m.w.N.; zum Demokratieprinzip im Bereich der EU-Organe vgl. *Classen*, AöR 119 (1994), 238 ff.

1116 S. hierzu insb. *Weichert*, DuD 8/1995, 450 (453); *Prantl*, DRiZ 6/1997, 234 ff.; *Ostendorf*, NJW 51/1997, 3418 (3419 f.), der in den bisherigen Europol-Regelungen sogar einen „rechtsstaatlichen Sündenfall" der Europäischen Union sieht; einschränkend dagegen *Martinez Soria*, VerwA 3/1998, 400 (437); *Baldus*, ZRP 7/1997, 286 ff. Vgl. hierzu die zusammenfassende Darstellung der unterschiedlichen Auffassungen von *Peilert*, Die Polizei 3/1999, 65 (66 ff.).

1117 S. auch *Gleß*, EuR 6/1998, 749 (760 f.); *Gleß/Lüke*, Jura 2/1998, 70 (77 f.).

1118 Zum Aufgabenbereich von Europol, s. o. S. 157 ff.

1119 S. auch *Waechter*, ZRP 5/1996, 167 (168 f.).

1120 BVerfGE 89, 155 (187 f.).

Gemeinschaft auch unter dem Aspekt einer notwendigen Fortentwicklung der europäischen Integration zu sehen ist. So werden angemessene Lösungen für bestimmte Problembereiche, wie z.B. dem Umweltschutz und der international organisierten und agierenden Kriminalität, nur auf europäischer Ebene zu finden sein[1121]. Folgerichtig weist *Classen* darauf hin, daß das Demokratieprinzip nicht Herrschaft und Entscheidungsfindung im Hinblick auf den europäischen Integrationsprozeß unmöglich machen, sondern vielmehr Herrschaft organisieren und Regeln für die Entscheidungsfindung aufstellen will[1122].
Schließlich bleibt festzuhalten, daß weder ein „Verharren in nationalstaatlichen Denkstrukturen" noch eine „phantasielose Übertragung staatlicher Strukturen auf die EU"[1123] unter dem Aspekt der europäischen Integration eine befriedigende Lösung darstellen, wenn, wie es der Vertrag von Amsterdam anstrebt, ein Raum der Freiheit, der Sicherheit und des Rechts verwirklicht werden soll[1124]. Ob und wie sich eine vernünftige Verknüpfung beider Elemente realisieren läßt, wird maßgeblich vom politischen Willen der Mitgliedstaaten und vom Demokratieverständnis im europäischen Staatenverbund abhängen, wobei sich das institutionelle Gefüge der Europäischen Union und der Europäischen Gemeinschaft als hinreichend flexibel erweist, einen Prozeß der Verbesserung demokratischer Legitimation und Kontrolle einzuleiten, sofern und soweit dies erforderlich ist. So wäre eine zunehmende Stärkung der Entscheidungsbefugnis des Europäischen Parlamentes, nicht nur im Hinblick auf die Steuerung und Kontrolle von Europol, sondern generell auf EG- und EU-Ebene, wünschenswert. Eine über die Mitwirkungsformen des Europäischen Parlamentes in der „dritten Säule" hinausgehende Beteiligung würde aber die intergouvernementale Struktur der Europäischen Union und damit von Europa durchbrechen[1125]. Ob in der derzeit bestehenden organisations- und kontrollrechtlichen Ausgestaltung des Europol-Übereinkommens ein Demokratiedefizit zu sehen ist, wird wohl eher zu verneinen sein[1126]. Denn die mit der europäischen Integration und gleichzeitig mit dem Fortgang der Integration in den Mitgliedstaaten einhergehende demokratische Legitimation der Europäischen Union und der Europäischen Gemeinschaft dürfte den demokratischen Mindeststandard zur Zeit noch nicht unterschreiten, zumal auch der Grad der Eingriffsbefugnisse seitens der Europol-Beamten auf ein Minimum beschränkt ist; klassische Eingriffsbefugnis-

---

[1121] So auch *Gündisch*, AnwBl. 4/1998, 170 (172).

[1122] *Classen*, AöR 119 (1994), 238 (259).

[1123] Ibid.

[1124] Vgl. Art. 1 Nr. 3 Amsterdamer Vertrag, der den 10. Erwägungsgrund der Präambel des EU-Vertrages entsprechend geändert hat.

[1125] So *Martinez Soria*, VerwArch 3/1998, 400 (433 f.).

[1126] So auch *Waechter*, ZRP 5/1996, 167 (168 f.); *Baldus*, ZRP 7/1997, 286 (290).

se in Freiheit, Eigentum und Gesundheit, wie sie den nationalen Exekutivorganen zukommen, bestehen zur Zeit nicht[1127].

6.3.3. Abschlußbemerkung und Ausblick

Es stellt sich abschließend die Frage, wie das bisher Erreichte zu werten ist. Bedarf es für den europäischen Integrationsprozeß weiterer Befugnisse für Europol im Sinne eines europäischen FBI, wie es der damalige Bundeskanzler Helmut Kohl gefordert hat[1128]? Wichtig und diffizil zugleich ist auch die Frage, inwieweit eine effektive Zusammenarbeit mit den ost- und südosteuropäischen Staaten anzustreben ist.
Um die bisherige polizeiliche Zusammenarbeit zu bewerten, muß zunächst der Zustand vor sämtlichen Maßnahmen mit dem heutigen Stand der Dinge verglichen werden. Vor dem Tätigwerden im Rahmen der TREVI-Kooperation und von Europol sowie von der EDU konnte von einer Zusammenarbeit der Mitgliedstaaten auf diesem Gebiet kaum gesprochen werden. Insbesondere Interpol, ein im wesentlichen dezentrales, freiwilliges weltumspannendes Netz von Nachrichten, Rechtshilfeersuchen und Fahndungen zwischen den nationalen Polizeibehörden[1129], konnte einen zeitgemäßen Datenaustausch nicht gewährleisten. Zum einen konnten trotz teilweiser moderner Informationstechnik die ermittlungsführenden Behörden wegen der aktenmäßigen Bearbeitung, eines bürokratischen Genehmigungsverfahrens und der teilweise notwendigen Übersetzung erst nach zehn bis vierzehn Tagen auf die notwendigen Informationen hoffen. Zum anderen ist Interpol auch keine Stelle, die aufgrund der an sich europaweit den Polizeibehörden vorliegenden Informationen die internationalen Aktivitäten von Tätern oder kriminellen Organisationen erkennen und daraufhin konkrete Ermittlungen initiieren kann, was dazu geführt hat, daß in vielen Fällen Ermittlungen in den europäischen Staaten parallel gegen dieselben Täter oder dieselben kriminellen Organisationen geführt wurden, ohne daß eine Dienststelle von der anderen wußte. In diesem Zusammenhang ist die Errichtung eines Europäischen Polizeiamtes, wie es Europol darstellt, schon als bedeutender Erfolg zu werten. Per Computer können die nationalen Verbindungsbehörden Informationen sowie den Stand der Ermittlungen aus sämtlichen Mitgliedstaaten abfragen, ohne daß ein langwieriges bürokratisches Genehmigungsverfahren zu durchlaufen ist. Damit sind schnelle Ermittlungen möglich, ohne daß die Verdächtigen stets in der Lage sind, Beweismittel zu vernichten, Verbrechens-

---

1127 S. dazu o. S. 158.

1128 S. dazu auch o. S. 144.

1129 Ausführlich zu Entstehung, Bedeutung und Aufgaben von Interpol, vgl. *Martínez Soria*, VerwArch 3/1998, 400 (401 ff.); *Mokros*, in: Lisken/Denninger (Hrsg.), Hdb. PolizeiR, Kap. N, Rn. 27 ff.; *Joubert/Bevers*, S. 29 ff.; zum Rechtsschutz gegen Maßnahmen von Interpol vor deutschen Gerichten vgl. insb. *Randelzhofer*, in: FS Schlochauer, 1981, S. 531 ff.

gewinne in Sicherheit zu bringen oder auch zu fliehen. Aber auch in bezug auf den Abbau der Binnengrenzen ist Europol eine sinnvolle Errungenschaft, zumal die im SDÜ geregelte Nacheile und Observation wenig praxisorientiert ausgestaltet sind und somit kaum praktische Bedeutung erlangt haben[1130].
Ob allerdings zum jetzigen Zeitpunkt der Integration eine Erweiterung der Europol-Befugnisse im Sinne von Exekutivbefugnissen für erforderlich zu erachten ist, dürfte eher zu verneinen sein. Abgesehen davon, daß - trotz einiger Bemühungen im Rat „Justiz und Inneres" - in nächster Zeit nicht damit zu rechnen ist, daß die Mitgliedstaaten Europol Befugnisse zur eigenen Ermittlung übertragen werden und dies im übrigen auch nicht durch den Amsterdamer Vertrag vorgesehen ist, sollte zuvor eine Harmonisierung der straf-, strafverfahrens- und polizeirechtlichen Bestimmungen der Mitgliedstaaten zumindest in ihren Kerngehalten angestrebt werden[1131], um somit vernünftige Rahmenbedingungen für eine Erweiterung der Europol-Befugnisse zu schaffen. Denn eine „europäische Sicherheitsunion" ist ohne Berücksichtigung der tragenden Teile der jeweiligen mitgliedstaatlichen Werte- und Rechtsordnungen nicht denkbar, da der europäische Integrationsprozeß, so wie es das BVerfG in der *Maastricht*-Entscheidung ausgeführt hat[1132], mit der demokratischen Legitimation Schritt zu halten hat. Vor allem das zur Zeit bestehende Rechtsschutzinstrumentarium[1133] dürfte bei einer Erweiterung der Europol-Befugnisse mit exekutiven Befugnissen kaum noch den rechtsstaatlichen Prinzipen genügen[1134].

Ziel kann es daher zunächst nur sein, eine weitere Verstärkung der Zusammenarbeit aller europäischen Strafverfolgungsbehörden voranzutreiben, auch mit denen der ost- und südosteuropäischen Staaten[1135], da aufgrund der politischen und wirtschaftlichen Umwälzungen gerade in diesem Teil Europas eine neue Dimension der Kriminalität erreicht wird, die für das wirtschaftliche und soziale System der Mitgliedstaaten der Europäischen Union zu einer existenzgefährdenden Bedrohung werden könnte. Als Beispiel einer weiteren verstärkten Zusammenarbeit ist das „Abkommen vom 9. Oktober 1997 zwischen der Regierung der Bundesrepublik Deutschland und der Regierung der Französischen Republik über die Zusammenarbeit der Polizei- und Zollbehörden in den

---

1130 S. dazu o. S. 63 f.

1131 Krit. zur Verwirklichung eines einheitlichen europäischen Strafrechts *Ostendorf*, NJW 51/1997, 3418 (3420).

1132 BVerfGE 89, 155 (186).

1133 S. dazu bereits o. S. 151 ff.

1134 *Frowein/Krisch*, JZ 12/1998, 598 (592 ff., 594 ff.) sehen bereits in dem jetzigen System des Rechtsschutzes gegenüber der Datenspeicherung, - analyse und Weitergabe erhebliche verfassungsrechtliche sowie auch aus der EMRK resultierende Probleme. S. hierzu auch *Kalk*, DuD 23/1999, 442 (445) m.w.N.

1135 S. auch *Seiters*, Die Polizei 1/1993, 1 (4).

Grenzgebieten“[1136] zu nennen, wonach die Zusammenarbeit auf sämtliche Formen der grenzüberschreitenden Kriminalität sowie Gefahren und Störungen gerichtet ist, um eine wirksame Verbrechensbekämpfung und Gefahrenabwehr zu gewährleisten. Ein weiteres Ziel der europäischen Integration sollte sein, daß langfristig nicht nur eine Wirtschafts- und Währungsunion entsteht, sondern, wie *Pitschas* zutreffend bemerkt, auch eine „Europäische Gemeinschaft der inneren Sicherheit“[1137] mit einer eigenständigen Polizeibehörde mit exekutiven Befugnissen und einem den rechtsstaatlichen Prinzipien entsprechenden Rechtsschutzsystem, das zumindest den für alle Mitgliedstaaten verbindlichen Standard der EMRK nicht unterschreiten sollte. Mit dem neuen, durch den Amsterdamer Vertrag in den EU-Vertrag eingeführten Titel VI „Bestimmungen über die polizeiliche und justitielle Zusammenarbeit in Strafsachen“, ist ein weiterer Schritt in Richtung zur Verwirklichung dieses Ziels gesetzt worden.

1136 S. dazu o. S. 42.

1137 *Pitschas*, NVwZ 7/1994, 625 (626); s. auch *Wenzel*, Die Polizei 1/1993, 5 (9).

Vierter Teil:
Änderungen auf dem Gebiet der „dritten Säule" durch den Amsterdamer Vertrag

In der Präambel sowie dem Art. A UAbs. 2 S. 1 EUV a.F. wurde als Perspektive für die europäische Integration die „Schaffung einer immer engeren Union der Völker Europas" vorgegeben. Mit dem am 2. Oktober 1997[1138] unterzeichneten Vertrag von Amsterdam[1139] ist ein weiterer wichtiger[1140] Schritt auf diesem Gebiet getan worden. Wie schon bei den beiden Vertragsrevisionen zuvor, ist es in den drei Gemeinschaftsverträgen (EG-Vertrag, EGKS-Vertrag und EAG-Vertrag) und nunmehr auch im EU-Vertrag zu erheblichen Änderungen[1141] gekommen. Die wesentlichen Neuerungen betreffen die Stärkung des Europäischen Parlamentes im institutionellen System der Gemeinschaft, die Überführung weiter Teile der Zusammenarbeit in der Justiz- und Innenpolitik sowie des sog. Schengen-Besitzstandes in den EG-Vertrag, eine Verbesserung der außenpolitischen Handlungsfähigkeit der EU im Rahmen der GASP, den Ausbau sozialer und bürgernaher Kompetenzen sowie eine verstärkte Zusammenarbeit („Flexibilität"). Der Amsterdamer Vertrag ergänzt damit die beiden früheren Vertragsreformen - den Abschluß der Einheitlichen Europäischen Akte 1986 zur Vollendung des gemeinsamen Binnenmarktes und den Vertrag von Maastricht 1992 mit dem Beschluß über die Wirtschafts- und Währungsunion -, indem er die politische Dimension der europäischen Integration, die sich nicht nur auf eine wirtschaftliche und monetäre Integration beschränken darf, verstärkt hat[1142]. Darüber hinaus bringt die Reform von Amsterdam auch eine Umnumerierung der Artikel-Vorschriften mit sich[1143]. Zahlreiche Bestimmungen des EG-Vertrags werden aufgehoben, wobei die verbliebenen und neu hinzugekommenen Bestimmungen jetzt durchgehend numeriert werden, was im übrigen auch für den EU-Vertrag gilt. Für das Inkrafttreten des Vertragswerkes bedarf es der Ratifizierung durch alle 15 Mitgliedstaaten gemäß ihren verfas-

---

1138 Vgl. Bull.EU 10/1997, Ziff. I.1.

1139 Vertragstext abgedruckt in: ABl. EG 1997 Nr. C 340/1; BGBl. 1998 II S. 386.

1140 Krit. zu dem gesamten Reformwerk, vgl. *Meyring*, EuR 3/1999, 309 ff.

1141 Vgl. Art. 1 Amsterdamer Vertrag hinsichtlich der Änderungen betreffend den EU-Vertrag sowie Art. 2 Amsterdamer Vertrag hinsichtlich der Änderungen betreffend den EG-Vertrag.

1142 S. auch *Schönfelder/Silberberg*, Integration 4/1997, 203; krit. dazu *Schneider*, Integration 4/1997, 197 (198 ff.).

1143 Die Umnumerierung beruht auf Art. 12 Amsterdamer Vertrag i.V.m. der Übereinstimmungstabelle im Anhang des Amsterdamer Vertrages.

sungsrechtlichen Vorschriften[1144]. Als Zieldatum war dabei der 1. Januar 1999 avisiert, wobei anzumerken ist, daß erst Ende 1998 die Bundesrepublik Deutschland als erster Mitgliedstaat[1145], Schweden[1146], Dänemark[1147], das Vereinigte Königreich[1148] sowie Finnland, Österreich, Italien, Irland[1149], Luxemburg[1150] und die Niederlande[1151] das Ratifikationsverfahren[1152] abgeschlossen hatten. Anschließend haben Belgien, Griechenland, Portugal sowie Spanien und schließlich auch Frankreich[1153], das aufgrund einer Entscheidung des Conseil Constitutionnel erst eine Verfassungsänderung vornehmen mußte[1154], den Amsterdamer Vertrag ratifiziert[1155]. In Portugal wurde, wie schon zuvor in Dänemark und Irland, noch eine Volksabstimmung über den Vertrag durchgeführt. Nunmehr ist der Vertrag von Amsterdam am 1. Mai 1999 in Kraft getreten[1156].

1144 So ausdrücklich Art. 14 II des Amsterdamer Vertrages. Mit 348 gegen 101 Stimmen bei 34 Enthaltungen empfahl das Europäische Parlament am 19. November 1997 den Mitgliedstaaten den Amsterdamer Vertrag zu ratifizieren (vgl. EuZW 3/1998, 68).

1145 Bereits am 27. März 1998 hat der Bundesrat mit den Stimmen aller Länder dem Gesetz zum Vertrag von Amsterdam, mit dem die Voraussetzungen für die Ratifizierung des Amsterdamer Vertrages geschaffen wurden, zugestimmt (vgl. BR-Dr 196/98 - Beschluß; Bull.EU 5/1998, Ziff. 1.8.1.).

1146 Bull.EU 5/1998, Ziff. 1.8.2.

1147 Der Amsterdamer Vertrag ist am 7. Mai 1998 vom Parlament und am 28. Mai 1998 im Wege eines Referendums (55,1 %) gebilligt worden, vgl. Bull.EU 6/1998, Ziff. 1.9.4.

1148 Bull.EU 6/1998, Ziff 1.9.5.

1149 Bull.EU 7/8/1998, Ziff. 1.9.1.

1150 Bull.EU 9/1998, Ziff. 1.8.1.

1151 Bull.EU 12/1998, Ziff. 1.8.5.

1152 Zu den Ratifikationsbedingungen in den EU-Mitgliedstaaten vgl. das Arbeitsdokument, hrsg. vom Europäischen Parlament, Generaldirektion Wissenschaft, Politische Reihe W-30, Juli 1997.

1153 Frankreich hat den Amsterdamer Vertrag am 30. März 1999 ratifiziert (vgl. EU-Nachrichten, Nr. 16 v. 21. April 1999).

1154 Der Conseil Constitutionnel hat am 31. Dezember 1997 entschieden, daß die Art. 62, 63 EGV i.V. mit dem durch Art. 67 EGV eingeführten Mehrheitsprinzip mit der französischen Verfassung nicht in Einklang stehen und daher für die Ratifikation des Amsterdamer Vertrages eine Änderung der französischen Verfassung notwendig ist (Conseil Constitutionnel, déc. No. 97-394 DC, 31. Dezember 1997, JCP 1998, No. 3, Act. 57; vgl. dazu *Karpenstein*, DVBl. 17/1998, 942 m.w.N.). Schon gegen den durch den Maastrichter Vertrag eingeführten Art. 100 c EGV a.F. hatte der Conseil Constitutionnel vergleichbare Einwände erhoben (Conseil Constitutionnel, déc. No. 92-308 DC, 9. April 1992, RUDH 1992, 336; deutsche Übersetzung, in: EuGRZ 1993, 187 ff. m. Anm. *Walter*, EuGRZ 1993, 183 f.)

1155 Vgl. Bek. v. 6. April 1999 über das Inkrafttreten des Vertrages von Amsterdam v. 2. Oktober 1997 (BGBl. 1999 II S. 296).

1156 Vgl. Bek. v. 6. April 1999 über das Inkrafttreten des Vertrages von Amsterdam v. 2. Oktober 1997 (BGBl. 1999 II S. 296); EU-Nachrichten, Nr. 16 v. 21. April 1999.

Bevor ausführlich auf die die Verwirklichung eines freien Personenverkehrs in Europa betreffenden Bestimmungen, die einerseits im EG-Vertrag zu finden, andererseits weiterhin unter dem Aspekt der polizeilichen und justitiellen Zusammenarbeit verblieben sind, eingegangen wird, sollen zunächst die wichtigsten[1157] Zwischenschritte der gut zweijährigen, zur Vertragsrevision einberufenen Regierungskonferenz dargestellt werden, um ein besseres Verständnis für die Ausgestaltung einiger Vertragsregelungen zu gewinnen.

A. Zwischenschritte auf dem Weg zum Amsterdamer Vertrag

Bevor die einzelnen Zwischenschritte erläutert werden, bedarf es zunächst eines kurzen Hinweises darauf, daß sich die rechtliche Grundlage für das Zusammentreten der Regierungskonferenz in Art. N II EUV a.F., jetzt Art. 48 EUV fand. Danach sollte für das Jahr 1996 eine Konferenz der Vertreter der Regierungen der Mitgliedstaaten einberufen werden, um die Bestimmungen des EU-Vertrags, für die eine Revision vorgesehen war, in Übereinstimmung mit den Zielen der Art. A EUV a.F. und Art. B EUV a.F. zu prüfen. Wie dem Art. B, 5. Spstr. EUV a.F., jetzt Art. 2, 5. Spstr. EUV zu entnehmen war, sollte eine Revision der vollen Wahrung des gemeinschaftlichen Besitzstandes und seiner Weiterentwicklung dienen, wobei geprüft werden sollte, inwieweit die durch den EU-Vertrag eingeführten Politiken und Formen der Zusammenarbeit mit dem Ziel zu revidieren sind, die Wirksamkeit der Mechanismen und Organe der Gemeinschaft sicherzustellen. In diesem Zusammenhang weist *Klein* darauf hin, daß damit bereits die Möglichkeit gegeben war, die Zusammenarbeit im Bereich der GASP und der Justiz- und Innenpolitik in den Rahmen der Gemeinschaftsverträge zu überführen[1158].

Auf der Tagung des Europäischen Rates vom 15./16. Dezember 1995 in Madrid[1159] wurde u.a. der Beschluß gefaßt, am 29. März 1996 die Regierungskonferenz beginnen zu lassen. Aufgabe dieser Konferenz sollte es sein, die politischen und institutionellen Voraussetzungen für die Anpassung der Europäischen Union an die heutigen und künftigen Erfordernisse zu schaffen, insbesondere mit Blick auf die nächste Erweiterung. Die Regierungskonferenz wurde planmäßig am 29. März 1996 in Turin eröffnet, wobei der Zeitplan sowie das Arbeitsprogramm der Regierungskonferenz, die der Ratsvorsitz ausgearbeitet hatte, vorgestellt wurden[1160]. Im Mittelpunkt[1161] standen dabei mit der

---

[1157] Ausführlich zur Entwicklung des Vertragswerkes vgl. insb. *Schelter/Hoyer* (Hrsg.), Der Vertrag von Amsterdam – Materialien; s. ferner auch *Schönfelder/Silberberg*, Integration 4/1997, 203 ff.; *Streinz*, EuZW 5-6/1998, 137; *Thun-Hohenstein*, S. 1 ff.

[1158] HandKom.EUV/EGV/*Klein*, Art. N Rn. 19.

[1159] Bull.EU 12/1995, Ziff. I.2.

[1160] Bull.EU 3/1996, Ziff. II.4.

[1161] Vgl. dazu Bull.EU 3/1996, Ziff. I.3. ff.

Schaffung einer bürgernäheren Union, der Reformierung der Institutionen und der Erweiterung der Handlungsfähigkeit der Union nach außen drei große Fragenkomplexe, die auf der Tagung des Europäischen Rates am 21./22. Juni 1996 in Florenz weiter spezifiziert und ausgestaltet wurden[1162]. Erst auf der Tagung des Europäischen Rates am 13./14. Dezember 1996 in Dublin wurde dem Bereich Justiz und Inneres eine besondere Bedeutung beigemessen und dieser seitdem zum wichtigsten Thema der Vertragsrevision gemacht[1163], indem der Europäische Rat die Regierungskonferenz aufforderte, die Vertragsrevision auf die Schaffung eines Raumes der Freiheit, der Sicherheit und des Rechts auszurichten. In diesem Zusammenhang wurden sechs Themenbereiche in den Vordergrund gestellt, wobei es sich im einzelnen um (1) Kampf gegen Drogen, (2) Kampf gegen organisierte Kriminalität, (3) Sexuelle Ausbeutung von Kindern und Menschenhandel, (4) Kampf gegen Terrorismus, (5) Rassismus und Fremdenfeindlichkeit und (6) Außengrenzen handelte[1164]. Darüber hinaus wurde die hochrangige Gruppe „Organisierte Kriminalität" mit dem Auftrag eingesetzt, den Bereich der organisierten Kriminalität unter allen Blickwinkeln zu prüfen, einen Aktionsplan zur Bekämpfung der organisierten Kriminalität zu erarbeiten sowie der Regierungskonferenz sämtliche mit Vertragsänderungen verbundenen Fragen vorzulegen[1165]. Der Bericht, der durch den Rat „Justiz und Inneres" am 28. April 1997 angenommen wurde, beschreibt mehrere Möglichkeiten, von denen einige zur Erreichung des Ziels der Schaffung eines Raumes der Freiheit, der Sicherheit und des Rechts von entscheidender Bedeutung sind. Danach wird eine effizientere Anwendung der bereits verabschiedeten Übereinkünfte, eine Verstärkung der praktischen Zusammenarbeit und, soweit erforderlich, eine gewisse Annäherung oder Harmonisierung der Rechtsvorschriften, der Ausbau der Zusammenarbeit der Justizbehörden auf ein der Zusammenarbeit der Polizeibehörden vergleichbares Maß, eine Stärkung der Rolle von Europol einschließlich einer eingehenden Untersuchung der Stellung und der Rolle der Justizbehörden in ihren Beziehungen zu Europol durch den Rat mit Blick auf die Ausweitung der Kompetenzen von Europol, eine engere Zusammenarbeit mit anderen Ländern, insbesondere den beitrittswilligen Ländern sowie mit den internationalen Organisationen und den anderen einschlägigen Gremien und eine weitere Entwicklung der präventiven Instrumente gefordert[1166]. Vor diesem Hintergrund haben sich die Staats- und Regierungschefs auf der informellen Tagung am 23. Mai 1997 in Njoordwijk[1167]

1162 Vgl. Bull.EU 6/1996, Ziff. I.7.

1163 S. hierzu *Thun-Hohenstein*, S. 28.

1164 Vgl. Bull.EU 12/1996, Ziff. I.7. ff.

1165 Bull.EU 12/1996, Ziff. I.10.

1166 Vgl. dazu Bull.EU 4/1997, Ziff. 1.5.1.

1167 Bull.EU 5/1997, Ziff. I.1.

und schließlich auf der Tagung am 16./17. Juni 1997 in Amsterdam[1168] auf einen Vertragsenwurf geeinigt, der den schrittweisen Aufbau eines Raumes der Freiheit, der Sicherheit und des Rechts zum Inhalte hat[1169]. Im folgenden wird nun zu zeigen sein, welche vertragsrechtliche Ausgestaltung die diesen Raum betreffenden Bestimmungen erfahren haben.

B. Änderungen auf dem Gebiet der Zusammenarbeit in den Bereichen Justiz und Inneres: Schrittweiser Aufbau eines Raumes der Freiheit, der Sicherheit und des Rechts

Das gemeinschaftliche Anliegen, einerseits die Freizügigkeit innerhalb der Europäischen Union auszubauen, andererseits aber auch die Bürger besser vor Gefahren für ihre persönliche Sicherheit zu schützen, hat, unter Einbeziehung des Schengener Besitzstandes, in die Regelungen des EU-Vertrags, aber auch des EG-Vertrags, Eingang gefunden. Bereits die Präambel des EU-Vertrags verdeutlicht dies in anschaulicher Weise, wonach „die Freizügigkeit unter gleichzeitiger Gewährleistung der Sicherheit ihrer Bürger durch den Aufbau eines Raumes der Freiheit, der Sicherheit und des Rechts nach Maßgabe der Bestimmungen dieses Vertrags zu fördern (ist)". In der Zielbestimmung des Art. 2, 4. Spstr. EUV setzt sich die Europäische Union nunmehr das Ziel, „die Erhaltung und Weiterentwicklung der Union als Raum der Freiheit, der Sicherheit und des Rechts, in dem in Verbindung mit geeigneten Maßnahmen in bezug auf die Kontrollen an den Außengrenzen, das Asyl, die Einwanderung sowie die Verhütung und Bekämpfung der Kriminalität der freie Personenverkehr zu gewährleisten ist", was als herausragende Fortentwicklung im europäischen Integrationsprozeß angesehen wird[1170]. Damit geht diese Vorschrift im Hinblick auf die Festlegung konkreter einzelner Inhalte weit über die bisherige Zielbestimmung des Art. B, 4. Spstr. EUV a.F. hinaus, wonach sich die Europäische Union lediglich „die Entwicklung einer engen Zusammenarbeit in den Bereichen Justiz und Inneres" zum Ziel gesetzt hatte. Zur Verwirklichung des neu gesetzten Ziels sind wesentliche Teile der sog. „dritten Säule" in das Gemeinschaftsrecht überführt, sozusagen „vergemeinschaftet" worden, was *Hailbronner* zu Recht als „fundamental change" ansieht[1171]. Im einzelnen handelt es sich dabei um die Bereiche Asylrecht, Kontrollen an den Außengrenzen, Einwanderung, Politik gegenüber Drittstaatsangehörigen, justitielle

---

[1168] Vgl. Bull.EU 6/1997, Ziff. II.4.

[1169] Zu den Beschlüssen der Amsterdamer Regierungskonferenz zum Ausländer- und Asylrecht vgl. insb. *Welte*, ZAR 2/1998, 67 ff.

[1170] So die Bundesregierung in ihrer „Denkschrift zum Vertrag von Amsterdam v. 2. Oktober 1997", S. 2.

[1171] *Hailbronner*, CMLRev. 1998, 1047; Bergmann/Lenz-*Winkler*, Kap. 2, Rn. 13 spricht von erheblichen „Umwälzungen", die der Amsterdamer Vertrag mitbringt.

Zusammenarbeit in Zivilsachen mit grenzüberschreitenden Bezügen, Zusammenarbeit im Zollwesen[1172] und Bekämpfung von Kriminalität gegen finanzielle Interessen der Europäischen Gemeinschaften[1173]. Dagegen sind die polizeiliche und justitielle Zusammenarbeit in Strafsachen im Bereich der „dritten Säule“ verblieben, wobei es auch hier wesentliche Änderungen gab. Da also nach dem Amsterdamer Vertrag bestimmte Materien weiterhin auf intergouvernementaler Ebene behandelt werden, ist hinsichtlich der Überprüfung der einzelnen Bestimmungen eine Trennung zwischen diesen angebracht.

I. Vergemeinschaftete Bereiche der bisherigen „dritten Säule“

Mit dem Titel IV „Visa, Asyl, Einwanderung und andere Politiken betreffend den freien Personenverkehr“ wurde in den EG-Vertrag ein neuer Titel eingefügt, der die bislang intergouvernemental im Rahmen der Zusammenarbeit in den Bereichen Justiz und Inneres behandelten Materien nunmehr „vergemeinschaftet“.

1. Überblick

Die den Titel IV EG-Vertrag betreffenden neuen Bestimmungen finden sich in den Art. 61 - 69 EGV[1174]. Aber auch die die Tätigkeitsfelder der Gemeinschaft betreffende Regelung des Art. 3 EGV, die nicht als ein bloßer Programmsatz zu verstehen ist[1175], sondern vielmehr eine Verpflichtung der Gemeinschaftsorgane bezweckt, auf den angegebenen Gebieten tätig zu werden[1176], ist entsprechend angepaßt worden. So ist die bisher auf Art. 100 c EGV a.F. (aufgehoben) abstellende Aufgabenbeschreibung in Art. 3 I lit. d EGV (Art. 3 lit. d EGV a.F.) derart geändert worden, daß der Erlaß von Maßnahmen hinsichtlich der Einreise und des Personenverkehrs nach Titel IV EGV als unerläßlich für die Erfüllung

---

1172 Die Zusammenarbeit im Zollwesen ist, soweit sie nicht strafrechtlicher Natur ist, in einem eigenständigen Titel X (vgl. Art. 135 EGV) geregelt, der die Anwendung des Strafrechts durch die Mitgliedstaaten und ihre Strafrechtspflege nicht berührt; diese Bereiche werden nach wie vor im Rahmen der „dritten Säule“ behandelt (s. dazu u. S. 201 ff.). Damit bleibt es auch im Zollbereich bei einem Nebeneinander zwischen „erster“ und „dritter Säule“ (zur Anwendung des ZIS, s. o. S. 138 f.).

1173 S. auch European Parliament, Free Movements of Persons in the European Union, Civil Liberties Series 9/1998, S. 12; *Schönfelder/Silberberg*, Integration 1997, 203 (205 f.); *Rupprecht*, Integration 4/1997, 264 (265 f.).

1174 Ein kurzer Überblick findet sich bei *Tezcan*, CahDrEur 5-6/1998, 661 (668 ff.).

1175 EuGH, Rs. 6/72, Europemballage und Continental Can/Kommission, Slg. 1972, 215 (244).

1176 Vgl. hierzu EuGH Rs. 41 bis 44/70, International Fruit Company/Kommission, Slg. 1971, 411 (427); Rs. 48/74, Charmasson/Minister für Wirtschaft und Finanzen, Slg. 1974, 1383 (1394 f.); Rs. 97/78, Schumalla, Slg. 1978, 2311 (2317).

der Aufgaben der Gemeinschaft und damit als zwingend für die Gemeinschaftsorgane angesehen wird. Wie dem Art. 61 EGV zu entnehmen ist, zählt diese Regelung im Sinne eines sog. „Gesamtprogramms“[1177] diejenigen Bereiche auf, in denen Maßnahmen zum „schrittweisen Aufbau eines Raumes der Freiheit, der Sicherheit und des Rechts“ durch den Rat erlassen werden sollen, wobei Regelungen sowohl für den Zugang zu diesem gemeinsamen Raum als auch für die Bewegung innerhalb dieses Raumes umfaßt werden[1178]. Hierzu verweist Art. 61 EGV auf die konkrete Ausgestaltung in den Art. 62 - 65 EGV sowie auf Art. 31 lit. e EUV und allgemein auf den neugestalteten Titel VI des EU-Vertrags.
Zum Zwecke der Umsetzung dieser Vorschriften hat der Europäische Rat auf seiner Tagung am 15. und 16. Juni 1998 in Cardiff[1179] den Rat und die Kommission beauftragt, einen entsprechenden Aktionsplan vorzulegen. Mit dem Aktionsplan des Rates und der Kommission zur bestmöglichen Umsetzung der Bestimmungen des Amsterdamer Vertrags über den Aufbau eine Raumes der Freiheit, der Sicherheit und des Rechts vom 3. Dezember 1998 wird nicht nur die enge Verflechtung und Bedeutung der Begriffe Freiheit, Sicherheit und Recht aufgezeigt, sondern auch ein Katalog von Maßnahmen vorgelegt, der innerhalb eines vorgegebenen Zeitrahmens verwirklicht werden soll[1180]. Hierbei ist anzumerken, daß dieser Aktionsplan keinen umfassenden Maßnahmenkatalog enthält; es werden lediglich die für den Aufbau eines Raumes der Freiheit, der Sicherheit und des Rechts zunächst wichtigsten Maßnahmen aufgeführt. Auch entfaltet der Aktionsplan keine Verbindlichkeit im Sinne einer Handlungsverpflichtung seitens der Gemeinschaftsorgane, er ist lediglich eine Richtschnur für die Umsetzung der Bestimmungen betreffend den Aufbau eines Raumes der Freiheit, der Sicherheit und des Rechts. Allerdings hat der Europäische Rat auf seiner Sondertagung am 15./16. Oktober 1999 in Tampere nochmals ausdrücklich die Bedeutung dieses Raumes hervorgehoben, wonach sicherzustellen ist, „daß Freiheit, die das Recht auf Freizügigkeit beinhaltet, in einem Rahmen der Sicherheit und des Rechts in Anspruch genommen werden kann, der für alle zugänglich ist“[1181]. Die Kommission wurde insoweit aufgefordert, die entspre-

---

[1177] So die Bezeichnung von *Pechstein/Koenig*, Rn. 373; *Thun-Hohenstein*, S. 29, spricht von einem sog. „Paketcharakter“ des Art. 61 EGV.

[1178] *Meyring*, EuR 3/1999, 309 (312).

[1179] Vgl. dazu EU-Nachrichten, Dokumentation Nr. 4 v. 17. Juni 1998.

[1180] ABl. EG 1999 Nr. C 19/1.

[1181] Vgl. die Schlußfolgerungen des Europäischen Rates am 15./16. Oktober 1999 in Tampere zu seiner Sondertagung über die Schaffung eines Raumes der Freiheit, der Sicherheit und des Rechts in der Europäischen Union, Bull.EU 10/1999, Ziff. I.3.

chenden Maßnahmen zur Schaffung dieses Raumes der Freiheit, der Sicherheit und des Rechts zu erarbeiten und vorzuschlagen[1182].

Eine verfahrensrechtliche Konkretisierung hat Art. 61 EGV nicht erfahren; welches Normsetzungsverfahren bezüglich der einzelnen in Art. 61 EGV genannten Regelungsbereiche anzuwenden ist, ergibt sich in erster Linie aus Art. 67 EGV[1183]. Art. 61 EGV legt fest, daß der Rat in bestimmten Bereichen, die für die Verwirklichung und Erleichterung des Binnenmarktes ohne Personenkontrollen von besonderer Bedeutung sind, wie Visapolitik, Grenzkontrollen, Einwanderung und Asyl, innerhalb eines Zeitraumes von fünf Jahren nach Inkrafttreten des Amsterdamer Vertrags tätig werden soll. In diesem Zusammenhang stellt sich die Frage, welche besonderen rechtlichen Konsequenzen an diese Fristvorgabe geknüpft sind. Zutreffend weisen *Pechstein/Koenig* darauf hin, daß der Titel IV des EG-Vertrags keine materiell-rechtlichen Regelungen beinhaltet, die ohne ein Handeln des Rates nach Ablauf der Fünfjahresfrist zu einer unmittelbaren Anwendbarkeit führen könnten[1184], wie dies für die Art. 43 EGV (Art. 52 EGV a.F.)[1185] und Art. 49 EGV (Art. 59 EGV a.F.)[1186] nach dem Ende der Übergangszeit der Fall war. Denn für die unmittelbare Anwendbarkeit primärrechtlicher Normen stellt der EuGH darauf ab, daß diese (1) rechtlich vollkommen, d.h. ohne jede weitere Konkretisierung anwendbar sind, (2) unbedingt sind, (3) in einer Handlungs- oder Unterlassungspflicht für die Mitgliedstaaten bestehen, die keine weiteren Vollzugsmaßnahmen erfordert und (4) den Mitgliedstaaten keinen Ermessensspielraum lassen[1187]. Eine unmittelbare Anwendbarkeit der den Titel IV des EG-Vertrags betreffenden Regelungen scheitert bereits daran, daß hier weder Handlungs- noch Unterlassungspflichten für die Mitgliedstaaten im Sinne eines Diskriminierungs- oder Beschränkungsverbotes statuiert werden. Außerdem fehlt den Vorschriften teilweise auch der für die unmittelbare Anwendbarkeit notwendige self-executing-Charakter, wie

---

1182 Vgl. zur detaillierten Programmplanung betreffend desn Bereich Justiz und Inneres die Übersicht in Bull.EU, Beil. 1/2000, S. 60 ff.

1183 S. dazu u. S. 193 ff.

1184 *Pechstein/Koenig*, Rn. 373; *Bardenhewer*, in: Lenz, EGV (Kommentar), Art. 61 Rn. 2, der insoweit von einer politischen Verpflichtung spricht: Vgl. auch *Brechmann*, in: Callies/Ruffert, EUV/EGV Teil II, Art. 61 Rn. 12.

1185 Grundlegend zur unmittelbaren Anwendbarkeit des Art. 43 EGV (Art. 52 EGV a.F.), soweit er den Grundsatz der Inländergleichbehandlung beinhaltet, vgl. EuGH, Rs. 2/74, Reyners/Belgien, Slg. 1974, 631 (652); vgl. ferner EuGH, Rs. 11/77, Patrick, Slg. 1977, 1199 (1205); Rs. C- 340/89, Vlassopoulou, Slg. 1991, 2357 (2383).

1186 Vgl. hierzu EuGH, Rs. 33/74, Van Binsbergen, Slg. 1974, 1299 (1311); Rs. 39/75, Coenen, Slg. 1975, 15 47 (1554).

1187 EuGH, Rs. 26/62, van Gend & Loos, Slg. 1963, 1 (25 ff.); Rs. 57/65, Lüttike/Hauptzollamt Saarlouis, Slg. 1966, 257 (266); Rs. 33/70, S.A.C.E./Finanzministerium Italien, Slg. 1970, 1213, 1222 ff.

dies die Vorschrift des Art. 65 EGV verdeutlicht. Denn nach dieser Regelung sind Maßnahmen im Bereich der justitiellen Zusammenarbeit in Zivilsachen mit grenzüberschreitenden Bezügen nur zu treffen, „soweit sie für das reibungslose Funktionieren des Binnenmarktes erforderlich sind“, d.h. der Umfang der zu treffenden Maßnahmen ist von weiteren Durchführungsmaßnahmen, die der Beurteilungsprärogative des Rates obliegen, abhängig. Damit wird, wie schon bei der in der Zwischenzeit aufgehobenen Vorschrift des Art. 67 I EWGV a.F., welche die Liberalisierung des Kapitalverkehrs auf das für das Funktionieren des Gemeinsamen Marktes notwendige Ausmaß beschränkte[1188], die unmittelbare Anwendbarkeit auch für Art. 65 EGV zu verneinen sein. Sollte der Rat nach Ablauf des fünfjährigen Übergangszeitraumes nicht tätig geworden sein, dürfte zur Durchsetzung der Handlungsverpflichtungen des Rates demnach lediglich die Möglichkeit bestehen, gemäß Art. 232 EGV (Art. 175 EGV a.F.) Untätigkeitsklage gegen den Rat zu erheben[1189].

2. Verknüpfung mit dem Binnenmarktkonzept

Nach der Zielbestimmung des Art. 2, 4. Spstr. EUV[1190], der Aufgabenbeschreibung der die Gemeinschaft betreffenden Vorschrift des Art. 3 lit. d EGV[1191] und dem neuen Titel IV des EG-Vertrags steht für die Gemeinschaft nicht nur die Förderung des wirtschaftlichen und sozialen Fortschritts, sondern auch die Schaffung einer sog. „Sicherheitsunion“ im Mittelpunkt, die u.a. durch den freien Personenverkehr gekennzeichnet ist. Damit wird einerseits der die Sicherheitsunion betreffende freie Personenverkehr vom Binnenmarktziel des Art. 14 EGV (Art. 7 a EGV a.F.) noch stärker als bisher abgekoppelt und als eigenständiges Element herausgestellt[1192], was im übrigen auch Art. 3 lit. d EGV verdeutlicht, der daher vom „Personenverkehr nach Titel IV“ spricht. Dies hat zur Folge, daß die Maßnahmen in bezug auf Kontrollen an den Außengrenzen, auf Asyl und Einwanderung sowie auf Verhütung und Bekämpfung der Kriminalität auch ihren Charakter als bloße Ausgleichsmaßnahmen für die Verwirklichung der Freizügigkeit im europäischen Binnenmarkt verlieren[1193].

1188 Ausführlich zur unmittelbaren Anwendbarkeit des Art. 67 I EWGV vgl. *Kimms*, S. 128 ff.

1189 So auch *Pechstein/Koenig*, Rn. 373; *Röben*, in: Grabitz/Hilf, KommEU, Art. 61 Rn. 14. S. hierzu ferner *Hailbronner/Thiery*, EuR 5/1998, 538 (588 f.); *Meyring*, EuR 3/1999, 309 (315), der aber hinsichtlich der Anwendung des Mitentscheidungsverfahrens eine unmittelbare Anwendbarkeit für möglich hält.

1190 S. dazu bereits o. S. 169.

1191 S. dazu bereits o. S. 170.

1192 So insb. *Degen*, in: GTE, Vorbem. zu den Artikeln K bis K.9, Rn. 19; *Gündisch*, AnwBl. 4/1998, 170 (173); im Ergebnis wohl auch *Streinz*, EuZW 5-6/1998, 137 (141).

1193 So *Degen*, in: GTE, Vorbem. zu den Artikeln K bis K.9, Rn. 19.

Andererseits ist der Raum der Freiheit, der Sicherheit und des Rechts eng mit der Verwirklichung des Binnenmarktes verflochten[1194], wie dies die Regelung des Art. 65 EGV[1195], aber auch die des Art. 61 lit. a EGV zeigt. Denn der von Binnengrenzen befreite Personenverkehr kann beeinträchtigt werden, wenn die effiziente Verwirklichung einer nationalen Drittstaatsangehörigenpolitik systematische Kontrollen an den Binnengrenzen zu anderen Mitgliedstaaten erforderlich macht, weil ein Mitgliedstaat eine erheblich abweichende Zugangspolitik gegenüber Drittstaatsangehörigen verfolgt. Folgerichtig betont daher Art. 61 lit. a EGV, daß der Rat „zur Gewährleistung des freien Personenverkehrs nach Art. 14 EGV in Verbindung mit unmittelbar damit zusammenhängenden flankierenden Maßnahmen in bezug auf Kontrollen an den Außengrenzen, Asylrecht und Einwanderung" Maßnahmen zu erlassen hat. Danach ist der gemäß Titel IV des EG-Vertrags zu errichtende „Sicherheitsraum" unabdingbare Voraussetzung für die Funktionsfähigkeit und damit Vollendung des europäischen Binnenmarktes[1196], der als eine Vorstufe auf dem Weg der Europäischen Union von der Wirtschaftsgemeinschaft zu einer Rechtsgemeinschaft anzusehen ist[1197]. Allerdings können die Änderungen des Primärrechts durch den Amsterdamer Vertrag nur als ein weiterer Schritt in die richtige Richtung angesehen werden. Denn die für die Schaffung einer Rechtsgemeinschaft notwendigen Voraussetzungen, wonach neben einem umfassenden Rechtsschutzsystem auch die Befugnis zu einer die Staaten unmittelbar verpflichtenden Rechtsetzung, die unmittelbare Anwendbarkeit von Rechtsvorschriften sowie die Geltung der allgemeinen Rechtsgrundsätze gehören, sind durch die Amsterdamer Vertragsrevision noch nicht gänzlich erfüllt[1198]. Es bleibt abzuwarten, inwieweit von den neu begründeten Gemeinschaftskompetenzen tatsächlich Gebrauch gemacht wird. Zwar wurden mit dem Aktionsplan des Rates und der Kommission vom 3. Dezember 1998 entsprechende Vorgaben gemacht; das Entscheidungsverfahren im Rahmen des neuen Titels IV des EG-Vertrags unterliegt aber im Grundsatz dem Einstimmigkeitsprinzip[1199], so daß im Hinblick auf eine fortschreitende Integration unter dem Gesichtspunkt der Schaffung eines „europäischen Sicherheitsraumes" ein Konsens sämtlicher Mitgliedstaaten notwendig ist.

1194 S. auch *Müller-Graff*, Integration 4/1997, 271 (273); *Hailbronner/Thiery*, EuR 5/1998, 538 (585); *Röben*, in: Grabitz/Hilf, KommEU, Art. 61 Rn. 8.

1195 S. dazu bereits o. S. 173, aber auch u. S. 188 ff.

1196 So auch *Hailbronner/Thiery*, EuR 5/1998, 538 (585), die den zu schaffenden Sicherheitsraum als die „conditio sine qua non" für die Schaffung des Binnenmarktes als Raum ohne Binnengrenzen ansehen. Vgl. ferner *Röben*, in: Grabitz/Hilf, KommEU, Art. 61 Rn. 8.

1197 In diesem Sinne auch *Rupprecht*, Integration 4/1997, 264 (269).

1198 S. hierzu auch *Harings*, EuR, Beiheft 2/1998, 81 (94) m.w.N.

1199 S. dazu u. S. 194.

3. Die einzelnen gemeinschaftlichen Tätigkeitsfelder

Wie bereits erwähnt,[1200] sind große Teile der für die Innere Sicherheit erheblichen staatlichen Regelungsmöglichkeiten - wenn auch die Kernbereiche der strafjustitiellen und polizeilichen Zusammenarbeit weiterhin in der sog. „dritten Säule“ bleiben -, durch den Amsterdamer Vertrag auf die Gemeinschaft übertragen worden. Die Maßnahmen, die nach dem neuen Titel IV des EG-Vertrags künftig gemeinschaftsrechtlich getroffen werden, sind in den Vorschriften der Art. 62, 63 und 65 EGV geregelt. Darüber hinaus enthält dieser Titel mit Art. 64 EGV eine Vorschrift, die neben einer Ordre-public-Regelung, auch eine sog. Notstandsklausel beinhaltet. Zutreffend weisen *Hailbronner/Thiery* darauf hin, daß durch die neuen Regelungen des Titels IV des EG-Vertrags keine umfassende und ausschließliche Gemeinschaftskompetenz auf dem Gebiet der Personenfreizügigkeit und des Asyl- und Einwanderungsrechts geschaffen worden ist[1201]. Dies wird auch durch den Aktionsplan des Rates und der Kommission vom 3. Dezember 1998 klargestellt. Denn wie die folgenden Ausführungen zeigen werden, sind die Handlungsbereiche des neuen Titels IV des EG-Vertrags zwar sehr detailliert, letztlich aber nur enumerativ. Auswirkungen hat diese vertragsrechtliche Ausgestaltung dahingehend, daß nationale Rechtsakte – sollten die gemeinschaftsrechtlichen Regelungen nicht ausreichen – nach wie vor zulässig sind; insoweit hat der neue Titel IV des EG-Vertrags nur eine konkurrierende Gemeinschaftskompetenz geschaffen[1202]. Auch eine Inanspruchnahme von Art. 94 EGV (Art. 100 EGV a.F.) und Art. 308 EGV (Art. 235 EGV a.F.) durch die Gemeinschaftsorgane scheidet aus, da diese Regelungen für den Bereich der Personenfreizügigkeit und des Asyl- und Einwanderungsrechts durch den Amsterdamer Vertrag in ihrer kompetentiellen Ausgestaltung keine Erweiterung erfahren haben[1203]. Für den Fall der Feststellung etwaiger Kompetenzlücken sollte, um nationale Alleingänge zu vermeiden, auf das Handlungsinstrumentarium der intergouvernementalen Zusammenarbeit zurückgegriffen werden.

[1200] S. dazu o. S. 169 f.

[1201] *Hailbronner/Thiery*, EuR 5/1998, 538 (586).

[1202] So auch *Hailbronner/Thiery*, EuR 5/1998, 538 (586).

[1203] *Hailbronner/Thiery*, EuR 5/1998, 538 (587 Fn. 19). Zum Umfang dieser Kompetenzvorschriften vgl. o. S. 29 ff.

3.1. Maßnahmen betreffend das Überschreiten der Binnen- und Außengrenzen, der Visaerteilung und der Reisefreiheit von Drittstaatsangehörigen

Wie dem Art. 62 EGV zu entnehmen ist, beschließt der Rat nach dem Verfahren des Art. 67 EGV[1204] innerhalb eines Zeitraumes von fünf Jahren nach Inkrafttreten des Amsterdamer Vertrags Maßnahmen zur Gewährleistung des freien Personenverkehrs nach Art. 14 EGV (Art. 7 a EGV a.F.) und unmittelbar damit zusammenhängende flankierende Maßnahmen.

3.1.1. Überschreiten der Binnengrenzen

Art. 62 Nr. 1 EGV betrifft Maßnahmen, die nach Art. 14 EGV (Art. 7 a EGV a.F.) sicherstellen sollen, daß EU-Bürger und Drittstaatsangehörige beim Überschreiten der Binnengrenzen nicht kontrolliert werden. Aufgrund dieser vertragsrechtlichen Ausgestaltung und dem im Anhang zum Amsterdamer Vertrag beigefügten Protokoll über die Anwendung bestimmter Aspekte des Art. 14 EGV auf das Vereinigte Königreich und Irland, wonach diesen beiden Mitgliedstaaten das Recht auf Personenkontrollen an ihren Außengrenzen ausdrücklich zugesprochen wird[1205], kommen *Pechstein/Koenig* zu dem Ergebnis, daß Art. 14 EGV (Art. 7 a EGV a.F.) ein Recht, die Binnengrenzkontrollen abzuschaffen, bislang nicht enthält[1206]. Dies kann aber nur dahingehend verstanden werden, daß der EG-Vertrag erstmals[1207] ausdrücklich eine besondere Rechtsgrundlage enthält, die auf die Beseitigung der Personenkontrollen an den Binnengrenzen abstellt. Der Ansicht *Degens*, der das Ziel der völligen Abschaffung der Personenkontrollen vom einheitlichen Binnenmarkt als nicht erfaßt ansieht[1208], kann nicht gefolgt werden. Denn die Einführung von einzelnen Sonderbestimmungen bedeutet keineswegs die Abkehr von der Zielsetzung des Binnenmarktes auf Herstellung eines Raumes ohne Binnengrenzen[1209], sondern hat lediglich Auswirkungen auf die Integrationsdichte. Das Vertragsziel „einheitlicher Binnenmarkt" mit der völligen Abschaffung der Personenkontrollen an den Binnengrenzen[1210] bleibt bestehen. Von dem „Wie", nämlich der Frage der Ausgestaltung, können keine Rückschlüsse auf das „Ob", nämlich dem Ziel der Verwirklichung eines Raumes ohne Binnengrenzen für Personen, gezogen werden. Auch unter dem Gesichtspunkt eines „Europas

---

1204 S. dazu u. S. 193 ff.

1205 Zu den Sonderbestimmungen dieser beiden Mitgliedstaaten, vgl. u. S. 198 ff.

1206 *Pechstein/Koenig*, Rn. 374; s. auch *Streinz*, EuZW 5-6/1998, 137 (141).

1207 Zu den bisherigen Rechtsgrundlagen s. bereits o. S. 23 ff.

1208 *Degen*, in: GTE, Vorbem. zu den Artikeln K bis K.9, Rn. 29.

1209 S. dazu o. S. 22 f.

1210 S. dazu o. S. 22 f.

zweier oder mehrerer Geschwindigkeiten“ [1211] ist die Ansicht *Degens* nicht überzeugend.

3.1.2. Überschreiten der Außengrenzen und Visaerteilung

Als unmittelbar mit den Maßnahmen zur Gewährleistung des freien Personenverkehrs nach Art. 14 EGV (Art. 7 a EGV a.F.) zusammenhängende flankierende Maßnahmen sieht Art. 62 Nr. 2 EGV Maßnahmen beim Überschreiten der Außengrenzen der Mitgliedstaaten vor. Hierdurch können einerseits Normen und Verfahren erlassen werden, die von den Mitgliedstaaten bei der Durchführung der Personenkontrollen an diesen Grenzen einzuhalten sind[1212], so daß die Verhandlungen über das Übereinkommen über die Personenkontrollen beim Überschreiten der Außengrenzen[1213] auf der Grundlage des Gemeinschaftsrechts fortgesetzt werden können[1214]. Andererseits können jetzt Vorschriften über Visa für geplante Aufenthalte von höchstens drei Monaten beschlossen werden.

Da mit dem Wegfall der Binnengrenzen notwendigerweise eine strenge und einheitliche Kontrolle an den Außengrenzen verbunden ist, stellt sich die Frage, ob die Kontrolle der mitgliedstaatlichen Außengrenzen auch die Kontrolle der Einreise von und nach dem Vereinigten Königreich, Irland und Dänemark einschließt. Da für diese Staaten nach den im Anhang zum Amsterdamer Vertrag beigefügten Protokollen ein Sonderregime besteht[1215] mit der Folge, daß die Regelungen des neuen Titels IV des EG-Vertrags auf diese zunächst keine Anwendung finden, kommt es nicht nur zu jeweils unterschiedlichen Kontrollen bei der Einreise von Personen aus Drittstaaten, sondern auch zur Anwendung unterschiedlicher Visavorschriften. Daß eine derartige Vorgehensweise den Binnenmarkt in seiner Funktion als Raum ohne Personenkontrollen beeinträchtigt, liegt auf der Hand. *Pechstein/Koenig* kommen folgerichtig zu dem Ergebnis, daß als Außengrenzen im Sinne des Art. 62 Nr. 2 EGV ausschließlich die Grenzen der teilnehmenden Staaten anzusehen sind, d.h. also solche Grenzen, die „den Binnenmarkt in seiner Eigenschaft als Raum ohne Personen-

---

[1211] S. dazu u. S. 201.

[1212] Vgl. Art. 62 Nr. 2 lit. a EGV. In der Sache werden von dieser Regelungskompetenz alle formellen und materiellen Voraussetzungen erfaßt, unter denen Personen die Außengrenzen der Gemeinschaft überschreiten wollen, wie etwa die Vorlage gültiger Reisedokumente, die Pflicht zur Benutzung von Grenzübergangsstellen, den Nachweis hinreichender Mittel zum Bestreiten des Lebensunterhalts (vgl. hierzu insb. *Brechmann*, in: Callies/Ruffert, EUV/EGV Teil II, Art. 62 Rn. 7, 11).

[1213] S. dazu o. S. 131 ff..

[1214] So auch *Lang*, ZAR 2/1998, 59 (60).

[1215] S. dazu u. S. 198 ff.

kontrollen begrenzen“[1216]. Im übrigen ist in diesem Zusammenhang anzumerken, daß schon im Rahmen des SDÜ diejenigen Grenzen zu Staaten, die nicht Vertragsparteien des SDÜ waren, als Außengrenzen angesehen wurden[1217]. Ferner ist im Rahmen des Art. 62 Nr. 2 EGV das „Protokoll über die Außenbeziehungen der Mitgliedstaaten hinsichtlich des Überschreitens der Außengrenzen“ zu berücksichtigen, worin klargestellt wird, daß die in Art. 62 Nr. 2 lit. a EGV aufgenommenen Bestimmungen die Zuständigkeit der Mitgliedstaaten für die Aushandlung und den Abschluß von Übereinkünften nicht berühren, sofern sie mit den gemeinschaftsrechtlichen Rechtsvorschriften und anderen in Betracht kommenden internationalen Übereinkünften in Einklang stehen. Dieses dem Anhang des Amsterdamer Vertrags beigefügte Protokoll ist bei der Auslegung der Vertragsbestimmungen heranzuziehen, was aus Art. 31 II lit. a WVRK folgt. Danach ist Gegenstand der Vertragsauslegung nicht nur der isolierte Vertragstext, sondern der Vertragstext in seinem Kontext. Umfaßt werden auch die Präambel eines Abkommens und seine Anlagen (Annexe) sowie jede sich auf den Vertrag beziehende Übereinkunft, die zwischen allen Parteien anläßlich des Vertragsschlusses getroffen wurde. Das Protokoll soll der Notwendigkeit Rechnung tragen, daß die Mitgliedstaaten gegebenenfalls in Zusammenarbeit mit Drittstaaten für wirksame Kontrollen an den Außengrenzen sorgen[1218]. Eine Abkehr von den Grundsätzen des *AETR*-Urteils[1219] und der Folgerechtsprechung des EuGH[1220] zum Bestehen gemeinschaftsrechtlicher Außenkompetenzen[1221] kann damit aber nicht gemeint sein, da dieses Protokoll eine Beeinträchtigung des Gemeinschaftsrechts nicht erlaubt. Demnach ist davon auszugehen, daß die Begründung einer konkret ausschließlichen Zuständigkeit der Gemeinschaft durch abschließende Regelung der Materie möglich ist, was in der Praxis für die in Art. 62 Nr. 2 lit. a EGV genannte Materie allerdings schwer vorstellbar ist[1222]. Im Ergebnis ist festzustellen, daß es sich bei Art. 62 Nr. 2 lit. a EGV in Verbindung mit dem Protokoll über die Außenbeziehungen um eine sog. „konkurrierende Gemeinschaftskompetenz“

1216 *Pechstein/Koenig*, Rn. 375; s. auch *Streinz*, EuZW 5-6/1998, 137 (141).

1217 S. dazu o. S. 53.

1218 S. hierzu *Thun-Hohenstein*, S. 32.

1219 EuGH, Rs. 22/70, „Europäisches Übereinkommen im Straßenverkehr“ (AETR), Slg. 1971, 263 ff.

1220 EuGH, Gutachten v. 11. November 1975 – Lokale Kosten -, Slg. 1975, 1355 ff.; verb. Rs. 3, 4 und 6/76, Kramer, Slg. 1976, 1279 ff.; Gutachten 1/76 – Stillegungsfonds -, Slg. 1977, 741 ff.; Gutachten 2/91 – IAO-Übereinkommen -, Slg. 1993, I- 1061 ff.; Gutachten 1/94 – WTO-Übereinkommen -, Slg. 1994, I- 5267 ff.; Gutachten 2/92 – OECD-Beschluß -, Slg. 1995, I- 521 ff.

1221 Vgl. ausführlich zu dieser Rspr. *E. Klein/Kimms*, UTR 1996, 53 (66 ff.).

1222 In diesem Sinne auch *Thun-Hohenstein*, S. 32 f.

handelt[1223], so daß die Mitgliedstaaten selbst dann noch internationale Verträge im Bereich des Überschreitens der Außengrenzen mit Drittstaaten schließen können, wenn die Gemeinschaft auf demselben Gebiet schon international ein Abkommen geschlossen hat. Aber hier ist zu beachten, daß die von der Gemeinschaft bereits abgeschlossenen Übereinkommen als Bestandteil des Gemeinschaftsrechts für die Mitgliedstaaten verbindlich sind[1224] und diese somit nicht mehr befugt wären, über denselben Vertragsgegenstand inhaltlich abweichende internationale Abkommen schließen[1225].

Für künftige Visabestimmungen hat sich die Ermächtigungsgrundlage ebenfalls geändert. Die die Visapolitik für Aufenthalte bis zu drei Monaten betreffende Regelungskompetenz wird in Art. 62 Nr. 2 lit. b EGV präzisiert. Danach umfassen die Maßnahmen auf dem Gebiet der Visaerteilung die Angleichung sowohl formellen als auch materiellen Rechts[1226], wie dies der Wortlaut des Art. 62 Nr. 2 lit. b EGV verdeutlicht. Gemäß Ziff. i EGV sollen diejenigen Drittländer bestimmt werden, deren Staatsangehörige beim Überschreiten der Außengrenzen im Besitz eines Visums sein müssen oder die von einer Visumspflicht befreit sind. Damit wird die Gemeinschaft ausdrücklich zur Aufstellung einer sog. „Positivliste" ermächtigt[1227]; der bislang bestehende Streit über die Reichweite der in Art. 100 c EGV a.F. enthaltenen Ermächtigung[1228] ist nunmehr beendet. So hat die Kommission in ihrem Arbeitsprogramm für 2000 bereits einen Vorschlag für eine Verordnung mit der Liste der Drittländer, deren Staatsangehörige der Visumspflicht unterliegen, sowie der Länder, deren Staatsangehörige von dieser Pflicht befreit sind, aufgenommen[1229].
Ziff. ii EGV sieht die Harmonisierung der Verfahren und Voraussetzungen für die Visaerteilung und Ziff. iii sowie iv EGV die einheitliche Visumgestaltung einschließlich des Erlasses der Vorschriften für ein einheitliches Visum vor. Insoweit wurden die bisher in Art. 100 c EGV a.F. bestehenden Kompetenzen[1230] erheblich erweitert, was zur Folge hatte, daß Art. 100 c EGV a.F. durch den Amsterdamer Vertrag aufgehoben wurde. Wie nun dem Aktionsplan des Rates und der Kommission vom 3. Dezember 1998 zu entnehmen ist, sollen die Maßnahmen betreffend die Verfahren und Bedingungen für die Erteilung von Visa durch die Mitgliedstaaten, wie etwa Mittel für den Lebensunterhalt,

---

1223 So auch *Degen*, in: GTE, Vorbem. zu den Artikeln K bis K.9, Rn. 20.
1224 Vgl. Art. 300 VII EGV (Art. 228 VII EGV a.F.).
1225 Vgl. auch *Röben*, in: Grabitz/Hilf, KommEU, Art. 62 Rn. 11.
1226 S. auch *Lang*, ZAR 2/1998, 59 (61).
1227 So auch Bergmann/Lenz-*Winkler*, Kap. 2, Rn. 17; *Röben*, in: Grabitz/Hilf, KommEU, Art. 62 Rn. 22.
1228 S. dazu o. S. 130 f.
1229 Vgl. Bull.EU, Beil. 1/2000, S. 60 f.
1230 S. dazu o. S. 130 f.

Garantien für eine Rückführung oder Kostendeckung bei Unfällen und Erkrankung, die Erstellung eines Verzeichnisses von Ländern, für deren Staatsangehörige ein Visum für den Transit auf Flughäfen verlangt wird sowie die Ausarbeitung einer Verordnung über die Länder, für deren Staatsangehörige in den EU-Mitgliedstaaten Visumspflicht bzw. keine Visumspflicht besteht, innerhalb von zwei Jahren getroffen werden[1231]. Insoweit führt die Kommission in ihrem Arbeitsprogramm für 2000 einen Vorschlag für eine Verordnung über ein einheitliches Visum und das Reiserecht von Staatsangehörigen dritter Länder sowie einen Vorschlag zur Änderung der VO (EG) Nr. 1683/95[1232] auf[1233].
Was die Entscheidungsverfahren für die auf Art. 62 Nr. 2 lit. b Ziff. i – iv EGV gestützten Maßnahmen anbelangt, so gilt hier im Gegensatz zu sämtlichen anderen Maßnahmen[1234] das Beschlußverfahren mit qualifizierter Mehrheit, allerdings mit gewissen Nuancen[1235]. Während auf Art. 62 Nr. 2 lit. b Ziff. i und iii EGV (Liste der visapflichtigen und -freien Drittstaaten sowie einheitliche Visumsgestaltung) gestützte Beschlüsse vom Rat auf Initiative der Kommission und nach Anhörung des Europäischen Parlamentes erlassen werden – insoweit wurde die vorher geltende Regelung des Art. 100 c III EGV a.F. lediglich an anderer Stelle im EG-Vertrag plaziert -, werden Maßnahmen, die auf Art. 62 Nr. 2 lit. b Ziff. ii und iv EGV (Verfahren und Voraussetzungen der Visaerteilung, Vorschriften für ein einheitliches Visum) gestützt sind, im Rahmen des Mitentscheidungsverfahrens nach Art. 251 EGV (Art. 189 b EGV a.F.), das nach Ablauf des fünfjährigen Übergangszeitraumes ohne einen gesonderten Ratsbeschluß nach Art. 67 II EGV zur Anwendung kommt, erlassen.

3.1.3. Reisefreiheit von Drittstaatsangehörigen

Art. 62 Nr. 3 EGV regelt schließlich die Kompetenz der Gemeinschaft für flankierende Maßnahmen zur Festlegung der Bedingungen, unter denen Drittstaatsangehörige im Hoheitsgebiet der Mitgliedstaaten während eines Aufenthalts von höchstens drei Monaten Reisefreiheit genießen, wobei sich das Entscheidungsverfahren nach Art. 67 I, II EGV richtet, also dem Einstimmigkeitsprinzip unterliegt[1236]. Damit ist eine spezielle Ermächtigungsgrundlage für die Gemeinschaft geschaffen worden, um die Reisefreiheitsrichtlinie, die von der Kommission bislang auf Art. 100 EGV (Art. 94 EGV a.F.) gestützt war -

---

1231 ABl. EG 1999 Nr. C 19/9.

1232 S. dazu o. S. 57, 133.

1233 Vgl. Bull.EU, Beil. 1/2000, S. 60 f.

1234 S. dazu u. S. 194.

1235 Krit. dazu *Lang*, ZAR 2/1998, 59 (61).

1236 S. dazu u. S. 194.

aber insoweit nicht die erforderliche Zustimmung gefunden hat[1237] -, zu erlassen.

3.2. Maßnahmen betreffend die Asyl-, Flüchtlings- und Einwanderungspolitik

Wie bereits erwähnt[1238], ermächtigt der neue Titel IV des EG-Vertrags die Gemeinschaft nicht pauschal zu einer eigenständigen Einwanderungs- oder Einbürgerungspolitik; ihr wird lediglich eine Harmonisierung ausgewählter Bereiche der Ausländerpolitik gestattet[1239]. Art. 63 EGV legt die Einzelermächtigungen der Gemeinschaft für ausgewählte Bereiche der Asyl-, Flüchtlings- und Einwanderungspolitik sowie der Rechte von Drittstaatsangehörigen fest, wobei auch diese Befugnisse im Beschlußverfahren nach Art. 67 EGV ausgeübt werden. Nach dem Aktionsplan des Rates und der Kommission vom 3. Dezember 1998 soll hierbei besondere Priorität der Bekämpfung der illegalen Einwanderung, der Sicherung der Integration und der Rechte von sich rechtmäßig in der Europäischen Union aufhaltenden Drittstaatsangehörigen[1240] sowie der Verbesserung des Austausches von Statistiken und Informationen zu Asyl- und Einwanderungsfragen[1241] eingeräumt werden. Bei den diesbezüglich zu ergreifenden Maßnahmen werden unterschiedliche Zeitvorgaben für die einzelnen Bereiche festgelegt, wobei es sich um Zwei- oder Fünfjahreszeiträume handelt.

Darüber hinaus hat der Europäische Rat auf seiner Sondertagung in Tampere betont, daß die eng miteinander verbundenen Bereiche Asyl und Migration die Entwicklung einer gemeinsamen Politik der Europäischen Union erforderlich machen[1242]. Insoweit ist der Europäische Rat übereingekommen, „auf ein gemeinsames europäisches Asylsystem hinzuwirken, daß sich auf die uneingeschränkte und allumfassende Genfer Flüchtlingskonvention stützt“. Zu diesem Zweck sollen die gemeinschaftlichen Regeln zu einem gemeinsamen Asylverfahren und einem unionsweit geltenden einheitlichen Status für diejenigen,

---

[1237] ABl. EG 1995 Nr. C 306/5. S. dazu *Weber*, ZAR 1/1997, 25 ff.

[1238] S. dazu o. S. 175.

[1239] S. auch *Karpenstein*, DVBl. 17/1998, 942 (950); *Hailbronner*, CMLRev. 1998, 1047 (1048 f.); *Hailbronner/Thiery*, EuR 5/1998, 538 (586); a.A. *Beckstein*, ZAR 4/1999, 151 (152), der durch die Regelungen des Amsterdamer Vertrages nicht nur eine vollständige Vergemeinschaftung der Asyl- und Flüchtingspolitik sieht, sondern auch der Einwanderungspolitik und der Freizügigkeit für Drittstaatsangehörige.

[1240] ABl. EG 1999 Nr. C 19/3.

[1241] ABl. EG 1999 Nr. C 19/8.

[1242] Bull.EU 10/1999, Ziff. I.4.

denen Asyl gewährt wird, führen, wobei der Europäische Rat aber auch betont, daß dies als Fernziel zu betrachten sei[1243].

3.2.1. Asylrechtsharmonisierung und Flüchtlingsproblematik

Die gemeinschaftsrechtlichen Ermächtigungsgrundlagen betreffend Asylrechtsharmonisierung und Flüchtlingsproblematik finden sich in Art. 63 Nr. 1 und Nr. 2 EGV, wobei die in Art. 63 Nr. 1 lit. a und Nr. 2 lit. a EGV genannten Maßnahmen gemäß Art. 61 lit. a EGV als unmittelbar mit der Gewährleistung des freien Personenverkehrs nach Art. 14 EGV (Art. 7 a EGV a.F.) zusammenhängende flankierende Maßnahmen zu qualifizieren sind, was die enge Verflechtung dieser Maßnahmen mit dem Binnenmarkt verdeutlicht[1244]. Wie dem Art. 63 Nr. 1 EGV zu entnehmen ist, wird die bisherige auf intergouvernementaler Ebene angesiedelte Asylrechtsharmonisierung[1245] auf die Grundlage des EG-Vertrags gestellt. Für die Gemeinschaft besteht danach die Befugnis zum Erlaß von Mindestnormen für die Aufnahme von Asylbewerbern[1246], für die Anerkennung von Staatsangehörigen dritter Länder als Flüchtlinge sowie für das Asylverfahren[1247]. Insoweit hebt der Europäische Rat auf seiner Sondertagung in Tampere betreffend die Schaffung eines gemeinsamen europäischen Asylsystems hervor, daß die Gemeinschaft schnellstmöglich eine klare und praktikable Formel für die Bestimmung des für die Prüfung eines Asylantrags zuständigen Staates, gemeinsame Standards für ein gerechtes und wirksames Asylverfahren, gemeinsame Mindestbedingungen für die Aufnahme von Asylbewerbern und die Annäherung von Bestimmungen über die Zuerkennung und die Merkmale der Flüchtlingseigenschaft schaffen sollte[1248]. Zu erwähnen ist in diesem Zusammenhang, daß die Kommission in ihrem Arbeitsprogramm für 2000 bereits einen Vorschlag für eine Richtlinie über das Asylverfahren, gestützt auf Art. 63 Nr. lit. d EGV aufgenommen hat[1249].

1243 Bull.EU 10/1999, Ziff. I.5.

1244 S. dazu o. S. 173 f.

1245 S. dazu o. S. 116 ff.

1246 Hiervon werden Regelungen über die Annahme eines Asylantrags, die Einreise des Asylbewerbers in das Hoheitsgebiet, das Bleibrecht des Asylantragstellers bis zum Abschluß des rechtskräftigen Verfahrens sowie Art und Höhe der an die Asylbewerber zu erbringenden Leistungen erfaßt.

1247 Hierunter dürften alle Verfahrensregelungen fallen, welche die Prüfung des Asylbegehrens betreffen einschließlich der Rechtsmittel gegen einen ablehnenden Bescheid.

1248 Bull.EU 10/1999, Ziff. I.5.

1249 Vgl. Bull.EU, Beil. 1/2000, S. 60 f.

Auch wird präziser als bisher in Art. K.2 I EUV a.F. auf die Genfer Flüchtlingskonvention nebst Zusatzprotokoll von 1967[1250] sowie andere einschlägige Verträge als übergeordnetes internationales Recht verwiesen. Dies macht es, wie *Lang* zutreffend bemerkt, jetzt möglich, die asylrechtlichen Bestimmungen des Dubliner Übereinkommens in das Gemeinschaftsrecht zu integrieren[1251]. In diesem Sinne ist auch der Aktionsplan des Rates und der Kommission vom 3. Dezember 1998 zu verstehen, der innerhalb eines Zeitraumes von zwei Jahren nicht nur eine fortgesetzte Prüfung der Kriterien und Voraussetzungen für eine verbesserte Durchführung dieses Übereinkommens vorsieht, sondern auch eine „etwaige Umwandlung der Rechtsgrundlage für das Amsterdamer System“[1252]. Gemäß der Erklärung Nr. 17 der Schlußakte zum Amsterdamer Vertrag ist ferner die Aufnahme von Konsultationen mit dem UN-Flüchtlingshochkommissar und anderen einschlägigen internationalen Organisationen vorgesehen.

Des weiteren ist für Maßnahmen betreffend die asylpolitischen Angelegenheiten auf das „Protokoll über die Gewährung von Asyl für Staatsangehörige von Mitgliedstaaten der Europäischen Union“ hinzuweisen, das auf ein Anliegen Spaniens zurückgeht[1253]. Danach gelten die Mitgliedstaaten füreinander für alle rechtlichen und praktischen Zwecke im Zusammenhang mit Asylangelegenheiten als sichere Herkunftsländer; von dieser Rechtslage geht bereits Art. 16 a II S. 1 1. Alt. GG aus, der die jeweiligen Mitgliedstaaten der Europäischen Gemeinschaften kraft formaler Zugehörigkeit zu sicheren Drittstaaten erklärt[1254]. Gemäß des Asylprotokolls wird ein Asylantrag eines Staatsangehörigen eines Mitgliedstaates von einem anderen Mitgliedstaat nur unter engen Voraussetzungen berücksichtigt oder zur Bearbeitung zugelassen. Dies ist gemäß lit. a des Asylprotokolls der Fall, wenn der fragliche Herkunftsstaat eine Notstandserklärung im Sinne des Art. 15 EMRK abgegeben und somit zu erkennen gegeben hat, daß er von den in der EMRK vorgesehenen Verpflichtungen abweichen möchte. In einem solchen Fall dürfte - entsprechend der Rechtsprechung des Bundesverfassungsgerichts zu Art. 16 a III GG[1255] - die Qualifikation des jeweiligen anderen Mitgliedstaates als sog. „sicherer Herkunftsstaat“ in vollem

1250 Vgl. hierzu insb. die Ausführungen bei *Röben*, in: Grabitz/Hilf, KommEU, Art. 63 Rn. 8 ff.

1251 *Lang*, ZAR 2/1998, 59 (61); so auch *Löper*, ZAR 1/2000, 16; Bergmann/Lenz-*Winkler*, Kap. 2, Rn. 19.

1252 ABl. EG 1999 Nr. C 19/8. Die Mitgliedstaaten und die Kommission haben sich insoweit darauf verständigt, daß vor einer Umwandlung der Rechtsgrundlage die bisherige Anwendung des Dubliner Übereinkommens evaluiert werden soll.

1253 S. dazu insb. *Zimmermann*, NVwZ 5/1998, 450 (453 f.); *Hailbronner/Thiery*, EuR 5/1998, 538 (589 ff.); *Thun-Hohenstein*, S. 60; *Meyring*, EuR 3/1999, 309 (319).

1254 S. dazu *Bonk*, in: Sachs, GG, Art. 16 a Rn. 46 ff.

1255 BVerfGE 94, 115 (134 f.).

Umfang wegfallen[1256]. Weiter entfällt die Qualifikation eines Mitgliedstaates als „sicherer Herkunftsstaat", wenn gemäß lit. b des Asylprotokolls das Verfahren des Art. 7 EUV zur Feststellung einer schwerwiegenden und anhaltenden Verletzung von in Art. 6 I EUV genannten Grundsätzen eingeleitet worden ist oder wenn nach lit. c des Asylprotokolls der Rat eine derartige Verletzung durch den Mitgliedstaat, dessen Staatsangehöriger der Antragsteller ist, festgestellt hat. Bemerkenswert ist, daß mit lit. d des Asylprotokolls eine Regelung geschaffen wurde, wonach ein Mitgliedstaat auch bei Nichtvorliegen einer der vorgenannten Voraussetzungen im Einzelfall gleichwohl eine Prüfung des Asylbegehrens eines Staatsangehörigen eines anderen Mitgliedstaates einleiten kann. Lit. d des Asylprotokolls erteilt den Mitgliedstaaten nämlich die Befugnis, einseitig einen Beschluß zu fassen, um in die Einzelfallprüfung eines entsprechenden Asylantrags einzutreten. In einem solchen Fall unterrichtet der betreffende Mitgliedstaat den Rat und geht bei der Prüfung von der Vermutung aus, daß der Antrag offensichtlich unbegründet sei. Belgien hat in der von der Konferenz zur Kenntnis genommenen einseitigen Erklärung Nr. 5 zum Ausdruck gebracht, von dieser Möglichkeit Gebrauch machen zu wollen.
Art. 63 Nr. 2 EGV betrifft Maßnahmen in bezug auf Flüchtlinge und vertriebene Personen[1257], wobei nun Mindestnormen über den zu gewährenden Schutz erlassen werden sollen[1258] sowie eine ausgewogene Verteilung dieser Personen zwischen den Mitgliedstaaten gefördert werden soll[1259]. Damit wird erstmals die Flüchtlingsproblematik als eigenständiger Bereich behandelt, während sie im Rahmen der intergouvernementalen Zusammenarbeit nach Art. K.1 EUV a.F. noch in Zusammenhang mit der Asylpolitik stand[1260]. Die diesen Bereich betreffenden Maßnahmen werden entsprechend dem Aktionsplan des Rates und der Kommission vom 3. Dezember 1998 als Maßnahmen angesehen, die so schnell wie möglich zu ergreifen sind[1261]. Dies verdeutlicht, daß für die Gemeinschaft hinsichtlich der Flüchtlingsproblematik ein dringender Handlungsbedarf besteht. Allerdings weist *Beckstein* in diesem Zusammenhang zu Recht darauf hin, daß die Förderung einer ausgewogenen Lastenverteilung[1262], wie sie Art. 63 Nr. 2 lit. b EGV vorsieht, auf Dauer nicht als ausreichend erachtet werden kann. Es sollten vielmehr verbindliche Bestimmungen über die Lastenverteilung erlassen werden, und zwar insbesondere in Form einer

---

1256 S. dazu *Zimmermann*, NVwZ 5/1998, 450 (453) m.w.N.

1257 Zur Begriffsbestimmung vgl. insb. *Röben*, in: Grabitz/Hilf, KommEU, Art. 63 Rn. 29 f.; *Brechmann*, in: Callies/Ruffert, EUV/EGV Teil II, Art. 63 Rn. 21 f.

1258 Vgl. Art. 63 Nr. 2 lit. a EGV.

1259 Vgl. Art. 63 Nr. 2 lit. b EGV.

1260 S. dazu o. S. 116 f.

1261 ABl. EG 1999 Nr. C 19/8.

1262 Vgl. hierzu *Röben*, in: Grabitz/Hilf, KommEU, Art. 63 Rn. 31 f.; *Brechmann*, in: Callies/Ruffert, EUV/EGV Teil II, Art. 63 Rn. 24 f.

Verteilungsregelung nach dem in der Bundesrepublik Deutschland geltenden Muster. Denn eine insoweit, d. h. an der wirtschaftlichen Leistungsfähigkeit und an der Bevölkerungszahl eines Mitgliedstaates orientierte Regelung, würde nicht nur zum Ausdruck bringen, daß die EU eine Solidargemeinschaft ist, sondern auch dazu führen, daß ein Asylsuchender keinen Anspruch mehr auf Aufenthalt in einem bestimmten Mitgliedstaat hätte[1263].

3.2.2. Einwanderungspolitische Maßnahmen

Nach Art. 63 Nr. 3 EGV erläßt der Rat einwanderungspolitische Maßnahmen, wobei sich diese nach lit. a auf langfristige Einreise- und Aufenthaltsrechte einschließlich der Normen für die Verfahren zur Erteilung langfristiger Visa[1264] sowie nach lit. b auf die illegale Einwanderung einschließlich der Rückführung beziehen. In diesem Zusammenhang ist anzumerken, daß das nationale Ausweisungs-, Abschiebungs- und Rückweisungsrecht ein „domaine réservé" der Mitgliedstaaten bleibt, solange die Gemeinschaft eine Harmonisierung in diesen Bereichen nicht vorgenommen hat[1265].
Im Unterschied zu Art. 63 Nr. 1 und Nr. 2 EGV fällt im Rahmen des Art. 63 Nr. 3 EGV auf, daß die hierauf gestützten Maßnahmen nicht als in unmittelbarem Zusammenhang mit dem Abbau von Personenkontrollen stehende Maßnahmen gesehen werden, was dadurch deutlich wird, daß in Art. 61 EGV ein entsprechender Verweis fehlt. Was die unter Art. 63 Nr. 3 lit. a EGV fallenden Bereiche anbelangt, so können die Mitgliedstaaten gemäß der Erklärung Nr. 18 der Schlußakte zum Amsterdamer Vertrag weiterhin Übereinkünfte mit Drittstaaten aushandeln und schließen. Entsprechend den zum Protokoll über die Außenbeziehungen der Mitgliedstaaten hinsichtlich der Überschreitung der Außengrenzen gemachten Ausführungen[1266] stellt auch die Erklärung Nr. 18 keine Abkehr von den Grundsätzen des *AETR*-Urteils und der Folgerechtsprechung des EuGH dar, so daß ein Nebeneinander von Gemeinschaft und Mitgliedstaaten auf internationaler Ebene im Bereich der Erteilung von langfristigen Einreise- und Aufenthaltsrechten möglich ist[1267]. Aber auch hier besteht für die Ausübung mitgliedstaatlicher Kompetenzen die Einschränkung, daß die auf diese Kompetenzen gestützten, mit Drittstaaten geschlossenen Übereinkünfte mit dem

---

1263 *Beckstein*, ZAR 4/1999, 151 (152).

1264 Insoweit hat die Kommssion in ihrem Arbeitsprogramm für 2000 einen Vorschlag für eine Richtlinie über die Erlaubnis zum vorübergehenden Aufenthalt aufgenommen; vgl. Bull.EU, Beil. 1/2000, S. 60 f.

1265 S. auch *Weber*, ZAR 4/1998, 147 (150).

1266 S. dazu o. S. 178 f.

1267 Vgl. auch *Thun-Hohenstein*, S. 35; so wohl auch *Röben*, in: Grabitz/Hilf, KommEU, Art. 63 Rn. 34.

Gemeinschaftsrecht in Einklang stehen müssen. Darüber hinaus enthält Art. 63 S. 2 EGV im Hinblick auf die vom Rat nach Art. 63 Nr. 3 EGV beschlossenen Maßnahmen einen Vorbehalt zugunsten der Beibehaltung und Einführung innerstaatlicher Maßnahmen, soweit diese nicht vom Gemeinschaftsrecht oder einschlägigen internationalen Übereinkommen inhaltlich abweichen. Primärrechtlich ist damit festgeschrieben, daß die Mitgliedstaaten trotz Erlasses gemeinschaftsrechtlicher Regelungen nicht nur zur Aufrechterhaltung, sondern auch zur Neueinführung einzelstaatlicher Bestimmungen befugt sind[1268]. Ein Novum stellt diese Regelung nicht dar. So findet sich beispielsweise mit Art. 176 EGV (Art. 130 t EGV a.F.) eine ähnliche Vorschrift im gemeinschaftsrechtlichen Vertragssystem. Danach können die Mitgliedstaaten im umweltrechtlichen Bereich einzelstaatliche Maßnahmen beibehalten oder ergreifen, die mit dem EG-Vertrag vereinbar sind. Allerdings dient Art. 176 EGV (Art. 130 t EGV a.F.) im Unterschied zu Art. 63 S. 2 EGV, wie dem Wortlaut zu entnehmen ist, ausschließlich der Schutzverstärkung, so daß etwa eine Abschwächung des gemeinschaftsrechtlichen Schutzniveaus unzulässig wäre; daher wird Art. 176 EGV (Art. 130 t EGV a.F.) als sog. „opting up"-Klausel aufgefaßt[1269]. Dagegen dürfte eine Abschwächung gemeinschaftsrechtlicher Maßnahmen nach Art. 63 S. 2 EGV möglich sein, sonst hätte diese Regelung eine andere inhaltliche Ausgestaltung im Sinne einer Schutzverstärkungsklausel erfahren. Jedoch muß die nationale Maßnahme unmittelbar mit dem Regelungsbereich des Art. 63 Nr. 3 EGV zusammenhängen, d.h. die Mitgliedstaaten können nur dann nach Art. 63 S. 2 EGV tätig werden, wenn es auch zu einer Gemeinschaftsregelung nach Art. 63 Nr. 3 EGV gekommen ist. Andere als auf die Bereiche des Art. 63 Nr. 3 und Nr. 4 EGV gerichtete einzelstaatliche Maßnahmen sind unzulässig. Die nationale Maßnahme muß ferner mit dem Vertrag und mit internationalen Übereinkünften vereinbar sein. Gemeint ist damit zunächst die Vereinbarkeit mit dem Primärrecht; das Vereinbarkeitserfordernis erstreckt sich aber auch, wie dies bereits im Rahmen der Schutzverstärkungsmaßnahme gemäß Art. 176 EGV (Art. 130 t EGV a.F.) nach wohl h.M. anerkannt ist[1270], auf das sekundäre Gemeinschaftsrecht[1271], mit Ausnahme selbstverständlich derjenigen Gemeinschaftsmaßnahme, von der abgewichen werden soll. Dies ergibt sich aus dem Bedürfnis, die Einheit der Gemeinschaftsrechtsordnung und den acquis communautaire zu bewahren. Eine Notifizierung der nationalen Maßnahme etwa gegenüber der Kommission ist nach Art. 63 S. 2 EGV nicht vorgesehen.

1268 S. hierzu auch *Beckstein*, ZAR 4/1999, 151 (153).

1269 S. hierzu z.B. *Pechstein*, Jura 4/1996, 176 (179); *Scheuing*, EuR 2/1989, 152 (170); *Zacker*, S. 248 m.w.N.

1270 S. dazu *Krämer*, in: GTE, Art. 130 t Rn. 12 f.; *Grabitz/Nettesheim*, in: Grabitz/Hilf, KommEU, Art. 130 t Rn. 14; a.A.: *Zacker*, S. 249 m.w.N.

1271 So auch *Brechmann*, in: Callies/Ruffert, EUV/EGV Teil II, Art. 63 Rn. 36.

Maßnahmen, welche die Festlegung der Rechte und der Bedingungen betreffen, aufgrund derer sich Drittstaatsangehörige, die sich rechtmäßig in einem Mitgliedstaat aufhalten, in anderen Mitgliedstaaten aufhalten dürfen, beschließt der Rat gemäß Art. 63 Nr. 4 EGV. Aufgrund dieser weitgefaßten Regelung dürfte der Rat auch Maßnahmen über den Zugang Drittstaatsangehöriger zum Arbeitsmarkt der Mitgliedstaaten beschließen, wie *Thun-Hohenstein* zutreffend bemerkt[1272]. Für diese Ansicht spricht nämlich, daß die Voraussetzungen für den Aufenthalt von Drittstaatsangehörigen im Hoheitsgebiet der Mitgliedstaaten einschließlich der Familienzusammenführung und des Zugangs zur Beschäftigung, die bisher in Art. K.1 Nr. 3 lit. b EUV a.F. geregelt waren, nun nicht mehr als Angelegenheit der sog. „dritten Säule" im Rahmen des neuen Titels VI des EU-Vertrags erfaßt sind. So geht auch der Aktionsplan des Rates und der Kommission vom 3. Dezember 1998 davon aus, daß beim Erlaß der im Rahmen des Art. 63 Nr. 4 EGV zu treffenden Maßnahmen die Bedingungen zu berücksichtigen sein sollen, „unter denen Staatsangehörige dritter Länder in gleicher Weise wie EU-Bürger und deren Familienangehörige in jedem beliebigen Mitgliedstaat der Union ihren Aufenthalt nehmen und eine Erwerbstätigkeit ausüben können"[1273]. Insoweit ist auch auf den von der Kommission vorgelegten Entwurf eines Übereinkommens zur Regelung der Zulassung von Staatsangehörigen dritter Länder in das Hoheitsgebiet der Mitgliedstaaten der EU hinzuweisen, wonach dieses Übereinkommen auf alle Personen angewandt werden soll, die für die Aufnahme einer abhängigen oder unabhängigen Beschäftigung, zu Studien- und Ausbildungszwecken, ohne Erwerbsabsicht oder zu Familienvereinigung in die Gemeinschaft für länger als drei Monate einreisen wollen[1274]. Allerdings besteht auch für den in Art. 63 Nr. 4 EGV geregelten Bereich entsprechend dem Art. 63 S. 2 EGV für die Mitgliedstaaten die Möglichkeit, innerstaatliche Bestimmungen beizubehalten oder einzuführen.

3.2.3. Zeitliche Ausnahmen

Grundsätzlich hat der Rat die Maßnahmen innerhalb von fünf Jahren nach Inkrafttreten des Amsterdamer Vertrags zu beschließen. Dies gilt gemäß Art. 63 S. 3 EGV aber nicht für die Förderung einer ausgewogenen Verteilung der Belastungen durch die Aufnahme von Flüchtlingen auf die Mitgliedstaaten[1275], für die Einreise- und Aufenthaltsvoraussetzungen[1276] und für den Aufenthalt von sich rechtmäßig in einem Mitgliedstaat aufhaltenden Drittstaatsangehörigen

---

1272 *Thun-Hohenstein*, S. 35 f.

1273 ABl. EG 1999 Nr. C 19/9.

1274 Vgl. hierzu *Beckstein*, ZAR 4/1999, 151 (153).

1275 Vgl. Art. 63 Nr. 2 lit. b EGV.

1276 Vgl. Art. 63 Nr. 3 lit. a EGV.

in anderen Mitgliedstaaten[1277]. Für diese Bereiche ist keine Zeitvorgabe vorgesehen, was als wenig integrationsfreundlich zu bewerten ist, da der Wegfall der Personenkontrollen an den Binnengrenzen auch hier einer raschen Lösung bedarf[1278]. Nicht überzeugend ist in diesem Zusammenhang die Ansicht *Webers*, wonach für die vom Fünfjahreszeitraum ausgenommenen Regelungsbereiche bereits schon ab Inkrafttreten des Amsterdamer Vertrags die Mehrheitsregelung Anwendung finden soll[1279]. Wäre eine derartige Regelung gewollt, so hätte diese auch entsprechend der Sonderregelung des Art. 67 III EGV im Vertragstext Eingang gefunden. Demnach besteht lediglich für den Bereich des Art. 62 Nr. 2 lit. b Ziff. i und iii EGV die Möglichkeit der vorzeitigen Anwendung des qualifizierten Mehrheitsentscheids[1280]. Für die Bereiche des Art. 63 Nr. 2 lit. b, Nr. 3 lit. a und Nr. 4 EGV findet selbstverständlich das Verfahren der Beschlußfassung nach Art. 67 I, II EGV Anwendung[1281].

3.3. Maßnahmen betreffend den Bereich der justitiellen Zusammenarbeit in Zivilsachen

Mit der Einführung des Art. 65 EGV soll eine Intensivierung der justitiellen Zusammenarbeit in Zivilsachen angestrebt werden; insoweit eröffnet diese Regelung der Gemeinschaft nicht nur eine eigenständige Kompetenz zur justitiellen Zusammenarbeit in Zivilsachen[1282], sondern stellt auch einen entscheidenden Schritt zur Schaffung eines europäischen Rechtsraumes dar, der den Unionsbürgern greifbare Vorteile wie Rechtssicherheit und gleichen Zugang zum Recht bringen soll, worauf der Europäische Rat in seiner Sondertagung von Tampere nochmals ausdrücklich hingewiesen hat. Denn in einem echtem Rechtsraum sollten Einzelpersonen und Unternehmen nicht durch Unvereinbarkeit oder die Komplexität der Rechtsordnungen und der Verwaltungssysteme in den Mitgliedstaaten daran gehindert oder davon abgehalten werden, von ihren Rechten Gebrauch zu machen[1283]. Entsprechend dem Aktionsplan des Rates und der Kommission vom 3. Dezember 1998[1284] und den Schlußfolgerungen der Sondertagung des Europäischen Rates in Tampere[1285] sollen hierfür die Koordinierung des Justizwesens in Europa und die Kenntnis der Rechtsordnungen der einzelnen Mitgliedstaaten verbessert werden.

[1277] Vgl. Art. 63 Nr. 4 EGV.

[1278] *Pechstein/Koenig*, Rn. 379.

[1279] *Weber*, ZAR 4/1998, 147 (151).

[1280] S. dazu o. S. 180.

[1281] S. auch *Thun-Hohenstein*, S. 36; *Pechstein/Koenig*, Rn. 382.

[1282] So auch *Heß*, NJW 1/2000, 23.

[1283] Bull.EU 10/1999, Ziff. I.8.

[1284] ABl. EG 1999 Nr. C 19/10.

[1285] Bull.EU 10/1999, Ziff. I.8. ff.

Die Zuständigkeiten der Gemeinschaft im Bereich der justitiellen Zusammenarbeit in Zivilsachen ist gemäß Art. 65 EGV mit gewissen Einschränkungen verbunden. Zunächst muß der zu regelnde Bereich einen grenzüberschreitenden Charakter aufweisen. Dazu gehört, wie dies Art. 65 lit. a EGV verdeutlicht, die Verbesserung und Vereinfachung der grenzüberschreitenden Zustellung gerichtlicher und außergerichtlicher Schriftstücke, die Zusammenarbeit bei der Beweiserhebung sowie die Anerkennung und Vollstreckung gerichtlicher und außergerichtlicher Entscheidungen in Zivil- und Handelssachen, wobei besonders hinsichtlich der letzteren Fallgruppe eine Überschneidung mit den in Art. 293 EGV (Art. 220 EGV a.F.) vorgesehenen mitgliedstaatlichen Übereinkommen besteht[1286]. Ob es in diesem Zusammenhang aber in der Praxis tatsächlich zu Abgrenzungsproblemen kommt, dürfte eher fraglich sein[1287]. Denn die Inpflichtnahme der Mitgliedstaaten durch Art. 293 EGV (Art. 220 EGV a.F.) reicht nur so weit, wie dies erforderlich ist. Damit kommt dem Art. 293 EGV (Art. 220 EGV a.F.) lediglich die Funktion als Ergänzungsvorschrift auf dem Gebiet der Rechtsangleichung und Rechtsvereinheitlichung zu[1288], der sich gegenüber anderen Regelungen auf diesem Gebiet als subsidiär erweist[1289]. Liegen die Voraussetzungen des Art. 65 EGV vor, sind Rechtsangleichungen ausschließlich auf diese speziellere Vorschrift auszurichten[1290]; Art. 293 EGV (Art. 220 EGV a.F.) ist also nicht mehr einschlägig. Dagegen bleibt der Anwendungsbereich des Art. 293 EGV (Art. 220 EGV a.F.)[1291] dort weiterhin eröffnet, wo die übrigen Vertragsbestimmungen über Rechtsangleichung und Rechtsvereinheitlichung versagen. Das bisher einzige in Ausführung von Art. 293, 4. Spstr. EGV (Art. 220, 4. Spstr. EGV a.F.) abgeschlossene Übereinkommen ist das am 1. Februar 1973 in Kraft getretene[1292] „Übereinkommen über die gerichtliche Zuständigkeit und die Vollstreckung gerichtlicher Entscheidungen

---

1286 *Pechstein/Koenig*, Rn. 380; *Streinz*, EuZW 5-6/1998, 137 (142).

1287 In diesem Sinne auch *Basedow*, EuZW 20/1997, 609, der dem Instrument des Übereinkommens nach Art. 293 EGV (Art. 220 EGV a.F.) kaum noch eine eigene Bedeutung beimißt. Abgrenzungsprobleme sieht er vielmehr gegenüber der Vorschrift des Art. 95 EGV (Art. 100 a EGV a.F.), da der Gemeinschaft auch nach dieser Vorschrift für die Bereiche des internationalen Schuld- und Sachenrechts sowie dem dazugehörigen Prozeßrecht eine Kompetenz zukommt.

1288 *Schweitzer*, in: Grabitz/Hilf, KommEU, Art. 220 Rn. 2.

1289 HandKom.EUV/EGV/*Klein*, Art. 220 Rn. 5 m.w.N; *Schwartz*, in: GTE, Art. 220 Rn. 2 m.w.N.

1290 *Pechstein/Koenig*, Rn. 380; *Streinz*, EuZW 5-6/1998, 137 (142); *Thun-Hohenstein*, S. 37 Fn. 16.

1291 Zur Prozeßrechtsvereinheitlichung nach Art. 293 EGV (Art. 220 EGV a.F.) vgl. insb. *Heß*, NJW 1/2000, 23 ff.

1292 Vgl. Bek. v. 12. Januar 1973, BGBl. 1973 II S. 60.

in Zivil- und Handelssachen“ (EuGVÜ) vom 27. September 1968[1293], das in Brüssel zunächst von den sechs Gründungsstaaten der damaligen Europäischen Wirtschaftsgemeinschaft geschlossen wurde und dem nunmehr sämtliche EG-Mitgliedstaaten beigetreten sind[1294]. *Kropholler* sieht bereits in dem EuGVÜ einen rechtsvereinheitlichten Ausschnitt aus dem gesamten Bereich eines „europäischen Zivilprozeßrechts“, weil das Übereinkommen eben die wesentlichen Fragen der internationalen Zuständigkeit sowie der Anerkennung und Vollstreckung für die EG-Mitgliedstaaten einheitlich regelt[1295]. Folgerichtig kommen *Pechstein/Koenig* zu dem Ergebnis, daß allenfalls partiell die Notwendigkeit besteht, auf diesem Gebiet gemeinschaftsrechtliche Maßnahmen zu treffen[1296].
Wie dem Art. 65 EGV weiter zu entnehmen ist, gehören zu den Bereichen mit grenzüberschreitenden Bezügen auch die Förderung der Vereinbarkeit der in den Mitgliedstaaten geltenden zivilrechtlichen Kollisionsnormen und Vorschriften zur Vermeidung von Kompetenzkonflikten[1297] sowie die Beseitigung der Hindernisse für eine reibungslose Abwicklung von Zivilverfahren[1298]. Aufgrund dieser sehr weit gefaßten Kompetenzregelungen dürften hiervon auch Harmonisierungen des internationalen Privatrechts und des Zivilprozeßrechts umfaßt sein[1299]. Von dieser Auffassung geht auch der Aktionsplan des Rates und der Kommission vom 3. Dezember 1998 aus, wonach nämlich innerhalb eines Zeitraumes von fünf Jahren Maßnahmen getroffen werden sollen, die auf eine Verbesserung und Angleichung von Zivilverfahrensregeln mit grenzüberschreitenden Auswirkungen abzielen wie z.B. Vorschriften über die Hinterlegung einer Sicherheit für die Verfahrenskosten und die Ausgaben der beklagten Partei

---

1293 BGBl. 1972 II S. 774; ABl. EG 1972 Nr. L 299/32. Begleitend zum EuGVÜ wurde am 3. Juni 1971 das Protokoll betreffend die Auslegung des Übereinkommens v. 27. September 1968 durch den Gerichtshof geschlossen (BGBl. 1973 II S. 845; ABl. EG 1975 Nr. L 204/28), das am 1. September 1975 in Kraft getreten ist (vgl. Bek. v. 21. Juli 1975, BGBl. 1975 II S. 1138). Hierbei ist anzumerken, das dieses Protokoll nicht in Ausführung von Art. 293 EGV (Art. 220 EGV a.F.) geschlossen wurde; die Präambel zum Protokoll verwendet statt dessen eine gegenüber dem EG-Vertrag autonome Formel. Ausführlich zum EuGVÜ, den dazugehörigen Änderungen und Protokollen, vgl. *Kropholler*, S. 19 ff.

1294 1978 traten Dänemark, Irland und das Vereinigte Königreich (vgl. ABl. EG 1978 Nr. L 304/1), 1982 Griechenland (vgl. ABl. EG 1982 Nr. L 388/1), 1989 Spanien und Portugal (vgl. ABl. EG 1989 Nr. L 388/1), 1996 Finnland, Österreich und Schweden dem EuGVÜ bei (vgl. ABl. EG 1997 Nr. C 15/1). Eine kodifizierte Fassung des Übereinkommens und des Protokolls mit allen Änderungen und Ergänzungen aufgrund der ersten drei Beitritts-Übereinkommen ist im ABl. EG 1990 Nr. C 189/2 u. 25 veröffentlicht.

1295 *Kropholler*, Einl. Rn. 17.

1296 *Pechstein/Koenig*, Rn. 380.

1297 Vgl. Art. 65 lit. b EGV.

1298 Vgl. Art. 65 lit. c EGV.

1299 So *Gündisch*, AnwBl. 4/1998, 170 (173); *Heß*, NJW 1/2000, 23 (27) m.w.N.

in einem Zivilverfahren, die Gewährung von Prozeßkostenhilfe und eine Verbesserung und Vereinfachung der Zusammenarbeit zwischen den Gerichten bei der Beweisaufnahme. Auch die Möglichkeit der Einführung international einheitlicher privatrechtlicher Vorschriften für den gutgläubigen Erwerb von beweglichen Sachgütern soll geprüft werden[1300]. *Heß* sieht in der Vorschrift des Art. 65 EGV „eine originäre Kompetenz zur Schaffung eines „Binnenmarktprozesses“ als eigenständige Verfahrensart für grenzüberschreitende Rechtsstreitigkeiten“[1301]. Allerdings enthält Art. 65 EGV keine Kompetenzzuweisung zur Rechtsangleichung materieller Bestimmungen des Zivil- und Handelsrechts - diese sind weiterhin auf Art. 95 EGV (Art. 100 a EGV a.F.) zu stützen[1302]-, so daß die neugeschaffenen Kompetenz in einem Komplementärverhältnis zu den sonstigen gemeinschaftsrechtlichen Kompetenzen steht[1303].

Darüber hinaus enthält Art. 65 EGV mit der sog. „Soweitklausel“[1304] eine weitere Einschränkung, die zur Rechtfertigung und Begrenzung der gemeinschaftsrechtlichen Befugnisse bei Maßnahmen im Bereich der justitiellen Zusammenarbeit in Zivilsachen mit grenzüberschreitenden Bezügen dient[1305]. Danach können die Legislativkompetenzen der Gemeinschaft nur dann begründet werden, soweit die Maßnahmen „für das reibungslose Funktionieren des Binnenmarktes erforderlich sind“. Damit beinhaltet diese Regelung lediglich eine eingeschränkte Rechtsangleichungsverpflichtung, die dadurch noch verstärkt wird, daß Art. 65 EGV anders als in Art. 62 und 63 EGV dem Rat keine Frist zum Erlaß der Maßnahmen setzt. Die jeweilige Maßnahme muß also einerseits einen Binnenmarktbezug aufweisen, andererseits aber auch für das „reibungslose Funktionieren des Binnenmarktes“ erforderlich sein. Während die Bestimmung der ersten Voraussetzung nicht all zu schwer fallen dürfte, sind hinsichtlich letzterer die Beurteilungskriterien schwieriger zu ermitteln. Letztendlich dürfte hierbei aber auf die Bedürfnisse des Binnenmarktes und den jeweils erreichten Integrationsgrad abzustellen sein, wobei die Beurteilung hierüber in erster Linie dem Rat obliegt, und zwar nach dem Verfahren des Art. 67 EGV.

1300 ABl. EG 1999 Nr. C 19/10 f.

1301 *Heß*, NJW 1/2000, 23 (27).

1302 *Degen*, in: GTE, Vorbem. zu den Artikeln K bis K.9, Rn. 25. Ein Überblick über die privatrechtlichen Richtlinien der Gemeinschaft findet sich bei *von Hoffmann*, ZfRV 2/1995, 45 (53).

1303 *Heß*, NJW 1/2000, 23 (29).

1304 S. dazu bereits auch o. S. 173. Zum Hintergrund der Einführung dieser Klausel in den Vertrag vgl. insb. *Thun-Hohenstein*, S. 37.

1305 S. auch *Müller-Graff*, Integration 4/1997, 271 (274).

3.4. Zusammenarbeit auf dem Gebiet der Exekutive

In Art. 66 EGV wird die Verpflichtung der Mitgliedstaaten konkretisiert und formalisiert, eine Zusammenarbeit zwischen ihren zuständigen Verwaltungsstellen sowie zwischen diesen Dienststellen und der Kommission in sämtlichen Bereichen des neuen Titels IV des EG-Vertrags zu gewährleisten[1306]. Anders als noch im Rahmen des Art. K.3 I S. 2 EUV a.F., wonach lediglich eine vage Verpflichtung zur Begründung einer Zusammenarbeit zwischen den zuständigen Verwaltungsstellen bestand, kommt nunmehr dem Rat die Kompetenz zu, die entsprechenden kooperationsfördernden Maßnahmen, welche im Verfahren nach Art. 67 EGV beschlossen werden, zu erlassen. Mit Art. 66 EGV ist damit eine Kompetenz geschaffen worden, die es der Gemeinschaft ermöglicht, bestimmte Fragen der Verwaltungsorganisation und des Verwaltungsverfahrens zu regeln[1307].

4. Ordre-public / Notstandsklausel

Mit Art. 64 EGV ist eine Regelung geschaffen worden, die Ordre-public-Situationen und sog. Notstandslagen betrifft. In Anlehnung an die Vorschriften der Art. K.2 II EUV a.F. und Art. 100 c V EGV a.F. enthält Art. 64 I EGV einen Vorbehalt zugunsten der Verantwortung der Mitgliedstaaten für die innere Sicherheit und die Aufrechterhaltung der öffentlichen Ordnung, wobei, wie in der Erklärung Nr. 19 der Schlußakte zum Amsterdamer Vertrag ausdrücklich festgehalten wurde, die Mitgliedstaaten bei der Wahrnehmung ihrer Zuständigkeiten auch außenpolitische Überlegungen berücksichtigen können. Allerdings weist *Hailbronner* in diesem Zusammenhang zu Recht darauf hin, daß diese Klausel von den Mitgliedstaaten nicht als Mittel zum Zwecke der Einwanderungskontrolle mißbraucht werden darf, sondern ausschließlich auf starke Gefährdungslagen im Bereich der öffentlichen Ordnung und inneren Sicherheit zu begrenzen ist, was auch ihrem restriktiven Charakter entsprechen würde[1308].

Darüber hinaus enthält der neue Titel IV des EG-Vertrags mit Art. 64 II EGV eine sog. Notstandsklausel, wonach der Rat, wenn „sich ein oder mehrere Mitgliedstaaten einer Notlage aufgrund eines plötzlichen Zustroms von Staatsangehörigen dritter Länder gegenüber (sehen)“, auf Vorschlag der Kommission mit qualifizierter Mehrheit zugunsten der betreffenden Mitgliedstaaten vorläufige Maßnahmen beschließen kann. Dabei soll aber nicht die

---

1306 S. dazu auch *Lang*, ZAR 2/1998, 59 (62).

1307 *Pechstein/Koenig*, Rn. 381.

1308 *Hailbronner*, CMLRev. 1998, 1047 (1052); *Röben*, in: Grabitz/Hilf, KommEU, Art. 64 Rn. 14, der von einer „Reservatkompetenz“ spricht. A. A. *Brechmann*, in: Callies/Ruffert, EUV/EGV Teil II, Art. 64 Rn. 3.

Notlage im Herkunftsland der Drittstaatsangehörigen maßgebend sein, sondern es soll vielmehr auf den Zustrom abgestellt werden, der so stark sein muß - *Röben* spricht insoweit von einer „Massenmigration“[1309] -, daß er für den oder die aufnehmenden Mitgliedstaaten zu einer Notlage führt[1310]. Diese Maßnahmen sind auf eine höchstens sechsmonatige Geltungsdauer zu befristen. Ein Novum stellt die Regelung des Art. 64 II EGV im gemeinschaftsrechtlichen Vertragssystem nicht dar. Dieses greift bereits in bestimmten Bereichen, wie es die Vorschriften der Art. 59 EGV (Art. 73 f EGV a.F.), Art. 60 EGV (Art. 73 g EGV a.F.), Art. 100 c II EGV a.F., Art. 119 EGV (Art. 109 h EGV a.F.), Art. 120 EGV (Art. 109 i EGV a.F.), Art. 297 EGV (Art. 224 EGV a.F.) verdeutlichen, auf ein sog. Notstands- oder Schutzklauselsystem zurück, das in begründeten Ausnahmesituationen, seien sie wirtschaftlicher oder politischer Natur, eine Dispensierung oder Durchbrechung des bestehenden Liberalisierungsgrades zuläßt. Notstands- bzw. Schutzklauseln sind daher als Ausnahmen vom Integrationsrecht anzusehen und dementsprechend, wie sämtliche gemeinschaftsrechtlichen Ausnahmeregelungen auch[1311], eng auszulegen, was bei der Anwendung des Art. 64 II EGV ebenfalls zu berücksichtigen ist.

5. Entscheidungsverfahren

Was das Entscheidungsverfahren anbelangt, ist mit Art. 67 EGV unzweifelhaft eine politische Kompromißregelung[1312] getroffen worden, die ein besonderes Abstimmungsverfahren vorsieht. Mit Ausnahme der in Art. 64 II EGV erwähnten vorläufigen Maßnahmen regelt Art. 67 EGV die Verfahren für sämtliche im neuen Titel IV des EG-Vertrags vorgesehenen Maßnahmen, wobei unter dem Begriff der „Maßnahme“ sämtliche unter Art. 249 EGV (Art. 189 EGV a.F.) aufgeführten Rechtsakte, also Verordnungen, Richtlinien, Entscheidungen, Empfehlungen und Stellungnahmen sowie auch Abkommen mit Drittstaaten, zu verstehen sind[1313].

[1309] *Röben*, in: Grabitz/Hilf, KommEU, Art. 64 Rn. 14.

[1310] Bergmann/Lenz-*Winkler*, Kap. 2, Rn. 22; *Röben*, in: Grabitz/Hilf, KommEU, Art. 64 Rn. 14.

[1311] Vgl. etwa für Art. 30 EGV (Art. 36 EGV a.F.), EUGH, Rs. 7/61, Kommission/Italien, Slg. 1961, 695 (720); Rs. 7/68, Kommission/Italien, Slg. 1968, 633 (644); Rs. 13/68, Salgoil, Slg. 1968, 679 (694); Rs. 29/72, Marinex, Slg. 1972, 1309 (1318); Rs. 46/76, Bauhuis, Slg. 1977, 5 (15); Rs. 113/80, Kommission/Irland, Slg. 1981, 1625 (1637 f.); C- 205/89, Kommission/Griechenland, Slg. 1991, I- 1361 (I- 1377); st. Rspr.

[1312] S. dazu insb. *Degen*, in: GTE, Vorbem. zu den Artikeln K. bis K.9, Rn. 27; *Streinz*, EuZW 5-6/1998, 137 (142).

[1313] S. auch *Pechstein/Koenig*, Rn. 382; *Müller-Graff*, Integration, 4/1997, 271 (278); *Thun-Hohenstein*, S. 28; *Harings*, EuR, Beiheft 2/1998, 81 (86 f.); *Karpenstein*, DVBl. 17/1998, 942 (944); *Hailbronner*, CMLRev. 1998, 1047 (1054); *Hailbronner/Thiery*, EuR 5/1998, 538 (586).

Im Grundsatz sind im Rahmen des Art. 67 EGV zwei Entscheidungsverfahren zu unterscheiden. Nach Art. 67 I EGV beschließt der Rat während eines Übergangszeitraumes von fünf Jahren nur einstimmig, und zwar sowohl auf Vorschlag der Kommission, als auch - abweichend vom allgemeinen System des EG-Vertrags - auf Initiative eines Mitgliedstaates; insoweit verfügt die Kommission, der sonst im EG-Vertrag das ausschließliche Vorschlagsrecht zukommt[1314], also über kein Vorschlagsmonopol. Das Europäische Parlament ist im Rahmen des Entscheidungsverfahren nach Art. 67 I EGV lediglich anzuhören. Nach Ablauf des fünfjährigen Übergangszeitraumes erhält die Kommission gemäß Art. 67 II, 1. Spstr. EGV das Initiativmonopol für den gesamten Bereich des neuen Titels IV des EG-Vertrags, wobei sie aber verpflichtet bleibt, wie schon zuvor in Art. 100 c IV EGV a.F., entsprechende Anträge eines Mitgliedstaates zu überprüfen. Zudem faßt der Rat nach Ablauf der fünf Jahre gemäß Art. 67 II, 2. Spstr. EGV einstimmig nach Anhörung des Europäischen Parlamentes einen Beschluß, wonach auf alle Bereiche oder Teile der Bereiche des neuen Titels IV des EG-Vertrags das Mitentscheidungsverfahren nach Art. 251 EGV (Art. 189 b EGV a.F.), also mit einer qualifizierten Beschlußfassung im Rat und einem Mitentscheidungsrecht des Europäischen Parlamentes, angewandt werden soll. Damit besteht gemäß der vertragsrechtlichen Regelungen zunächst, von einigen wenigen Bereichen abgesehen, für sämtliche Gebiete des neuen Titels IV des EG-Vertrags das Einstimmigkeitsprinzip, von dem nach der Übergangszeit auch nur durch einstimmigen Beschluß abgewichen werden kann. Dies hat also zur Folge, daß ein wesentliches Element der Vergemeinschaftung, nämlich die Möglichkeit der qualifizierten Mehrheitsentscheidung, vorläufig nicht gilt. Auffällig ist hierbei, daß der Übergang zur Mehrheitsentscheidung anders als in der Vergangenheit wie im Falle des Art. 100 c III EGV a.F. nicht automatisch erfolgt, sondern es hierfür eines gesonderten einstimmigen Ratsbeschlusses[1315] bedarf. *Göbel-Zimmermann/Masuch* sprechen daher auch nur von einer „unechten" Vergemeinschaftung[1316]. Zwar soll der Rat, wie die von der Regierungskonferenz angenommene Erklärung Nr. 21 verdeutlicht, die Einzelheiten des Beschlusses nach Art. 67 II, 2. Spstr. EGV bereits vor Ablauf des Fünfjahreszeitraumes prüfen, damit er diesen Beschluß unmittelbar nach Ablauf dieses Zeitraumes fassen und anwenden kann. Ob es allerdings wegen des zwingend vorgesehenen Einstimmigkeitserfordernisses nach diesem Zeitraum auch tatsächlich zu einer teilweisen oder gänzlichen Anwendung des Mitentscheidungsverfahrens kommt, bleibt abzuwarten[1317]. *Thun-Hohenstein* geht davon aus, daß bei Untätigkeit des Rates eine unmittelbare Anwendbarkeit

---

[1314] S. dazu *Schmitt von Sydow*, in: GTE, Art. 155 Rn. 34 ff.

[1315] Krit. dazu insb. *Weber*, ZAR 4/1998 147 (148); *Zimmermann*, NVwZ 5/1998, 450 (452).

[1316] *Göbel-Zimmermann/Masuch*, ZRP 11/1998, 435 (438).

[1317] Eher zurückhaltend auch *Hailbronner/Thiery*, EuR 5/1998, 538 (595).

des Art. 67 II, 2. Spstr. EGV im Sinn einer zwingenden Heranziehung des Mitentscheidungsverfahrens zu bejahen ist[1318]. Obwohl diese Ansicht unter dem Gesichtspunkt der fortschreitenden Integration, insbesondere unter dem Gesichtspunkt der Schaffung eines Raumes der Freiheit, der Sicherheit und des Rechts, zu begrüßen ist, dürfte diese aber dennoch zu verneinen sein, da die Vorschrift des Art. 67 II, 2. Spstr. EGV, die für die unmittelbare Anwendbarkeit primärrechtlicher Normen notwendigen Kriterien[1319] nicht erfüllt. Zur Durchsetzung der Handlungsverpflichtungen des Rates dürfte demnach lediglich die Möglichkeit bestehen, Untätigkeitsklage gegen den Rat zu erheben[1320].
Letztendlich bleibt aber festzuhalten, daß man mit der Einführung des Einstimmigkeitsprinzips im Rahmen des neuen Titels IV des EG-Vertrags einem in der Vergangenheit üblichen Muster gefolgt ist. Denn bei der Schaffung von neuen Gemeinschaftskompetenzen hat man es auch in der Vergangenheit häufig bei der Einstimmigkeit belassen, bis genügend Erfahrungen auf den neuen Politikfeldern vorlagen, um dann den Übergang zur Abstimmung mit qualifizierter Mehrheit im Rat zu beschließen. Es ist deshalb nur konsequent, daß durch die Vertragsrevision von Amsterdam eine ähnliche Vorgehensweise für besonders sensitive Bereiche, wie sie das Asylrecht oder die Einwanderungspolitik nun einmal darstellen, vereinbart wurde. Vom Beschlußverfahren mit qualifizierter Mehrheit werden gemäß Art. 67 III EGV zwei Bereiche erfaßt, die ausschließlich auf dem Gebiet der Visapolitik angesiedelt sind[1321], für die gemäß Art. 100 c EGV a.F. schon damals eine partielle Gemeinschaftskompetenz bestand.

6. Zuständigkeit des EuGH

Mit dem neuen Titel IV des EG-Vertrags sind auch hinsichtlich des Rechtsschutzsystems bemerkenswerte Änderungen eingetreten, die teilweise verdeutlichen, wie schwer sich die Mitgliedstaaten auf eine vollständige „Vergemeinschaftung“ auf dem Gebiet der Innen- und Justizpolitik einigen können. Anders als noch im Rahmen der intergouvernementalen Zusammenarbeit im Bereich Justiz und Inneres der „dritten Säule“ des EU-Vertrags sind die jetzigen Bestimmungen als Bestandteil des Gemeinschaftsrechts grundsätzlich der Jurisdiktion des EuGH unterworfen, was bereits als ein enormer Fortschritt für den Integrationsprozeß zu werten ist[1322]. Denn nach Art. 220 EGV (Art. 164 EGV a.F.) kommt dem EuGH die Aufgabe der „Wahrung des Rechts bei der

---

1318 *Thun-Hohenstein*, S. 39 Fn. 22; offengelassen bei *Röben*, in: Grabitz/Hilf, KommEU, Art, 67 Rn. 15.

1319 S. dazu o. S. 172 f.

1320 S. auch *Karpenstein*, DVBl. 17/1998, 942 (944).

1321 S. dazu o. S. 180.

1322 So auch *Albors-Llorens*, CMLRev. 1998, 1273 (1288).

Auslegung und Anwendung dieses (EG-) Vertrags" zu. Eine generelle Zuständigkeit des EuGH im Rahmen des neuen Titels IV des EG-Vertrags wird aber nicht konstituiert; vielmehr ist die Zuständigkeit begrenzter Natur, wie dies die Vorschrift des Art. 68 EGV verdeutlicht[1323]. So wird im Gegensatz zur allgemeinen Regelung des Art. 134 EGV (Art. 177 EGV a.F.) die Vorlage zum EuGH lediglich auf das konkret letztinstanzliche Gericht beschränkt[1324], d.h. also auf die Gerichte, die eine letztinstanzliche Entscheidung fällen[1325]. Damit besitzen unterinstanzlich entscheidende Gerichte weder eine Befugnis für Vorabentscheidungsersuchen[1326], noch kann ihnen eine Pflicht zur Vorlage auferlegt werden[1327], was eine Abkehr von der Rechtsprechung des EuGH zur Vorlagepflicht unterinstanzlicher Gerichte zur Folge hat. Denn wie dem grundlegenden Urteil des EuGH vom 22. Oktober 1987 in der Rechtssache *Foto Frost* zu entnehmen ist, besteht für jedes Gericht, somit auch für das nicht letztinstanzliche Gericht eine zwingende Vorlagepflicht, wenn es sekundäres Gemeinschaftsrecht für rechtswidrig hält[1328]. Darüber hinaus ist der Frage nachzugehen, ob das letztinstanzliche Gericht als einziges vorlagefähiges Gericht vorlageverpflichtet ist[1329]. Dem Wortlaut des Art. 68 I EGV zufolge legt das letztinstanzliche Gericht dem EuGH die Frage zur Auslegung lediglich dann vor, „wenn es eine Entscheidung darüber zum Erlaß seines Urteils für erforderlich hält". Damit dürfte eine Vorlagepflicht auch seitens der letztinstanzlichen Gerichte zu verneinen sein, so daß diese Gerichte lediglich vorlegen können[1330]. Allerdings dürfte entsprechend der *Foto-Frost*-Rechtsprechung des EuGH eine Vorlagepflicht für die letztinstanzlichen Gerichte als einzige vorlagefähige Gerichte dann anzunehmen sein, wenn das letztinstanzliche Gericht von der Ungültigkeit eines Gemeinschaftsrechtsaktes überzeugt ist und diesem deshalb

---

1323 Krit. dazu *Müller-Graff*, Integration 4/1997, 271 (280); *Hailbronner*, CMLRev. 1998, 1047 (1055 f.); *Hailbronner/Thiery*, EuR 5/1998, 538 (596); *Albors-Llorens*, CMLRev. 1998, 1273 (1288 f.); *Tezcan*, CahDrEur 5-6/1998, 661 (673 f.).

1324 S. auch *Pechstein/Koenig*, Rn. 383; *Streinz*, EuZW 5-6/1998, 137 (142); *Hilf/Pache*, NJW 11/1998, 705 (707); Bergmann/Lenz-*Winkler*, Kap. 2, Rn. 28; *Meyring*, EuR 3/1999, 309 (316).

1325 *Degen*, in: GTE, Vorbem. zu den Artikeln K bis K.9, Rn. 28.

1326 S. auch *Thun-Hohenstein*, S. 39; *Gündisch*, AnwBl. 4/1998, 170 (174); *Zimmermann*, NVwZ 5/1998, 450 (452).

1327 *Harings*, EuR, Beiheft 2/1998, 81 (87); *Röben*, in: Grabitz/Hilf, KommEU, Art. 68 Rn. 4; krit. dazu Bergmann/Lenz-*Winkler*, Kap. 2, Rn. 67.

1328 EuGH, Rs. 314/85, Foto Frost, Slg. 1987, 4199.

1329 So allerdings ohne Begründung, *Pechstein/Koenig*, Rn. 383; *Thun-Hohenstein*, S. 39; *Zimmermann*, NVwZ 5/1998, 450 (452).

1330 In diesem Sinne *Degen*, in GTE, Vorbem. zu den Artikeln K bis K.9, Rn. 28; *Hilf/Pache*, NJW 11/1998, 705 (707); *Gündisch*, AnwBL 4/1998, 170 (174); *Lang*, ZAR 2/1998, 59 (64); *Karpenstein*, DVBl. 17/1998, 942 (944); *Harings*, EuR, Beiheft 2/1998, 81 (87). A. A. *Röben*, in: Grabitz/Hilf, KommEU, Art. 68 Rn. 6.

die Anwendung versagen will. Denn in diesem Falle besitzt ausschließlich der Gerichtshof das Verwerfungsmonopol. Abschließend sei angemerkt, daß die Einführung der in Art. 68 I EGV gefaßten Sonderregelung für das Vorabentscheidungsverfahren hinsichtlich des vorlagefähigen Gerichts damit begründet wurde, daß man davon ausging, daß der EuGH vor allem im Bereich des Asylrechts mit einer Flut von Vorlagen konfrontiert würde[1331]. Damit haben in das gemeinschaftsrechtliche Vertragssystem zwei unterschiedliche Vorabentscheidungsverfahren Eingang gefunden.
Ferner wird die Zuständigkeit des EuGH für Maßnahmen auf der Grundlage des Art. 68 II EGV[1332], welche die Aufrechterhaltung der öffentlichen Ordnung und den Schutz der inneren Sicherheit betreffen, generell ausgeschlossen[1333]. Da Art. 68 II EGV aber lediglich auf die Regelung des Art. 62 Nr. 1 EGV verweist, dürfte die Jurisdiktionsausschlußklausel auch nur auf entsprechende Maßnahmen oder Beschlüsse betreffend die Binnengrenzen, nicht aber betreffend die Außengrenzen, gerichtet sein[1334].
Daneben fällt auf, daß eine Individualklagebefugnis in Art. 68 EGV nicht vorgesehen ist[1335]. Art. 68 III EGV stellt klar, daß lediglich der Rat, die Kommission oder ein Mitgliedstaat ein Ersuchen an den EuGH richten können, aufgrund dessen dieser eine Entscheidung in einer Frage der Auslegung des neuen Titels IV des EG-Vertrags oder eines auf diesen Titel gestützten Rechtsaktes trifft. *Thun-Hohenstein* sieht hierin eine Ergänzung der EuGH-Zuständigkeiten, nämlich im Sinne eines speziellen Vorlageverfahrens[1336]. Allerdings besteht im Rahmen dieses Verfahrens die Besonderheit, daß diese verbindlichen Gutachten des EuGH nicht für rechtskräftige Urteile mitgliedstaatlicher Gerichte gelten, was zur Folge hat, daß derartige Urteile der Mitgliedstaaten selbst bei Widerspruch zu einem nachfolgenden Gutachten des EuGH nicht als gemeinschaftswidrig anzusehen sind[1337]. Damit wird im gemeinschaftsrechtlichen Gesamtgebäude zunächst eine unterschiedliche Justitiabilität und somit auch eine unterschiedliche Integrationsintensität begründet, was *Lang* unter dem Gesichtspunkt der Vorrangwirkung des

---

1331 S. hierzu *Harings*, EuR, Beiheft 2/1998, 81 (87); *Hailbronner/Thiery*, EuR 5/1998, 538 (596); *Thun-Hohenstein*, S. 39; *Meyring*, EuR 3/1999, 309 (316) Fn. 40 m.w.N.

1332 Zum Hintergrund der Einführung dieser Vorschrift vgl. *Hailbronner/Thiery*, EuR 5/1998, 538 (597).

1333 S. hierzu *Hailbronner*, CMLRev. 1998, 1047 (1056 f.); *Brechmann*, in: Callies/Ruffert, EUV/EGV Teil II, Art. 68 Rn. 3.

1334 S. auch *Thun-Hohenstein*, S. 39. Insgesamt zu dieser Problematik *Röben*, in: Grabitz/Hilf, KommEU, Art. 68 Rn. 7 ff.

1335 S. dazu auch *Lang*, ZAR 2/1998, 59 (64).

1336 Ibid.

1337 *Pechstein/Koenig*, Rn. 383; *Streinz*, EuZW 5-6/1998, 137 (143).

Gemeinschaftsrechts als nachteilig ansieht[1338]. Jedoch ist darauf hinzuweisen, daß Art. 68 EGV keine abschließende Sonderregelung trifft, so daß die allgemeinen Bestimmungen der Art. 220 ff. EGV (Art. 164 ff. EGV a.F.) im übrigen Anwendung finden[1339]. Des weiteren soll der Rat nach Ablauf des in Art. 67 II, 2. Spstr. EGV erwähnten fünfjährigen Übergangszeitraumes durch Beschluß auch „die Bestimmungen über die Zuständigkeit des Gerichtshofs" anpassen. Ob es auch hier zu einer teilweisen Beseitigung der in Art. 68 EGV vorgesehenen Abweichungen der EuGH-Regelzuständigkeiten kommt, bleibt ebenfalls abzuwarten[1340].

7. Sonderbestimmungen für das Vereinigte Königreich, Irland und Dänemark

Die Mitgliedstaaten Vereinigtes Königreich, Irland und Dänemark haben sich - in dem in entsprechenden Protokollen bezeichneten Umfang - die Teilnahme von Maßnahmen auf der Grundlage des neuen Titels IV des EG-Vertrags vorbehalten[1341]. Diese mehrere Artikel umfassenden Protokolle sind ein Zeichen dafür, welche Schwierigkeiten bei der Vergemeinschaftung der Justiz- und Innenpolitik als einem klassischen Bereich staatlicher Souveränität bestehen[1342]. Die Nichtanwendung des Titels IV des EG-Vertrags durch das Vereinigte Königreich und Irland sowie die in den Protokollen betreffend das Vereinigte Königreich und Irland gefaßten Bestimmungen verwundern nicht. So haben beide Mitgliedstaaten aufgrund ihrer geographischen Lage (Insellage) den Beitritt zu den Schengener Abkommen stets verweigert. Zudem besteht zwischen dem Vereinigten Königreich und Irland das aus den zwanziger Jahren stammende „Understanding"[1343], das besondere, ausschließlich im Verhältnis beider Staaten zueinander geltende Reiseregelungen beinhaltet. Demnach sieht nun das Protokoll über die Position des Vereinigten Königreichs und Irlands[1344] den Grundsatz der Nichtbeteiligung dieser Mitgliedstaaten an der Annahme von Maßnahmen des Rates nach Titel IV EGV vor[1345], was zur Folge hat, daß sämtliche nach Titel IV des EG-Vertrags beschlossenen Maßnahmen, Vorschriften internationaler Übereinkünfte, die von der Gemeinschaft auf diesem

---

1338 *Lang*, ZAR 2/1998, 59 (64); s. auch *Karpenstein*, DVBl. 17/1998, 942 (944) m.w.N.

1339 S. hierzu *Pechstein/Koenig*, Rn. 384; *Röben*, in: Grabitz/Hilf, KommEU, Art. 68 Rn. 19.

1340 S. dazu unter dem Gesichtpunkt des Mitentscheidungsverfahrens bereits o. S. 194 f.

1341 Krit. hierzu *Meyring*, EuR 3/1999, 309 (313 f.) m.w.N.

1342 S. auch *Lang*, ZAR 2/1998, 59 (62).

1343 S. dazu o. S. 34.

1344 Vgl. dazu ausführlich *Ehlermann*, EuR 4/1997, 362 (381 f.); *Hailbronner/Thiery*, EuR 5/1998, 538 (598 ff.); *Hailbronner*, CMLRev. 1998, 1047 (1058); *Thun-Hohenstein*, S. 58 f.; *Degen*, in: GTE, Vorbem. zu den Artikeln K bis K.9, Rn. 29.

1345 Vgl. Art. 1 des Protokolls.

Gebiet getroffen werden, sowie deren Auslegung betreffende Gerichtsentscheidungen des EuGH für beide Mitgliedstaaten weder bindend noch anwendbar sind[1346]; auch haben beide Mitgliedstaaten mit Ausnahme der Verwaltungskosten, die sich für die Organe ergeben, keine finanziellen Folgen der gemäß dem neuen Titel IV des EG-Vertrags getroffenen Maßnahmen zu tragen[1347]. Andererseits ist aber auch für einstimmige Beschlüsse im Rahmen des neuen Titels IV des EG-Vertrags die Zustimmung beider Mitgliedstaaten nicht erforderlich. Nach Art. 3 und 4 des Protokolls können das Vereinigte Königreich und Irland jedoch an Maßnahmen teilnehmen, wobei diese beiden Artikel gemäß Art. 7 des Protokolls das Schengen-Protokoll[1348] nicht berühren.

Darüber hinaus hat Irland in einer einseitigen Erklärung[1349] seine Absicht bekundet, sein Recht aus Art. 3 des Protokolls, sich an der Annahme von Maßnahmen nach dem neuen Titel IV des EG-Vertrags zu beteiligen, „soweit wahrzunehmen, wie dies mit der Aufrechterhaltung des zwischen ihm und dem Vereinigten Königreich bestehenden einheitlichen Reisegebietes vereinbar ist". Zudem ist darauf hinzuweisen, daß nach Art. 8 des Protokolls für Irland die Möglichkeit besteht, dem Präsidenten des Rates schriftlich mitzuteilen, „daß dieses Protokoll nicht mehr für Irland gelten soll", was zur Folge hat, daß dann für Irland die üblichen Vertragsbestimmungen, also auch die Vorschriften im Rahmen des neuen Titels IV des EG-Vertrags, zur Anwendung kommen. Dagegen könnte ein Verzicht des Vereinigten Königreichs auf das Protokoll nur durch eine Vertragsrevision herbeigeführt werden.

In diesem Zusammenhang ist auf das Protokoll über die Anwendung bestimmter Aspekte des Art. 14 EGV (Art. 7 a EGV a.F.) auf das Vereinigte Königreich und auf Irland hinzuweisen. Nach Art. 1 dieses Protokolls wird dem Vereinigten Königreich das Recht zugestanden, weiterhin an seinen Außengrenzen Personenkontrollen ein- und durchzuführen, die nach britischer Auffassung erforderlich sind zur Überprüfung des Rechts auf Einreise von Angehörigen eines Staates, der Vertragspartei des EWR-Abkommens[1350] ist[1351], und zur Prüfung der Genehmigung der Einreise anderer Personen[1352]. Zudem besteht für beide Staaten weiterhin die Möglichkeit, untereinander Regelungen über den

---

1346 Vgl. Art. 2 des Protokolls.

1347 Vgl. Art. 5 des Protokolls.

1348 S. dazu u. S. 216 ff.

1349 Vgl. die von der Konferenz zur Kenntnis genommene einseitige Erklärung Nr. 4 der Schlußakte zum Amsterdamer Vertrag.

1350 Ausführlich zum EWR-Abkommen, das erst nach den beiden Gutachten 1/91 (EuGH, Slg. 1991, I- 6079 ff.) und 1/92 des EuGH (EuGH, Slg. 1992, I- 2821 ff.) am 2. Mai 1992 in Porto unterzeichnet werden konnte und am 1. Januar 1994 in Kraft getreten ist, *Hummer*, in: Dauses (Hrsg.), Hdb. EU-WirtschaftsR, K. III Rn. 37 ff.

1351 Vgl. Art. 1 UAbs. I lit. a des Protokolls.

1352 Vgl. Art. 1 UAbs. I lit. b des Protokolls.

freien Personenverkehr zwischen ihren Hoheitsgebieten („einheitliches Reisegebiet") zu treffen. Solange dies der Fall ist, findet in Irland daher für die Zeit der Beibehaltung solcher Regelungen Art. 1 des Protokolls unter denselben Voraussetzungen und Bedingungen wie im Falle des Vereinigten Königreichs Anwendung. Maßgebend für die Teilnahme Irlands an diesem Protokoll war dessen Wunsch, „das zwischen ihm und dem Vereinigten Königreich bestehende einheitliche Reisegebiet beizubehalten, um ein größtmögliches Maß an Freiheit des Reiseverkehrs nach und aus Irland zu gewährleisten"[1353]. Ferner enthält das Protokoll mit Art. 3 eine Regelung, nach der sich die übrigen Mitgliedstaaten das Recht vorbehalten haben, für Personen, die aus dem Vereinigten Königreich oder Irland kommen, Kontrollen ein- oder durchzuführen. Diese Regelungen stehen damit unzweifelhaft der Herstellung einer vollständigen Personenfreizügigkeit im europäischen Binnenmarkt entgegen; eine Abkehr von der Zielsetzung des Binnenmarktes auf Verwirklichung eines Raumes ohne Binnengrenzen für Personen bedeutet dies aber nicht[1354].

Schließlich findet sich in der Schlußakte zum Amsterdamer Vertrag auch ein Protokoll betreffend die Position Dänemarks[1355], das in gleicher Weise wie das Protokoll über die Position des Vereinigten Königreichs und Irlands den Grundsatz der Nichtteilnahme Dänemarks an der Annahme von Maßnahmen nach dem neuen Titel IV des EG-Vertrags regelt. Auch die ausdrückliche Anordnung der Nichtbindung Dänemarks in Art. 2 des Protokolls entspricht jener in Art. 2 des Protokolls über die Position des Vereinigten Königreichs und Irlands. Unterschiedlich geregelt sind allerdings die Mitwirkungsmöglichkeiten Dänemarks. So beteiligt sich Dänemark an der gemeinsamen Visapolitik nach Art. 62 Nr. 2 lit. b, Ziff. i und iii EGV[1356]. Nach Art. 5 des Protokolls beschließt Dänemark innerhalb von sechs Monaten nach einem Beschluß des Rates (der Zwölf) über einen Vorschlag oder eine Initiative zur Ergänzung des Schengen-Besitzstandes auf der Grundlage des neuen Titels IV des EG-Vertrags, ob es diesen Beschluß in dänisches Recht umsetzen will[1357]. Wird ein derartiger Beschluß seitens Dänemarks gefaßt, begründet dies eine völkerrechtliche Verpflichtung zwischen Dänemark und den übrigen Mitgliedstaaten[1358]. Im übrigen besteht für Dänemark weiterhin die Möglichkeit, von dem Protokoll Abstand zu nehmen, so daß sämtliche bis dahin auf dem Gebiet des neuen Titels

---

[1353] Vgl. Erklärung Nr. 4 zur Schlußakte zum Amsterdamer Vertrag.

[1354] S. dazu bereits o. S. 173 f.

[1355] S. dazu näher *Ehlermann*, EuR 4/1997, 362 (383 f.); *Hailbronner/Thiery*, EuR 5/1998, 538 (601 f.).

[1356] Vgl. Art. 4 des Protokolls.

[1357] S. dazu *Zimmermann*, NVwZ 5/1998, 450 (453).

[1358] Vgl. Art. 5 I S. 2 des Protokolls; s. dazu ausführlich *Thun-Hohenstein*, S. 54 f.

IV des EG-Vertrags erlassenen Rechtsakte für Dänemark in vollem Umfang anzuwenden sind[1359].

Wie Art. 69 EGV zu entnehmen ist, wird das Protokoll betreffend die Position des Vereinigten Königreichs und Irlands sowie das betreffend die Position Dänemarks in den EG-Vertrag einbezogen. Damit hat in den EG-Vertrag, wie schon im Rahmen der Errichtung der Wirtschafts- und Währungsunion, das Prinzip des Europas der zwei oder mehreren Geschwindigkeiten Eingang gefunden[1360].

II. Materien der intergouvernementalen Zusammenarbeit

Durch den Amsterdamer Vertrag ist auch die sog. „dritte Säule" der Europäischen Union, die nach wie vor die intergouvernementalen Materien behandelt, wesentlich verändert worden. Wie die vergemeinschafteten Sachbereiche verdeutlichen, führt dies zu einer strafrechtlichen Ausrichtung der „dritten Säule", was auch in der Bezeichnung des neuen Titels VI zum Ausdruck kommt. Die „dritte Säule" hat nunmehr ausschließlich die polizeiliche und justitielle Zusammenarbeit in Strafsachen zum Gegenstand, wobei die diesbezüglichen Kompetenzen erheblich erweitert worden sind; insoweit wird ein Europäischer Raum der Sicherheit angestrebt, der es zum Ziel haben soll, den Bürgern ein hohes Schutzniveau zu bieten und die Rechtsstaatlichkeit zu fördern[1361]. So hat auch der Europäische Rat auf seiner Sondertagung in Tampere betont, daß Voraussetzung für ein hohes Maß an Sicherheit in einem Raum der Freiheit, der Sicherheit und des Rechts ein effizienter und umfassender Ansatz bei der Bekämpfung aller Erscheinungsformen der Kriminalität ist. Hierbei sollte eine ausgewogene Entwicklung unionsweiter Maßnahmen zur Kriminalitätsbekämpfung unter gleichzeitigem Schutz der Freiheit und der gesetzlich verbürgten Rechte der Einzelpersonen wie auch der Wirtschaftsteilnehmer erreicht werden[1362].

Darüber hinaus wurde auch die Einbindung des EuGH in die „dritte Säule" verstärkt. Zudem wird gemäß Art. 41 I EUV der einheitliche institutionelle Rahmen gegenüber dem bisherigen Art. K.8 I EUV a.F. erweitert, in dem zusätzlich Art. 195 EGV (Bestellung eines Bürgerbeauftragten durch das Europäische Parlament), Art. 205 III EGV (Erleichterung der Einstimmigkeit), Art. 255 EGV (Recht der Öffentlichkeit auf Zugang zu Dokumenten) sowie Art. 290 EGV (Regelung der Sprachenfrage einstimmig durch den Rat) für anwendbar erklärt werden. Allgemein fällt auf, daß die Neufassung der „dritten

---

1359 Vgl. Art. 7 des Protokolls.

1360 S. auch *Streinz*, EuZW 5-6/1998, 137 (141); *Pechstein/Koenig*, Rn. 372.

1361 Vgl. den Aktionsplan des Rates und der Kommission vom 3. Dezember 1998, ABl. 1999 Nr. C 19/3, 19/11.

1362 Bull.EU 10/1999, Ziff. I.12.

Säule" EU-Bürger und Drittstaatsangehörige gleichermaßen trifft, was sich schon darin zeigt, daß innerhalb der „dritten Säule" begrifflich nicht mehr zwischen EU-Bürgern und Drittstaatsangehörigen unterschieden wird. Spezifische Bedeutung für die Rechtsstellung von Drittstaatsangehörigen hat der neue Titel VI des EU-Vertrags im Grunde nur noch insoweit, als die Verhütung und Bekämpfung von Rassismus und Fremdenfeindlichkeit nach Art. 29 UAbs. I EUV zu einem neuen Regelungsgegenstand gemacht wird.

1. Zielbestimmung des Art. 29 EUV

Wie dem neuen Titel VI des EU-Vertrags zu entnehmen ist, werden die bisherigen Art. K und K.1 EUV a.F. zu einer einheitlichen Vorschrift, dem Art. 29 EUV, zusammengefaßt, in welcher die Ziele und die Mittel der Zusammenarbeit deutlich präzisiert werden. Parallel zu den bereits erwähnten Art. 61 EGV[1363] und Art. 2, 4. Spstr. EUV betont Art. 29 UAbs. I EUV, daß die Union das Ziel verfolgt, „den Bürgern in einem Raum der Freiheit, der Sicherheit und des Rechts ein hohes Maß an Sicherheit zu bieten", und bestimmt, dazu ein gemeinsames Vorgehen der Mitgliedstaaten im Bereich der polizeilichen und justitiellen Zusammenarbeit in Strafsachen zu entwickeln sowie Rassismus und Fremdenfeindlichkeit zu verhüten und zu bekämpfen. Dabei soll dieses Ziel nach dem Wortlaut des Art. 29 UAbs. II EUV erreicht werden „durch die Verhütung und Bekämpfung der – organisierten und nichtorganisierten – Kriminalität, insbesondere des Terrorismus, des Menschenhandels und der Straftaten gegenüber Kindern, des illegalen Drogen- und Waffenhandels, der Bestechung und Bestechlichkeit sowie des Betrugs. Der Bereich der polizeilichen Zusammenarbeit ist somit erheblich ausgeweitet worden, indem die Beschränkung des bisherigen Art. K.1 Nr. 9 EUV a.F. auf schwerwiegende Formen der Kriminalität[1364] fallengelassen wurde. Damit wird die intergouvernementale Zusammenarbeit auf alle Formen der Kriminalität bis hin zur Bagatellkriminalität ausgedehnt[1365]. Zur Erreichung dieses Ziels sind drei Wege vorgesehen, wobei es sich (1) um eine engere Zusammenarbeit der Polizei-, Zoll- und anderer zuständiger Behörden in den Mitgliedstaaten, sowohl unmittelbar als auch unter Einschaltung von Europol, (2) um eine engere Zusammenarbeit der Justizbehörden und zuständiger Behörden der Mitgliedstaaten sowie (3) um eine Annäherung der Strafvorschriften der Mitgliedstaaten nach Art. 31 lit. e EUV, soweit dies erforderlich ist, handelt. Während die Art. 30 bis 32 EUV diese Befugnisse näher beschreiben, sind in Art. 34 EUV die Handlungsformen und die Verfahren zur Ausübung dieser Befugnisse näher

---

1363 S. dazu o. S. 171 f.

1364 S. dazu o. S. 144 ff.

1365 So *Rupprecht*, Integration 4/1997, 264 (266); *Karpenstein*, DVBl. 17/1998, 942 (945).

geregelt. Art. 35 EUV legt den Rahmen für die Zuständigkeiten des EuGH in der „dritten Säule" fest.

2. Die einzelnen Tätigkeitsfelder der intergouvernementalen Zusammenarbeit

Während Art. 30 EUV die Befugnisse hinsichtlich der polizeilichen Zusammenarbeit zum Gegenstand hat, wird in Art. 31 EUV der Umfang der Zusammenarbeit bezüglich der justitiellen Tätigkeit in Strafsachen festgelegt. Art. 30 II EUV trifft zudem besondere Regelungen hinsichtlich der künftigen Aufgaben von Europol. Art. 32 EUV enthält eine Regelung hinsichtlich grenzüberschreitender Behördentätigkeit.

Art. 30 I EUV beschreibt detailliert die behördlichen Funktionsbereiche, in denen gemeinsame Maßnahmen auf dem Gebiet der polizeilichen Zusammenarbeit möglich sind, wobei diese deutlicher präzisiert werden als im bisherigen Art. K.1 Nr. 9 EUV a.F. Im einzelnen handelt es sich dabei um operative Tätigkeiten[1366] bei der Vorbeugung, Aufdeckung und Ermittlung von Straftaten[1367], das Einholen, Speichern, Verarbeiten, Analysieren und Austauschen sachdienlicher Informationen, insbesondere unter Einschaltung von Europol[1368], gemeinsame Initiativen in den Bereichen Aus- und Weiterbildung, Austausch von Verbindungsbeamten, Abordnungen, Einsatz von Ausrüstungsgegenständen und kriminaltechnische Forschung[1369] sowie um die gemeinsame Bewertung einzelner Ermittlungstechniken in bezug auf die Aufdeckung schwerwiegender Formen der organisierten Kriminalität[1370]. Wie diese Aufzählung zeigt, sind einige bereits im Rahmen des Art. K.1 Nr. 9 EUV a.F. verabschiedeten Maßnahmen, wie z.B. die gemeinsame Maßnahme des Rates vom 19. März 1998 über die Aufstellung eines Austausch-, Ausbildungs- und Kooperationsprogramms[1371], in den Vertragstext als ein weiterer Gegenstand der Zusammenarbeit aufgenommen worden. Eine operative Zusammenarbeit zur Abwehr von Gefahren für die öffentliche Sicherheit und Ordnung dürfte wegen des Wortlauts des Art. 30 I lit. a EUV, der ausschließlich von Straftaten spricht, nach wie vor[1372] nicht erfaßt sein, was auch der Aktionsplan des Rates und der Kommis-

---

1366 Diese Tätigkeiten beziehen sich dabei auf alle Behörden der Mitgliedstaaten, die nach dem nationalen Recht für die Verhütung, Unterbindung und Verfolgung von Straftaten zuständig sind (vgl. hierzu insb. *Brechmann*, in: Callies/Ruffert, EUV/EGV Teil I, Art. 30 Rn. 4).

1367 Vgl. Art. 30 I lit. a EUV.

1368 Vgl. Art. 30 I lit. b EUV.

1369 Vgl. Art. 30 I lit. c EUV.

1370 Vgl. Art. 30 I lit. d EUV.

1371 S. dazu o. S. 146.

1372 Hinsichtlich des Art. K.1 Nr. 9 EUV a.F. vgl. o. S. 144 ff.

sion vom 3. Dezember 1998 verdeutlicht. Anders als im Rahmen des Art. 30 II EUV sieht Art. 30 I EUV einen Zeitrahmen für den Erlaß von Maßnahmen der polizeilichen Zusammenarbeit nicht vor. Allerdings hat auch hier der Aktionsplan einen zeitlichen Rahmen festgelegt, wonach im Grundsatz die den Art. 30 I EUV betreffenden Maßnahmen innerhalb eines Zeitraumes von fünf Jahren zu ergreifen sind[1373]; lediglich für den Bereich des Art. 30 I lit. d EUV sollen die Maßnahmen bereits innerhalb von zwei Jahren getroffen worden sein[1374].
Art. 30 II EUV befaßt sich mit den Befugnissen von Europol[1375], wobei der Rat es Europol innerhalb von fünf Jahren nach Inkrafttreten ermöglichen soll, zusammen mit den Behörden der Mitgliedstaaten in operativen Teams an spezifischen Ermittlungsmaßnahmen „in unterstützender Funktion" teilzunehmen[1376] und sich an die zuständigen mitgliedstaatlichen Behörden mit dem Ersuchen zu wenden, Ermittlungen in bestimmten Fällen vorzunehmen und diese zu koordinieren[1377]. Ferner soll die Erstellung eines geeigneten Rechtsaktes zur Ausweitung der Zuständigkeit von Europol auf weitere Verbrechensfelder, wie Fälschungen des Euro und anderer Zahlungsmittel, und zur Ausweitung der Zuständigkeiten von Europol betreffend die operative Zusammenarbeit, insbesondere mit den Justizbehörden, innerhalb von zwei Jahren getroffen werden, wie dem Aktionsplan zu entnehmen ist[1378]. Ergänzend sollen - in einem Zeitrahmen von fünf Jahren - Mechanismen für die Zusammenarbeit zwischen den auf dem Gebiet der organisierten Kriminalität zuständigen Strafverfolgungs-/Ermittlungsbehörden gefördert[1379] sowie ein Netz für Forschung, Dokumentation und Statistik über die grenzüberschreitende Kriminalität eingerichtet werden[1380]. Dies zeigt, daß Europol auch nach dem Amsterdamer Vertrag keine vollziehenden Befugnisse erhalten hat, was angesichts des Niveaus des zu beachtenden Datenschutzes, des Immunitätsstatus der Europol-Bediensteten und der nach wie vor eingeschränkten demokratischen und justitiellen Kontrolle[1381] auch mit Bedenken verbunden wäre[1382]. Denn wie in der Erklärung Nr. 7 der Schlußakte zum Amsterdamer Vertrag festgehalten ist, unterliegen die Maßnahmen im Bereich der polizeilichen Zusammenarbeit, einschließlich der Tätigkeiten von Europol, der gerichtlichen Kontrolle durch die zuständigen einzelstaatlichen Stellen gemäß den in den jeweiligen Mitgliedstaaten geltenden

---

1373 ABl. EG 1999 Nr. C 19/13.
1374 ABl. EG 1999 Nr. C 19/12.
1375 Krit. dazu aus verfassungsrechtlicher Sicht *Pechstein*, DÖV 14/1998, 569 (575 f.).
1376 Vgl. Art. 30 II lit. a EUV.
1377 Vgl. Art. 30 II lit. b EUV.
1378 ABl. EG 1999 Nr. C 19/11.
1379 Vgl. Art. 30 II lit. c EUV.
1380 Vgl. Art. 30 II lit. d EUV.
1381 S. hierzu bereits o. S. 160 f.
1382 In diesem Sinne auch *Hilf/Pache*, NJW 11/1998, 705 (707).

Rechtsvorschriften. Eine Erweiterung der Befugnisse von Europol wäre dann denkbar, wenn diese Institution zumindest der Jurisdiktion des EuGH unterliegen würde, um somit eine einheitliche Auslegung und Überprüfung von Europol-Maßnahmen zu garantieren. Zu wünschen wäre dennoch, Europol in das Gemeinschaftsgefüge vollständig zu integrieren[1383], was einen weiteren Schritt zur angestrebten Errichtung eines europäischen Sicherheitsraumes bedeuten würde.

Art. 31 EUV, der gegenüber dem bisherigen Art. K.1 Nr. 7 EUV a.F. weitaus präziser gefaßt ist, hat das gemeinsame Vorgehen im Bereich der justitiellen Zusammenarbeit in Strafsachen zum Gegenstand. Bemerkenswert ist hierbei, daß dieses Vorgehen nicht nur eine Erleichterung der verfahrensmäßigen Zusammenarbeit der Mitgliedstaaten (Vollstreckung, Auslieferung, Kompetenzkonflikte) [1384] beinhaltet, sondern auch eine Annäherung des materiellen Strafrechts bezweckt. Denn gemäß Art. 31 lit. e EUV schließt das gemeinsame Vorgehen im Bereich der justitiellen Zusammenarbeit in Strafsachen auch die schrittweise Annahme von Maßnahmen zur Festlegung von Mindestvorschriften über die Tatbestandsmerkmale strafbarer Handlungen und die Strafen in den Bereichen organisierte Kriminalität, Terrorismus und illegaler Drogenhandel ein[1385]. Allerdings ist ein Mitgliedstaat, dessen Rechtssystem keine Mindeststrafen vorsieht, gemäß der Erklärung Nr. 8 der Schlußakte zum Amsterdamer Vertrag nicht verpflichtet, aufgrund von Art. 31 lit. e EUV Mindeststrafen einzuführen. Auch im Rahmen des Art. 31 EUV sind keine zeitlichen Vorgaben gesetzt, was nur für die lit. a – d EUV gilt. Im Hinblick auf Art. 31 lit. e EUV findet wegen der Vorschrift des Art. 61 lit. a EGV die Fünfjahresfrist Anwendung. Entsprechend dem Aktionsplan des Rates und der Kommission vom 3. Dezember 1998 sollen aber bereits innerhalb von zwei Jahren u. a. Maßnahmen getroffen werden, die auf eine effiziente Anwendung und gegebenenfalls einen weiteren Ausbau des Europäischen Justitiellen Netzes, die Fertigstellung des Übereinkommens über die Rechtshilfe in Strafsachen, eine Intensivierung der Bekämpfung der Geldwäsche[1386], die Erleichterung und Beschleunigung der grenzüberschreitenden Zusammenarbeit zwischen den zuständigen Ministerien und den Justizbehörden, die Prüfung der Möglichkeit einer Angleichung der

---

1383 S. auch *Hilf/Pache*, NJW 11/1998, 705 (707).

1384 Vgl. Art. 31 lit. a – d EUV.

1385 Zum Stand der strafrechtlichen Harmonisierung vgl. insb. *Dannecker*, Jura 2/1998, 79 ff.

1386 Insoweit ist bereits auf die gemeinsame Maßnahme des Rates vom 3. Dezember 1998 – gestützt auf Art. K.3 EUV – betreffend die Geldwäsche, die Ermittlung, das Einfrieren und die Beschlagnahme und die Einziehung von Tatwerkzeugen und Erträgen aus Straftaten hinzuweisen (vgl. ABl. EG 1998 Nr. L 333/1). Vgl. ferner die gemeinsame Maßnahme des Rates vom 21. Dezember 1998 – gestützt auf Art. K.3 EUV – betreffend die Strafbarkeit der Beteiligung an einer kriminellen Vereinigung in den Mitgliedstaaten der Europäischen Union (vgl. ABl. EG 1998 Nr. L 351/1).

einzelstaatlichen Rechtsvorschriften für Falschmünzerei, Betrug und Fälschung bei anderen Zahlungsmitteln als Bargeld sowie die Möglichkeit der Harmonisierung der Datenschutzvorschriften abzielen.[1387]
Schließlich ist auf die Vorschrift des Art. 32 EUV hinzuweisen, wonach der Rat festlegen soll, innerhalb welcher Grenzen die in den Art. 30 und 31 EUV genannten zuständigen Behörden eines Mitgliedstaates in Verbindung und Absprache mit den Behörden eines anderen Mitgliedstaates in dessen Hoheitsgebiet tätig werden dürfen. Damit ist die Möglichkeit grenzüberschreitender Observation und Nacheile möglich. Im Gegensatz zu den entsprechenden Regelungen der Art. 40 und 41 SDÜ, die sich gemäß ihrem Wortlaut ausschließlich auf grenzüberschreitende Observation und Nacheile beschränken[1388], ist Art. 32 EUV generalklauselartig gefaßt, so daß auch andere Formen grenzüberschreitender Zusammenarbeit in Betracht kommen können[1389]. Allerdings sind, wie auch schon bei Art. 30 I EUV keine zeitlichen Vorgaben gesetzt, im Rahmen derer der Rat seine Zuständigkeit auszuüben hat. Entsprechend dem Aktionsplan des Rates und der Kommission vom 3. Dezember 1998 soll dies innerhalb von zwei Jahren geschehen[1390].

3. Die Instrumente der Zusammenarbeit und das Entscheidungsverfahren

Die Instrumente der Zusammenarbeit und das Entscheidungsverfahren im Rat werden in Art. 34 EUV geregelt, der insofern die bisherigen Art. K.3 und K.4 III EUV a.F. zusammenfaßt. Wie dem Art. 34 I EUV zu entnehmen ist, unterrichten und konsultieren die Mitgliedstaaten einander im Rat auf den Gebieten des neuen Titels VI des EU-Vertrags, um ihr Vorgehen zu koordinieren; hierfür begründen sie eine Zusammenarbeit zwischen ihren zuständigen Verwaltungsstellen. Nach Art. 34 II EUV ergreift der Rat Maßnahmen und fördert in der geeigneten Form und nach den geeigneten Verfahren, die in dem neuen Titel VI des EU-Vertrags festgelegt sind, eine den Zielen der Union dienende Zusammenarbeit. Dabei werden mit Ausnahme der Durchführungsbeschlüsse[1391] und der Beschlüsse betreffend Verfahrensfragen, die mit der einfachen Mehrheit der Ratsmitglieder erlassen werden[1392], sämtliche Handlungsformen gemäß Art. 34 II EUV auf Initiative eines Mitgliedstaates oder der Kommission einstimmig vom Rat verabschiedet. Gemäß der Erklärung Nr. 9 der Schlußakte zum Amsterdamer Vertrag werden auch sämtliche Initiativen für in Art. 34 II EUV

1387 ABl. EG 1999 Nr. C 19/12 f.

1388 S. dazu o. S. 63 f.

1389 So wohl auch *Pechstein/Koenig*, Rn. 386.

1390 ABl. EG 1999 Nr. C 19/12.

1391 Vgl. hierzu Art. 34 II lit. c EUV; s. dazu u. S. 208.

1392 Vgl. Art. 34 IV EUV.

aufgezählten Rechtsakte, unabhängig davon, ob sie letztlich vom Rat nach jenem Absatz angenommen werden, sowie sämtliche tatsächlich angenommenen Rechtsakte nach den entsprechenden Geschäftsordnungen des Rates und der Kommission im Amtsblatt veröffentlicht.
Anstelle der bislang vorgesehenen „gemeinsamen Maßnahmen“[1393] führt Art. 34 II lit. b und c EUV nun als neue Handlungsformen Rahmenbeschlüsse und sog. „sonstige Beschlüsse“ ein; gemeinsame Standpunkte und Übereinkommen sind als Instrumente der intergouvernementalen Zusammenarbeit nach wie vor möglich. Der Rahmenbeschluß verfolgt dabei das Ziel einer Angleichung der Rechts- und Verwaltungsvorschriften der Mitgliedstaaten, wobei er für diese hinsichtlich des zu erreichenden Ziel verbindlich ist. Allerdings wird den einzelstaatlichen Behörden die Wahl der Form und der Mittel bezüglich der Umsetzung überlassen. Insoweit entspricht die Definition der Rahmenbeschlüsse der der Richtlinien in Art. 249 UAbs. III EGV (Art. 189 UAbs. III EGV a.F.). Eine unmittelbare Wirkung von Rahmenbeschlüssen, wie sie der EuGH in seiner Rechtsprechung zu Richtlinien entwickelt hat[1394], wird gemäß Art. 34 Abs. II lit. b EUV ausdrücklich ausgeschlossen. Dies hat zur Folge, daß Rahmenbeschlüsse, selbst wenn die Frist zur Umsetzung abgelaufen sein sollte, in keinem Fall unmittelbare Wirksamkeit entfalten[1395]. Ob eine Schadenersatzpflicht eines Mitgliedstaates wegen der Nichtumsetzung des Rahmenbeschlusses begründet werden kann, wie sie der EuGH hinsichtlich mangelhafter Richtlinienumsetzung in den Fällen *Francovich*[1396], *Brasserie du Pêcheur*[1397], *Hedley Lomas*[1398] und *Dillenkofer*[1399] (auch als *MP Travel Line* bekannt) entwickelt hat, dürfte eher fraglich sein[1400]. Zwar werden den Gemeinschaftsangehörigen Haftungsansprüche gegen die Mitgliedstaaten nicht nur bei einem Verstoß gegen unmittelbar wirkendes Primär- oder Sekundärrecht zuerkannt, sondern auch bei einem Verstoß gegen nicht unmittelbar wirkende Richtlinien, die nicht fristgerecht oder unzureichend umgesetzt wurden, so daß aufgrund dieser Tatsache bei Nichtum-

---

1393 S. dazu o. S. 110.

1394 Zur unmittelbaren Wirkung von Richtlinien vgl. *E. Klein*, in: FS Everling, 1995, S. 641 ff.

1395 S. auch *Degen*, in: GTE, Vorbem, zu den Artikeln K bis K.9, Rn. 35; *Thun-Hohenstein*, S. 44; *Müller-Graff*, Integration 4/1997, 271 (279); *Karpenstein*, DVBl. 17/1998, 942 (945); *Scholz/Hofmann*, Europablätter 1/1998, 3 (8); *Bothe/Lohmann*, ZaöRV 1/1998, 1 (39); *Meyring*, EuR 3/1999, 309 (317).

1396 EuGH, verb. Rs. C- 6 und 9/90, Francovich u.a., Slg. 1991, I- 5357 (I- 5413 ff.).

1397 EuGH, verb. Rs. C-46 und 48/93, Brasserie du Pêcheur und Factortame, Slg. 1996, I-1029 (I- 1142 ff.).

1398 EuGH, Rs. C- 5/94, Hedley Lomas, Slg. 1996, I- 2553 (I- 2612 ff.).

1399 EuGH, verb. Rs. C- 178, 179, 188/94, Dillenkofer u.a., Slg. 1996, I- 4845 (I- 4878 ff.).

1400 So im Ergebnis auch *Harings*, EUR, Beiheft 2/1998, 81 (88); anders wohl *Müller-Graff*, Integration 4/1997, 271 (279).

setzung eines Rahmenbeschlusses eine mitgliedstaatliche Schadenersatzpflicht begründet werden könnte; allerdings muß die gemeinschaftsrechtliche Vorschrift, gegen die verstoßen wird, bezwecken, dem einzelnen Rechte zu verleihen. Dies dürfte aber im Hinblick auf die einzelnen im neuen Titel VI des EU-Vertrags festgelegten Tätigkeitsfelder, die im Bereich einer verstärkten polizeilichen und justitiellen Zusammenarbeit angesiedelt sind, schwerlich zu bejahen sein. Zudem dürfte die eingeschränkte Kontrollfunktion[1401] des EuGH für Maßnahmen, die auf Regelungen des neuen Titel VI des EU-Vertrags gestützt sind, dazu führen, daß die vom EuGH im Rahmen seiner nach dem EG-Vertrag bestehenden Rechtsetzungsbefugnis gemeinschaftsrechtlich entwickelten Tatbestandsvoraussetzungen für den Bereich der „dritten Säule" keine Anwendung finden. Für die innerstaatliche Geltung und Anwendbarkeit der Rahmenbeschlüsse bedarf es der Umsetzung durch eigene Rechtsakte der mitgliedstaatlichen Rechtsordnungen, also durch spezielle Transformation[1402]. Darüber hinaus kann der Rat gemäß Art. 34 II lit. c EUV auch Beschlüsse für jeden anderen Zweck annehmen, der mit den Zielen des neuen Titels VI EUV in Einklang steht, jedoch mit Ausnahme von Maßnahmen zur Angleichung der mitgliedstaatlichen Rechts- und Verwaltungsvorschriften, welche Gegenstand von Rahmenbeschlüssen sind. Aber diese sog. „sonstigen Beschlüsse" sind ebenfalls ausdrücklich nicht unmittelbar wirksam, so daß auf das für die Rahmenbeschlüsse Gesagte verwiesen werden kann. Damit bedürfen auch die „sonstigen Beschlüsse" für ihre innerstaatliche Geltung und Anwendbarkeit einer Umsetzung durch nationale Rechtsakte[1403], was im übrigen auch für die zur Durchführung dieser Beschlüsse auf Unionsebene erforderlichen Maßnahmen zu gelten hat. Diese Durchführungsbeschlüsse werden nach Art. 34 II lit. c EUV im Rat mit qualifizierter Mehrheit beschlossen, wobei gemäß Art. 34 III EUV entsprechend der Stimmengewichtung nach Art. 205 II EGV (Art. 148 II EGV a.F.) eine Mindeststimmenzahl von 62 Stimmen bei einer Zustimmung von mindestens zehn Mitgliedern erforderlich sind; insoweit entspricht dies der Regelung des Art. 205 II S. 2, 2. Spstr. EGV (Art. 148 II EGV a.F.), in der Beschlüsse gefaßt werden, die nicht auf einen Vorschlag der Kommission zurückgehen.

Was die Handlungsform des Übereinkommens anbelangt, kann der Rat dieses gemäß Art. 34 II lit. d EUV im Rahmen der „dritten Säule" weiterhin erstellen, wobei er sie den Mitgliedstaaten zur Annahme gemäß ihrer verfassungsrechtlichen Vorschriften empfiehlt. Für die Einleitung dieser Verfahren setzt der Rat

---

1401 S. dazu u. S. 209 ff.

1402 *Thun-Hohenstein*, S. 44; *Streinz*, EuZW 5-6/1998, 137 (142); *Degen*, in: GTE, Vorbem. zu den Artikeln K bis K.9, Rn. 35.

1403 *Pechstein/Koenig*, Rn. 388; *Thun-Hohenstein*, S. 45.

den Mitgliedstaaten eine Frist, an die sie gebunden sind[1404]. Eine praktisch wichtige Neuerung enthält Art. 34 II lit. d EUV dahingehend, daß die Übereinkommen grundsätzlich bereits dann in Kraft treten, wenn sie von mindestens der Hälfte der Mitgliedstaaten angenommen wurden. Angesichts der langen Dauer der Ratifizierungsverfahren in einigen Mitgliedstaaten, wie dies beispielsweise bei dem Dubliner Übereinkommen der Fall war, stellt diese Regelung eine wesentliche Verbesserung gegenüber dem bisherigen Rechtszustand dar und ist daher zu begrüßen[1405]. In Zukunft bestimmt also nicht mehr das langsamste Mitglied das Tempo für das Inkrafttreten von Übereinkommen. Maßnahmen zur Durchführung der Übereinkommen bedürfen - wie bisher - der Zustimmung von zwei Dritteln der Vertragsparteien. Was die Bindungswirkung dieser Maßnahmen anbelangt, so dürfte davon auszugehen sein, daß sie für die betroffenen Mitgliedstaaten völkerrechtlich verbindlich sind.

4. Kompetenzen der Gemeinschaftsorgane

Durch den Amsterdamer Vertrag sind auch die Kompetenzen der Gemeinschaftsorgane, die im Rahmen der polizeilichen und justitiellen Zusammenarbeit tätig werden, durchgehend erweitert worden, wobei im folgenden insbesondere auf die Kontrollbefugnis des EuGH eingegangen wird. Darüber hinaus werden die Kompetenzerweiterungen bezüglich Rat, Kommission und Parlament näher untersucht.

4.1. Der EuGH

Anders als im Rahmen des bisherigen Art. L EUV a.F. wird dem EuGH gemäß Art. 35 EUV eine eingeschränkte Kontrollbefugnis zugewiesen[1406], wobei es sich aber nur um punktuelle Zuständigkeiten handelt. Ein „umfassendes Rechtsschutzsystem", wie es im Rahmen des EG-Vertrags besteht, existiert nicht. So ist die gerichtliche Kontrolle von vornherein ausschließlich auf die vom Rat erlassenen Rechtsakte begrenzt; eine Auslegung der primärrechtlichen Bestimmungen des neuen Titels VI des EU-Vertrags ist nicht vorgesehen[1407]. In diesem Zusammenhang weist *Thun-Hohenstein* darauf hin, daß es dem EuGH

1404 *Müller-Graff*, Integration 4/1997, 271 (279); *Thun-Hohenstein*, S. 45; *Brechmann*, in: Callies/Ruffert, EUV/EGV Teil I, Art. 34 Rn. 11.

1405 In diesem Sinne auch *Müller-Graff*, Integration 4/1997, 271 (279); *Harings*, EuR, Beiheft 2/1998, 81 (90); *Meyring*, EuR 3/1999, 309 (317).

1406 S. hierzu auch *Albors-Llorens*, CMLRev. 1998, 1273 (1278); *Meyring*, EuR 3/1999, 309 (319).

1407 S. auch *Harings*, EuR, Beiheft 2/1998, 81 (92); *Albors-Llorens*, CMLRev. 1998, 1273 (1279); *Thun-Hohenstein*, S. 46; *Degen*, in: GTE, Vorbem. zu den Artikeln K bis K.9, Rn. 36; krit. dazu *Müller-Graff*, Integration 4/1997, 271 (281).

damit unmöglich sein dürfte, einzelne Bestimmungen auf ihre unmittelbare Anwendbarkeit hin zu überprüfen[1408]. Eine derartige Wirkung dürfte jedoch wegen des intergouvernementalen, also rein völkerrechtlichen Charakters dieser Vorschriften von vornherein abzulehnen sein. Gänzlich ausgeschlossen ist nach Art. 35 V EUV die Zuständigkeit des EuGH für die Überprüfung der Gültigkeit oder Verhältnismäßigkeit von Maßnahmen der Polizei oder anderen Strafverfolgungsbehörden eines Mitgliedstaates oder der Wahrnehmung der Zuständigkeiten der Mitgliedstaaten für die Aufrechterhaltung von Recht und Ordnung sowie für die Gewährleistung der inneren Sicherheit[1409].

Grundsätzlich zuständig ist der Gerichtshof gemäß Art. 35 I EUV zur Vorabentscheidung über die Gültigkeit und Auslegung von Rahmenbeschlüssen und Beschlüssen, über die Auslegung von Übereinkommen sowie über die Gültigkeit und Auslegung entsprechender Durchführungsmaßnahmen, wobei hierfür die Anerkennung durch die Mitgliedstaaten erforderlich ist. Die Vorabentscheidungsbefugnis des EuGH besteht gemäß Art. 35 II EUV nur hinsichtlich jener Mitgliedstaaten, die bei der Unterzeichnung des Amsterdamer Vertrags oder zu einem späteren Zeitpunkt eine entsprechende anerkennende Erklärung abgegeben haben, wozu die Mitgliedstaaten aber nicht verpflichtet sind. Ein derartiges „opting in"-Modell[1410] stellt in der völkerrechtlichen Praxis kein Novum dar, wie dies die Regelung des Art. 36 II IGH-Statut oder die Erklärung zur Zuständigkeit des EuGH im Rahmen des Europol-Übereinkommens[1411] verdeutlichen. Ferner können die Mitgliedstaaten nach Art. 35 III EUV zwischen einem Vorlagerecht aller[1412] oder nur der letztinstanzlichen staatlichen Gerichte[1413] entscheiden. Eine Vorlageverpflichtung besteht nach dem Wortlaut der Vorschrift nicht, die - anders als im Anwendungsbereich des Art. 234 EGV (Art. 177 EGV a.F.) und des Art. 68 EGV[1414] – auch nicht durch Auslegung angenommen werden kann[1415]. Zum einen ist darauf hinzuweisen, daß auch der neue Titel VI des EU-Vertrags weiterhin auf intergouvernementaler Ebene, also

---

1408 *Thun-Hohenstein*, S. 46.

1409 Krit. zu dieser Regelung *Pechstein/Koenig*, Rn. 390; *Müller-Graff*, Integration 4/1997, 271 (281).

1410 So die Bezeichnung bei *Harings*, EuR, Beiheft 2/1998, 71 (93) und *Thun-Hohenstein*, S. 46.

1411 S. dazu o. S. 152 f.

1412 Vgl. Art. 35 III lit. b EUV. Davon haben bei der Unterzeichnung des Amsterdamer Vertrages Belgien, die Bundesrepublik Deutschland (vgl. § 1 I EuGHG, BGBl. 1998 I S. 2035), Griechenland, Luxemburg und Österreich Gebrauch gemacht.

1413 Vgl. Art. 35 III lit. a EUV.

1414 S. dazu o. S. 195 ff.

1415 So auch *Pechstein/Koenig*, Rn. 390; *Harings*, EuR, Beiheft 2/1998, 81 (92); *Albors-Llorens*, CMLRev. 1998, 1273 (1280); *Degen*, in: GTE, Vorbem. zu den Artikeln K bis K.9, Rn. 36.

auf völkerrechtlicher Ebene, angesiedelt ist und somit eine Übertragung des supranationalen Gemeinschaftsrechts nicht in Betracht kommt. Daher sind nationale Gerichte selbst dann nicht vorlageverpflichtet, wenn sie von der Ungültigkeit eines Rahmenbeschlusses oder eines sonstigen Beschlusses ausgehen wollen[1416]. Denn anders als im Rahmen der „ersten Säule" wird den Handlungsformen des neuen Titels VI des EU-Vertrags keinerlei innerstaatliche und vorrangige Wirkung beigemessen; auch dies verdeutlicht, daß eine Übertragung gemeinschaftsrechtlicher Grundsätze auf die „dritte Säule" nicht gewollt war. Zum anderen wäre auch die Erklärung Nr. 10 der Schlußakte zum Amsterdamer Vertrag nicht verständlich, wonach die Mitgliedstaaten bei der Abgabe einer Erklärung nach Art. 35 II EUV sich das Recht vorbehalten können, in ihrem innerstaatlichen Recht eine obligatorische Vorlage durch letztinstanzlich entscheidende Gerichte vorzunehmen[1417]. Zwar mag diese vertragsrechtliche Ausgestaltung hinsichtlich des Vorabentscheidungsverfahrens dem erstrebenswerten Ziel einer einheitlichen Auslegung von Maßnahmen im Rahmen der intergouvernementalen Zusammenarbeit nicht förderlich sein[1418]; sie wurde aber von den Mitgliedstaaten so gewollt, was darauf zurückzuführen sein dürfte, daß sie einen vollständigen Souveränitätsverlust hinsichtlich der Jurisdiktion nicht hinnehmen wollten. Schließlich ist darauf hinzuweisen, daß nach Art. 35 IV EUV in solchen Verfahren aber alle Mitgliedstaaten, selbst wenn sie dem EuGH keinerlei Vorabentscheidungsbefugnis in der „dritten Säule" eingeräumt haben, beim EuGH Schriftsätze einreichen oder schriftliche Erklärungen abgeben können.

Neben dem Vorabentscheidungsverfahren ist durch Art. 35 VI EUV für die „dritte Säule" die Möglichkeit von Nichtigkeitsklagen verankert, wobei dem Gerichtshof - ohne „opting in"-Erfordernis - die Zuständigkeit zur Überprüfung der Rechtmäßigkeit von Beschlüssen und Rahmenbeschlüssen übertragen wurde. Klagebefugt[1419] sind hierbei nur die Mitgliedstaaten und die Kommission wegen Fragen der Unzuständigkeit, der Verletzung wesentlicher Formvorschriften, der Verletzung des Vertrags oder einer bei seiner Durchführung anzuwendenden Rechtsnorm oder des Ermessensmißbrauchs, wobei das Gerichtsverfahren binnen zwei Monaten nach Veröffentlichung der Maßnahme einzuleiten ist; insoweit ist Art. 35 VI EUV dem Art. 230 UAbs. 2 EGV (Art. 173 UAbs. 2 EGV a.F.) nachgebildet. Jedoch besteht eine Unterscheidung dahingehend, daß eine dem Art. 231 EGV (Art. 174 EGV a.F.) entsprechende Vorschrift hinsichtlich der Wirkungen der gerichtlichen Entscheidung fehlt.

1416 So aber *Thun-Hohenstein*, S. 47 f.

1417 Davon haben bei der Unterzeichnung des Amsterdamer Vertrages Belgien, die Bundesrepublik Deutschland (vgl. § 1 II EuGHG, BGBl. 1998 I S. 2035), Luxemburg und Österreich Gebrauch gemacht.

1418 In diesem Sinne *Albors-Llorens*, CMLRev. 1998, 1273 (1281 f.) m.w.N.

1419 Krit. hierzu *Albors-Llorens*, CMLRev. 1998, 1273 (1282).

Dies ist aber verständlich, da eine Nichtigerklärung mit dem intergouvernementalen Charakter des neuen Titels VI des EU-Vertrags nur schwerlich in Einklang zu bringen wäre. Auch das Urteil des EuGH vom 12. Mai 1998 in der Rechtssache C-170/96 betreffend eine gegen die Gemeinsame Maßnahme 96/197/JI über eine Regelung des Transits auf Flughäfen seitens der Kommission gerichtete Nichtigkeitsklage[1420] ändert an dieser Rechtsauffassung nichts, da die Klage im Sinne des Art. 35 VI EUV ausschließlich auf die Rechtmäßigkeitsprüfung von Rahmenbeschlüssen und sonstigen Beschlüssen unter dem Gesichtspunkt der Unzuständigkeit, der Verletzung wesentlicher Formvorschriften sowie der Verletzung dieses Vertrags, also des EU-Vertrags, begrenzt ist. *Harings* sieht daher das Verfahren nach Art. 35 VI EUV zu Recht als ein reines Feststellungsverfahren an[1421]. Zudem ist darauf hinzuweisen, daß es zu einer vor dem EuGH zu klärenden Kompetenzabgrenzungsfrage – wie es in der Rechtssache C-170/96 der Fall war – aufgrund der im Rahmen der in der „dritten Säule" verbliebenen Regelungsbereiche nicht mehr kommen dürfte. Denn weder für die polizeiliche Zusammenarbeit noch für die justitielle Zusammenarbeit in Strafsachen besteht im EG-Vertrag nach Inkrafttreten des Amsterdamer Vertrags eine Rechtsgrundlage.

Auch eine Individualnichtigkeitsklage natürlicher oder juristischer Personen, wie sie nach Art. 230 UAbs. IV EGV (Art. 173 UAbs. IV EGV a.F.) möglich ist, ist nicht vorgesehen, was ein Indiz für die mangelnde Durchgriffswirkung der in Art. 34 II EUV vorgesehenen Rechtsakte gegenüber den Unionsbürgern darstellt[1422].

Darüber hinaus ist der EuGH nach Art. 35 VII EUV für die Entscheidung von Streitigkeiten zwischen Mitgliedstaaten hinsichtlich der Auslegung und Anwendung der Rechtsakte nach Art. 34 II EUV zuständig, soweit solche Streitigkeiten nicht binnen einer Frist von sechs Monaten im Rat beigelegt werden können; insoweit ist diese Vorschrift dem Art. 40 Europol-Übereinkommen und den entsprechenden Erklärungen der Mitgliedstaaten zu Art. 40 II Europol-Übereinkommen[1423] nachgebildet. Allerdings wird dem EuGH keine Prüfungskompentenz hinsichtlich der auf die Rechtsakte des Art. 34 II EUV gestützten Maßnahmen der nationalen Behörden gewährt[1424], was auch die Erklärung Nr. 7 der Schlußakte zum Amsterdamer Vertrag verdeutlicht. Gemäß Art. 35 VII S. 2 EUV entscheidet der EuGH aber über Streitigkeiten

---

[1420] S. dazu o. S. 127.

[1421] *Harings*, EuR, Beiheft 2/1998, 81 (93).

[1422] In diesem Sinne auch *Pechstein/Koenig*, Rn. 390.

[1423] S. dazu o. S. 152 f.

[1424] So auch *Degen*, in: GTE, Vorbem. zu den Artikeln K bis K.9, Rn. 36; a.A.: *Thun-Hohenstein*, S. 48.

zwischen Mitgliedstaaten und der Kommission über Auslegung und Anwendung der nach Art. 34 II lit. d EUV erstellten Übereinkommen.

4.2. Die übrigen Gemeinschaftsorgane

Wie bereits nach dem Maastrichter Vertrag ist dem Rat durch den Amsterdamer Vertrag im Rahmen der „dritten Säule“ die „dominierende interinstitutionelle Rolle“ zugewiesen[1425]. Durch den Amsterdamer Vertrag wird die Stellung des Rates insbesondere durch eine Neugestaltung der verfügbaren Handlungsformen[1426] und die Vereinfachung des Inkrafttretens der von ihm zur Annahme empfohlenen Übereinkommen[1427] gestärkt. Zudem ist der Rat gemäß Art. 34 I EUV das zentrale Kommunikations-, Konsultations- und Koordinationsorgan für die mitgliedstaatliche Zusammenarbeit, wobei er durch den aus hohen Beamten bestehenden Koordinierungsausschuß nach Art. 36 I EUV, der dem früheren „K.4-Ausschuß“ entspricht, sowie durch den Ausschuß der ständigen Vertreter (COREPER)[1428] unterstützt wird.

Was die Stellung der Kommission anbelangt, so bestimmt Art. 36 II EUV, daß sie in vollem Umfang an den Arbeiten in den im neuen Titel VI des EU-Vertrags genannten Bereichen beteiligt wird. Die Kommission erhält gemäß Art. 34 II S. 2 EUV ein gegenüber den Mitgliedstaaten der Europäischen Union gleichberechtigtes Initiativrecht in allen von der reformierten „dritten Säule“ erfaßten Politikbereichen; zudem kann sie nach Art. 35 VI EUV Rahmenbeschlüsse und „sonstige Beschlüsse“ des Rates einer gerichtlichen Kontrolle durch den EuGH zuführen. Insoweit ist es gegenüber der Rechtslage nach dem Maastrichter Vertrag[1429] unzweifelhaft zu einer Kompetenzerweiterung der Kommission gekommen. Jedoch ist diese nicht mit der Aufgabenzuweisung der Kommission nach dem EG-Vertrag vergleichbar, wonach der Kommission eine Monopolbefugnis zur Initiative von Rechtsakten zukommt. Motor und Hüterin der Integration in der „dritten Säule“ ist die Kommission keinesfalls[1430].

Schließlich hat auch die Rolle des Parlamentes im Vergleich zu der nach dem Maastrichter Vertrag bestandenen Rechtslage in der reformierten „dritten Säule“ eine deutliche Verbesserung erfahren. So wird das Parlament nicht mehr nur unterrichtet und lediglich angehört, sondern es besteht eine Verpflichtung des Rates zur Anhörung des Parlamentes unter Einhaltung einer mindestens dreimonatigen Frist zur Stellungnahme vor Annahme eines Rahmenbeschlusses,

---

1425 S. hierzu *Müller-Graff*, Integration 4/1997, 271 (277); *Harings*, EuR, Beiheft 2/19978, 81 (90).

1426 S. dazu o. S. 206 ff.

1427 S. dazu o. S. 208 f.

1428 Dies ergibt sich aus der Verweisung des Art. 42 EUV auf Art. 207 EGV.

1429 S. dazu o. S. 105 f.

1430 S. hierzu auch *Pechstein/Koenig*, Rn. 389; *Harings*, EuR, Beiheft 2/1998, 81 (91).

eines „sonstigen Beschlusses" oder der Empfehlung zur Annahme eines Übereinkommens[1431]; ausgeklammert ist die Anhörung des Parlamentes zu geplanten gemeinsamen Standpunkten nach Art. 34 II lit. a EUV. Damit ist die Anhörung des Parlamentes Verfahrensvoraussetzung für die Beschlußfassung im Rat gemäß Art. 34 II lit. b - d EUV, die nur dann entfällt, wenn das Parlament von seiner Kompetenz zur Stellungnahme nicht innerhalb der vom Rat gesetzten Frist Gebrauch gemacht hat.

5. Die sog. Flexibilitätsklausel

Mit Art. 40 EUV, der den bisherigen Art. K.7 EUV a.F. ablöst, enthält der neue Titel VI des EU-Vertrags eine Ermächtigungsklausel für Flexibilität im Sinne einer verstärkten Zusammenarbeit im polizeilichen und strafjustitiellen Bereich für einen kleineren Kreis von Mitgliedstaaten. Insoweit ist die Flexibilitätsklausel des Art. 40 EUV lex specialis gegenüber den allgemeinen Bestimmungen der Art. 43 ff. EUV über die engere Zusammenarbeit zwischen den Mitgliedstaaten[1432], die als ein neuer Titel in die Bestimmungen des EU-Vertrags aufgenommen wurden[1433]. Nach Art. 40 I lit. a und b EUV setzt die Statthaftigkeit einer engeren Zusammenarbeit voraus, daß die Zuständigkeiten der Gemeinschaft und die im neuen Titel VI des EU-Vertrags festgelegten Ziele gewahrt werden und die Sicherheitsunion dadurch rascher verwirklicht werden kann. Eine engere Zusammenarbeit darf ferner nur begründet werden, wenn die Ziele der Verträge mit den darin festgelegten einschlägigen Verfahren nicht erreicht werden konnten und die Mehrheit der Mitgliedstaaten daran beteiligt ist. Die Ermächtigung zur Zusammenarbeit im kleineren Kreis beschließt der Rat nach Stellungnahme der Kommission mit qualifizierter Mehrheit, wobei aber jeder Mitgliedstaat aus „wichtigen Gründen der nationalen Politik", die er auch nennen muß, der Ermächtigung widersprechen kann. Ist dies der Fall, findet im Rat keine Abstimmung statt; daraufhin kann der Rat mit qualifizierter Mehrheit beschließen, daß diese Frage vom Europäischen Rat im Wege der Einstimmigkeit zu entscheiden ist. Insoweit kann von einer Fortführung der sog. „Luxemburger Vereinbarung"[1434] gesprochen werden[1435], wonach sich die Mitglied-

---

[1431] Vgl. Art. 39 I EUV.

[1432] *Degen*, in: GTE, Vorbem. zu den Artikeln K bis K.9, Rn. 39.

[1433] Darüber hinaus enthält Art. 11 EGV für den Bereich des Gemeinschaftsrechts zusätzliche, spezielle Voraussetztungen für die Anwendbarkeit des Flexibiltätsgrundsatzes (s. dazu *Lang*, ZAR 2/1998, 59 [64 f.]). Zu sämtlichen Vorschriften betreffend den Flexibilitätsgrundsatz vgl. *Hofmann*, EuR 6/1999, 713, (721 ff.).

[1434] Der vollständige Text der „Luxemburger Vereinbarung" ist abgedruckt in: EuR 1/1966, 73 f. Vgl. dazu ausführlich *Streinz*, Die Luxemburger Vereinbarung, 1984; *Lahr*, EA 8/1983, 223 ff.

[1435] So auch *Pechstein/Koenig*, Rn. 391.

staaten innerhalb eines angemessenen Zeitraumes bemühen, bei Meinungsverschiedenheiten zu einer Lösung zu gelangen, die von allen Mitgliedstaaten unter Wahrung ihrer gegenseitigen Interessen angenommen werden kann. Wird aber eine Sonderkooperation zugelassen, so kann sich nach Art. 40 III EUV jeder Mitgliedstaat unter bestimmten Voraussetzungen dieser anschließen. Rechtspolitisch gesehen ist die Einführung des Flexibiltätsgrundsatzes als vorteilhaft anzusehen, da nicht nur mehrere Mitgliedstaaten zu einer vertieften Integration gelangen können, sondern möglicherweise ein Integrationsprozeß in Gang gesetzt wird, dem sich die anderen Mitgliedstaaten später anschließen können. Der in diesem Zusammenhang häufig erhobene Einwand der unterschiedlichen Integrationsdichte[1436] ist unter dem Gesichtspunkt eines abgestuften europäischen Integrationskonzepts abzulehnen. Auch wird sich diese unterschiedliche Integrationsdichte vor allem bei einer erweiterten Union kaum vermeiden lassen. Inwieweit sich der Flexibilitätsgrundsatz in der Praxis behaupten wird[1437], muß sich erst zeigen.

6. Vergemeinschaftungsklausel

Wie schon im Rahmen der „dritten Säule" nach dem Maastrichter Vertrag enthält auch der neue Titel VI des EU-Vertrags mit Art. 42 EUV eine sog. Vergemeinschaftungsklausel, die im Gegensatz zu Art. K.9 EUV a.F. [1438] auf sämtliche Bereiche der nunmehr neuen „dritten Säule" anwendbar ist; auch wird der Bezug auf Art. 100 c EGV a.F. aufgegeben. Damit steht ausdrücklich fest, daß als Vergemeinschaftungsgegenstände nur noch die polizeiliche und justitielle Zusammenarbeit in Strafsachen in Betracht kommt, da die anderen Materien bereits durch den Amsterdamer Vertrag vergemeinschaftet wurden. Verfahrenstechnisch beschließt der Rat auf Initiative der Kommission oder eines Mitgliedstaates und nach Anhörung des Europäischen Parlamentes einstimmig. Ob ein derartiger Beschluß in naher Zukunft zustandekommt, dürfte äußerst zweifelhaft sein. So hat bereits Dänemark zu Art. 42 EUV eine von der Regierungskonferenz zur Kenntnis genommene und der Schlußakte des Amsterdamer Vertrags beigefügte einseitige Erklärung abgegeben, die einen baldigen Gebrauch der Vergemeinschaftungsklausel unwahrscheinlich macht.

7. Die Einbeziehung des Schengen-Besitzstandes

Der von den Schengen-Staaten erreichte Besitzstand wird in den rechtlichen und institutionellen Rahmen der Europäischen Union einbezogen, wodurch

---

1436 S. hierzu *Lang*, ZAR 2/1998, 59 (65).

1437 Sehr skeptisch *Lecheler*, JuS 5/1998, 392 (394).

1438 S. dazu o. S. 107 ff.

insbesondere eine bessere parlamentarische und gerichtliche Kontrolle gewährleistet werden soll[1439]. Diese Einbeziehung erfolgt aber nicht durch eine Vorschrift des EU-Vertrags, sondern durch ein zum EU-Vertrag und zum EG-Vertrag beigefügtes gesondertes Protokoll, das in seinem Art. 1 unter Hinweis auf den Anhang zunächst den Begriff „Schengen-Besitzstand" definiert. Danach fallen unter den „Schengen-Besitzstand" die beiden Schengener Übereinkommen vom 14. Juni 1985[1440] und vom 19. Juni 1990[1441] sowie sämtliche dazugehörigen Beitrittsprotokolle und Übereinkommen einschließlich den dazugehörigen Schlußakten und Erklärungen sowie die Beschlüsse und Erklärungen des Schengener Exekutivausschusses[1442] und die Rechtsakte der Organe, denen der Exekutivausschuß Befugnisse übertragen hat[1443]. Mit Ausnahme des Vereinigten Königreichs und Irlands[1444], die dem SDÜ bis heute nicht beigetreten sind, ist der „Schengen-Besitzstand" von dem Zeitpunkt des Inkrafttretens des Amsterdamer Vertrags an in allen Mitgliedstaaten der Europäischen Union „sofort anwendbar"[1445], was allerdings nicht mit einer unmittelbaren Wirksamkeit dieses Besitzstandes im Sinne einer self-executing-Wirkung gleichzusetzen ist[1446]. Wie Art. 2 I Schengen-Protokoll zu entnehmen ist, gilt dies unbeschadet des Art. 2 II Schengen-Protokoll. Danach wird die Anwendung des Schengen-Besitzstandes für jene Mitgliedstaaten, welche die entsprechenden Protokolle über den Beitritt zu den Schengener Übereinkommen unterzeichnet haben, dahingehend eingeschränkt, daß der Zeitpunkt der Anwendung des Art. 2 I Schengen-Protokoll vom Rat durch einstimmigen Beschluß der 13 Schengen-Staaten festzulegen ist, sofern die Bedingungen für den Beitritt eines dieser Staaten zum Schengen-Besitzstand nicht schon vor Inkrafttreten des Amsterdamer Vertrags erfüllt sind. Damit betrifft die volle sofortige Anwendbarkeit des Schengen-Besitzstandes im Rahmen des vorliegenden Protokolls zunächst jene Schengen-Staaten, für die bis zum Inkrafttreten des Amsterdamer Vertrags die Inkraftsetzung[1447] erfolgt ist[1448]. Für die übrigen Schengen-Staaten entscheidet der Rat, der mit dem Inkrafttreten des Amsterda-

---

1439 *Hailbronner*, CMLRev. 1998, 1047 (1062); *Hailbronner/Thiery*, EuR 5/1998, 538 (606).

1440 S. dazu o. S. 43 ff.

1441 S. dazu o. S. 46 ff.

1442 S. dazu o. S. 70.

1443 Ausführlich zum Begriff des Schengen-Besitzstandes *Hailbronner/Thiery*, EuR 5/1998, 538 (607 ff.).

1444 S. dazu o. S. 48, u. S. 218.

1445 Vgl. Art. 2 I Schengen-Protokoll.

1446 S. auch *Weber*, ZAR 4/1998, 147 (149 f.); *Harings*, EuR, Beiheft 2/1998, 81 (84) m.w.N.

1447 Zum Begriff des Inkraftsetzens im Rahmen des SDÜ vgl. o. S. 48 ff.

1448 So auch *Thun-Hohenstein*, S. 51.

mer Vertrags an die Stelle des durch das SDÜ eingesetzten Exekutivausschusses tritt[1449].

Allerdings obliegt es gemäß Art. 2 I UAbs. 2 Schengen-Protokoll dem Rat, durch einstimmigen Beschluß der 13 teilnehmenden Mitgliedstaaten die Rechtsgrundlage für jede Bestimmung und jeden Beschluß festzulegen[1450], die den Schengen-Besitzstand bilden. Offen bleibt damit zunächst, ob der Schengen-Besitzstand als Gemeinschaftsrecht im Rahmen des neuen Titels IV des EG-Vertrags oder als Teil der intergouvernementalen Kooperation der „dritten Säule" gelten soll[1451]. Solange der Rat diese Maßnahmen nicht getroffen hat, gelten die Bestimmungen und Beschlüsse des „Schengen-Besitzstandes" als Rechtsakte, die auf den neuen Titel VI des EU-Vertrags gestützt sind, was sich aus der Regelung des Art. 2 I UAbs. 4 Schengen-Protokoll ergibt. Damit ist der „Schengen-Besitzstand" zunächst Teil der polizeilichen und justitiellen Zusammenarbeit in Strafsachen. Auswirkungen hat die Zuordnung des „Schengen-Besitzstandes" zu den Säulen vor allem für den Umfang der gerichtlichen Kontrolle durch den EuGH. Wie dem Art. 2 I UAbs. 3 Schengen-Protokoll zu entnehmen ist, kommt dem Gerichtshof die Kompetenz zur Überprüfung der Schengenbestimmungen und -beschlüsse nur insoweit zu, wie dies nach der gewählten Rechtsgrundlage durch den Rat der Fall wäre. Solange also die Festlegung von Rechtsgrundlagen nicht erfolgt ist, richtet sich die Zuständigkeit des EuGH für die betreffenden Bestimmungen und Beschlüsse des Schengen-Besitzstandes nach seiner in der „dritten Säule" ausgestalteten Kompetenz[1452]. Andererseits wäre der EuGH gemäß dem gemeinschaftsrechtlichen Rechtsschutzsystem, insbesondere nach dem neuen Titel IV des EG-Vertrags zuständig, wenn der Rat durch einstimmigen Beschluß bestimmte Regelungen des Schengen-Besitzstandes „vergemeinschaftet". Fraglich ist allerdings, ob auch der Beschluß des Rates zur Festlegung der Rechtsgrundlagen der Überprüfung durch den EuGH unterliegt. Aufgrund der vertragsrechtlichen Ausgestaltung des Art. 2 I UAbs. 3 Schengen-Protokoll dürfte dies abzulehnen sein[1453]. Denn der Gerichtshof soll gerade erst aufgrund der Festlegung durch einstimmigen Ratsbeschluß zur Wahrnehmung der Zuständigkeit bestimmt werden. Die Rechtsgrundlage wird daher anders als im Gemeinschaftsrecht nicht objektiv bestimmt. Gänzlich ausgeschlossen ist die Zuständigkeit des EuGH, wie auch schon im Rahmen des neuen Titels IV des EG-Vertrags[1454] und der

---

1449 Vgl. Art. 2 I S. 2 Schengen-Protokoll.

1450 Zur Frage des Rechtscharakters eines aufgrund der Zuordnung ergangenen Beschlusses vgl. *Hailbronner/Thiery*, EuR 5/1998, 538 (610).

1451 S. auch *Harings*, EuR, Beiheft 2/1998, 81 (84); *Pechstein/Koenig*, Rn. 392.

1452 S. dazu o. S. 209 ff.

1453 So auch *Harings*, EuR, Beiheft 2/1998, 81 (84); anders aber *Thun-Hohenstein*, S. 53, der eine indirekte Überprüfungszuständigkeit des EuGH annimmt.

1454 S. dazu o. S. 197.

„dritten Säule“[1455], für Maßnahmen oder Beschlüsse, die die Aufrechterhaltung der öffentlichen Ordnung und den Schutz der inneren Sicherheit betreffen[1456].

Darüber hinaus enthält das Schengen-Protokoll für einige Staaten gewisse Sonderbestimmungen. Diese resultieren aus der Tatsache, daß das Vereinigte Königreich und Irland weder dem SDÜ beigetreten sind noch an der Vergemeinschaftung der bisherigen intergouvernementalen Zusammenarbeit teilnehmen wollen, daß Dänemark zwar Schengen-Mitglied ist, aber ebenfalls nicht an der Vergemeinschaftung teilnehmen will und daß Island und Norwegen ein Kooperationsabkommen mit den Schengen-Staaten am 19. Dezember 1996 geschlossen haben, aber keine EU-Mitgliedstaaten sind.
Art. 3 Schengen-Protokoll enthält die Sonderregelungen betreffend Dänemark. Danach bleiben diejenigen Teile des Schengen-Besitzstandes, die durch einstimmigen Ratsbeschluß in den neuen Titel IV des EG-Vertrags überführt werden sollen, für Dänemark wie bisher als völkerrechtliche Vereinbarungen in Kraft[1457]. Dies bedeutet, daß die typischen gemeinschaftsrechtlichen Wirkungen, wie die unmittelbare Wirkung und der Vorrang gegenüber entgegenstehendem nationalen Recht, welche die vergemeinschafteten Bereiche dann entfalten würden, für Dänemark nicht gelten. Allerdings hat sich Dänemark durch Art. 5 des Protokolls betreffend seiner Position verpflichtet, innerhalb von sechs Monaten nach Annahme eines Gemeinschaftsrechtsaktes, der den Schengen-Besitzstand fortbildet, entsprechende Änderungen seines nationalen Rechts vorzunehmen. In bezug auf diejenigen Teile des Schengen-Besitzstandes, für die die „dritte Säule“ als Rechtsgrundlage festgelegt wird, bestimmt Art. 3 Schengen-Protokoll, daß Dänemark dieselben Rechte und Pflichten wie die übrigen Vertragsparteien der Schengener Übereinkommen behält, d.h. auch Dänemark unterliegt den einschlägigen Bestimmungen des neuen Titels VI des EU-Vertrags.

Während Dänemark also eine Zwischenposition hinsichtlich der Geltung des Schengen-Besitzstandes einnimmt, sind das Vereinigte Königreich und Irland hiervon gänzlich ausgenommen. Allerdings ist in Art. 4 Schengen-Protokoll die Möglichkeit der Teilnahme des Vereinigten Königreichs und Irlands an einzelnen oder sämtlichen Bestimmungen des Schengen-Besitzstandes geregelt. Für diesen Fall sieht Art. 4 UAbs. 2 Schengen-Protokoll ein Verfahren vor, das von den Beitrittsmechanismen der „ersten“ und „dritten Säule“ sowie den Sondervorschriften des Protokolls über die Position des Vereinigten Königreichs

---

[1455] S. dazu o. S. 210.

[1456] Krit. dazu *Weber*, ZAR 4/1998, 147 (150).

[1457] S. auch *Degen*, in: GTE, Vorbem. zu den Artikeln K bis K.9, Rn. 30; *Pechstein/Koenig*, Rn. 392; *Zimmermann*, NVwZ 5/1998, 450 (453); *Hailbronner*, CMLRev. 1998, 1047 (1065); *Hailbronner/Thiery*, EuR 5/1998, 538 (613); *Kortenberg*, CMLRev. 1998, 833 (843).

und Irlands[1458] abweicht. Art. 4 UAbs. 2 Schengen-Protokoll verlangt einen einstimmigen Ratsbeschluß der 13 Schengen-Staaten einschließlich des beitrittswilligen Mitgliedstaates. Hinzuweisen ist in diesem Zusammenhang schließlich noch auf eine der Schlußakte des Amsterdamer Vertrags beigefügte Erklärung zu Art. 4 Schengen-Protokoll, wonach der Rat ersucht wird, die Stellungnahme der Kommission einzuholen, bevor er über einen seitens des Vereinigten Königreichs und Irlands gestellten sog. „opt-in"[1459] - Antrag entscheidet.
Art. 6 Schengen-Protokoll regelt das Verhältnis zu den beiden Staaten Island und Norwegen, die bei der Durchführung des Schengen-Besitzstandes und seiner Weiterentwicklung zu beteiligen sind. Danach soll über die Durchführung des Kooperationsabkommens vom 19. Dezember 1996[1460] ein Übereinkommen zwischen der Europäischen Union und Island sowie Norwegen geschlossen werden, das die entsprechenden Verfahren hierfür festlegen soll; der Rat beschließt hierüber mit Einstimmigkeit seiner 13 Schengen-Mitglieder[1461]. Darüber hinaus schließt der Rat gemäß Art. 6 UAbs. 2 Schengen-Protokoll mit Island und Norwegen ein weiteres Übereinkommen, das die Rechte und Pflichten zwischen dem Vereinigten Königreich und Irland einerseits und Island und Norwegen andererseits in den für diese Staaten geltenden Bereichen des Schengen-Besitzstandes festlegt. Der Rat beschließt hier mit einstimmigen Beschluß aller 15 Mitgliedstaaten, wie dies dem Art. 6 UAbs. 2 Schengen-Protokoll zu entnehmen ist, wonach eine Bezugnahme auf die in Art. 1 Schengen-Protokoll genannten 13 Schengen-Mitglieder fehlt.

Schließlich ist auf Art. 8 Schengen-Protokoll hinzuweisen, der festlegt, daß künftige Beitrittskandidaten zur Europäischen Union den Schengen-Besitzstand vollständig übernehmen müssen; dies schließt allerdings nicht aus, daß in Beitrittsverträgen diesbezügliche Übergangsmaßnahmen vereinbart werden.

Abschließend läßt sich festhalten, daß mit dem Schengen-Protokoll der Schengen-Besitzstand die Grundlage der völkerrechtlichen Zusammenarbeit verlassen hat und dem europäischen Integrationsprozeß angenähert wird, was im Ergebnis als positiv zu werten ist. Wie jedoch die einzelnen Regelungen dieses Protokolls gezeigt haben, ist die Verknüpfung der Integrationsprozesse von Schengen und der Europäischen Union höchst diffizil und enthält noch offene Fragen, die erst in der Praxis geklärt werden können. Auch hinsichtlich der Vergemeinschaftung des Schengen-Besitzstandes enthält das Schengen-

---

1458 Vgl. dazu Art. 3 dieses Protokolls.

1459 So die Bezeichnung bei *Hailbronner/Thiery*, EuR 5/1998, 538 (611).

1460 S. dazu o. S. 48.

1461 Vgl. Art. 6 UAbs. 1 Schengen-Protokoll.

Protokoll eine einschneidende Einschränkung[1462], da hierfür im Rahmen des Beschlußverfahrens das Einstimmigkeitsprinzip festgelegt ist. Zudem machen die im Schengen-Protokoll enthaltenen Sonderbestimmungen deutlich, daß sich ein unterschiedlicher Integrationsgrad nicht vermeiden läßt. Trotz dieser Einschränkungen verdeutlicht das Schengen-Protokoll, daß das SDÜ als „Meilenstein" und „Motor" der Integration[1463] zu bewerten ist. Von einer derartigen Wirkung des SDÜ geht auch der Aktionsplan des Rates und der Kommission vom 3. Dezember 1998 aus, in dem dieser ausdrücklich zu verstehen gibt, daß „der Schengen-Besitzstand den Weg aufgezeigt und den Grundstein für das weitere Vorgehen gelegt (hat)"[1464]. Denn die durch das Schengen-Protokoll angestrebte Integration, sei es im Bereich des Gemeinschaftsrechts, sei es auf dem Gebiet der intergouvernementalen Zusammenarbeit, wäre ohne die Vorreiterrolle der Schengen-Staaten hinsichtlich des Abbaus der Personenkontrollen sicherlich nicht erreicht worden, was den Schluß zuläßt, daß zur Ingangsetzung eines gemeinschaftlichen Integrationsprozesses in manchen Bereichen zunächst der Umweg über völkerrechtliche Vereinbarungen beschritten werden sollte.

Schlußbetrachtung und Ausblick

Seit dem Bestehen der Europäischen Wirtschaftsgemeinschaft hat es immer wieder Ansätze und Vorgehensweisen gegeben, den europäischen Integrationsprozeß voranzubringen, wobei es vor allem galt, den Integrationsgedanken in politischer, wirtschaftlicher und rechtlicher Sicht zu verwirklichen, um am Ende dieser Entwicklung eine einheitliche Rechtsordnung zu schaffen. Da die rechtliche Integration im wesentlichen durch die Vergemeinschaftung und Angleichungen der nationalen Rechtsordnungen realisiert wird[1465], hat sich dieser Prozeß teilweise als sehr langwierig und schwierig erwiesen. Wie schon bei der Errichtung der Europäischen Wirtschafts- und Währungsunion war auch für den Bereich des Grenzkontrollenabbaus und den damit eng verbundenen Ausgleichsmaßnahmen eine Übertragung mitgliedstaatlicher Souveränitätsrechte auf die Gemeinschaftsebene mit erheblichen Schwierigkeiten verbunden, was dazu geführt hat, daß teilweise Kompromißregelungen in der Gemeinschaftsrechtsordnung Eingang gefunden haben. In diesem Sinne können auch nur die durch den Maastrichter Vertrag eingeführten, als „dritte Säule" bezeichneten, Regelungen der Art. K. – Art. K.9 EUV a.F. gesehen werden. Dies zeigte sich nicht nur an der fehlenden Verbindlichkeit der Instrumente der justiz- und

---

[1462] S. auch *Weber*, ZAR 4/1998, 147 (150).

[1463] S. dazu o. S. 75

[1464] ABl. EG 1999 Nr. C 19/3.

[1465] S. hierzu *Bleckmann*, in: Bieber/Ress (Hrsg.), S. 161 (180).

innenpolitischen Zusammenarbeit, sondern vor allem an der mangelnden Einbindung der Gemeinschaftsorgane, insbesondere des EuGH, in die „dritte Säule". Eine Übertragung spezieller Befugnisse auf die Gemeinschaftsebene war mit Ausnahme des Art. 100 c EGV a.F. von vornherein ausgeschlossen. Die justiz- und innenpolitische Zusammenarbeit vollzog sich ausschließlich auf der Ebene der intergouvernementalen Kooperation. Auch die Errichtung des „Europäischen Polizeiamtes" (Europol) hat gezeigt, wie schwer sich die einzelnen Mitgliedstaaten tun, Souveränitätsrechte vor allem in staatlich sensiblen Bereichen wie Justiz und Inneres abzutreten. Daher kommt es nicht von ungefähr, daß eine hochrangige Teilnehmergruppe des von der Polizei-Führungsakademie Münster vom 15. bis 17. September 1998 veranstalteten Seminars, der u.a. auch der Direktor von Europol *Jürgen Storbeck* angehörte, zum Thema „Rechtsprobleme internationaler Zusammenarbeit" einhellig der Auffassung war[1466], daß das „national-staatliche Beharren" auf dem Souveränitätsprinzip als entscheidendes Hindernis auf dem Weg zu einer effektiveren internationalen polizeilichen Zusammenarbeit anzusehen sei.
Eine weitere Problematik in diesem Zusammenhang ist die Frage nach der Erweiterung von Europol mit operativen Befugnissen. Denn wie bereits erwähnt[1467], verfügt Europol zur Zeit über keinerlei Exekutivbefugnisse; an dieser Rechtslage hat sich auch nach dem Inkrafttreten des Amsterdamer Vertrags nichts geändert. Die Europol betreffenden Maßnahmen werden weiterhin als intergouvernementale Materien behandelt. Zum jetzigen Zeitpunkt wäre eine Erweiterung der Europol-Befugnisse im Sinne von Exekutivbefugnissen äußerst fraglich. Denn einerseits fehlen nach wie vor exekutive Kontrollbefugnisse sowohl auf mitgliedstaatlicher als auch auf europäischer Ebene; andererseits kann das Tätigwerden von Europol weder durch die europäische Gerichtsbarkeit noch durch die mitgliedstaatlichen Gerichte umfassend kontrolliert werden[1468]. Daher muß zunächst dieses lückenhafte Kontrollsystem durch ein funktionierendes Rechtsschutzsystem auf Gemeinschaftsebene ersetzt werden; auch bedarf es einer Harmonisierung der straf-, strafverfahrens- und polizeirechtlichen Vorschriften zumindest in ihren Kerngehalten, bevor Europol operative Befugnisse übertragen werden. Denn nur so wird das Prinzip der Rechtseinheitlichkeit auf EU-Ebene zu garantieren und die Errichtung einer funktionierenden „europäischen Sicherheitsunion" möglich sein.

Nun stellt sich die Frage, inwieweit die durch den Amsterdamer Vertrag vergemeinschafteten Sachbereiche Freier Personenverkehr, Asylrecht und

---

[1466] Zu den einzelnen Beiträgen vgl. die Zusammenfassung bei *Peilert*, Die Polizei 3/1999, 65 ff.

[1467] S. dazu bereits ausführlich o. S. 158.

[1468] S. hierzu insb. die Ausführungen von *Gleß*, EuR, 6/1998, 748 (765).

Einwanderung als Fortschritt im europäischen Integrationsprozeß zu werten sind.
Unbestreitbar ist die Tatsache, daß mit den Bestimmungen des neuen Titels IV des EG-Vertrags das Ziel der Aufrechterhaltung und Weiterentwicklung der Europäischen Union zu einem „Raum der Freiheit, der Sicherheit und des Rechts" vertragsrechtlich festgeschrieben ist, wobei gleichzeitig dessen verschiedenen Aspekte im einzelnen aufgeführt werden. Zudem geben sie der Gemeinschaft einen gewissen Rahmen, in dem sie zum Zwecke der Verwirklichung dieses Raumes u.a. die hierfür notwendigen Instrumente verstärken. So können in den sensiblen und grundrechtsrelevanten Bereichen der Asyl- und Einwanderungspolitik, der Außengrenzen sowie der Visapolitik die gemeinschaftsrechtlichen Handlungsinstrumente genutzt werden. Zutreffend weisen *Hailbronner/Thiery* darauf hin, daß mit der Anwendbarkeit der gemeinschaftsrechtlichen Handlungstypen und der damit einhergehenden allgemeinen gemeinschaftsrechtlichen Bindungs- und Direktwirkung nicht nur ein enormer Effizienzgewinn verbunden ist, sondern auch ein beachtlicher Kompetenzzuwachs für die Gemeinschaft[1469]. Allerdings darf hierbei nicht außer Acht gelassen werden, daß die gemeinschaftlichen Kompetenzen lediglich punktueller Natur sind; eine allgemeine Gemeinschaftskompetenz auf dem Gebiet der Personenfreizügigkeit und des Asyl- und Einwanderungsrechts ist durch den Amsterdamer Vertrag nicht geschaffen worden. Von einem europäischen Asyl- und Ausländerrecht auf Gemeinschaftsebene ist die Europäische Union noch weit entfernt; die Art. 61, 62 und 63 EGV stellen lediglich einen ersten Schritt in diese Richtung dar[1470]. Aber gerade in diesem Bereich wäre es angebracht gewesen, die gemeinschaftsrechtlichen Kompetenzen zu erweitern, zumal mit den im politischen und wirtschaftlichen Umbruch befindlichen mittel- und osteuropäischen Staaten sowie den nach wie vor nicht befriedeten Konflikten im früheren Jugoslawien und Albanien die Mitgliedstaaten der Europäischen Union auch in den kommenden Jahren einem erheblichen Migrationsdruck ausgesetzt sein werden[1471]. Eine einheitliche, auf EU-Ebene angesiedelte Migrations- und Freizügigkeitspolitik würde nicht nur einen enormen Integrationsfortschritt bedeuten, sondern auch die politischen, gesellschaftlichen und wirtschaftlichen Probleme Europas effizienter auffangen, was auch erheblich zur Erhaltung des europäischen Friedens beitragen würde.

Demgegenüber ist die vertragsrechtliche Ausgestaltung der Regelung betreffend die justitielle Zusammenarbeit in Zivilsachen verständlich und nachvollziehbar, welche die Rechtsangleichung in erster Linie auf die zivilprozessualen

---

1469 *Hailbronner/Thiery*, EuR 5/1998, 583 (613).

1470 Bergmann/Lenz-*Winkler*, Kap. 2, Rn. 72; *Beckstein*, ZAR 4/1999, 151 (154).

1471 S. hierzu insb. die Zahlenangaben bei *Beckstein*, ZAR 4/1999, 151.

Bestimmungen beschränkt. Denn bei der Schaffung eines Raumes des Rechts muß auch berücksichtigt werden, daß aus tief in der Geschichte und der Tradition verwurzelten Gründen die Rechtssysteme der Mitgliedstaaten große Unterschiede aufweisen. Die Schaffung eines europäischen Zivilgesetzbuches mit einheitlichen formellen und materiellen Regelungen wäre zum jetzigen Zeitpunkt, aber auch in naher Zukunft, kaum durchführbar[1472], da dies ein Verdrängen der großen europäischen Kodizes, wie z.B. Code civil, ABGB, BGB, holländisches WET-BOEK zur Folge haben würde. Wie *Rittner* zutreffend bemerkt, gehört jeder dieser Kodizes, einige schon fast seit 200 Jahren, zu der Kultur seines Landes, zu seinen integrierenden Elementen, was zu einer mehr oder weniger tiefen Verankerung im Volksbewußtsein geführt hat[1473]. Die Schaffung eines einheitlichen, gut funktionierenden Verfahrensrechts dürfte daher auch den Anfang des Rechtsangleichungsprozesses auf EU-Ebene markieren. Daß in ferner Zukunft ein einheitliches europäisches Gesetzbuch für das Privatrecht erarbeitet werden sollte, steht außer Frage, wobei aber auch hier das Maß der Integration von dem jeweils politischen und gesellschaftlichen Machbaren zu bestimmen ist. Denn bei alledem sollte stets bedacht werden, daß das Vertrauen der Bürger für die Schaffung eines europäischen Rechtsraumes gewonnen werden sollte, das durch legislatorische Experimente und konfus anmutende politische Entscheidungen nur zu leicht gefährdet werden könnte[1474].
Mit der Schaffung eines Raumes des Rechts geht auch die Rechtsangleichung im strafrechtlichen Bereich einher. Diese ist zusammen mit der polizeilichen Zusammenarbeit nach wie vor auf dem Gebiet der intergouvernementalen Kooperation angesiedelt, was als wenig integrationsfreundlich, wenn nicht sogar als integrationshemmend anzusehen ist. Angesichts der Tatsache, daß kriminelle Verhaltensweisen, wie beispielsweise Terrorismus, Korruption, Menschenhandel, organisierte Kriminalität, Umweltkriminalität, High-Tech-Kriminalität, Geldwäsche vor den Grenzen der Mitgliedstaaten nicht haltmachen, wäre, jedenfalls für die Bereiche mit starker grenzübergreifender Dimension, eine gemeinschaftsrechtliche Lösung von Vorteil. Denn mit der Schaffung gemeinsamer Mindestvorschriften über die Tatbestandsmerkmale dieser strafbaren Handlungen könnten diese überall in der Europäischen Union gleichermaßen verfolgt werden. Auch die Verfahrensvorschriften hätten einer Angleichung bedurft, um unterschiedliche Behandlungen je nach Gerichtsbarkeit zu vermeiden. Zwar bestehen bereits aufgrund der in der EMRK enthaltenen Sicherheitsklauseln und deren dynamischer Auslegung durch den EGMR,

---

1472 S. hierzu insb. *Rittner*, EuR 1/1998, 3 (16 ff.) m.w.N.

1473 *Rittner*, EuR 1/1998, 3 (17).

1474 In diesem Sinne auch *Rittner*, EuR 1/1998, 3 (18 f.) und *Heß*, NJW 1/2000, 23 (32), der ausschließlich in einer gründlich vorbereiteten, systematischen Kodifikation grenzüberschreitender zivilrechtlicher Regelungen einen Integrationsfortschritt für den Binnenmarkt sieht.

insbesondere im Zusammenhang mit den Rechten betreffend die Verteidigung in Strafsachen, im Grunde angemessene und vergleichbare Verfahrensgarantien, trotzdem würde eine Ergänzung dieser Grundregeln durch gemeinschaftsrechtliche Normen, vor allem im Hinblick auf bestimmte Aspekte der Vollstreckung gerichtlicher Entscheidungen in Strafsachen, wie z.B. die Beschlagnahme sowie die Wiedereingliederung Straffälliger und die Opferbetreuung, als sinnvoll zu erachten sein. Ziel der Gemeinschaft sollte es daher sein, die justitielle Zusammenarbeit in Strafsachen unter den nach dem Amsterdamer Vertrag vorgegebenen Regelungen schnellstmöglich voranzutreiben, um die erforderlichen Voraussetzungen zu schaffen, um diesen Bereich in die Gemeinschaftsrechtsordnung zu überführen.

Auch der durch den Amsterdamer Vertrag eingeführte fünfjährige Zeitrahmen, innerhalb dessen für die vergemeinschafteten Bereiche entsprechende Maßnahmen erlassen werden sollen, bringt erhebliche Probleme mit sich. Zwar legt der Aktionsplan des Rates und der Kommission vom 3. Dezember 1998 für die Bereiche des zu schaffenden Raums der Freiheit, der Sicherheit und des Rechts detaillierte und zeitliche Vorgaben fest; diese sind aber mangels eines verbindlichen Charakters lediglich als Leitlinien zu werten, so daß weiterhin ungewiß ist, wann tatsächlich mit einer Harmonisierung der entsprechenden Vorschriften zu rechnen ist. Schon hier wird sich zeigen, ob der europäische Integrationsprozeß im Bereich der Ausländer- und Einwanderungspolitik fortschreiten oder stagnieren wird, zumal gemäß Art. 67 EGV für sämtliche Maßnahmen im Grundsatz das Einstimmigkeitsprinzip gilt. Als wenig integrationsfreundlich ist hierbei die Tatsache zu werten, daß auch nach Ablauf der fünfjährigen Übergangsfrist weiterhin das Einstimmigkeitsprinzip seine Geltung behalten wird, sollte der Rat nicht mittels eines einstimmig zu fassenden Beschlusses die Ausweitung des Mitentscheidungsverfahrens nach Art. 251 EGV (Art. 189 b EGV a.F.) beschließen. Dies hätte den für einen Integrationsfortschritt notwendigen Vorteil, daß nicht nur der Entscheidungsfindungsprozeß im Rat erleichtert, sondern auch die Kontrollmöglichkeit des Europäischen Parlamentes erheblich verbessert würde. Allerdings ist gegenwärtig nicht abzusehen, ob und für welche Bereiche von dieser Möglichkeit Gebrauch gemacht wird. Damit bleibt festzuhalten, daß bis zum Erlaß eines entsprechenden Ratsbeschlusses die Mitwirkung des Europäischen Parlamentes im Rahmen des neuen Titels IV des EG-Vertrags weitgehend ausgeschlossen ist; insoweit hat auch der Amsterdamer Vertrag an dem nach wie vor bestehenden demokratischen Defizit in diesem Bereich des Gemeinschaftsrechts nichts Wesentliches geändert[1475].

Als problematisch ist zudem die Tatsache anzusehen, daß der Transfer bedeutender Sachgegenstände aus dem Bereich Justiz und Inneres von der

---

1475 *Thun-Hohenstein*, S. 31; Bergmann/Lenz-*Winkler*, Kap. 2, Rn. 64.

„dritten“ in die „erste Säule“ nur um den Preis von Sonderbestimmungen für Dänemark, das Vereinigte Königreich und Irland realisierbar war[1476]. Festzustellen ist, daß derartige Bestimmungen für die Schaffung eines einheitlichen europäischen Rechtsraumes nicht förderlich sind; andererseits stellen Ausnahmeregelungen im Integrationsprozeß der Gemeinschaft kein Novum dar. In dem durch die Mitgliedsstaaten der Gemeinschaft gebildeten Integrationsverband hat es seit Bestehen der EWG immer wieder Sonderbestimmungen für einzelne Mitgliedstaaten gegeben. Dabei handelte es sich nicht nur um zeitlich befristete Übergangsregelungen, wie dies bereits sämtliche bisherigen abgeschlossenen Betrittsverträge zur Europäischen Gemeinschaft und auch Bereiche des sekundären Gemeinschaftsrechts gezeigt haben, um somit für die betreffenden Mitgliedstaaten gewisse Anpassungsschwierigkeiten zu mindern, sondern auch um unbefristete Sonderbestimmungen zugunsten eines oder mehrerer Mitgliedstaaten. Dies verdeutlichen nicht nur die Regelungen betreffend die Teilnahme am damaligen EWS[1477], sondern insbesondere die für Dänemark[1478], aber auch die für das Vereinigte Königreich[1479] eingeräumte Möglichkeit der Nichtteilnahme an der Wirtschafts- und Währungsunion. Letztendlich ist aber ein derartiges abgestuftes Integrationskonzept kaum zu vermeiden[1480], wenn man die europäische Integration überhaupt voranbringen will. Denn in einer immer größeren und komplexeren Europäischen Union wird es zunehmend schwieriger, auf der Basis eines einstimmigen Konsenses zwischen den Mitgliedstaaten neue Schritte zu einer Vertiefung der Integration zu unternehmen. So wird es einerseits immer wieder Mitgliedstaaten geben, die sich aufgrund politischer, wirtschaftlicher, sozialer, aber auch geographischer Besonderheiten nach gemeinsam bestimmten Vorgaben den Integrationsbestrebungen erst später anschließen; andererseits gibt es jene Mitgliedstaaten, die eine zügige Vertiefung der Integration wollen und dazu auch in der Lage sind. Eine Flexibilisierung des Integrationsprozesses[1481] soll daher diesen Mitgliedstaaten die Chance bieten, schneller als die anderen voranzuschreiten. Trotz dieser unterschiedlichen Integrationsstufen bleibt das angestrebte Ziel der Integration einheitlich. Für das Vereinigte Königreich, Irland und Dänemark bedeutet dies, daß für diese Staaten zwar gewisse Sonderregelungen bestehen, die Schaffung eines „Raumes der Freiheit, der Sicherheit und des Rechts“ für sie aber weiterhin das Ziel der

---

[1476] *Hailbronner/Thiery*, EuR 5/1998, 583 (614).

[1477] S. hierzu *Scharrer*, in: Grabitz (Hrsg.), S. 225 (241 ff.).

[1478] Vgl. Protokoll über einige Bestimmungen betreffend Dänemark zum Vertrag von Maastricht.

[1479] Vgl. Protokoll über einige Bestimmungen betreffend das Vereinigte Königreich Großbritannien und Nordirland zum Vertrag von Maastricht.

[1480] S. dazu *Janning*, EA 18/1994, 527 ff.

[1481] Zur Flexibilitätsklausel im Rahmen des EU-Vertrages vgl. o. S. 214 ff. S. hierzu auch *Meyring*, EuR 3/1999, 309 (320).

Integration bedeutet. Dennoch darf nicht verkannt werden, daß einem derartigen Vorgehen ein erheblich größeres Maß an rechtlicher Unsicherheit anhaftet, da die Teilnahme eines unbefristet freigestellten Mitgliedstaates rechtlich nicht erzwingbar ist, wenn lediglich ein gemeinsames Integrationsziel vereinbart worden ist. Da für das Vereinigte Königreich, Irland und Dänemark eben keine zeitlich befristeten Sonderbestimmungen bestehen, sollten die Gemeinschaft, aber auch die übrigen Mitgliedstaaten darauf hinwirken, daß diese Mitgliedstaaten in naher Zukunft in die vergemeinschafteten Bereiche einbezogen werden, was den europäischen Harmonisierung- und Integrationsprozeß unzweifelhaft voranbrächte.
Demgegenüber ist die Einbeziehung des von den Schengen-Staaten erreichten Besitzstandes in den rechtlichen und institutionellen Rahmen der Europäischen Union zu begrüßen[1482], obwohl auch hier die Schwächen auf der Hand liegen. Zum einen gelten die das Vereinigte Königreich, Irland und Dänemark betreffenden Sonderbestimmungen, zum anderen ist die Frage, ob dieser Besitzstand als Gemeinschaftsrecht im Rahmen des neuen Titels IV des EG-Vertrags oder nur als Teil der intergouvernementalen Kooperation der „dritten Säule“ gelten soll, mit erheblichen Problemen verbunden. Denn für eine Überführung des Schengener Besitzstandes in den EG-Vertrag bedarf es gemäß Art. 2 I UAbs. 2 Schengen-Protokoll eines einstimmigen Ratsbeschlusses der 13 teilnehmenden Mitgliedstaaten. Unklar ist in diesem Zusammenhang, innerhalb welchen Zeitraumes die entsprechende Ratsentscheidung zu erlassen ist, zumal weder der Amsterdamer Vertrag noch das Schengen-Protokoll hierfür zeitliche Vorgaben setzt. Auch stellt sich die Frage, welche besonderen rechtlichen Konsequenzen für den Fall der Nichtumsetzung des Schengen-Besitzstandes an das Gemeinschaftsrecht geknüpft sind, zumal der Vertrag hierfür keinerlei ausdrückliche Sanktionsmöglichkeit vorsieht. Die Erhebung einer Untätigkeitsklage gemäß Art. 232 EGV (Art. 175 EGV a. F.) gegen den Rat dürfte ebenfalls abzulehnen sein wie die von *Winkler* in Erwägung gezogene unmittelbare Anwendbarkeit der Schengener Regelungen[1483]. Denn ergeht der Ratsbeschluß nicht, gilt der Schengen-Besitzstand als Teil der intergouvernementalen Kooperation der „dritten Säule“, in deren Rahmen die Zuständigkeit des EuGH erheblich eingeschränkt ist[1484]. Auch an dieser Stelle wird sich zeigen, ob der europäische Integrationsprozeß voranschreiten wird oder ob die Mitgliedstaaten weiterhin auf ihren jeweiligen einzelstaatlichen Souveränitätsrechten beharren.

1482 So auch *Hailbronner/Thiery*, EuR 5/1998, 583 (614).

1483 Bergmann/Lenz-*Winkler*, Kap. 2, Rn. 44. Zur unmittelbaren Anwendbarkeit der Art. 61 ff. EGV vgl. o. S. 172 f.

1484 S. dazu o. S. 209 ff.

Was die dem EuGH eingeräumte richterliche Kontrolle anbelangt, so ist diese sowohl positiv als auch negativ zu bewerten. Als unbestreitbarer Fortschritt ist jedenfalls die Tatsache anzusehen, daß dem EuGH durch den Amsterdamer Vertrag überhaupt eine richterliche Zuständigkeit eingeräumt wurde, was sowohl für die nunmehr vergemeinschafteten Bereiche der Asyl- und Einwanderungspolitik, der Außengrenzen sowie der Visapolitik als auch für die polizeiliche und justitielle Zusammenarbeit im Rahmen der „dritten Säule" gilt. Andererseits ist diese Zuständigkeit aber erheblichen Beschränkungen unterworfen, wie dies die Einführung der in Art. 68 EGV gefaßten Sonderregelung für das Vorabentscheidungsverfahren hinsichtlich des vorlagefähigen Gerichts verdeutlicht. Ob mit der Beschränkung des Vorabentscheidungsverfahrens auf das funktionell letztinstanzliche Gericht tatsächlich Verfahrensverzögerungen im Bereich des Asyl- und Einwanderungsrechts verhindert werden können, erscheint doch eher zweifelhaft[1485]. Auch in der generellen Unzuständigkeit des EuGH für Entscheidungen über Maßnahmen eines Mitgliedstaats, die die Aufrechterhaltung der öffentlichen Ordnung und die Gewährleistung der inneren Sicherheit betreffen, liegt ein erhebliches Konfliktpotential zwischen dem EuGH einerseits und den Mitgliedstaaten andererseits[1486]. Wie *Winkler* in diesem Zusammenhang zutreffend bemerkt, könnte gerade in solchen sensiblen Bereichen, wie sie die Verwirklichung der Personenfreizügigkeit und die Harmonisierung des Asyl-, Einwanderungs- sowie Visarechts darstellen, eine Zersplitterung des Gemeinschaftsrechts aufgrund unterschiedlicher Interpretation durch den EuGH und die Gerichte der Mitgliedstaaten die angestrebte Schaffung eines gemeinsamen „Raumes der Freiheit, der Sicherheit und des Rechts" unterlaufen[1487]. Ohne eine gemeinschaftsrechtlich orientierte Kontrolle wäre die Sicherung und die Wahrung des Rechts in der Gemeinschaft, einer dem EuGH nach Art. 220 EGV (Art. 164 a.F.) ausdrücklich zugewiesenen Aufgabe, gefährdet. Daher ist es von elementarer Bedeutung, daß im Rahmen des nach Art. 67 II, 2. Spstr. EGV zwingenden Beschlusses über die Anpassung der Zuständigkeiten des Gerichtshofes eine Aufhebung der bislang bestehenden Beschränkungen angestrebt wird. Die zunächst für den Übergangszeitraum von fünf Jahren begrenzte Zuständigkeit des EuGH im Rahmen des Titels IV des EG-Vertrags kann daher lediglich als Test- bzw. Erprobungsphase angesehen werden[1488].

Im Bereich der „dritten Säule" ist die dem EuGH eingeräumte richterliche Kontrolle im Grundsatz davon abhängig, ob und inwieweit die Mitgliedstaaten eine entsprechende Unterwerfungserklärung nach Art. 35 II EUV abgegeben

---

1485 So *Hailbronner/Thiery*, EuR 5/1998, 586 (614).

1486 Ibid.

1487 Bergmann/Lenz-*Winkler*, Kap. 2 Rn. 65.

1488 In diesem Sinne auch *Hailbronner/Thiery*, EuR 5/1998, 586 (597).

haben. Die Gültigkeit und Verhältnismäßigkeit von Maßnahmen der Polizei oder der Strafverfolgungsbehörden sowie die Überprüfung der Wahrnehmung von Zuständigkeiten für die Aufrechterhaltung der öffentlichen Ordnung und für den Schutz der inneren Sicherheit sind der Rechtmäßigkeitskontrolle durch den EuGH ebenfalls gänzlich entzogen. Allerdings ist diese vertragsrechtliche Ausgestaltung hier insoweit verständlich, als die im Rahmen der „dritten Säule" festgelegten Tätigkeitsfelder weiterhin als intergouvernementale Materien behandelt werden.
Letztendlich bleibt festzuhalten, daß die derzeitige vertragsrechtliche Ausgestaltung der Zuständigkeitsregeln des EuGH vor allem im Rahmen des neuen Titels IV des EG-Vertrags mit erheblichen rechtlichen und praktischen Problemen verbunden ist. Will die Gemeinschaft die Ziele, die sie sich gesetzt hat und die zu ihrem Ausbau im nächsten Jahrzehnt führen sollen, tatsächlich verwirklichen, muß der Gerichtshof seine Funktion, die Einheit des Gemeinschaftsrechts, die Fortentwicklung des Gemeinschaftsrechts und die Unverbrüchlichkeit des Gemeinschaftsrechts zu sichern, uneingeschränkt wahrnehmen können. Wie *Everling* in diesem Zusammenhang zutreffend bemerkt, darf sich die bei einigen Mitgliedstaaten nach wie vor bestehende Haltung, Zuständigkeiten aus der Gemeinschaft zurückzuverlagern, nicht durchsetzen[1489]. Denn eine Rechtsgemeinschaft, wie sie die Gemeinschaft nun einmal darstellt, kann nur dann funktionieren, wenn das Prinzip der Rechtseinheitlichkeit gewahrt ist, was durch eine einheitliche gerichtliche Kontrolle durch den EuGH und das Gericht erster Instanz garantiert wäre. Andererseits darf nicht verkannt werden, daß durch den Amsterdamer Vertrag und die in den nächsten Jahren zu erwartende Erweiterung der Gemeinschaft zusätzliche Aufgaben auf die beiden Gerichte zukommen werden; auch insoweit muß unter dem Gesichtspunkt der Funktionsfähigkeit des gemeinschaftsrechtlichen Gerichtssystems über Änderungen nachgedacht werden[1490].

Abschließend ist anzumerken, daß der Amsterdamer Vertrag trotz der dargelegten Defizite und teilweisen Kompromißregeln eine deutliche integrative Tendenz aufweist[1491], wie dies die Schaffung der neuen vergemeinschafteten Bereiche sowie die Erweiterung und Verstärkung der Kompetenzen der Gemeinschaftsorgane verdeutlichen. Bei der vertragsrechtlichen Ausgestaltung muß berücksichtigt werden, daß es in einer Europäischen Union mit zur Zeit 15 Mitgliedstaaten immer schwieriger wird, die Integrationsbestrebungen auf sämtliche Mitgliedstaaten auszuweiten, zumal die Schaffung neuer gemeinschaftsrechtlicher Kompetenzen mit einer Übertragung mitgliedstaatlicher

---

[1489] *Everling*, EuR 4/1997, 398 (418).
[1490] S. hierzu insb. *Everling*, EuR 4/1997, 398 ff.; *Meyring*, EuR 3/1999, 309 (322).
[1491] In diesem Sinne auch *Rupprecht*, Integration 4/1997, 264 (269).

Souveränitätsrechte auf die Gemeinschaftsebene verbunden ist. Unterschiedliche Integrationsstufen werden daher auch in den kommenden Jahren im Hinblick auf den Erweiterungsprozeß der Europäischen Union das Mittel sein, will man den europäischen Integrationsprozeß weiter voranbringen. Der Amsterdamer Vertrag ist zweifellos ein Schritt vorwärts auf dem Weg von der Wirtschaftsgemeinschaft zur einer Gemeinschaft der Freiheit, der Sicherheit und des Rechts. Ein Binnenmarkt des Rechts existiert in der Europäischen Union aber noch nicht. Für dieses Ziel muß der Harmonisierungsprozeß im Hinblick auf die Schaffung weiterer gemeinsamer Regelungen fortgesetzt werden, und dies mit wachsender Tendenz. Allerdings muß es sich hierbei um ein leistungsfähiges und allgemein anerkanntes Rechtssystem handeln, das die Erwartungen der Bürger erfüllt. Denn nur so kann die Vision eines vereinten Europas verwirklicht werden.

Anhang: Liste der Rechtsakte
(Auswahl der wichtigsten Rechtsakte, die in der vorliegenden Arbeit berücksichtigt wurden)

A. Die Freizügigkeit

VO (EWG) Nr. 1612/68 des Rates v. 15. Oktober 1968 über die Freizügigkeit der Arbeitnehmer innerhalb der Gemeinschaft, ABl. EG 1968 Nr. L 257/2, ber. Nr. L 295/12, zuletzt geänd. durch VO (EWG) Nr. 2434/92 v. 27. Juli 1992, ABl. EG 1992 Nr. L 245/1.

Entschließung des EP v. 13. November 1985 zum Europa der Bürger, ABl. EG 1985 Nr. C 345/27 ff.

B. Schengen

Übereinkommen vom 14. Juni 1985 betreffend den schrittweisen Abbau der Kontrollen an den gemeinsamen Grenzen zwischen den Regierungen der Staaten der Benelux-Wirtschaftsunion, der Bundesrepublik Deutschland und Frankreich, (sog. Schengener Regierungsübereinkommen), GMBl. 1986, S. 79.

Übereinkommen zur Durchführung des Übereinkommens von Schengen vom 14. Juni 1985 zwischen den Regierungen der Staaten der Benelux-Wirtschaftsunion, der Bundesrepublik Deutschland und der Französischen Republik betreffend den schrittweisen Abbau der Kontrollen an den gemeinsamen Grenzen vom 19. Juni 1990, (sog. Schengener Durchführungsübereinkommen), BGBl. 1993 II S. 1013.

Entschließung des EP v. 19. November 1992 zum Inkrafttreten des Schengener Übereinkommens, ABl. EG 1992 Nr. C 337/214.

C. Aufbau eines Raums der Freiheit, der Sicherheit und des Rechts

Aktionsplan des Rates und der Kommission zur bestmöglichen Umsetzung des Amsterdamer Vertrages über den Aufbau eines Raums der Freiheit, der Sicherheit und des Rechts – Vom Rat (Justiz und Inneres) am 3. Dezember 1998 angenommener Text, ABl. EG 1999 Nr. C 19/3.

I. Abschaffung der Kontrollen an den Binnengrenzen

Entschließung des EP v. 5. Juni 1979 über die Schwierigkeiten beim grenzüberschreitenden Personen- und Güterverkehr an den Binnengrenzen der Gemeinschaft, ABl. EG 1979 Nr. C 140/166.

Entschließung der im Rat vereinigten Vertreter der Regierungen der Mitgliedstaaten der Europäischen Gemeinschaften v. 23. Juni 1981 (Paßunion und damit zur Erleichterung des Personenverkehrs ein nach einheitlichem Muster gestalteter Paß), ABl. EG 1981 Nr. C 241/1, ergänzende Entschließung zu der Entschließung v. 23. Juni 1981 über die Einführung eines nach einheitlichem Muster gestalteten Passes der im Rat vereinigten Vertreter der Regierungen der Mitgliedstaaten der Europäischen Gemeinschaften v. 30. Juni 1982, ABl. EG 1982 Nr. C 179/1.

Entschließung des EP v. 15. Oktober 1981 zur Frage der Personenkontrollen, ABl. EG 1981 Nr. C 287/93.

Entschließung des EP v. 26. März 1982 zur Öffnung der innergemeinschaftlichen Grenzen, ABl. EG 1982 Nr. C 104/40.

Entschließung des EP v. 9. Juni 1983 zum Abschluß des Verfahrens der Konsultation des EP über die Mitteilung der Kommission der Europäischen Gemeinschaften an den Rat zum Entwurf einer Entschließung des Rates über die Erleichterung der Bedingungen, unter denen die Kontrolle der Bürger der Mitgliedstaaten an den Binnengrenzen der Gemeinschaft erfolgt und zur Paßunion und Abschaffung der Personenkontrollen an den Binnengrenzen der EG, ABl. EG 183 Nr. C 184/112.

Entschließung des Rates und der im Rat vereinigten Vertreter der Regierungen der Mitgliedstaaten der Europäischen Gemeinschaften über das freie Überschreiten der Binnengrenzen der Gemeinschaft durch die Staatsangehörigen der Mitgliedstaaten v. 19. Juni 1984, ABl. EG 1984 Nr. C 159/1.

Entschließungen des EP v. 14. Juni 1985 zum Europapaß und Beseitigung der Verkehrsbehinderungen an den Binnengrenzen der Gemeinschaft, ABl. EG 1985 Nr. C 175/273 ff.

Richtlinie 91/477/EWG des Rates v. 18. Juni 1991 über die Kontrolle des Erwerbs und des Besitzes von Waffen ABl. EG 1991 Nr. L 256/51, mit berichtigender Stellungnahme, ABl. EG Nr. L 299/50.

II. Aufenthaltsrecht

Richtlinie 90/364/EWG des Rates v. 28. Juni 1990 über das Aufenthaltsrecht, ABl. EG 1990 Nr. L 180/26.

Richtlinie 90/365/EWG des Rates v. 28. Juni 1990 über das Aufenthaltsrecht der aus dem Erwerbsleben ausgeschiedenen Arbeitnehmer und selbständig Erwerbstätigen, ABl. EG 1990 Nr. L 180/28.

Richtlinie 93/96/EWG des Rates v. 29. Oktober 1993 über das Aufenthaltsrecht der Studenten, ABl. EG 1993 Nr. L 317/59.

III. Überschreiten der Außengrenzen

Entschließung des EP v. 21. April 1994 über den Vorschlag für einen Beschluß des Rates auf der Grundlage von Art. K.3 des Vertrags über die Europäische Union zum Abschluß eines Übereinkommens über die Personenkontrollen beim Überschreiten der Außengrenzen der Mitgliedstaaten, ABl. EG 1994 Nr. C 128/351.

VO (EG) Nr. 1683/95 des Rates v. 29. Mai 1995 über eine einheitliche Visagestaltung, ABl. EG 1995 Nr. L 164/1.

Empfehlung des Rates v. 4. März 1996 betreffend die Zusammenarbeit der konsularischen Vertretungen vor Ort in Fragen der Visumerteilung, ABl. EG 1996 Nr. C 80/1.

VO (EG) Nr. 574/1999 des Rates v. 12. März 1999 zur Bestimmung der Drittländer, deren Staatsangehörige beim Überschreiten der Außengrenzen der Mitgliedstaaten im Besitz eines Visums sein müssen, ABl. EG 1999 Nr. L 72/2.

IV. Asylrecht und Rechte von Flüchtlingen und Vertriebenen

Entschließung des EP v. 12. März 1987 zu den Fragen des Asylrechts, ABl. EG 1987 Nr. C 99/167.

Entschließung des EP v. 18. November 1992 zur Harmonisierung des Asylrechts und der Asylpolitiken in der Europäischen Gemeinschaft, ABl. EG 1992 Nr. C 337/97.

Entschließung des EP v. 19. Januar 1994 zu den Grundprinzipien einer Europäischen Flüchtlingspolitik, ABl. EG 1994 Nr. C 44/106.

Übereinkommen über die Bestimmung des zuständigen Staates für die Prüfung eines in einem Mitgliedstaat der Europäischen Gemeinschaften gestellten Asylantrags (sog. Dubliner Übereinkommen), BGBl. 1994 II S. 791.

Entschließung des Rates v. 20. Juni 1995 über die Mindestgarantien für Asylverfahren, ABl. EG 1996 Nr. C 274/13.

Entschließung des Rates v. 25. September 1995 zur Lastenteilung hinsichtlich der Aufnahme und des vorübergehenden Aufenthalts von Vertriebenen, ABl. EG 1995 Nr. C 262/1.

Beschluß des Rates v. 23. November 1995 über die Veröffentlichung der vom Rat in den Bereichen Asyl- und Einwanderung verabschiedeten Rechtsakte und sonstigen Schriftstücken im Amtsblatt der Europäischen Gemeinschaften
- Beweismittel im Rahmen des Dubliner Übereinkommens, ABl. EG 1996 Nr. C 274/35,
- Laissez-passer-Formular für die Überstellung eines Asylbewerbers von einem Mitgliedstaat in den anderen, ABl. EG 1996 Nr. C 274/42,
- Verteilung und Vertraulichkeit der gemeinsamen Berichte über die Situation in bestimmten Drittländern, ABl. EG 1996 Nr. C 274/43,
-Einheitliches Formular zur Bestimmung des für die Prüfung eines Asylantrags zuständigen Staates, ABl. EG 1996 Nr. C 274/44.

Gemeinsamer Standpunkt 96/196/JI v. 4. März 1996 – vom Rat aufgrund von Art. K.3 des Vertrags über die Europäische Union festgelegt – betreffend die harmonisierte Anwendung der Definition des Begriffs „Flüchtling" in Art. 1 des Genfer Abkommens v. 28. Juli 1951 über die Rechtsstellung der Flüchtlinge, ABl. EG 1996 Nr. L 63/2.

Beschluß 96/198/JI des Rates v. 4. März 1996 über ein Warn- und ein Dringlichkeitsverfahren zur Lastenverteilung hinsichtlich der Aufnahme und des vorübergehenden Aufenthalts von Vertriebenen, ABl. EG 1996 Nr. L 63/10.

Beschluß 97/420/JI des Rates v. 26. Juni 1997 zur Beobachtung der Durchführung der Rechtsakte im Asylbereich, ABl. EG 1997 Nr. L 178/6.

Gemeinsame Maßnahme 97/477/JI v. 22. Juli 1997 – vom Rat aufgrund von Art. K.3 des Vertrags über die Europäische Union angenommen – im Hinblick auf die Finanzierung gezielter Projekte zugunsten von vertriebenen Personen, die vorübergehenden Schutz in den Mitgliedstaaten gefunden haben, und von Asylbewerbern, ABl. EG 1997 Nr. L 205/3.

Gemeinsame Maßnahme 97/478/JI v. 22. Juli 1997 – vom Rat aufgrund von Art. K.3 des Vertrags über die Europäische Union angenommen – im Hinblick auf die Finanzierung gezielter Projekte zugunsten von Asylbewerbern und Flüchtlingen, ABl. EG 1997 Nr. L 205/5.

V. Einwanderung, Aufenthalt und Rechte von Drittstaatsangehörigen

Entschließungen des Rates v. 20. Juni 1994 über die Beschränkungen für die Einreise von Staatsangehörigen dritter Länder in die Mitgliedstaaten zur Ausübung einer Beschäftigung, ABl. EG 1996 Nr. C 274/3.

Entschließungen des Rates v. 30. November 1994 in bezug auf Beschränkungen für die Zulassung von Staatsangehörigen dritter Länder in das Hoheitsgebiet der Mitgliedstaaten zur Ausübung einer selbständigen Erwerbstätigkeit, ABl. EG 1996 Nr. C 274/7.

Entschließungen des Rates v. 30. November 1994 betreffend die Zulassung von Staatsangehörigen dritter Länder in das Hoheitsgebiet der Mitgliedstaaten zur Aufnahme eines Studiums, ABl. EG 1996 Nr. C 274/10.

Empfehlung des Rates v. 30. November 1994 bezüglich der Einführung eines Standardreisedokuments für die Rückführung von Staatsangehörigen dritter Länder, ABl. EG 1996 Nr. C 274/18.

Empfehlung des Rates v. 30. November 1994 betreffend den Musterentwurf eines bilateralen Rücknahmeabkommen zwischen einem Mitgliedstaat und einem Drittstaat, ABl. EG 1996 Nr. C 274/20.

Beschluß 94/795/JI des Rates v. 30. November 1994 über die vom Rat aufgrund von Art. K.3 Abs. 2 Buchstabe b) des Vertrages über die Europäische Union beschlossene gemeinsame Maßnahme über Reiseerleichterungen für Schüler von Drittstaaten mit Wohnsitz in einem Mitgliedstaat, ABl. EG 1994 Nr. L 327/1.

Empfehlung des Rates vom 24. Juli 1995 betreffend Leitsätze für die Ausarbeitung von Protokollen zur Durchführung von Rücknahmeübereinkommen, ABl. EG 1996 Nr. C 274/25.

Entschließung des Rates v. 4. März 1996 über die Rechtsstellung von Staatsangehörigen dritter Länder, die im Hoheitsgebiet der Mitgliedstaaten auf Dauer aufhältig sind, ABl. EG 1996 Nr. C 80/2.

Gemeinsame Maßnahme 96/197/JI v. 4. März 1996 - vom Rat aufgrund von Art. K.3 des Vertrags über die Europäische Union angenommen - betreffend den Transit auf Flughäfen, ABl. EG 1996 Nr. L 63/8.

Gemeinsamer Standpunkt 96/622/JI v. 25. Oktober 1996 – vom Rat aufgrund von Art. K.3 Abs. 2 Buchstabe a) des Vertrags über die Europäische Union festgelegt – im Hinblick betreffend Unterstützungs- und Informationsprogramme im Grenzvorbereich, ABl. EG 1996 Nr. L 281/1.

Beschluß 96/749/JI des Rates v. 16. Dezember 1996 zur Beobachtung der Durchführung der vom Rat erlassenen Rechtsakte im Bereich der illegalen Einwanderung, der Rückübernahme, der illegalen Beschäftigung von Staatsangehörigen dritter Länder und der Zusammenarbeit bei der Vollstreckung von Ausweisungsanordnungen, ABl. EG 1996 Nr. L 342/5.

Gemeinsame Maßnahme 97/11/JI v. 16. Dezember 1996 – vom Rat aufgrund von Art. K.3 des Vertrags über die Europäische Union angenommen – zur einheitlichen Gestaltung der Aufenthaltstitel, ABl. EG 1997 Nr. L 7/1.

Beschluß 97/340/JI des Rates v. 26. Mai 1997 über den Informationsaustausch betreffend die Hilfen für die freiwillige Rückkehr von Drittstaatsangehörigen, ABl. EG 1997 Nr. L 147/3.

Entschließung des Rates v. 26. Juni 1997 betreffend unbegleitete minderjährige Staatsangehörige dritter Länder, ABl. EG 1997 Nr. C 221/23.

Entschließung des Rates v. 4. Dezember 1997 über Maßnahmen zur Bekämpfung von Scheinehen, ABl. EG 1997 Nr. C 382/1.

VI. Justitielle Zusammenarbeit in Zivilsachen

Europäisches Auslieferungsabkommen v. 13. Dezember 1957, BGBl. 1964 II S. 1369.

Übereinkommen von Brüssel v. 27. September 1968 über die gerichtliche Zuständigkeit und die Vollstreckung gerichtlicher Entscheidungen in Zivil- und Handelssachen, BGBl. 1972, S. 774.

Protokoll betreffend die Auslegung des Übereinkommens v. 27. September 1968 über die gerichtliche Zuständigkeit und die Vollstreckung gerichtlicher Entscheidungen in Zivil- und Handelssachen durch den Gerichtshof, unterzeichnet zu Luxemburg am 3. Juni 1971, ABl. EG 1975 Nr. L 204/28; (eine kodifizierte Fassung des Übereinkommens und des Protokolls mit allen Änderungen und Ergänzungen ist im, ABl. EG 1990 Nr. C 189/2 u. 25 veröffentlicht).

Rechtsakt des Rates v. 10. März 1995 zur Errichtung des Übereinkommens über das vereinfachte Auslieferungsverfahren zwischen den Mitgliedstaaten der Europäischen Union, ABl. EG 1995 Nr. C 78/1.

Rechtsakt des Rates v. 27. September 1996 über die Ausarbeitung des Übereinkommens über die Auslieferung zwischen den Mitgliedstaaten der Europäischen Union, ABl. EG 1996 Nr. C 313/11.

Entschließung des Rates v. 14. Oktober 1996 zur Festlegung der Prioritäten für die Zusammenarbeit im Bereich Justiz und Inneres für den Zeitraum v. 1. Juli 1996 bis zum 30. Juni 1998, ABl. EG 1996 Nr. C 319/1.

Gemeinsame Maßnahme 96/637/JI v. 28. Oktober 1996 – vom Rat aufgrund von Art. K.3 des Vertrags über die Europäische Union angenommen – zur Festlegung eines Ausbildungs-, Austausch- und Kooperationsprogramms im Bereich der Ausreisedokumente (Sherlock), ABl. EG 1996 Nr. L 287/7.

Entschließung des EP v. 12. Dezember 1996 zur Verbesserung des Rechts und der Zusammenarbeit zwischen den Mitgliedstaaten auf dem Gebiet der Adoption von Minderjährigen, ABl. EG 1997 Nr. C 20/176.

Rechtsakt des Rates v. 26. Mai 1997 über die Ausarbeitung des Übereinkommens über die Zustellung gerichtlicher und außergerichtlicher Schriftstücke in Zivil- und Handelssachen in den Mitgliedstaaten der Europäischen Union, ABl. EG 1997 Nr. C 261/1.

Rechtsakt des Rates v. 26. Mai 1997 über die Ausarbeitung des Protokolls betreffend die Auslegung des Übereinkommens über die Zustellung gerichtlicher und außergerichtlicher Schriftstücke in Zivil- und Handelssachen in den Mitgliedstaaten der Europäischen Union durch den Gerichtshof der Europäischen Gemeinschaften, ABl. EG 1997 Nr. C 261/17.

VII. Datenschutz

Richtlinie 95/46/EG des EP und des Rates v. 24. Oktober 1995 zum Schutz natürlicher Personen bei der Verarbeitung personenbezogener Daten und zum freien Datenverkehr, ABl. EG 1995 Nr. L 281/31.

D. Polizeiliche und justitielle Zusammenarbeit in Strafsachen

I. Polizeiliche Zusammenarbeit

Entschließung des Rates v. 17. Januar 1995 über die rechtmäßige Überwachung des Fernmeldeverkehrs,, ABl. EG 1995 Nr. C 329/1.

Gemeinsame Maßnahme 96/747/JI v. 29. November 1996 – vom Rat aufgrund von Art. K.3 des Vertrags über die Europäische Union angenommen - betreffend die Erstellung und Führung eines Verzeichnisses der besonderen Fähigkeiten und Fachkenntnisse auf dem Gebiet der Bekämpfung der internationalen organisierten Kriminalität, mit dem die Zusammenarbeit zwischen den Mitgliedstaaten der Europäischen Union bei der Strafverfolgung erleichtert werden sollen,, ABl. EG 1996 Nr. L 342/2.

Gemeinsame Maßnahme 97/339/JI v. 26. Mai 1997 – vom Rat aufgrund von Art. K.3 des Vertrags über die Europäische Union angenommen – betreffend die Zusammenarbeit im Bereich der öffentlichen Ordnung und Sicherheit anstrebt, ABl. EG 1997 Nr. L 147/1.

Entschließung des Rates v. 7. Juni 1997 über den Austausch von DNS-Analyseergebnissen, ABl. EG 1997 Nr. C 193/2.

Gemeinsame Maßnahme 97/372/JI v. 9. Juni 1997 – vom Rat aufgrund von Art. K.3 des Vertrags über die Europäische Union angenommen - betreffend die Präzisierung der Kriterien für gezielte Kontrollen, Selektionsmethoden usw. und die Optimierung der Erfassung von polizeilichen und zollbehördlichen Informationen, ABl. EG 1997 Nr. L 159/1.

Entschließung des Rates v. 9. Juni 1997 zur Verhinderung und Eindämmung des Fußballrowdytums durch Erfahrungsaustausch, Stadionverbote und Medienpolitik, ABl. EG 1997 Nr. C 193/1.

II. Zusammenarbeit im Zollwesen

Übereinkommen über gegenseitige Unterstützung der Zollverwaltungen vom 7. September 1967, BGBl. 1969 II S. 65, BGBl. 1970 II S. 987.

Übereinkommen aufgrund von Art. K.3 des Vertrags über die Europäische Union über den Einsatz der Informationstechnologie im Zollbereich, ABl. EG 1995 Nr. C 316/34.

Übereinkunft über die vorläufige Anwendung des Übereinkommens zwischen einigen Mitgliedstaaten der Europäischen Union aufgrund von Art. K.3 des Vertrags über die Europäische Union über den Einsatz der Informationstechnologie im Zollbereich, ABl. EG 1995 Nr. C 316/58.

Rechtsakt des Rates v. 29. November 1996 über die Ausarbeitung des Protokolls über aufgrund vom Art. K.3 des Vertrags über die Europäische Union betreffend die Auslegung des Übereinkommens über den Einsatz der Informationstechnologie im Zollbereich durch den Gerichtshof der Europäischen Gemeinschaften im Wege der Vorabentscheidung, ABl. EG 1997 Nr. C 151/15.

VO (EG) Nr. 515/97 des Rates v. 13. März 1997 über die gegenseitige Amtshilfe zwischen Verwaltungsbehörden der Mitgliedstaaten und die Zusammenarbeit dieser Behörden mit der Kommission im Hinblick auf die ordnungsgemäße Anwendung der Zoll- und der Agrarregelung, ABl. EG 1997 Nr. L 82/1.

Entschließung des Rates v. 9. Juni 1997 über einen Leitfaden für gemeinsame Zollkontrollaktionen, ABl. EG 1997 Nr. C 193/4.
Rechtsakt des Rates v. 18. Dezember 1997 über die Ausarbeitung des Übereinkommens aufgrund von Art. K.3 des Vertrages über die Europäische Union über die gegenseitige Hilfe und Zusammenarbeit der Zollverwaltungen, ABl. EG 1998 Nr. C 24/1.

III. Europol

Einvernehmlicher Beschluß der auf Ebene der Staats- und Regierungschefs vereinigten Vertreter der Regierungen der Mitgliedstaaten über die Festlegung des Sitzes bestimmter Einrichtungen und Dienststellen der Europäischen Gemeinschaften sowie des Sitzes von Europol, ABl. EG 1993 Nr. C 323/1.

Gemeinsame Maßnahme 95/73/JI v. 10. März 1995 bezüglich der Europol-Drogenstelle, vom Rat aufgrund von Art. K.3 des Vertrags über die Europäische Union beschlossen, ABl. EG 1995 Nr. L 62/1.

Übereinkommen aufgrund von Art. K.3 des Vertrags über die Europäische Union über die Errichtung eines Europäischen Polizeiamtes (Europol-Übereinkommen), ABl. EG 1995 Nr. C 316/2.

Rechtsakt des Rates v. 23. Juli 1996 über die Ausarbeitung des Protokolls aufgrund von Art. K.3 des Vertrags über die Europäische Union betreffend die Auslegung des Übereinkommens über die Errichtung eines Europäischen Polizeiamtes durch den Gerichtshof der Europäischen Gemeinschaften im Wege der Vorabentscheidung, ABl. EG 1996 Nr. C 299/1.

Gemeinsame Maßnahme 96/748/JI v. 16. Dezember 1996 – vom Rat aufgrund von Art. K.3 des Vertrags über die Europäische Union angenommen – zur Ausdehnung des der Europol-Drogenstelle erteilen Mandats, ABl. EG 1996 Nr. L 342/4.

Rechtsakt des Rates v. 19. Juni 1997 über die Fertigstellung aufgrund von Art. K.3 des Vertrags über die Europäische Union und von Art. 41 Abs. 3 des Europol-Übereinkommens des Protokolls über die Vorrechte und Immunitäten für Europol, die Mitglieder der Organe, die stellvertretenden Direktoren und die Bediensteten von Europol, ABl. EG 1997 Nr. C 221/2.

IV. Justitielle Zusammenarbeit in Strafsachen

Entschließung des Rates v. 23. November 1995 über den Schutz von Zeugen im Rahmen der Bekämpfung der internationalen organisierten Kriminalität, ABl. EG 1995 Nr. C 327/5.

Gemeinsame Maßnahme 96/277/JI v. 22. April 1996 – vom Rat aufgrund von Art. K.3 des Vertrags über die Europäische Union angenommen - betreffend den Rahmen für den Austausch von Verbindungsrichtern/-staatsanwälten zur Verbesserung der justitiellen Zusammenarbeit zwischen den Mitgliedstaaten der Europäischen Union, ABl. EG 1996 Nr. L 105/1.

Gemeinsame Maßnahme 96/443/JI v. 15. Juli 1996 – vom Rat aufgrund von Art. K.3 des Vertrags über die Europäische Union angenommen - betreffend die Bekämpfung von Rassismus und Fremdenfeindlichkeit, ABl. EG 1996 Nr. L 185/5.

Entschließung des EP v. 18. Juli 1996 zur Entführung von Kindern aus Ehen zwischen Partner aus verschiedenen Staaten, ABl. EG 1996 Nr. C 261/157.

Gemeinsame Maßnahme 96/610/JI v. 15. Oktober 1996 – vom Rat aufgrund von Art. K.3 des Vertrags über die Europäische Union angenommen - betreffend die Erstellung und Führung eines Verzeichnisses der besonderen Fähigkeiten und Fachkenntnisse auf dem Gebiet der Terrorismusbekämpfung, mit dem die Zusammenarbeit zwischen den Mitgliedstaaten der Europäischen Union bei der Terrorismusbekämpfung erleichtert werden soll, ABl. EG 1996 Nr. L 273/1.

Gemeinsame Maßnahme 96/636/JI v. 28. Oktober 1996 – vom Rat aufgrund von Art. K.3 des Vertrags über die Europäische Union angenommen - zur Festlegung eines Förder- und Austauschprogramms für die Rechtsberufe („GROTIUS"), ABl. EG 1996 Nr. L 287/3.

Gemeinsame Maßnahme 96/700/JI v. 29. November 1996 – vom Rat aufgrund von Art. K.3 des Vertrages über die Europäische Union angenommen – zur Aufstellung eines Förder- und Austauschprogramms für Personen, die für

Maßnahmen gegen den Menschenhandel und die sexuelle Ausbeutung von Kindern zuständig sind,, ABl. EG 1996 Nr. L 322/7.

Gemeinsame Maßnahme 97/12/JI v. 20. Dezember 1996 – vom Rat aufgrund von Art. K.3 des Vertrags über die Europäische Union angenommen - zur Festlegung eines gemeinsamen Programms für den Austausch, die Aus- und Fortbildung und die Zusammenarbeit der Strafverfolgungsbehörden (OISIN), ABl. EG 1997 Nr. L 7/5.

Entschließung des Rates v. 20. Dezember 1996 über Personen, die im Rahmen der Bekämpfung der internationalen organisierten Kriminalität mit den Justizbehörden zusammenarbeiten, ABl. EG 1997 Nr. C 10/1.

Gemeinsame Maßnahme 97/154/JI v. 24. Februar 1997 – vom Rat aufgrund von Art. K.3 des Vertrages über die Europäische Union angenommen - betreffend die Bekämpfung des Menschenhandels und der sexuellen Ausbeutung von Kindern, ABl. EG 1997 Nr. L 63/2.

Aktionsplan zur Bekämpfung der organisierten Kriminalität, vom Rat angenommen am 28. April 1997, ABl. EG 1997 Nr. C 251/1.

Entschließung des EP zu dem Aktionsplan zur Bekämpfung der organisierten Kriminalität, ABl. EG 1997 Nr. C 371/183.

Gemeinsamer Standpunkt 97/661/JI v. 6. Oktober 1997 – vom Rat aufgrund von Art. K.3 des Vertrages über die Europäische Union festgelegt – zu den Verhandlungen im Europarat und in der OECD über die Bekämpfung der Korruption, ABl. EG 1997 Nr. L 279/1.

Zweiter Gemeinsamer Standpunkt 97/783/JI v. 13. November 1997 – vom Rat aufgrund von Art. K.3 des Vertrags über die Europäische Union festgelegt – zu den Verhandlungen im Europarat und in der OECD über die Bekämpfung der Korruption, ABl. EG 1997 Nr. L 320/1.

Gemeinsame Maßnahme 97/827/JI v. 5. Dezember 1997 – vom Rat aufgrund von Art. K.3 des Vertrags über die Europäische Union angenommen - betreffend die Schaffung eines Mechanismus für die Begutachtung der einzelstaatlichen Anwendung und Umsetzung der zur Bekämpfung der eingegangenen internationalen Verpflichtungen, ABl. EG 1997 Nr. L 344/7.

Gemeinsame Maßnahme v. 19. März 1998 – vom Rat aufgrund von Art. K.3 des Vertrags über die Europäische Union festgelegt - über ein Austausch-,

Ausbildungs- und Kooperationsprogramms für Personen, die für die Bekämpfung der organisierten Kriminalität zuständig sind (FALCONE). ABl. EG 1998 Nr. L 99/8.

E. Bekämpfung internationaler Betrügereien

Richtlinie des Rates v. 10. Juni 1991 zur Verhinderung der Nutzung des Finanzsystems zum Zweck der Geldwäsche, ABl. EG 1991 Nr. L 166/77.

Übereinkommen aufgrund von Art. K.3 des Vertrags über die Europäische Union über den Schutz der finanziellen Interessen der Europäischen Gemeinschaften, ABl. EG 1995 Nr. C 316/49.

Rechtsakt des Rates v. 27. September 1996 über die Ausarbeitung eines Protokolls zum Übereinkommen über den Schutz der finanziellen Interessen der Europäischen Gemeinschaften, ABl. EG 1996 Nr. C 313/1.

Rechtsakt des Rates v. 29. November 1996 über die Ausarbeitung des Protokolls aufgrund von Art. K.3 des Vertrags über die Europäische Union betreffend die Auslegung des Übereinkommens über den Schutz der finanziellen Interessen der Europäischen Gemeinschaften den Gerichtshof der Europäischen Gemeinschaften im Wege des Vorabentscheidungsverfahrens, ABl. EG 1997 Nr. C 151/1.

Rechtsakt des Rates v. 26. Mai 1997 über die Ausarbeitung des Übereinkommens aufgrund von Art. K.3 Abs. 2 lit. c des Vertrags über die Europäische Union über die Bekämpfung der Bestechung, an der Beamte der Europäischen Gemeinschaften oder der Mitgliedstaaten der Europäischen Union beteiligt sind, ABl. EG 1997 Nr. C 195/1.

Rechtsakt des Rates v. 19. Juni 1997 über die Ausarbeitung des zweiten Protokolls zum Übereinkommen über den Schutz der finanziellen Interessen der Europäischen Gemeinschaften, ABl. EG 1997 Nr. C 221/11.

Gemeinsame Maßnahme 98/699/JI v. 3. Dezember 1998 – vom Rat aufgrund von Art. K.3 des Vertrags über die Europäische Union angenommen – betreffend Geldwäsche, die Ermittlung, das Einfrieren, die Beschlagnahme und die Einziehung von Tatwerkzeugen und Erträgen aus Straftaten, ABl. EG 1998 Nr. L 333/1.

Gemeinsame Maßnahme 98/733/JI v. 21. Dezember 198 – vom Rat aufgrund von Art. K.3 des Vertrags über die Europäische Union angenommen – betreffend die

Strafbarkeit der Beteiligung an einer kriminellen Vereinigung in den Mitgliedstaaten der Europäischen Union, ABl. EG 1998 Nr. L 351/1.

F. Bekämpfung der Drogenabhängigkeit

Beschluß 90/611/EWG des Rates v. 22. Oktober 1990 über den Abschluß des Übereinkommens der Vereinten Nationen zur Bekämpfung des illegalen Handels mit Suchtstoffen und psychotropen Substanzen im Namen der Europäischen Wirtschaftsgemeinschaft, ABl. EG 1990 Nr. L 326/56.

VO (EWG) Nr. 3677/90 des Rates v. 13. Dezember 1990 über Maßnahmen gegen die Abzweigung bestimmter Stoffe zur unerlaubten Herstellung von Suchtstoffen und psychotropen Substanzen, ABl. EG 1990 Nr. L 357/1, zuletzt geänd. durch VO (EG) Nr. 2093/97 der Kommission v. 24. Oktober 1997, ABl. EG 1997 Nr. L 292/11.

Richtlinie 92/109/EWG des Rates v. 14. Dezember 1992 über die Herstellung und das Inverkehrbringen bestimmter Stoffe, die zur unerlaubten Herstellung von Suchtstoffen und psychotropen Stoffen verwendet werden, ABl. EG 1992 Nr. L 370/76, geänd. durch die RL 93/46/EWG der Kommission v. 22. Juni 1993, ABl. EG 1993 Nr. L 159/134.

VO (EWG) Nr. 302/93 des Rates v. 8. Februar 1993 zur Schaffung einer Europäischen Beobachtungsstelle für Drogen und Drogensucht, ABl. EG 1993 Nr. L 36/1, geänd. durch VO (EG) Nr. 3294/94 des Rates v. 22. Dezember 1994, ABl. EG 1994 Nr. L 341/7.
Entschließung des Rates v. 29. November 1996 über Maßnahmen zur Bekämpfung des Problems des Drogentourismus innerhalb der Europäischen Union, ABl. EG 1996 Nr. C 375/3.

Entschließung des Rates v. 29. November 1996 über die Vereinbarungen zwischen den Polizei- und den Zollbehörden bei der Drogenbekämpfung, ABl. EG 1996 Nr. C 375/1.

Gemeinsame Maßnahme 96/698/JI v. 29. November 1996 – vom Rat aufgrund von Art. K.3 des Vertrags über die Europäische Union angenommen – betreffend die Zusammenarbeit zwischen Zoll und Wirtschaft bei der Bekämpfung des illegalen Drogenhandels, ABl. EG 1996 Nr. L 322/3.

Gemeinsame Maßnahme 96/699/JI v. 29. November 1996 – vom Rat aufgrund von Art. K.3 des Vertrags über die Europäische Union angenommen – betreffend den Austausch von Informationen über die Erstellung chemischer

Profile von Drogen im Hinblick auf die Verbesserung der Zusammenarbeit zwischen den Mitgliedstaaten bei der Bekämpfung des illegalen Drogenhandels, ABl. EG 1996 Nr. L 322/5.

Entschließungen des Rates v. 16. Dezember 1996 über Maßnahmen zur Bekämpfung des illegalen Anbaus und der illegalen Herstellung von Drogen sowie zur Vernichtung illegaler Kulturen und Herstellungslaboratorien in der Europäischen Union, ABl. EG 1996 Nr. C 389/1.

Gemeinsame Maßnahme 96/750/JI v. 17. Dezember 1996– vom Rat aufgrund von Art. K.3 des Vertrags über die Europäische Union angenommen – betreffend die Angleichung der Rechtsvorschriften und der Verfahren der Mitgliedstaaten der Europäischen Union zur Bekämpfung der Drogenabhängigkeit und zur Verhütung und Bekämpfung des illegalen Drogenhandels, ABl. EG 1996 Nr. L 342/6.

Entschließung des Rates v. 20. Dezember 1996 über die Ahndung von schweren Straftaten im Bereich des unerlaubten Drogenhandels, ABl. EG 1997 Nr. C 10/3.

Gemeinsame Maßnahme 97/396/JI v. 16. Juni 1997 – vom Rat aufgrund von Art. K.3 des Vertrags über die Europäische Union angenommen - betreffend den Informationsaustausch, die Risikobewertung und die Kontrolle bei neuen synthetischen Drogen, ABl. EG 1997 Nr. L 167/1.

STUDIEN ZUM ÖFFENTLICHEN RECHT, VÖLKER- UND EUROPARECHT

Herausgegeben von Prof. Dr. Eckart Klein

Band 1 Ulrike Suchsland-Maser: Menschenrechte und die Politik multilateraler Finanzinstitute. Eine Untersuchung unter völkerrechtlichen Gesichtspunkten an den Beispielen der Weltbank, des Währungsfonds und regionaler Entwicklungsbanken. 1999.

Band 2 Jean Angelov: Grundlagen und Grenzen eines staatsbürgerlichen Informationszugangsanspruchs. 2000.

Band 3 Norman Weiß: Objektive Willkür. Zu einem Prüfungskriterium im Verfahren der Urteilsverfassungsbeschwerde. 2000.

Band 4 Eva Tanuschev: Entwicklung, Stand und Perspektiven eines freien Personenverkehrs in Europa. 2001.